科学出版社“十四五”普通高等教育本科规划教材

高速铁路运营与维护

陈 嵘 王 平 徐井芒 肖杰灵 主编

科 学 出 版 社

北 京

内 容 简 介

本书系统总结了中国铁路科技工作者在高速铁路的联调联试、运输管理模式、固定设备维护、动车组检修运用、调度指挥、客运服务等方面积累的创新成果和实践经验。

全书共 10 章，第 1 章介绍高速铁路概况；第 2、3 章介绍高速铁路联调联试与运营管理；第 4～9 章分别介绍高速铁路信号、线路、轨道、基础结构、接触网系统的检测、养护及维修；第 10 章介绍智能高速铁路的发展。本书尽可能编入与高速铁路相关的新方法、新技术，不仅理论方法先进，而且工程应用性强。

本书可作为普通高等学校相关专业的高年级本科生及研究生教材，也可为科研人员及铁路设计、施工、维护部门的技术人员提供参考。

图书在版编目（CIP）数据

高速铁路运营与维护 / 陈嵘等主编. —北京：科学出版社，2023.3
科学出版社“十四五”普通高等教育本科规划教材
ISBN 978-7-03-074947-5

Ⅰ. ①高… Ⅱ. ①陈… Ⅲ. ①高速铁路-运营管理-中国-高等学校-教材 Ⅳ. ①U238

中国国家版本馆 CIP 数据核字（2023）第 034260 号

责任编辑：陈 琪 / 责任校对：王 瑞
责任印制：张 伟 / 封面设计：蓝正设计

科学出版社 出版
北京东黄城根北街 16 号
邮政编码：100717
http://www.sciencep.com

北京虎彩文化传播有限公司 印刷

科学出版社发行 各地新华书店经销

*

2023 年 3 月第 一 版 开本：787×1092 1/16
2023 年 3 月第一次印刷 印张：17
字数：425 000

定价：69.00 元

（如有印装质量问题，我社负责调换）

前　言

高速铁路是一项庞大复杂的现代化系统工程，由轨道线路、高速列车、受电弓、接触网等构成，又置于地表稠密大气中，系统的所有特性都与运行速度高度相关，它所涉及的学科之多、专业之广已充分反映了系统的综合性，集中体现了一个国家的铁路牵引动力、线路结构、运行控制、运输组织和经营管理等方面的技术能力，以及国家科技和工业综合水平。

我国建成并投入运营的高速铁路已超过 4 万千米，高速铁路发展已由大规模建造逐步转入长期安全运营管理与高效维护阶段，高速铁路技术创新的主题也由结构、功能设计和建造逐步转向高速铁路运营安全保障、运营品质提升、优化与维护。因此，如何科学维护庞大规模的运营线路，如何使高速铁路能够长期、安全、稳定运营成为至关重要、日益突出的问题。为全面展现安全可靠、运营有序、服务优质、管理一流的中国高速铁路新形象，我国铁路科技工作者在高速铁路的联调联试、运输管理模式、固定设备维护、动车组检修运用、调度指挥、客运服务等方面积累了许多成功的经验，已形成了一整套高速铁路的运营管理与维护技术。

本书在充分吸收国内外相关研究成果的基础上，全面梳理了高速铁路运营与维护的相关知识。全书共 10 章，第 1 章介绍高速铁路概况，包括高速铁路的介绍、世界高速铁路发展与规划、高速铁路运营管理与维护简介。第 2 章介绍高速铁路联调联试，包括对轨道、供变电、接触网、通信、信号、客运服务、电磁兼容、振动噪声、基础结构、列车等多个系统的测试过程。第 3 章介绍高速铁路运营管理，包含调度系统、客运营销与产品设计、运营管理模式与组织机构及客流组织。第 4 章介绍高速铁路信号系统维护，包含牵引供电、通信信号系统的维护。第 5 章介绍高速铁路线路与工务维护体制，包括高速铁路线路工程维修原则与安全管理及工务维护管理信息系统。第 6 章介绍高速铁路轨道检测技术，包含轨道平顺性检测技术、钢轨伤损检测技术及轨道质量状态评价技术。第 7 章介绍高速铁路轨道维护，包含钢轨修整作业、有砟轨道和无砟轨道维护作业、无缝线路维护作业及高速道岔管理与维护。第 8 章介绍高速铁路基础结构养护维修，包含桥梁、隧道、路基等的养护维修及高速铁路防灾减灾。第 9 章介绍高速铁路接触网维修，包含接触网性能、特性及维修与检测。第 10 章介绍智能高速铁路，包含智能高铁的概念及系统组成、智能装备与智能运营。

编写过程中，得到了西南交通大学王平教授、刘学毅教授、李成辉教授的悉心指导，以及科学出版社的大力支持和帮助，在此表示衷心感谢。同时特别感谢西南交通大学高速铁路轨道科学研究创新团队所有成员，他们为本书部分章节内容提供了大量素材。此外，作者团队的多名博/硕士研究生在文字审校、图片及公式编辑方面倾注了大量的时间与精力，在此一并表示感谢。

我国高速铁路运营与维护技术仍在不断发展，由于作者水平和能力有限，书中难免存在疏漏之处，敬请广大读者批评指正。

作　者

2022 年 12 月

目　录

第 1 章　高速铁路概况

1964 年，日本在铁路建设上取得突破性进展，建成了世界上第一条高速铁路——东海道新干线，运营时速达到 210 公里，高速铁路应运而生。随后，以日本、法国、德国为代表的一些国家重新拾起对铁路建设的重视，以大幅提高列车运行速度为目标，掀起了新一轮的建设高潮。中国高速铁路建设经历近百年，实现了从追赶到领跑的跨越，已取得举世瞩目的巨大成就，截至 2022 年 12 月，中国高速铁路运营总里程突破 4.2 万公里，成为世界上高速铁路运营规模最大、运营速度最快的国家，在促进社会经济快速和持续发展中发挥了重要的作用。当前，中国高速铁路已经由大规模设计建造阶段转入了长期、安全、稳定的运营维护阶段，面临诸多新难题、新挑战，亟待建立运营维护标准体系。

1.1　高速铁路简介

1.1.1　高速铁路的定义

高速铁路简称高铁，顾名思义，就是指设计标准等级高、可供列车安全高速行驶的铁路系统。高速是一个相对的概念，也是不断发展的。一般来说，铁路等级的划分如图 1-1 所示。目前公认的定义由国际铁路联盟(UIC)规定：新线 250km/h 以上，既有线改造 200km/h 以上的铁路称为高速铁路。

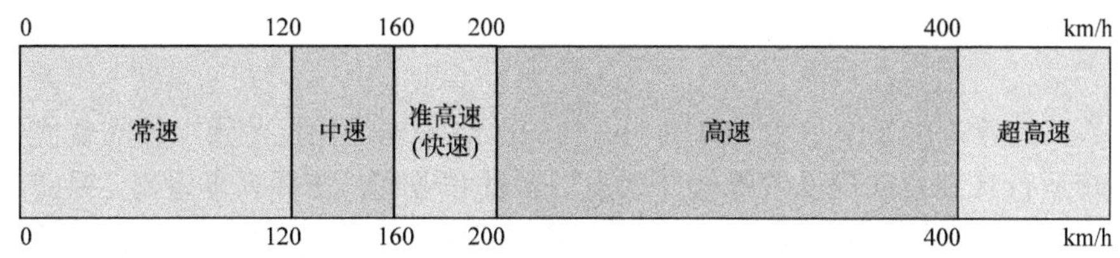

图 1-1　铁路等级划分

1.1.2　高速铁路的构成

高速铁路系统由六个子系统构成，分别是基础设施系统、动车组系统、通信与信号系统、牵引供电系统、运营调度系统及旅客服务系统，这六大系统在高速铁路的运营中各自发挥重要作用。

1. 基础设施系统

高速铁路线路是实现高速的基础，高速铁路要求线路的空间曲线平滑，即平纵断面尽可能平缓。与此同时，要求路基、轨道、桥梁具有高稳定性、高精度和小残余变形，要求建立严格的线路状态监测和保障轨道持久高平顺的科学管理系统。

2. 动车组系统

动车组是运送旅客的动力设备，高速铁路的动车组基本均为机车车辆一体化，按列车动力轮对的分布和驱动设备的设置分为动力集中式和动力分散式，目前世界上的动车组基本都在向动力分散式发展。与常规铁路相比，高速列车组需要性能良好的转向架、制动系统、低噪声及优良的空调设施等。

3. 通信与信号系统

高速铁路通信与信号系统，主要是由信号与控制系统和通信系统组成的。通信系统的主要功能有三方面：①能够完成指挥列车运行的各种调度命令信息及时、准确地传输，为列车的高速、安全运行保驾护航；②为旅客提供各种服务的通信；③为设备维修及运营管理提供通信条件，能够满足维修人员沿线作业时的信息需求。

高速铁路的信号与控制系统，是高速列车安全、高密度运行的基本保证，世界各国发展高速铁路都非常重视行车安全及其相关支持系统的研发。高速铁路的信号与控制系统是集微机控制与数据传输于一体的综合控制与管理系统，是当代铁路适应高速运营、控制与管理而采用的最新综合性高技术，统称为先进列车控制系统(Advanced Train Control System)。高速铁路的信号与控制设备，采用以电子器件或微电子器件为主的集中管理、以分散控制为主的集散式控制方式，分为行车指挥自动化与列车运行自动化两部分。

4. 牵引供电系统

牵引供电系统能够为高速铁路列车运行提供稳定、高质量的电流。与常速列车相比，高速列车电力牵引具有牵引供电更大、所受阻力更大、受电弓移动速度快、电流易发生波动等特点。牵引供电系统由牵引供变电系统、接触网系统、SCADA 系统、检测系统等构成。

5. 运营调度系统

高速铁路运营调度系统是集计算机、通信、网络等现代化技术为一体的现代化综合系统。对列车运行计划及基础设置维修计划进行审批和管理，指挥列车运行，是完成高速铁路运输组织特别是日常运营的根本保证，也为完成运输生成提供有力保障。运营调度系统主要由七部分组成：运输计划管理系统、列车管理系统、综合维修管理系统、车站作业管理系统、调度指挥管理系统、安全监控系统、系统运行维护体系。

6. 旅客服务系统

旅客服务系统的主要功能是处理与旅客服务相关的事件，主要包括发售车票、信息采集、信息发布、日常投诉、紧急救助、旅客疏散、旅客赔付等工作；另外，还有统计分析功能，为管理层提供决策依据。旅客服务系统由订/售票系统、决策支持系统、自动检票系统、旅客信息服务系统等构成。

1.1.3　高速铁路的特点

高速铁路具有速度快、安全性好、舒适度高、客运量大、正点率高、能耗低等诸多优点，因此高速铁路受到世界各国的重视。

1. 速度快

速度是高速铁路技术水平最主要的标志，各国都在不断提高列车的运行速度。世界各国高速铁路的最高运行速度见表 1-1。如果做进一步改善，运行速度可达到 350～400km/h。

表 1-1　世界各国高速铁路的最高运行速度

国家	法国	日本	德国	西班牙	意大利	中国
最高运行速度/(km/h)	300	330	280	270	250	350

注：数据来源于胡启洲、李香红、曲思源著编的《高铁简史》，2018 年。

世界各国高速铁路的最高试验速度见表 1-2。

表 1-2　世界各国高速铁路的最高试验速度

国家	最高试验速度/(km/h)	采用技术
德国	406.9	德国 ICE
法国	574.8	法国 TGV
意大利	319	意大利 ETR
西班牙	300	法国 TGV、西班牙 TALGO、德国 ICE
英国	300	法国 TGV
美国	300	法国 TGV
日本	581	日本新干线
韩国	352.4	法国 TGV-A
中国	605	法国 TGV、德国 ICE、中国 CRH

注：数据来源于胡启洲、李香红、曲思源著编的《高铁简史》，2018 年。

2. 安全性好

高速铁路由于在相对封闭的环境中自动化运行，又有一系列完善的安全保障系统，因此其安全程度是相当高的。有资料表明，各国交通运输中，铁路、公路、民航运输的事故率(每百万人公里的伤亡人数)之比大致为 1∶24∶0.8。如果采用先进的 ATC 列车速度控制系统，可以自动控制列车运行速度、调整列车运行间隔，按照允许行车速度的要求，自动使列车制动减速或停车，其安全程度十分可靠。

3. 舒适度高

高速铁路列车的走行性能好，运行平稳，减振、隔声效果好，车内布置整洁干净，工作、生活设施齐全，座位宽敞舒适。乘坐高速列车旅行几乎无不便之感，无异于愉快的享受。

4. 客运量大

依据 2021 年交通运输行业发展统计公报，2021 年铁路全年完成旅客发送量 26.12 亿人，比上年增长 18.5%，完成旅客周转量 9567.81 亿人公里，增长 15.7%。

5. 正点率高

高速铁路采用自动化控制，可以全天候运营，除非发生地震等其他自然灾害。高速铁路系统由于设备的可靠性和运输组织水平的高效性，可以保证旅客列车极高的正点率。西班牙规定高速列车晚点超过 5min 就要退还旅客的全额车票费；日本规定到发超过 1min 就算晚点，晚点超过 2h 就要退还旅客的加快费。1997 年东海道新干线列车平均晚点只有 0.3min，高速列车极高的准时性深得旅客信赖。

6. 能耗低

研究表明，若以普通铁路每人公里消耗能源为 1 单位，则公共汽车为 1.5，小汽车为 8.8，飞机为 9.8，而高速铁路仅为 1.3。高速列车利用电力牵引，不消耗宝贵的石油等液体燃料，可利用多种形式的能源，是全球可持续发展下的一种重要的交通方式，对人口众多、能源紧缺的中国来说，意义更加重大。

7. 污染轻

高速铁路没有粉尘、煤烟和其他废气污染，噪声比公路要小 5～10dB。

8. 占地少

与四车道的高速公路相比，高速铁路的用地只有高速公路的一半。

9. 效益高

高速铁路投入运行以来，倍受旅客青睐，如果强化管理，其经济效益也将十分可观。日本东海道新干线开通后仅 7 年就收回了全部建设资金，自 1985 年以后，每年纯利润约 20000 亿日元。德国 ICE 城市间高速列车每年纯利润约 5.4 亿欧元，法国 TGV 每年纯利润约 2.9 亿欧元。

中国正处在工业化和城镇化加快发展时期，高速铁路给沿线城市带来的高速交通优势，将使城市资源重新得到评估、定位和布局，实现周边城市在高铁中心城市的辐射带动下同步发展。

由于高速铁路通车，运力资源得到有效整合，既有铁路运力得以释放，缓解了长期以来运能紧张的矛盾，加快了人流、物流、资金流、信息流等生产要素的流通。因此，高速铁路沿线城市重新受到国内外投资商的青睐，纷纷前来考察项目，投资办厂。一些“资源枯竭型”城市的开发价值也被再次评估，重新焕发出发展活力。

例如，武广高速铁路开通后，长沙成为长株潭“一小时经济圈”的中心城市，利用高速铁路带来的人流、物流、信息流，湖南省已承接多项产业转程项目，并为此推行涉及税收、工商、财政、人力等方面的优惠新政。

郑州高速铁路客运站附近的区位优势，吸引企业竞相进驻。国内 500 强企业、跨国公司等战略投资者在这里大力培育核心骨干企业，促进支柱主导产业的形成。

京沪高速铁路于 2011 年 7 月开通运营，经过近三年的运营，已于 2014 年首次实现盈利。

大量数据表明，高速铁路沿线已经成为中国经济发展最活跃的地区。可以预见，高速铁路在支撑区域协调发展、优化资源配置和产业布局、构建高效综合运输体系、降低社会物流成本、促进城镇一体化进程和经济可持续发展等方面将发挥巨大的作用。

1.2　世界高速铁路发展与规划

高速铁路作为现代工业文明的崭新成果，发端于日本，发展于欧洲，兴盛于中国。在未来，高速铁路仍然是不可或缺的交通工具。

1.2.1　世界高速铁路发展概况

高速铁路作为一种具有安全可靠、技术含量高、快捷舒适、运载量大、低碳环保、正点率高等特征的运输方式，已经成为世界交通业发展的重要趋势，引领人类走向新时代，世界高速铁路以中国 CRH(CRH 是 China Railways High-speed 的缩写，含义是中国高速列车)、日本新干线、法国 TGV 和德国 ICE 为世界高速铁路技术、运营管理的代表，建立自主知识产权，成为当今世界上四个最强的高速铁路技术保有国。就全球而言，高速铁路的发展先后经历了三次建设高潮。

(1) 第一次高潮：20 世纪 60 年代至 80 年代末期。日本、法国、德国和意大利等发达国家纷纷铺设了各自的高速铁路线路。1964 年 10 月，世界第一条真正意义上的高速铁路日本东海道新干线东京—大阪正式通车，标志着世界高速铁路新纪元的到来。在此期间比较有代表性的高速铁路线路还有法国的东南线和大西洋线、德国汉诺威—维尔茨堡高速新线及意大利罗马—佛罗伦萨线。世界高速铁路总里程约达 3198km。日本、法国、德国、意大利等国家共同推动了高速铁路的快速发展。

(2) 第二次高潮：20 世纪 80 年代末期至 90 年代中期。由于日本等国家高速铁路建设巨大成就的示范效应，世界各国对高速铁路投入了极大关注并付诸实践。1991 年瑞典开通 X2000“摆式列车”，解决了瑞典境内多数轨道曲线半径小于 600m 的问题，并把列车速度提高到 200km/h；1992 年西班牙引进法、德两国技术建成 471km 长的马德里—塞维利亚高速铁路；1994 年英吉利海峡隧道通过高速铁路国际连接线把法国与英国连接在一起；1997 年 11 月，从巴黎开出的“欧洲之星”列车，又将法国、比利时、荷兰和德国相连接。在这一时期，意大利、法国、德国及日本对高速铁路的发展进行了全面规划。这次高速铁路的建设高潮，不仅是铁路企业提高效益的需要，而且反映出各国扩展运输网及能源、环境的要求。

(3) 第三次高潮：20 世纪 90 年代中期至今，波及亚洲、欧洲、北美洲及大洋洲，可谓世界交通运输业的一场革命。俄罗斯、韩国、澳大利亚、英国、荷兰、中国等国家先后开始建设高速铁路。为配合欧洲高速铁路网建设，东欧与中欧的捷克、匈牙利、波兰、奥地利、希腊及罗马尼亚等国家也对其干线铁路进行全面提速改造。此外，美国、加拿大、印度、土耳其等国家也开始对高速铁路给予关注。

目前，全世界已通车运营的 250km/h 及以上的高速铁路主要分布在日本、法国、德国、西班牙、意大利、韩国、英国、俄罗斯、比利时、荷兰、瑞典、土耳其、中国等国家。日本已投入运营的新干线高速铁路里程为3041公里，平均运营时速达243公里；法国已投入运营的TGV高速铁路里程为2142公里，平均运营时速达277公里；德国已投入运营的ICE高速铁路里程为1718公里，平均运营时速达232公里。中国高速铁路的旅行速度也走到了世界前列，如“复兴”号高铁时速可达350公里，近年中国南车集团新研制的新一代高铁——CIT500型高铁，其试验速度已经达到605km/h，这也打破了法国保持的574.8km/h的世界纪录，成为目前速度最快的高铁。

1.2.2　日本、欧洲高速铁路

1964年10月1日，日本东海道新干线正式开通运营，全长515.4km，其以安全、快速、准时、舒适、运力大、污染小、能耗小、节约土地资源等优势获得了政府和公众的一致好评。就经济效益来看，高速铁路的建成也给日本带来了高额回报，新干线也被誉为“日本经济腾飞的脊梁”。自东海道新干线投入运营后，高速铁路的市场份额迅速提升，平均每天运送旅客36万人次，年运输量达到1.2亿人次，极大缓和了包括东京、横滨、名古屋、大阪等城市在内的东海道地区紧急的运输状况，并且大幅提升了运输服务质量。新干线实现了1964年开始运营、1966年开始盈利、1972年收回全部投资的辉煌业绩。

日本开发新干线之时，欧美国家还将铁路运输看作“夕阳产业”，将发展重心放在了高速公路和航空运输上。新干线的成功给欧洲联盟(简称欧盟)国家带来巨大冲击，以法国和德国为代表的欧盟国家开始奋起直追。1981年9月27日，巴黎到里昂间部分高铁线路作为欧盟当时唯一条高速铁路开通投入运营，明亮的橘红色TGV流线型列车声名大振。法国高铁仅用10年时间就抵偿了营建成本，成为法国高技术的象征之一。法国的高铁列车拥有量目前欧洲第一，并向外出口高铁技术。而TGV一直牢牢占据高速轮轨的速度桂冠，当下的纪录是2007年创下的574.8km/h。另外，法国境内的加来至马赛TGV的平均时速超过300公里，表现也非常稳定。法国TGV的最大优势在于传统轮轨领域的技术领先。1996年，欧盟各国的国有铁路公司经联合协商后确定采用法国技术作为全欧高速列车的技术标准。因此TGV技术被出口至韩国、西班牙和澳大利亚等国家，是被运用最广泛的高速轮轨技术。法国TGV高速铁路运营取得的成功大力推动了沿线地区经济的均衡发展，促进了房地产、工业机械、钢铁等相关产业的发展，欧洲铁路市场份额大幅度回升，企业经济效益明显好转。

德国的高铁系统简称ICE，即“城际快车”，时速为200～300公里；虽然德国的高速公路和民用航空高度发达，但是高铁提供了一个更为节能环保的出行方式，在德国的长途运输中占有重要地位，目前高铁将德国的130多个城市连为一体。1991年，德国首列ICE高铁列车在汉诺威到维尔茨堡的路线上运行。注重环保节能是德国高铁的一大特点，德国铁路公司的数据显示，德国第三代高速列车(ICE3)比汽车和飞机更节能，在载客率为50%的情况下，每人每百公里折合油耗还不到2L。德国还开通了多条“欧洲跨境高铁线路”，与英国、比利时、荷兰、瑞士和奥地利合作，乘客可以乘高铁跨越多国。

到了20世纪90年代，法国、德国、意大利、西班牙、比利时、荷兰、瑞典等欧盟中大部分发达国家，为提高国家内部企业的效益，满足国家能源、环境、交通政策的需要，大规模修建该国或跨国界高速铁路，高速铁路规模日渐扩大，逐步形成欧盟高速铁路网络。欧盟高速铁路开始发展壮大。德国的高速铁路发展具备坚实的技术基础。1988 年，在其电力牵引试验中高铁列车速度就达到了 406.9km/h。但是，由于种种原因，直到 20 世纪 90 年代以后，德国高速铁路才陆续开通运营。目前，德国 ICE 高速列车可以通达绝大多数城市，总里程约 1000km，可通行范围达 6300km 以上，列车最高速度可达 300km/h。此外，意大利、西班牙等国家也在高速铁路领域形成了自己的技术特点。

1.2.3　中国高速铁路

世界上最大的高速铁路网在中国，其线路里程超过 4 万千米，约占世界总里程的三分之二。与西方国家相比，中国的高速铁路发展起步较晚，但中国的铁路建设技术已经非常成熟。早在 20 世纪 70 年代末，中国便开始进行高速铁路的规划和研究工作。80 年代中期，中国也提出了建设高速铁路网的构想。直到 2005 年，中国才建成第一条高铁试点。但中国的高铁发展速度远远快于西方，仅仅几年，中国就在全国范围内启动了大规模的高铁项目。短短几年时间，包括京沪高铁在内的多条长途高铁线路相继建成，随后十余年，中国高铁事业快速发展，运营里程迅速超越西方成为当今世界第一。

2008 年 10 月，中华人民共和国国家发展和改革委员会(简称国家发展改革委)颁布的《中长期铁路网规划(2008 年调整)》中规划建设“四纵四横”客运专线。其中“四纵”为北京—上海客运专线、北京—武汉—广州—深圳(香港)客运专线、北京—沈阳—哈尔滨(大连)客运专线、上海—杭州—宁波—福州—深圳客运专线，“四横”为徐州—郑州—兰州客运专线、杭州—南昌—长沙—贵阳—昆明客运专线、青岛—石家庄—太原客运专线、南京—武汉—重庆—成都客运专线。2017 年 12 月 28 日，石家庄—济南高速铁路建成通车，标志着中国“四纵四横”高速铁路建设网完美收官。2017 年 11 月，由国家发展改革委、交通运输部、国家铁路局、中国国家铁路集团有限公司联合颁布的《铁路“十三五”发展规划》明确在全面贯通“四纵四横”高速铁路网主骨架的基础上，进一步推进“八纵八横”主通道建设，实施一批客流支撑、发展需要、条件成熟的高速铁路项目，构建便捷、高效的高速铁路网络，拓展服务覆盖范围，缩短区域间的时空距离。

“八纵”通道包括沿海通道、京沪通道、京港(台)通道、京哈-京港澳通道、呼南通道、京昆通道、包(银)海通道、兰(西)广通道，具体如下。

(1) 沿海通道：大连(丹东)—秦皇岛—天津—东营—潍坊—青岛(烟台)—日照—连云港—盐城—南通—上海—宁波—福州—厦门—汕头—深圳—江门—湛江—北海(防城港)高速铁路(其中青岛至连云港段利用青连铁路，连云港至盐城段利用连盐铁路，盐城至南通段利用盐通铁路，南通至上海段利用沪通铁路，上海至宁波段新建跨杭州湾铁路大桥)，连接东部沿海地区，贯通辽中南、京津冀、山东半岛、东陇海、长三角、海峡西岸、珠三角、北部湾等城市群。

(2) 京沪通道：北京—天津—济南—南京—上海(杭州)高速铁路，包括南京—杭州、蚌埠—合肥—杭州高速铁路，同时通过北京—天津—东营—潍坊—日照—临沂—淮安—扬州—南通—上海高速铁路，连接华北、华东地区，贯通京津冀、长三角等城市群。

(3) 京港(台)通道：北京—雄安新区—衡水—菏泽—商丘—阜阳—合肥(黄冈)—九江—南昌—赣州—惠州—深圳—香港(九龙)高速铁路；另一支线为合肥—黄山—上饶—福州—台北高速铁路，包括南昌—福州(莆田)铁路，连接华北、华中、华东、华南地区，贯通京津冀、长江中游、海峡西岸、珠三角等城市群。

(4) 京哈—京港澳通道：哈尔滨—长春—沈阳—北京—石家庄—郑州—武汉—长沙—广州—深圳—香港高速铁路，包括广州—中山—珠海—澳门高速铁路，连接东北、华北、华中、华南、港澳地区，贯通哈长、辽中南、京津冀、中原、长江中游、珠三角等城市群。

(5) 呼南通道：呼和浩特—大同—太原—长治—晋城—焦作—郑州—南阳—襄阳—常德—益阳—娄底—邵阳—永州—桂林—柳州—南宁高速铁路，连接华北、中原、华中、华南地区，贯通呼包鄂榆、山西中部、郑州大都市区、长江中游、北部湾等城市群。

(6) 京昆通道：北京—雄安新区—太原—西安—重庆—昆明高速铁路，包括北京—张家口—大同—太原高速铁路，连接华北、西北、西南地区，贯通京津冀、太原、关中平原、成渝、滇中等城市群。

(7) 包(银)海通道：包头—延安—西安—成都(重庆)—贵阳—南宁—湛江—海口(三亚)高速铁路，包括银川—西安高速铁路及海南环岛高速铁路，连接西北、西南、华南地区，贯通呼包鄂、宁夏沿黄、关中平原、成渝、黔中、北部湾等城市群。

(8) 兰(西)广通道：兰州(西宁)—临夏—合作—九寨沟—绵阳(安州)—广汉—成都—眉山—乐山—宜宾—毕节—贵阳—都匀—桂林—贺州—肇庆—佛山—广州高速铁路，连接西北、西南、华南地区，贯通兰西、成渝、黔中、珠三角等城市群。

“八横”通道为绥满通道、京兰通道、青银通道、陆桥通道、沿江通道、沪昆通道、厦渝通道、广昆通道，具体如下。

(1) 绥满通道：绥芬河—牡丹江—哈尔滨—齐齐哈尔—呼伦贝尔—满洲里高速铁路，连接黑龙江及蒙东地区。

(2) 京兰通道：北京—张家口—呼和浩特—银川—兰州高速铁路，连接华北、西北地区，贯通京津冀、呼包鄂、宁夏沿黄、兰西等城市群。

(3) 青银通道：青岛—济南—石家庄—太原—银川高速铁路(其中太原至银川段利用太中银铁路)，连接华东、华北、西北地区，贯通山东半岛、京津冀、太原、宁夏沿黄等城市群。

(4) 陆桥通道：连云港—徐州—郑州—西安—兰州—西宁—乌鲁木齐高速铁路，连接华东、华中、西北地区，贯通东陇海、中原、关中平原、兰西、天山北坡等城市群。

(5) 沿江通道：上海—南京—合肥—武汉—重庆(成都)高速铁路，包括南京—安庆—九江—武汉—宜昌—万州—重庆、万州—达州—遂宁—成都高速铁路(其中达州至成都段利用达成铁路)，连接华东、华中、西南地区，贯通长三角、长江中游、成渝等城市群。

(6) 沪昆通道：上海—杭州—南昌—长沙—贵阳—昆明高速铁路，连接华东、华中、西南地区，贯通长三角、长江中游、黔中、滇中等城市群。

(7) 厦渝通道：厦门—龙岩—赣州—长沙—常德—张家界—黔江—重庆高速铁路(其中厦门至赣州段利用龙厦铁路、赣龙铁路，常德至黔江段利用黔张常铁路)，包括赣州—衡阳—邵阳—怀化—铜仁—黔江高速铁路，连接海峡西岸、中南、西南地区，贯通海峡西岸、长江中游、成渝等城市群。

(8) 广昆通道：广州—南宁—昆明高速铁路，连接华南、西南地区，贯通珠三角、北部湾、滇中等城市群。

截至 2021 年底，全国铁路运营突破 15 万千米，其中高铁超过 4 万千米。2022 年 1 月

18 日，国务院印发《“十四五”现代综合交通运输体系发展规划》(以下简称《规划》)。在高铁方面，《规划》提出的发展目标为：到 2025 年，主要采用 250 公里及以上时速标准的高速铁路网对 50 万人口以上城市覆盖率达到 95%以上，普速铁路瓶颈路段基本消除。7 条首都放射线、11 条北南纵线、18 条东西横线，以及地区环线、并行线、联络线等组成的国家高速公路网的主线基本贯通，普通公路质量进一步提高。

1.3　高速铁路的运营管理与维护

高速铁路经历了近百年的发展，已从大规模建设转为养护维修。高速铁路固定设施维护管理应以实行属地化管理和“管、检、修”分开的管理体制为原则，以“专业强化、管理集中、资源综合”和“精干高效”为养修理念，以建立高效率、低成本、少人力、现代化、信息化和先进适用的综合维修管理技术体系为目的。为全面展现安全可靠、运营有序、服务优质、管理一流的中国高速铁路新形象，中国铁路科技工作者在高速铁路的联调联试、运输管理模式、固定设备维护、动车组检修运用、调度指挥、客运服务等方面积累了许多成功的经验，已形成了一整套高速铁路的运营管理技术。

1.3.1　高速铁路运营组织与管理

高速铁路运营组织与管理是以市场为导向、以旅客为中心，研究市场、把握需求，优化系统资源要素、集约化经营、品质化服务、常态化组织，构建了高度集成、信息流畅、指挥有力、应对有序、面向市场的营销系统；并以高速铁路安全为核心，管好用好高速铁路资源，建立了各系统各专业融合、条块结合、系统集成的运营组织系统；围绕快速响应、智能比选的要求，为专业部门提供科学、系统、高效的管理辅助手段和运用支撑体系，为全面提升高速铁路运营管理水平提供基础保障系统。

高速铁路运营组织与管理主要包含产品设计、客运服务、行车组织和运营评价等方面。其中，产品设计遵循“按流开车”的基本原则。通过客流调查、分析和预测，得出相应的客流计划，在此基础上确定旅客列车开行方案(运行区段、种类及开行对数)并编制列车运行图(运行时刻、交路计划)，还要确保列车运行计划既与基础客流相匹配，又具有一定弹性以适应运营调整。同时，尽可能减少旅客换乘次数与在途时间，经济合理地使用列车车底，使列车交路长短结合，运能均匀利用，充分发挥铁路运输能力和设备利用率。总之，根据高速铁路特点，结合旅客出行的实际需求，在保证高速铁路运输高度安全性和可靠性的基础上，构建集“产品设计、客运服务、行车组织、运营评价”高度协调统一的运输组织管理模式，建立以旅客、市场为核心的运营管理理念，达到高速铁路运营管理高效、有序的目的，提升高速铁路服务品质和实力。

与日本、德国、法国等国家的高速铁路相比，中国地域辽阔，高速铁路运营线路长，高速铁路沿线地区客流需求存在很大的区别，在乘降区间、运行速度、价格、服务质量及客流特征等方面存在很大的差异。例如，高速铁路列车开行频率高、密度大，对准时性和可靠性的要求更高。因此，高铁对列车运行计划编制的一体化、调度指挥的灵活性、列车运行调整响应的快速性等提出更高的要求。高速铁路运营组织与管理就是指通过综合协调运输需求与各类硬件条件及资源，为旅客提供良好的运输服务的各类组织技术和方法。高速铁路运营组织与管理的目的是为乘客提供快速、安全、准时、舒适、便利的运输服务，使乘客能够便利地进站候车、购票、安全而舒适地旅行，快速而准确地到达目的地，而安全运行和优质服务的前提是高速铁路系统同时正常、协调地运行。

1.3.2 高速铁路维护

高速铁路具有列车运行速度快、密度大、与既有线路关系复杂等特点，因此可靠的设备是不可或缺的安全保障。经过十多年的不断实践和探索，在总结国内外固定设备、移动设备、监控检查设备维护经验的基础上，已经形成了切合实际的高速铁路技术装备运营维护保障体系。高铁固定设备设施按照专业分别由工务、电务、供电、房建等专业部门负责，按照建立的设备电子履历档案，加强设备技术状态、养护过程管理，运用大数据方法，定期评估设备安全状态，科学制定设备维护周期、范围和维修技术条件。

在维修时间上，安排夜间停止行车的“天窗修”；在维修方式上采用大型机械定期维修和设备状态变化的临时维修；在移动设备设施维护方面，依靠动车组健康管理及运营维护决策系统，积极推进动车组运营维护数据的采集、处理、分析和应用，有效提高检修效率和检修质量。通过推进优化动车组一级检修作业模式、动车组二级检修流程，极大地释放了动车组检修的能力，并提高了劳动效率。高级修(三级修、四级修、五级修)采用自主维修和厂家维修相结合的方式，大力推动各铁路集团公司自主检修能力的建设，确保动车组检修质量和运行安全。

在检修监控设备的维护方面，高速铁路广泛采用传感技术、大容量通信技术、控制与系统技术、管理与决策技术等，强化关键基础设施状态和移动装备的检测监测、状态诊断与风险预警干预，具体包括轨道结构状态监测、路基变形监测、复杂结构桥梁健康监测、特长隧道安全检测、高铁供电安全检测监测(6℃系统)、通信信号监测、列车运行状态监控等系统，并通过开行综合检测列车，全方位、全天候检测/监控高铁设备运用状态，并及时集中存储相关数据，启动状态修、故障修等干预手段的同时，提供维修依据和故障处理后台支撑，保证了设备维护质量。

保证线路的质量与设备的完整是当前铁路维修与养护的最根本任务。因此，为了保证铁路运行始终能够处于安全、平稳状态，应该进行必要的线路维修与保养，以有效提升线路的运行质量。要将“预防为主，防治结合，修养并重”的原则切实落实到线路维修过程中，以设备的变化规律作为依据对线路进行临时补修，以便对病害进行有效的防治。当前，高速铁路线路养护应不断更新新技术、使用新设备，通过先进的施工工艺与完善的检测技术不断推动线路养护维修的现代化与信息化，推动高速铁路的健康、高速发展。

小　　结

本章主要对高速铁路进行简要介绍，目前公认的定义由国际铁路联盟所规定：新线250km/h 以上，既有线改造 200km/h 以上的铁路称为高速铁路。高速铁路系统由六个子系统构成，分别是基础设施系统、动车组系统、通信与信号系统、牵引供电系统、运营调度系统及旅客服务系统，这六大系统在高速铁路的运营中各自发挥重要作用。高速铁路的特点主要有速度快、安全性好、舒适度高、客运量大、正点率高、能耗低、污染轻、占地少、效益高。高速铁路作为现代工业文明的崭新成果，发端于日本，发展于欧洲，兴盛于中国。就全球而言，高速铁路的发展先后经历了三次建设高潮。高速铁路运营与维护管理是高速铁路发展的关键因素。高速铁路运营组织与管理是以市场为导向、以旅客为中心，研究市场、把握需求，优化系统资源要素、集约化经营、品质化服务、常态化组织，构建高度集成、信息流畅、指挥有力、应对有序、面向市场的营销系统。高速铁路具有列车运行速度快、密度大、与既有线路关系复杂等特点，因此可靠的设备是不可或缺的安全保障。经过十多年的不断实践和探索，在总结国内外固定设备、移动设备、监控检查设备维护经验的基础上，已经形成了切合中国实际的高速铁路技术装备运营维护保障体系。

第 2 章　高速铁路联调联试

高速铁路是一项庞大的系统工程，建设标准高，综合性强，技术复杂，涉及工务工程、动车组、牵引供电、通信信号、运营调度、客运服务等众多子系统，各子系统间接口复杂又相对独立，其设备配置必须满足整体系统的功能要求，所有这一切决定了在高速铁路建设中应进行综合性的大系统调试，即开展联调联试。

2.1　概　　述

2.1.1　概念

高速铁路联调联试是指在高速铁路工程完成静态验收，确认达到联调联试条件后，采用检测列车和相关检测设备，对高速铁路各系统的功能、性能、状态和系统间匹配关系进行综合检测、验证与调整、优化，使整体系统达到设计要求，满足以设计速度开通运营的要求。

具体而言，高速铁路联调联试是以高速铁路开通运营时一次达到设计速度为目标，在工程静态验收合格后，采用检测列车、测试动车组、综合检测列车等和相关检测设备在规定测试速度下对全线各系统进行综合测试，评价和验证供变电、接触网、通信、信号、客运服务、防灾等系统的功能，验证路基、轨道、道岔、桥梁、隧道等结构工程和振动噪声、声屏障、电磁兼容、综合接地及列车空气动力学等适用性；检验相关系统间接口关系；对全线各系统和整体系统进行调试、优化，使各系统和整体系统功能达到设计要求，为高速铁路的开通提供科学依据。

高速铁路联调联试过程中，动态检测工作结合联调联试工作进行。动态检测是通过采用测试动车组和综合检测列车等，根据设计和相关技术标准，在规定速度范围内对系统功能、动态性能和系统状态进行检测。动态检测结果为动态验收提供依据。

开展联调联试的原因可以从以下四个方面进行阐释。

(1) 实现高速铁路系统集成整体目标。从轮轨关系、弓网关系、机电耦合、列车控制等方面，检测、调试、优化各系统间的接口功能，使整体系统的功能达到最优，满足运输要求。通过系统联调联试，经由大系统到子系统的多次检测和调整，方可认定系统功能的完整性与合理性。

(2) 实现移动设备与固定设施的最佳匹配。通过联调联试，使移动设备与固定设备间得到相互磨合，综合调试并评估高速铁路各系统接口匹配功能、整体系统运行性能、安全性及环境保护等，在系统总体目标的协调下实现移动设备与固定设施间的最佳匹配。

(3) 实现对系统的安全性分析和指导缺陷整改。高速铁路运行速度快，对整体系统的安全性要求高，因此要通过联调联试判别可能出现的故障类别和波及范围，确定发现系统缺陷和故障，指导相关部门进行调整和克服缺陷，并经过复测，确认系统已完成缺陷整改，保证高速铁路整体系统的安全性。

(4) 为运营提供有效的技术支持。联调联试结果是高速铁路工程验收的依据之一。通过系统调试和运行试验，全面综合检验高速铁路线路、通信、信号、供电、动车组、调度指挥、客运服务等设施和设备及行车组织方式等，能否满足列车高速、高效、高密、安全、平稳的运行要求，为开通运营和进一步优化设备配置、提高设备性能、制定科学合理的运输组织方案提供技术支持。

2.1.2　特点

高速铁路是一个复杂的系统工程，其寿命周期主要分为五个阶段，即决策阶段、勘察设计阶段、实施阶段、验收阶段、运营阶段，如图 2-1 所示。其中验收阶段又细分为静态验收、动态验收、初步验收、安全评估、正式验收五个阶段；静态验收是联调联试、动态检测的前提，通常由铁路局会同建设项目管理机构实施。

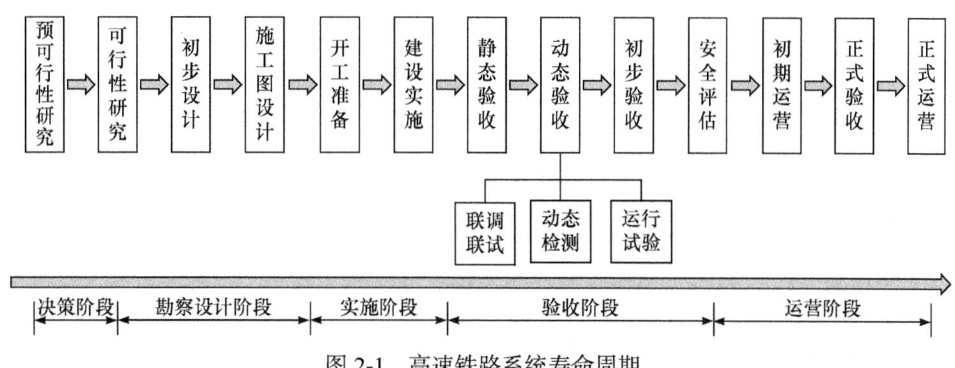

图 2-1　高速铁路系统寿命周期

高速铁路联调联试、动态检测是一个复杂的系统工程，具有结构层次性、工程差异性、相互关联复杂性等特点。

1. 结构层次性

从组织层面看，高速铁路联调联试、动态检测组织机构主要有领导小组、现场指挥部、具体工作实施组、安全责任片区包保组、动车运行区段包保组，以及参建设计、施工、监理单位和建设项目管理机构配合组等，其结构如图 2-2 所示。

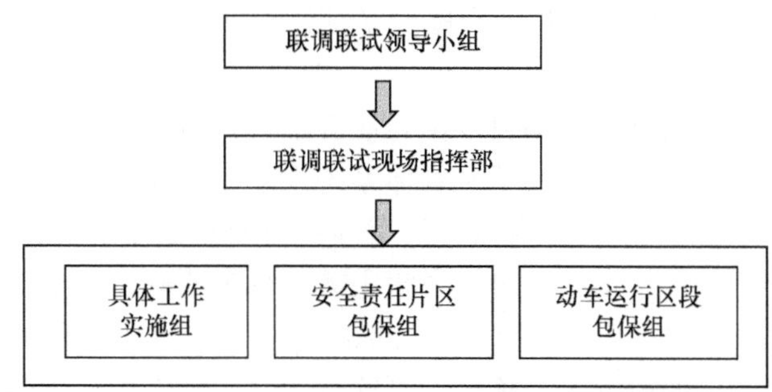

图 2-2　高速铁路联调联试组织结构层次

从测试层面看，高速铁路联调联试、动态检测通常由检测单位(如由中国铁道科学研究院)会同铁路局、建设项目管理机构，以及设计、施工、运营、监理、高等学校、咨询等不同专业的单位共同组成技术顾问团队，形成联调联试的技术方面的层次结构，负责解决联调联试、动态检测的技术难关。

2. 工程差异性

每条高速铁路的运营里程、地势情况、气候状况等情况各有特点，同时线路、桥梁、路基等工程状况及设备性能也不尽相同。

3. 相互关联复杂性

高速铁路联调联试、动态检测工作内容多、涉及单位广、设备整治与联调联试交叉进行，不同管理层级之间的指令关系复杂，同层级不同专业的单位及同专业不同试验区段之间的接口繁多，不同时段的作业相互关联、相互交叉、相互耦合。联调联试工作既要重视子系统的单体测试试验，也要重视整体系统的性能、功能及各系统间配合关系的检验与验证。

2.1.3 工作流程及内容

高速铁路联调联试、动态检测应通过系统管理研究，完善相关工作流程，针对 5 个阶段实施过程和 16 大项主要试验项目开展工作。

1. 工作流程

高速铁路联调联试、动态检测的主要工作流程包括：项目委托，试验大纲编制、审查和批复，编制实施方案，成立组织机构，制定规章制度，现场实施，设备整治，质量评定，编写报告，报告审查等工作。在试验大纲编制完成经中国国家铁路集团有限公司(原中华人民共和国铁道部，简称国铁集团)批准后，铁路局和建设项目管理机构根据批准的试验大纲制定动态验收实施方案；静态验收合格、符合综合检测车试验条件后，铁路局和建设项目管理机构向国铁集团主管部门提出动态验收申请，经批准后，成立联调联试组织机构，颁布规章制度，开展联调联试、动态验收工作。工作流程如图 2-3 所示。

1) 项目委托

根据高速铁路联调联试、动态检测及运行试验计划安排，建设项目管理机构宜于联调联试开始前不少于 3 个月向检测单位递交联调联试、动态检测及运行试验委托函。

2) 试验大纲编制、审查和批复

联调联试及动态检测大纲检测项目及内容应齐全，检测方案与方法可行，能够对全线各系统状态、功能及系统间的接口关系和整体系统性能进行充分的检测试验；采用的评判标准能够对列车运行的安全性、平稳性、舒适性进行验证，对各系统、整体系统的安全性、功能、性能进行评价；现场组织机构方案完善、分工明确，能够保证联调联试的顺利实施。在大纲编制中，测试项目和内容、评价标准与地面测点选择是关键内容。

建设项目管理机构负责组织检测单位编制联调联试及动态检测大纲。编制完成的大纲由铁路局组织初审，国铁集团组织专家审查并批准执行。

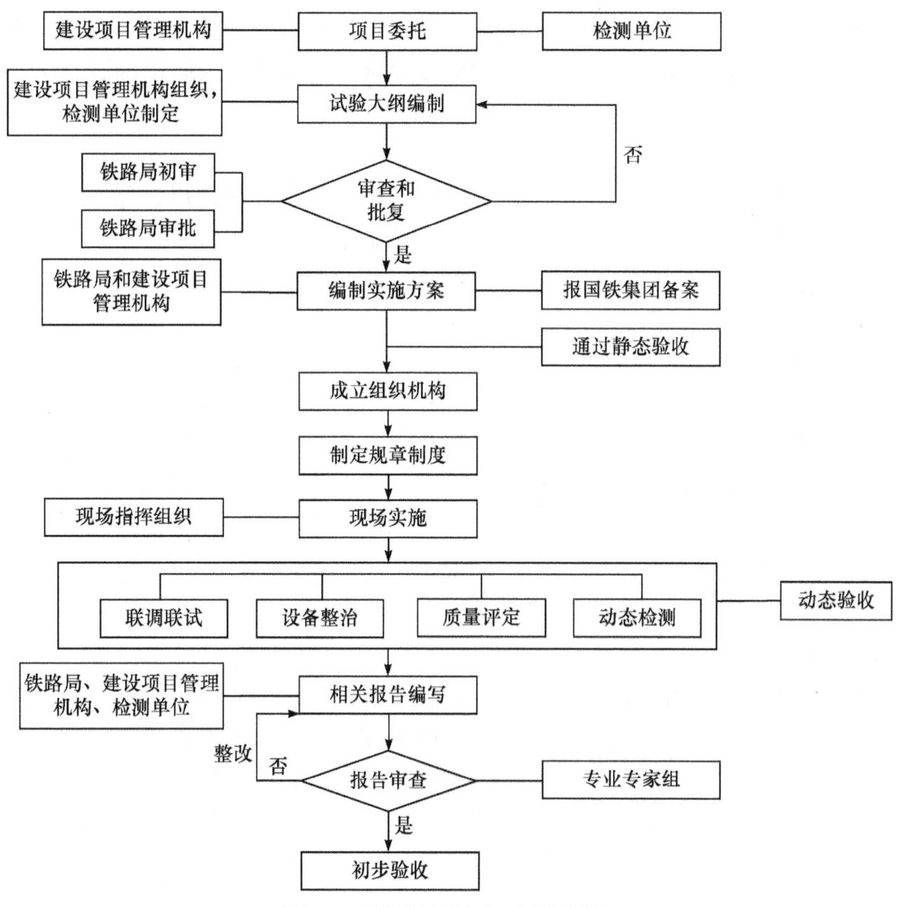

图 2-3　联调联试实施流程示意图

3) 编制实施方案

实施方案在试验大纲及审查意见的基础上，依据国铁集团有关规定，由铁路局负责编制指导联调联试、动态检测期间组织和责任分工、工作流程、规章制度和相关要求等各阶段、各专业工作的操作性文件，并报国铁集团备案。

4) 成立组织机构

铁路局和建设项目管理机构在动态验收申请获得批准后，由铁路局会同建设项目管理机构、检测单位成立联调联试、动态检测组织机构。

5) 制定规章制度

依据工程技术特点、设备配置情况、工程状态和试验要求，铁路局应制定试验期间行车组织、施工管理、设备使用和维修、安全管理及应急处理等规章制度，建立相关工作机制。

6) 现场实施

根据试验需要，合理配置和利用人员、设备等资源，按照实施计划和确定的工作程序组织实施。试验期间，根据检测结果进行检查、整治、评定，进一步提升设备质量。

7) 编写报告

联调联试、动态检测期间和结束后，检测单位、集成商、铁路局、建设项目管理机构等相应组织人员及时进行测试数据分析，查找问题，加强设备缺陷整改和精调，直至所有测试数据达到设计和测试大纲所确定的评判标准要求，并及时形成阶段测试报告和动态验收报告，为项目开通运营提供技术支持。

8) 报告审查

联调联试、动态检测结束后，由国铁集团组织相关专家对铁路局、建设项目管理机构上报的动态验收报告进行审查，对验收发现的问题进行确认整改。

2. 主要工作

1) 前提条件

联调联试、动态检测前期工作全面开展对于联调联试有序推进至关重要，铁路局及建设项目管理机构应成立相应的组织，积极开展各项工作，满足联调联试工作需要。联调联试前期需要完成剩余工程推进、铁路局提前介入、工程静态验收、联调联试大纲编制、联调联试实施方案编制、联调联试规章制度编制等多项工作，涉及的单位和专业多，工作量大。作为委托运营接管单位的铁路局的工作重点是提前介入工程建设，组织对工程进行静态验收；建设项目管理机构的工作重点是剩余工程推进。

2) 组织管理

联调联试、动态检测组织管理重点应研究联调联试组织模式管理特点及概念特征，铁路局应采用顶层设计理念指导联调联试组织结构组成模式，根据界面管理原则，采取措施进行职责分工，研究联调联试期间可能产生的界面矛盾及矛盾发展的规律，分析影响因素，研究联调联试组织业务流程及以铁路局为主导制定、实施的管理制度，研究高速铁路联调联试工作机制，采取有效的激励措施，保障组织管理取得良好效果。

(1) 试验检测。

联调联试、动态检测按实施过程分为现场准备、逐级提速联调联试、信号系统集成商测试、信号系统联调联试、全线拉通等阶段，内容见表 2-1。联调联试检测按专业主要分为 16 大项，可根据项目实际情况进行增减，内容见表 2-2。

表 2-1　高速铁路联调联试、动态检测试验项目

序号	阶段	内容
1	现场准备阶段	铁路局、建设项目管理机构组织配合试验主体单位完成各专业地面测点的设备安装、调试及接触网静态弹性、高速道岔转换和夹异物试验等
2	逐级提速联调联试阶段	① 逐级提速联调联试项目包括轨道状态、接触网系统、供变电系统、通信系统、信号设备状态、综合接地、电磁环境、振动噪声、路基及过渡段动力性能、轨道结构、道岔、桥梁、隧道等； ② 试验速度级可分为 200km/h、220km/h、240km/h、260km/h、280km/h、300km/h、310km/h、320km/h、330km/h、340km/h、350km/h，单列动车组逐级提速联调联试每个速度级宜运行 1～4 个往返，重联动车组逐级提速联调联试每个速度级宜运行 1～2 个往返，350km/h 以上速度试验由现场指挥小组根据测试数据确定
3	信号系统集成商测试阶段	① 开展 C3 系统 ITC 测试、侧线数据采集、C3 系统场景试验等项目的信号系统集成商测试 ② 复测接触网静态几何参数
4	信号系统联调联试阶段	① C3 基本进路与数据验证测试、C3 系统故障功能测试、C3 后备功能测试与数据验证、C3 系统互联互通、枢纽互联互通、联络线及全线 C3 设备调试等；

续表

序号	阶段	内容
4	信号系统联调联试阶段	② C2-200C 控制系统跨线车兼容性测试； ③ 动车组动态偏移量验证试验
5	全线拉通阶段	① 采用动车组对全线进行拉通试验； ② 对全线及车站信号系统进行复测和补测

表 2-2　高速铁路联调联试、动态检测内容

序号	项目名称	试验内容
1	轨道	根据轨道状态检测和车辆动力学响应、轨道结构动力性能、道岔动力性能测试结果，对轨道进行调整与精调，满足列车运行的安全性、平稳性要求
2	接触网系统	根据接触网几何参数、接触网平顺性、弓网受流性能、接触网性能、自动过分相测试数据，指导接触网系统调试与精调，使接触网系统达到设计目标及满足运营要求
3	供变电系统	考核在动车组按设计要求的各种运行条件下，供变电系统性能；评价供变电系统的安全性、稳定性和可靠性。根据测试结果，指导供变电系统调整和优化，使供变电系统达到设计目标、满足运行要求
4	通信系统	通过对通信系统的性能、功能、接口等内容进行测试、验证及调试，考核 GSM-R 数字移动通信系统在列车高速运行动态条件下的场强覆盖、网络服务质量、业务承载可靠性等；验证通信系统为客运服务、信号等系统提供通信服务的质量和可靠性等；根据测试结果，指导通信系统进行调整和优化，使通信系统达到设计要求
5	信号系统	验证高速铁路信号系统的功能、安全性、可用性。根据测试结果进行系统调试，指导软件升级，为系统结构完善与优化、系统验收与开通、制定运营组织方案和规章制度、指导系统维护管理提供依据
6	客运服务系统	通过对客运服务系统业务功能、售检票和旅客服务业务流程、内外部接口、系统及通信网络性能进行测试和调整，验证客运服务系统是否满足设计和运营要求
7	防灾安全监控系统	通过对防灾安全监控系统的测试，验证系统设备是否达到相关技术条件要求，考核系统信息是否准确及时，确认系统功能是否满足设计要求。根据测试结果，对防灾安全监控系统进行优化调整，使其达到设计要求
8	综合视频监控系统	通过对综合视频监控系统的应用功能、联动功能、图像质量及接口关系的联调联试，评估综合视频监控系统对高速铁路沿线及站/段重要设备的图像监控能力，验证综合视频监控系统能否为铁路各业务部门及铁路相关信息系统提供高质量的视频信息
9	综合接地	通过对高速铁路正常运行和故障条件下钢轨电位、牵引回流等内容的测试，对综合接地系统的技术性能与技术指标等进行验证、分析与评价，为系统进一步优化提供依据
10	电磁兼容	通过对动车组高速运行条件下外部电磁辐射的测量，验证高速铁路无线电干扰是否满足相关标准要求；通过对信号电缆电磁感应分量进行测量，分析判断其受影响程度，为优化设计和施工提供依据
11	振动噪声	通过测试试验列车以不同速度通过典型桥梁、路堤区段时的环境噪声、振动影响状况，评价环境噪声、振动是否满足相关标准要求；测试试验列车以不同速度通过典型减振降噪设施区段时，环境噪声、振动影响状况，评价典型降噪减振措施效果，为环境管理及降噪、减振设施的进一步优化设计提供依据
12	路基状况	通过车载探地雷达测试道床的厚度和基床的填筑结构状况、含水情况、路基面变形，分析其不均匀性及异常状况，了解高速铁路路基的沉降变形特征及分布，为轨道结构的调整和维修管理提供基础资料

续表

序号	项目名称	试验内容
13	路基及过渡段动力性能	通过对路基及过渡段的受力、变形和振动状况进行测试，评价路基的动力性能和参数是否满足相关标准要求，不同结构物间过渡段的变形和振动变化是否均匀，评价路基及过渡段的工程适用性，为高速铁路的运营管理提供基础数据
14	桥梁动力性能	通过测试桥梁自振特点和试验列车以各种速度通过典型桥梁时的动力响应，判断桥梁结构在动载作用下的工作状态，验证桥梁是否具有合理的竖向刚度和横向刚度，分析、评价试验列车通过桥梁时的安全性和桥梁的动力性能
15	隧道内气动效应	通过测试隧道内瞬变压力、隧道洞口微气压波和隧道内列车风，验证动车组在隧道内运行及交会时的空气动力效应是否满足相关标准要求
16	列车空气动力学性能	通过测试动车组通过隧道和在明线与隧道内交会时列车表面及车厢内部空气压力变化，评价动车组在交会和隧道内运行过程中的空气动力效应是否对动车组高速交会和通过隧道时的安全性、舒适性产生影响，为验证线路间距和隧道设计参数的合理性及确定隧道内最高会车速度提供依据

(2) 进度计划。

高速铁路联调联试、动态检测进度管理应确定进度计划目标系统，确定联调联试的里程碑计划。在联调联试进度计划编制时，应注重进度计划编制的影响因素，确定进度计划编制步骤与内容。在进度计划与进度信息的收集基础上，比较进度情况，进行进度偏差分析，通过组织、激励和信息管理等措施来实现动态的进度控制。

(3) 安全管理。

高速铁路联调联试、动态检测安全管理应建立一套完整的组织机构，针对联调联试安全管理特点和风险进行分析，明确管理目标、原则及工作重点，开展以风险因素识别、分析评估、应对为基础的风险管理，立足过程控制，从准备、响应、处置、恢复方面做好充分应急工作准备，实现确保联调联试期间行车、设备、人身绝对安全的目标。

(4) 质量管理。

高速铁路联调联试、动态检测质量控制应从质量管理理念、目标确定开始，通过目标的制定保证质量管理行为的正确性，取得理性的质量管理效果；通过完成质量管理体系的建设促使联调联试的质量策划、质量控制过程等工作制度化、透明化；通过对质量管理的流程进行明晰，保障联调联试的质量管理工作有章可循；通过对专业重点进行明确和诊断，加强实施过程控制，保证质量管理流程目标得以顺利实现；通过实施质量评定和持续改进，促进企业内部管理，提高全员质量意识和争创精品工程的积极性，推动工程质量水平大幅度提高。

(5) 测试调试。

联调联试、动态检测是高速铁路实施系统功能测试，验证高速铁路建设是否达到设计目标，以及是否满足开通运营的重要过程。通过对各项测试项目从测试内容进行分析，总结关键测试技术及技术创新点，对今后联调联试系统功能测试具有重要意义。同时，在联调联试过程中，结合试验检测数据全面开展综合调试优化工作，实施综合整治，消除设备缺陷，优化系统功能，能为试验列车高速、平稳、安全、舒适运行提供基础保障，为今后投入运营的各系统维护提供指导借鉴。在高速铁路联调联试期间，建立设备数字网格化管理模式，实现设备的信息化、数字化，可为运营后设备的维修、更换、综合评价提供依据，可有效地提升设备管理单位的科学决策能力。

2.2　联调联试测试技术

为保证高速列车安全、高速、平稳运行，高速铁路工程竣工后，需要对轨道、接触网、供变电、通信、信号、客运服务、防灾安全监控、综合视频监控、综合接地、电磁兼容、振动噪声、路基、桥梁、隧道、列车多个系统进行测试。

2.2.1　高速综合检测列车

高速综合检测列车(Comprehensive Inspection Train，CIT)是高速铁路联调联试中最重要的测试工具，是一种综合检测动车组运行线路、接触网、信号等质量达标的动车组列车，也是“体检列车”，是进行铁路基础设施综合检测的重要技术装备，可为动车组运行线路的运营安全评估和指导各铁路局的养护维修提供技术支撑。

高速综合检测列车最先应用于普铁和快铁的检测，后来延伸到高铁检测。目前我国现有高速综合检测列车主要有以下 15 组。

(1) CRH2A-2010(原编号：CRH2-010A)：第一组高速综合检测列车，由中车青岛四方机车车辆股份有限公司新造全国第一组检测车 CRH2A 综合检测列车，于 2006 年 7 月 31 日下线。

(2) CRH2C-2061(原编号：CRH2-061C)：第二组高速综合检测列车，由中车青岛四方机车车辆股份有限公司新造 CRH2C 高速综合检测列车，于 2007 年 12 月 22 日下线。

(3) CRH5J-0501(原编号：CIT-000、CIT-001)：第三组高速综合检测列车，由中车长春轨道客车股份有限公司新造全国第一组专用综合检测列车，也是第一组寒区综合检测列车，原型车 CRH5A，于 2008 年 6 月 6 日下线。

(4) CRH2C-2068(原编号：CRH2-068C)：第四组高速综合检测列车，由中车青岛四方机车车辆股份有限公司改造 CRH2C 高速综合检测列车，于 2009 年 1 月改造完成。

(5) CRH2C-2150(原编号：CRH2-150C)：第五组高速综合检测列车，由中车青岛四方机车车辆股份有限公司新造，也是最后一组 CRH2C 高速综合检测列车，采用全新 CRH380A 试验头型，同时也是第一组 CRH380A 试验车，于 2010 年 11 月下线。

(6) CRH380AJ-0201(原编号：CRH400A-001、CRH380A-001)：第六组高速综合检测列车，由中车青岛四方机车车辆股份有限公司新造 CRH380A 高速综合检测列车，也是第一组采用 CRH380 高速动车组系列专用检测车，于 2011 年 2 月 22 日下线。

(7) CRH380BJ-0301(原编号：CRH380B-002)：第七组高速综合检测列车，由中车唐山机车车辆有限公司新造第一组 CRH380 系列高速综合检测列车，同时也是采用 CRH380CL 全新头型的第一组试验车，于 2011 年 3 月下线。

(8) CRH380AM-0204(原编号：CIT-500)：第八组高速综合检测列车，由中车青岛四方机车车辆股份有限公司新造 500km 以上级别试验车，另一端为全新制造的 CRH380A 试验头型，于 2011 年 11 月 25 日更高速度试验列车落成下线。

(9) CRH380AJ-0202：第九组高速综合检测列车，由中车青岛四方机车车辆股份有限公司新造 CRH380A 综合检测列车，于 2014 年下线。

(10) CRH380AJ-0203：第十组高速综合检测列车，由中车青岛四方机车车辆股份有限公司新造 CRH380A 综合检测列车，于 2014 年下线。

(11) CRH2J-0205(原编号：CRH2-139E)：第十一组高速综合检测列车，由中车青岛四方机车车辆股份有限公司半改造半新造专用检测车，于 2015 年 7 月改造完成。

(12) CRH380BJ-A-0504：第十二组高速综合检测列车，由中车长春轨道客车股份有限公司新造第一组高寒区高速综合检测列车，以 CRH380BG 为原型车，于 2016 年 4 月 8 日下线。

(13) CRH380AJ-2808(原编号：CRH380A-2808)：第十三组高速综合检测列车，由中车青岛四方机车车辆股份有限公司改造退役 CRH380A 公务车，于 2019 改造完成。

(14) CRH380AJ-2818(原编号：CRH380A-2818)：第十四组高速综合检测列车，由中车青岛四方机车车辆股份有限公司改造退役 CRH380A 公务车，于 2019 改造完成。

(15) CR400BF-J-0001(原编号：CR400BF-J-0511)：第十五组高速综合检测列车，由中车长春轨道客车股份有限公司新造第一组复兴号高寒区智能高速综合检测列车，以 CR400BF-C 为原型车，兼顾 CR450 技术验证车，于 2021 年 12 月 23 日下线。

2.2.2 轨道系统测试

根据轨道状态检测、车辆动力学响应、轨道结构动力性能和道岔动力性能四项测试结果，验证轨道是否满足列车运行的安全性、平稳性要求。

1. 关键测试技术

1) 轨道状态

采用先进的车载轨道状态检测系统快速、精确地采集地面轨道数据，检测系统由激光摄像组件、惯性测量组件、信号处理组件、数据处理组件和机械悬挂装置五部分组成，装于轨道检查车和高速综合检测列车上进行检测。轨道状态检测系统在有载状态下采用非接触测量，利用先进的激光摄像、图像处理、惯性测量及数字信号处理等技术，进行实时采集和处理，能实时显示轨道几何和车辆加速度等检测参数，并进行超限判断、数据库存储、超限编辑和报表打印等。轨道状态检测系统具有检测轨距、轨距变化率、轨向和高低、超高、水平、三角坑、曲率、曲率变化率、未平衡超高及其变化率、车体横向、垂向和纵向加速度、构架横向和垂向加速度、(左右)轴箱横向和垂向加速度的功能。轨向、高低项目还包含了截止波长为 120m 的长波不平顺。轨道检测车的检测速度为 160km/h，高速综合检测列车可以进行 180km/h 以上各速度等级检测。

2) 轮轨作用力

在高速试验动车组或综合检测列车上安装高速测力轮对，使用间断测量和连续测量两种方法测量轮轨力。测力轮对经过专门设计加工，安装了滑环式集流装置，布置测试系统，通过基于计算机网络的集散式数据采集和处理系统，实现最高速度 385km/h 条件下轮轨力和轮轨接触点的高精度测量，实时计算轮轴力、脱轨系数、减载率等动力学指标，评判高速列车在高速铁路不同速度等级下的安全性、运行稳定性。采用标定台对测力轮对进行精确标定，以保证测量结果的准确性。

2. 测试内容

1) 轨道状态

轨道状态检测包括轨道几何状态和车辆动态响应加速度检测两方面。采用装备有陀螺仪、磁电式加速度计组成的惯性基准平台和激光测量装置、GPS 精确定位的轨检车和综合检测车可进行轨道(左右)高低、(左右)轨向、轨距、水平(超高)、三角坑、轨距变化率和车体横向加速度、车体垂向加速度、车体横向加速度变化率等的测试。轨道状态检测项目应同时采用局部幅值和区段整体质量进行评价。

局部幅值按每千米线路评价，检测结果除轨距外每千米线路出现单项Ⅰ级偏差长度不应大于 5%，同时不应出现Ⅱ级偏差。局部不平顺幅值管理标准允许偏差管理值见表 2-3。

表 2-3　轨道动态几何尺寸允许偏差管理值

速度等级		300～350km/h			
标准等级		验收Ⅰ	验收Ⅱ	验收Ⅲ	验收Ⅳ
42m 波长	高低/mm	3	5	10	11
	轨向/mm	3	4	6	7
120m 波长	高低/mm	5	7	12	15
	轨向/mm	5	6	10	12
轨距/mm		3 −2	4 −3	7 −5	8 −6
水平/mm		3	5	7	8
三角坑/mm		3	4	7	8
轨距变化率(基长 2.5m)/‰		0.8	1.0	—	—
车体垂向加速度/(m/s^2)		—	1.0	2.0	2.5
车体横向加速度/(m/s^2)		—	0.6	1.5	2.0

注：① Ⅰ、Ⅱ级为动态验收等级，Ⅲ、Ⅳ级为临时补修和限速等级，Ⅰ、Ⅳ级仅作为联调联试期间轨道状态过程评价和调整的依据；

② 表中管理值为轨道不平顺计算零线到波峰的幅值；

③ 水平偏差管理值不包含曲线按规定设置的超高值及超高顺坡量；

④ 三角坑偏差管理值包含缓和曲线超高顺坡造成的扭曲量；

⑤ 严格控制连续三波、多波高低、轨向不平顺和轨向、水平逆向复合不平顺；

⑥ 车体横向加速度评判时应剔除曲线地段未平衡加速度影响。

区段整体质量评价参数为轨道不平顺质量指标(TQI)，全线 TQI 出现 1 级偏差个数不应大于 5%，同时每个单元 TQI 不应出现Ⅰ级；动力学安全性指标达标、平稳性指标合格。区段整体轨道不平顺质量指数 TQI 管理值见表 2-4。

表 2-4　区段整体轨道不平顺质量指数 TQI 管理值

速度等级/(km/h)	高低/mm	轨向/mm	轨距/mm	水平/mm	三角坑/mm	TQI	
						Ⅰ级	Ⅱ级
$300 < v \leqslant 350$	0.8 × 2	0.7 × 2	0.6	0.7	0.7	4.0	5.0

2) 动车组动力学响应

动车组动力学响应测试包括运行稳定性、运行平稳性测试两方面内容。

在动车组试验中采用测力轮对测量轮轨作用力，计算脱轨系数、轮重减载率、轮轴横向力；在轴箱上方的构架上安装横向加速度计，测量构架的横向振动，判断转向架的横向运行稳定性；动车组动力学响应稳定性指标评判标准见表 2-5。

表 2-5　动车组动力学响应稳定性指标评判标准

项目	计算方法	标准
脱轨系数 D_q	$D_q = Q/P$ (Q 为爬轨侧车轮作用于钢轨上的横向力，P 为作用于钢轨上的垂向力)	$D_q \leqslant 0.80$
轮重减载率 U_r	$U_r = \frac{\Delta P}{P}$($\Delta P = P - P_d$，P为平均静轮重，P_d为实际轮重)	$U_r \leqslant 0.80$ (间断式测力轮对连续出现两个峰值减载)
轮轴横向力 H/kN	$H = Q_L - Q_R$ (Q_L 为轮对左轮横向力，Q_R 为轮对右轮横向力)	$H \leqslant 10 + P_0/3$
构架横向加速度/(m/s²)	—	采用 0.5～10Hz 滤波处理，峰值连续振动 6 次以上大于等于 8m/s² 为不合格

在转向架中心横向偏移 1m 位置的地板面上安装横向和垂向加速度计，测量车体的振动，计算车辆运行的平稳性。动车组动力学响应平稳性指标评判标准见表 2-6。

表 2-6　动车组动力学响应平稳性指标评判标准

等级	优	良好	合格
横向、垂向加速度/(m/s²)	≤2.5	2.5～2.75	2.75～3.0

3) 轨道结构动力性能

轨道结构动力性能测试包括轨道结构静态平顺性测试和轨道结构动力性能测试两方面。实车试验前获得无砟轨道静态几何状态(轨距、轨向、水平、高低)及轨检车检测结果。轨道结构动力性能测试包含轨道结构安全性测试、轨道结构部件受力测试、轨道结构的稳定性指标测试、轨道刚度指标测试、轨道结构部件与基础振动加速度测试等内容。

4) 道岔动力性能

道岔动力性能测试包括安全性指标测试、道岔平顺性指标测试、轨道结构横向稳定性指标测试、岔区轨道刚度及均匀性指标测试、轮轨垂直力过渡范围及量值测试、转换设备动态性能指标测试、转换设备静态性能指标测试、静态观测内容八个方面的内容。

2.2.3　供变电系统测试

供变电系统测试主要考核在动车组按设计要求的各种运行条件下供变电系统的性能，评价供变电系统的安全性、稳定性和可靠性，验证接触网故障点标定装置的正确程度，验证 SCADA 系统的控制功能、遥信处理功能、遥测监视功能。根据测试结果，指导供变电系统调整和优化，使供变电系统达到设计目标、满足运行要求。

1. 供变电系统运行参数

以典型供电臂为测试对象，对该供电臂内的变电所、AT(自耦变压器)分区所、AT 所牵引供电参数进行测试。

供变电系统运行参数测试依据《轨道交通 牵引供电系统电压》(GB/T 1402—2010)、《铁路技术管理规程》、《电能质量 供电电压偏差》(GB/T 12325—2008)和《电能质量 三相电压不平衡》(GB/T 15543—2008)等标准进行评判，供变电系统运行参数评判标准见表 2-7。

表 2-7　供变电系统运行参数评判标准

项目		标准
接触网电压	标准电压	25kV
	最小值	20kV
	最大值	27.5kV
	5min 短时最大值	29kV
	平均有效电压	22.5kV
电源侧实际运行电压偏差	10kV 母线电压正负偏差绝对值之和	不超过 10%
	220kV、330kV 单相供电电源偏差	标称电压的+7%，−10%
220kV、330kV 母线电压	正常电压不平衡	低于 2%
	电压不平衡度短时值	不超过 4%
牵引变电所在试验列车取流时段的一次侧平均功率因数		不应低于 0.9

2. 接触网短路测试

在接触网短路测试地点，将接触网 T 线或 F 线对地经断路器短接(或 T-F 线间短接)，连续记录短路电压、电流波形；每一次短路试验后，及时利用牵引供电综合自动化系统，提取变电所、AT 所、AT 分区所故障点标定装置数据；测试馈线电流、电压、短路点位置；测试短路点所在供电臂线路阻抗，验证保护动作，并记录波形。通过接触网人工短路状态下的牵引变电所、AT 分区所、AT 所接触网短路电压、电流参数，计算各 AT 吸上电流比，分析短路点接触网阻抗。接触网短路测试根据不同线路的相关设计文件评判。

3. SCADA 系统功能

采用抽样测试的方式，通过调度所对被控站(牵引变电所、AT 所、开闭所、接触网开关控制站、车站变电所、车站配电所、箱式变电所等)的控制、监视和测量，测试控制功能(单独遥控、程序遥控)、遥信处理功能(正常运行状态监视)、遥测监视功能(被控站系统运行参数进行实时采集并在调度端实时监视)，根据相关设计文件评判是否满足设计及运用要求。

2.2.4　接触网系统测试

接触网系统联调联试的目的是根据接触网几何参数、接触网平顺性、弓网受流性能、接触网性能、自动过分相性能测试数据，指导接触网系统调试与精调，使接触网系统达到设计目标及满足运营要求，为动态验收提供依据。

1. 测试内容

(1) 接触网几何参数检测：检测接触线高度、拉出值等。

(2) 接触网平顺性检测：检测硬点(接触线垂直加速度)、一跨内接触线高差(2A)等。

(3) 弓网受流性能测试：测试弓网动态接触力指标，包括最大接触力、最小接触力、平均接触力、标准差等；测试弓网燃弧指标，包括最大燃弧时间、燃弧率、燃弧次数等。

(4) 接触网性能测试：包括接触网静态弹性和接触线动态抬升量测试。

(5) 动车组自动过分相性能测试：测试动车组过分相时断电和合电的里程；动车组过分相时的网压变化；动车组过分相时的速度损失。

2. 测试方法

1) 接触网几何参数检测和平顺性检测

(1) 接触网光学非接触式测量。采用装备有光学非接触式测量系统的综合检测列车进行 60km/h 及以下速度的准静态检测，测量接触线高度、拉出值和高差等接触网几何参数。

非接触式测量系统基于三角测量原理与车体位移补偿技术，通过安装在基线上的 4 个高分辨率扫描摄像机实现测量。通过分析来自摄像机的信号进行计算接触线与 4 个摄像机位置之间的角度，利用标准的三角关系计算接触线在车体坐标系中的相对位置。利用车辆和两轴箱间安装的 3 个位置编码器测量车体的滚动、跳动和水平运动，并将记录的数据传输给分析计算机作为位置的补偿，最终计算出接触线相对轨道平面的正确位置。

(2) 接触网接触式测量。通过综合检测车的测试受电弓，在不同等级速度下测量接触线高度、拉出值和高差等几何参数及垂直加速度等值。

2) 弓网受流性能测试

通过综合检测车不同等级速度的动态运行，使用测试受电弓检测动态弓网接触指标和燃弧指标。

3) 接触网性能测试

(1) 接触网静态弹性测试。采用接触网作业车，对各测点的接触网静态弹性进行测量和记录。

(2) 接触线动态抬升量测试。摄像方式指采用接触网作业车测试列车通过典型测点时接触线的振动情况，并进行图像处理分析。位移法指采用基于无线数据网络的多点分布式接触线振动无线测量系统测试接触线动态抬升量，接触线振动无线测量系统主要由位移传感器、数据采集模块、无线数据传输模块和太阳能充电电源组成。

4) 动车组自动过分相性能测试

记录动车组通过分相点时断电及合电里程、动车组网压变化、速度损失等。

2.2.5 通信系统测试

通信系统测试是为了验证 GSM-R 数字移动通信系统在列车高速运行动态条件下的场强覆盖、网络服务质量、承载业务；验证承载 CTCS-3 列控业务的系统特性、服务质量及可靠性；验证通信系统为客运服务、信号等系统提供通信服务的质量和可靠性。

通信系统基本功能测试包括 GSM-R 电磁环境测试、GSM-R 场强覆盖测试、GSM-R 网络服务质量测试。

1. GSM-R 电磁环境测试

开始通信系统联调联试前，须对沿线的 GSM-R 电磁环境进行测试，掌握沿线 GSM-R 工作频段内的电磁环境，GSM-R 工作频点是否被占用或受到干扰，特别是公网 GSM 系统对 GSM-R 工作频段的干扰。GSM-R 电磁环境测试是保证后期 GSM-R 动态场强覆盖、网络服务质量、应用业务等测试结果正确和可靠的关键。测试原则上在关闭全线 GSM-R 基站载频的条件下进行，利用车顶天线接收外部电磁信号，主要采用频谱扫描的方式对 GSM-R 系统使用的 EGSM 频段(885～889/930～934mHz)进行测试，找出干扰频繁出现的区段。

2. GSM-R 场强覆盖测试

GSM-R 场强覆盖测试是在试验动车组按设计速度运行条件下测试和统计 95%时间地点概率条件下的接收电平，重点查找接收电平低于设计指标的弱场区段、越区覆盖基站和区段、基站之间覆盖范围严重不均衡的区段等。根据测试结果，可对 GSM-R 基站的发射功率、天线方向角、天线俯仰角等参数进行合理调整，对 GSM-R 场强覆盖进行优化处理。

3. GSM-R 网络服务质量测试

GSM-R 网络服务质量测试内容包括语音通信服务质量测试、分组数据域服务质量测试和电路数据域服务质量测试。语音通信服务质量测试包括呼叫建立时间、呼叫成功率、切换成功率、切换执行时间、组呼建立时间及成功率、紧急呼叫建立时间及成功率等指标；分组数据域服务质量测试包括 PING 延时、吞吐量等指标；电路数据域服务质量测试主要针对 CTCS-3 级列控业务相关的电路域服务质量进行测试，测试内容包括网络注册时延、CSD 连接建立时延、CSD 连接建立失败率、CSD 数据传输端到端时延、CSD 连接失效率、CSD 传输干扰时间、CSD 传输无差错时间等。通过测试验证上述指标是否满足标准要求，为网络优化提供数据参考，保障列控信息车地间的可靠传送。

2.2.6　信号系统测试

信号系统测试是为了验证高速铁路信号系统的功能、安全性、可用性，根据测试结果，进行系统调试，指导软件升级，为系统结构完善与优化、系统验收与开通、运营组织方案和规章制度制定、系统维护管理提供依据。

1. 信号设备状态

采用装备有信号设备动态检测系统的综合检测车或者电务试验车对轨道电路(轨道电路载频、低频信息分配、码序及轨道电路干扰)、补偿电容(补偿电容安装位置、步长、工作状态)、应答器(应答器位置、报文及链接关系)状态进行检测。

信号设备状态检测标准：轨道电路载频和低频分配及码序正确率 100%，信号传输电平、频谱及能量分布正常。载频偏移范围±0.1Hz，低频偏移<0.1Hz，轨道电路邻线、邻区段、50Hz 干扰信号幅值<200mV。全线补偿电容检测合格率应为 100%。应答器报文内容完整、有效，正确率 100%。

2. 信号系统功能

1) 列控系统功能测试

CTCS-3 级列控系统功能测试案例以动态测试(测地面)为主，联调联试中需在实施方案中结合测试案例和进路条件等编制测试序列；在具备试验条件的前提下，CTCS-3 级/CTCS-2 级列控系统互联互通测试从列控系统注册与启动、注销、行车许可、临时限速、自动过分相、RBC 切换、级间转换、降级运行、灾害防护、进出动车段、人工解锁进路、调车作业等不同运营场景和测试案例中选取典型测试案例进行试验；CTCS-2 级与 CTCS-3 级列控系统级间转换及控车信息一致性试验在 CTCS-3 级列控系统试验中完成，通过 CTCS-3 级列控系统后备模式功能测试，验证 CTCS-3 级列控系统地面设备提供 CTCS-2 级列控信息的正确性。

2) 车站联锁系统功能测试

联调联试中车站联锁系统功能测试主要是结合列控系统动态试验，在进路建立、取消、解锁、站内临时限速、信号关闭、站内轨道电路区段故障占用等条件下对联锁系统部分特殊设计及联锁系统与 RBC、列控中心、CTC 之间的接口关系进行进一步验证。

3) CTC 系统功能测试

CTC 系统功能测试结合列控系统动态测试同步进行，由 CTC 中心排列进路、下达临时限速等，对 CTC 系统控制模式转换、列车运行监视、车次追踪、临时限速下达等功能和接口关系进行测试，在铁路局调度所对 CTC 的基本功能、整体性能、接口关系等进行测试和验证，并在 CTC 模拟故障情况下，测试故障的影响范围，以及集成商提供的应对该故障的备用手段的有效性和合理性，保证 CTC 系统安全、有序、稳定运行。

2.2.7 客运服务系统测试

1. 测试内容

客运服务系统联调联试工作围绕系统测试环境检查、系统场景测试和系统专项测试 3 个方面开展。

1) 客运服务系统测试环境检查

在开展联调联试工作前，需要在现场对系统的准备情况进行全面检查，检查的重点是各系统的设备安装情况、软件调试情况和运行数据的配置情况，按照目前高速铁路客运服务系统的建设范围，可将环境检查内容按子系统定位，包括窗口售票系统、自动售票系统、自动检票系统、到站补票系统、旅客服务集成管理平台、通信网络环境检查和电源环境检查。

2) 客运服务系统场景测试

客运服务信息系统建设的主要目的是提高客运车站的现代化服务手段，为旅客提供高水准的服务。客运服务系统联调联试的场景设计以旅客为中心，站在旅客角度验证系统为旅客提供的各项服务功能在开通运营前是否达到设计要求，主要有以下场景：旅客购票、旅客候车、旅客检票进站、旅客进站上车、旅客下车出站、旅客接站、旅客补票、系统非正常工作时的旅客购票、系统非正常工作时的旅客检票和火灾情况下的应急处置。

3) 客运服务系统专项测试

要确保系统的整体功能达到设计要求，除按场景测试外，还须对下述专项功能和性能进行测试：集中管控模式下客运服务系统功能测试、结账功能测试、双机切换业务可恢复性测试、客运服务系统与外部系统间的接口测试和通信网络性能测试。

2. 测试方法

1) 等价测试

将客运服务系统按照特定属性进行类型划分，从功能、性能、硬件设备指标、内外部接口和业务流程等不同层面进行测试。

2) 需求分析测试

采用软件测试分析法，从分析所测系统的规格和原始需求着手，按测试类型和功能交互关系逐步细化测试需求。在此基础上，进一步将测试需求分解为具体的各项测试用例，然后根据测试分析表组织各项测试，从而验证每个测试用例是否达到预期结果。在测试过程中，采用正交分析法确定用例的编写范围，避免因丢失测试项或穷举测试项造成测试工作的被动。

3) 专用工具测试

采用网络性能仿真测试仪和局域网认证测试仪对通信网络性能进行测试。采用专用性能测试软件对系统在指定用户数情况下的系统处理能力和每个连接请求的平均响应时间进行测试。采用自动化测试工具对系统的功能进行回归测试。

4) 实验室模拟测试

通过在实验室模拟系统的运行情况，及时发现系统中存在的问题并反馈，从而缩短现场联调联试的时间，最大可能地避免对现场运行环境的干扰。

2.2.8　防灾安全监控系统测试

通过对防灾安全监控系统的测试，验证系统设备是否达到相关技术条件要求，考核系统信息是否准确及时，确认系统功能是否满足设计要求。根据测试结果，对防灾安全监控系统进行优化调整，使其达到设计要求。

防灾安全监控系统现场监测点测试采用抽测的方式，其中大风监测点抽测比例不低于监测点总数的 30%，雨量监测点抽测比例不低于监测点总数的 30%，地震监测点抽测比例不低于监测点总数的 10%，异物侵限监测点抽测比例不低于监测点总数的 10%。联调联试针对硬件设备、软件功能、大风实时监测系统等采用不同的测试方法和技术进行测试。采用软件测试法对大风监测、雨量监测、地震监控、异物侵限监控、监控数据处理设备和监控单元状态等进行监控；现场监测设备联通状态监测及与牵引变电列控系统接口功能采用黑盒测试法进行测试，预先设定软件模拟大风、降雨、地震、落物报警数据，将实际运行结果与预测结果相比较，测试系统软件功能是否满足设计要求。

2.2.9 综合接地测试

通过对高速铁路动车组正常运行和故障条件下钢轨电位和牵引回流等内容的测试与分析，对综合接地系统的技术性能与技术指标进行验证、分析与评价，为系统进一步优化提供依据。

1. 钢轨电位

电压探头一端接钢轨接地线夹，一端接参考地线端子(距线路 100m 的钢钎电极)，两端子之间的电位差即为钢轨电位；电压探头一端接综合接地线的接地母排，一端接参考地线端子，两端子之间的电位差即为贯通地线电位；电压探头一端接支柱(护栏)金属螺栓，一端接参考地线端子，两端子之间的电位差为支柱(护栏)电位；测得的钢轨电位、贯通地线电位、支柱(护栏)电位均由录波仪记录。故障条件下，在距离短路点 50m 处设置测点，测试上下行钢轨电位，采用录波仪测试电位瞬时值，测量列车故障条件下产生的钢轨电位。钢轨电位在正常情况下小于 120V(持续时间>300s)，故障状态(持续时间=100ms)下不应超过 1684V。

2. 牵引回流

测量列车正常运行和故障条件下钢轨、PW 线及贯通地线中的牵引回流，采用电流钳夹住扼流变压器中心抽头，所测得的电流值即钢轨回流，钢轨电流不应大于 1000A；采用电流钳夹住贯通地线，所测得的电流值即贯通地线电流；采用电流钳夹住保护地线(停电连接)，所测得的电流值即保护地线电流，测量值均由录波仪记录。故障条件下，在可安装电流传感器的短路测点附近，采用录波仪测试电流瞬时值，记录贯通地线电流。

3. 贯通地线接地电阻

测量贯通地线接地电阻采用三极法测量，即由接地装置、电流极和电压极三个电极测试接地装置接地阻抗的方法。三极法测量中，当距离变化小于 5%的三个相邻点测得的接地电阻值相对误差小于 5%时，取这三个值的平均值为最后的测量结果。贯通地线接地电阻不应大于 1Ω。

2.2.10 电磁兼容测试

通过对动车组高速运行条件下外部电磁辐射的测量，验证高速铁路无线电干扰是否满足相关标准要求。通过对信号电缆干扰分量测量，分析判断其受影响程度，为优化设计和施工提供依据。

2.2.11 振动噪声测试

测试典型桥梁、路基区段在高速动车组以不同速度运行时的环境噪声、环境振动及声屏障的降噪效果和结构气动力影响，评价环境噪声、振动是否满足相关标准要求及典型减振降噪措施的效果，为环境管理及降噪、减振设施的进一步优化设计提供依据。

2.2.12　路基状况、路基及过渡段动力性能测试

通过探地雷达测试高速铁路路基填筑结构状况、含水情况、路基面变形等，分析其不均匀性及异常状况，了解高速铁路路基的沉降变形特征及分布，为轨道结构的调整和维修管理提供基础资料。

通过对路基及过渡段的受力、变形和振动状况进行测试，评价路基的动力性能和参数是否满足相关标准要求，不同结构物间过渡段的变形和振动变化是否均匀；评价路基及过渡段的工程适用性，为高速铁路的运营管理提供基础数据；分析基床的动变形和振动特性，结合路基土自身的强度特性，评价其工程适应性。

2.2.13　桥梁动力性能测试

通过测试桥梁自振特性和试验列车以各种速度通过典型桥梁时的动力响应，判断桥梁结构在动载作用下的工作状态(包括长大桥梁等跨布置引起的竖向周期性不平顺效应)，验证桥梁是否具有合理的竖向刚度和横向刚度，分析、评价试验列车通过桥梁时的安全性和桥梁的动力性能。

2.2.14　隧道内气动效应测试

通过测试隧道内瞬变压力、隧道洞口微气压波和隧道内列车风，验证动车组在隧道内运行及交会时的空气动力效应是否满足相关标准要求，为论证隧道断面参数的合理性和辅助坑道优化设计提供依据。

2.2.15　列车空气动力学性能测试

通过测试动车组通过隧道和在明线、隧道内交会时列车表面及车厢内部空气压力变化，评价动车组在交会和在隧道内运行过程中的空气动力效应是否对动车组高速交会和通过隧道时的安全性、舒适性产生影响，为确定最高会车速度及验证隧道设计参数的合理性提供依据。

2.3　高速铁路运行试验

寿命期中的高速铁路线路经历着建设、运营两大阶段，联调联试是对建设工程的验证，该项工作完成意味着建设阶段的全面结束；运行试验则标志着运营阶段的开始。

运行试验是指在完成高速铁路联调联试后，按运营相关规章和运行图组织列车运行，对高速铁路整体系统在正常和非正常运行条件下的行车组织和应急救援等能力进行全面演练，对运营人员进行全面培训，对设备进行运用考验，使高速铁路运营条件满足开通要求。

具体而言，运行试验主要通过按图运行试验、故障模拟和应急救援演练，验证列车运行图列车区间运行时分的可靠性，检验各系统在正常和非正常条件下运输组织的适应性，验证行车组织方式能否满足运营要求，检验设备故障和自然灾害条件下的应急处理能力，为制定完善科学合理的运输组织方案提供技术依据。

小　结

高速铁路联调联试是指在高速铁路工程完成静态验收，确认达到联调联试条件后，采用测试列车和相关检测设备，对高速铁路各系统的功能、性能、状态和系统间匹配关系进行综合检测、验证与调整、优化，使整体系统达到设计要求，满足以设计速度开通运营的要求。高速铁路联调联试、动态检测是一个复杂的系统工程，具有结构层次性、工程差异性、相互关联复杂性等特点。高速铁路联调联试主要对轨道、接触网、供变电、通信、信号、客运服务、防灾安全监控、综合视频监控、综合接地、电磁兼容、振动噪声、路基、桥梁、隧道、列车多个系统进行测试。在联调联试、动态检测过程中须结合试验检测数据，对各系统设备逐步进行测试调整，消除设备缺陷、优化系统功能，确保各系统功能满足列车高速、平稳、安全、舒适运行的需要。

第 3 章　高速铁路运营管理

近年来，随着国民经济的迅速发展和人民生活质量的提升，我国全面开展高速铁路的建设。但由于我国地域辽阔、地形复杂，高速铁路网的建设和运营面临着巨大挑战，因此，选择合适的运营管理模式是高速铁路建设与运营成功的关键点，运用高速铁路调度系统等高新技术是高速铁路运营管理现代化、自动化、安全高效的标志。

3.1　高速铁路调度系统

3.1.1　高速铁路调度系统概述

高速铁路运营调度系统是高速铁路运输管理和列车运行控制的中枢，是高速铁路高新技术的集中体现，是高速铁路运营管理现代化、自动化、安全高效的标志。

高速铁路调度指挥系统与普通铁路相比，在安全性、智能化等方面要求更高，以集中领导和统一指挥为基本原则。随着高速铁路生产技术的进步和管理水平的提高，逐渐向集成化、自动化、综合化、智能化方向发展。

1. 调度概念

高速铁路调度是对高速铁路日常运输生产的组织与指挥，由铁路运输部门的高速铁路调度机构具体实施。调度系统主要由营销管理、计划编制、列车调度、供电调度、动车管理、维修管理、客运调度和数字铁路等组成。

2. 调度目标

我国高速铁路建设与运营，以“一流的工程质量，一流的装备水平，一流的运营管理”为总目标。因此，这就要求调度系统的建立应以先进的信息技术及装备为基础，以列车运行指挥为核心，综合集成运输计划、行车指挥、基础设施、旅客服务、动车运用、安全监控等功能，且满足国情、技术先进、功能完善、结构合理、经济适用及安全可靠等要求，最终建成适应我国国情、世界一流的高速铁路调度系统。

3. 调度建设原则

高速铁路调度系统的建设应该能够充分体现出系统的先进性、实用性、系统性、经济性和开发与引进并重、研究与工程并举的原则，具体如下。

(1) 先进性——学习、吸收、再创新；

(2) 实用性——满足需要及必要的可扩充、可维护性；

(3) 系统性——路网完整性和调度集中性，与既有线运营协调；

(4) 经济性——建设和运营成本，充分利用既有资源；
(5) 开发与引进并重，研究与工程并举——立足自主研发。

4. 调度地位

高速铁路调度系统是高速铁路运输管理和列车运行控制的中枢，是高速铁路高新技术的集中体现，是高速铁路运营管理现代化、自动化、安全高效的标志，是提供乘客便捷、优质服务的窗口。高速铁路调度系统维系和支持着行车调度、客运调度、动车管理、维修管理、供电调度和计划编制等整个铁路运营体系的正常运转，处于铁路运输组织的核心地位。

5. 调度特点

高速铁路运输需求与高速铁路调度系统的特点一一对应，见表 3-1。

表 3-1　调度特点

高速铁路运输需求	高速铁路调度特点
分支汇合	在与既有线汇合或分流处，与其他管理系统配合控制
逐步扩能	遵循分散自律的方针，阶段性构筑系统调度中心之间的协调合作
高速、高密度运行	基于时刻表的运行方式和“预测控制型运行调整”； 采用时刻表的一元化管理，确保一贯性

6. 世界各国高速铁路调度系统

1) 日本高速铁路调度系统

日本新干线建立了独立于既有线的调度指挥管理系统。COSMOS 系统是日本最新、功能最全的调度指挥系统，调度中心设置在东京，由 8 个子系统组成，其中包括运输计划、运行管理、养护作业管理、动车基地作业管理、动车组管理、设备管理、信号通信设备监控及电力控制 8 个子系统。COSMOS 系统各子系统功能见表 3-2。

表 3-2　日本 COSMOS 系统各子系统功能

子系统名称	业务目的	主要功能
运输计划	对运输生产的主要计划进行综合编制及其在各部门、各项业务间的彻底共享	列车/车辆/乘务员计划 向作业现场、其他系统传达计划信息
运行管理	实现以最新运行图为基础的高密度运行	自动控制进路、运行调整旅客向导，信息服务
养护作业管理	养护作业高效化、防止人为失误	养护作业计划编制、养护作业开工管理
动车基地作业管理	基地内作业高效化	基地内作业计划编制传达、基地内进路控制
动车组管理	车辆养护作业高效化	车辆养护信息的一元管理
设备管理	设备维护业务高效化	地面设备维护信息的管理
信号通信设备监控	对沿线情况实时掌握	沿线(气象/设备)情况监视、临时限速提案
电力控制	电力供给的稳定化	供电设备的远距离遥控

COSMOS 系统的特点有：①提供最适于高速、高密度运行，具有实际业绩的运行管理技术；②实现对运行计划、维护计划、在线信息等进行综合管理的总体系统；③将系统化范围扩大到车站、车辆段、维护中心；④改善信息服务。

2) 法国高速铁路调度系统

法国营运调度系统分为两种管理模式：一是东南线和地中海线由国家调度中心东南高速调度台与 CTC 控制中心两级控制；二是北方线和大西洋线实行国家调度中心、分局调度中心、CTC 控制中心三级管理。在国家控制中心和分局调度中心设有营运基础调度、客运调度、电力调度、动车组运用调度、司机调度等。

法国高速铁路调度系统的特点有：①设有相对独立的高速铁路调度指挥系统；②按区域设置分局作为管理机构；③高速铁路调度系统与既有线调度之间尤其是上下线站有密切联系和数据交换；④整合国家调度中心和 CTC 控制中心以达到对高速铁路及高速铁路和既有线衔接地区进行统一集中管理。

3) 德国高速铁路调度系统

德国高速铁路网是由改造的旧线和新建的高速线混合组成的，采用客货混线分时运行的方式。其铁路调度中心分别设置在柏林、慕尼黑、杜伊斯堡、汉诺威、法兰克福、莱比锡、卡尔斯鲁厄等大枢纽地区，属于区域设置方式，利于对客货列车的高度指挥和管理。

德国铁路运营调度的特点有：①高铁调度指挥系统纳入既有线调度系统，无单独高速铁路调度指挥系统；②实行调度指挥中心-地区调度所-基层车站值班员三级管理；③路网调度与客货调度协调工作量较大，运行图协调难度较大；④长短途客运公司之间矛盾比较突出；⑤在硬件方面沿用了既有线的显示模式、运行环境等，二者得到了较好的衔接与联系。

4) 我国高速铁路调度系统

运营调度系统的功能设计需要综合考虑高速铁路运输需求、组织机构、调度管理、基础设施(线、桥、隧)的维护、地面设备(信号、供电等)的维护、动车组运用于维护等诸多因素。根据国外高速铁路调度系统的情况和发展趋势，我国高速铁路采用综合调度指挥系统模式。我国运营调度系统组成如图 3-1 所示。

调度中心与调度所、动车基地、乘务基地、维修基地等各部门之间通过专用网络连接，传递各种生产所需的信息。调度所直接指挥列车运行，动车基地、乘务基地、维修基地等为受控部门，按调度所的安排进行工作。调度中心一般情况下只监视各调度所的工作，对跨调度所的业务进行协调。特殊情况下调度中心也可以接管调度所的工作，对列车运行进行直接的指挥。

我国调度子系统功能如下。

(1) 运输计划管理子系统具有两个基本职能：一是基本计划的编制，二是实施计划的编制。

(2) 运行管理子系统具备以下功能：实施计划接收、调度命令管理、调度支护与控制、实绩运行图管理、维修作业时间管理、列车车次追踪和管理及列车运行历史数据回放。

(3) 车辆管理子系统具备以下功能：接收列车运行及运行调整计划、交路计划，监测列车位置；依据监测状态制定交路及车辆分配调整计划；在动车组发生故障时，提供紧急处置预案；统计与分析动车组各项运用指标。

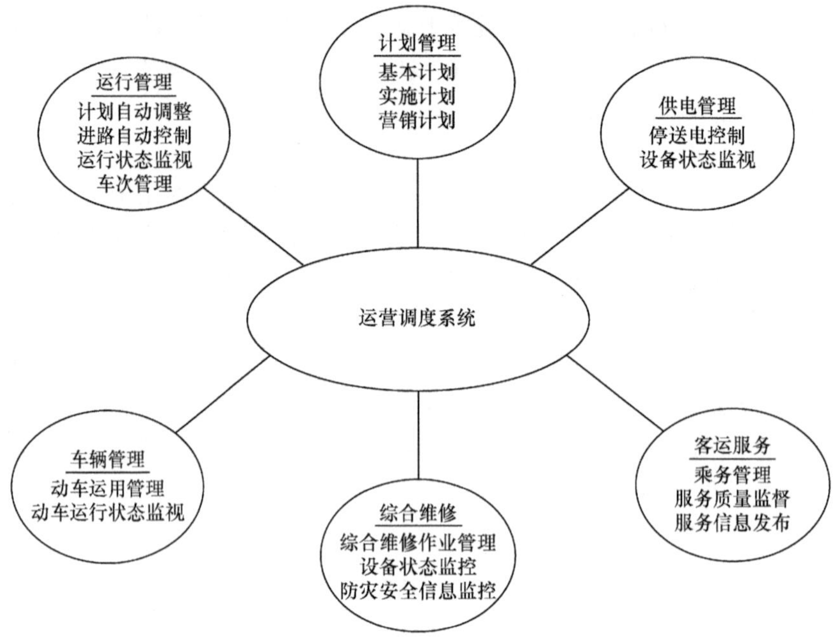

图 3-1　我国运营调度系统组成

(4) 供电管理子系统具备以下功能：接收列车运行、供电等状态的信息；实时监视牵引供电系统运行、系统设备带电等状态；故障信息分类归档；遥控功能；事故记录功能及容错、自诊断、自恢复功能，并能支持远程维护，在出现紧急情况时，可以提供紧急处置预案等。

(5) 客运服务子系统具备以下功能：接收列车运行计划、动车组交路计划和列车运行调整计划，自动生成相关的旅客服务信息，并发送到站车及有关单位；集中管理旅客服务有关各类信息、实时掌握列车运行实绩信息和预测信息，并实时监督管辖范围内高速铁路列车编组、上座率等信息；监督晚点列车，制定运行调整方案；当发生突发事件时，能提出紧急处理预案、旅客疏运方案，提出列车运行调整方案建议，同时对大型车站关键场所进行视频监控。

(6) 综合维修子系统具备以下功能：综合维修管理、防灾安全监控和综合设备管理。

3.1.2　CTC 分散自律调度集中系统

1. CTC 系统基本概念

1) 定义

CTC 系统综合了通信、信号、运输组织、现代控制、计算机、网络等多学科技术，实现调度中心对某一区段内的信号设备进行集中控制，对列车运行直接指挥和管理。

分散主要是指在特殊情况下，调度员根据实际列车运行情况及作业情况，放权由车站值班员进行现场实施。

自律是指车站站机根据调度员或值班员的指令和要求，依据战场设备条件、作业标准等进行规范。

因此，CTC 分散自律调度集中系统是综合了计算机技术、网络通信技术和现代控制技术，采用了智能化分散自律的设计原则，以列车运行调整计划控制为中心，兼顾列车与调车作业的高度自动化的调度指挥系统。

2) CTC 系统基本结构

分散自律调度集中体系结构分为铁路局调度中心系统和车站调度集中分机系统两个层次。CTC 系统主要由硬件系统和软件系统组成。硬件系统由调度中心子系统、车站子系统和调度中心与车站及车站之间的网络子系统三部分组成，软件系统由计划调整子系统、列车作业子系统、调车作业子系统及控制子系统等组成。各个子系统具有不同的任务，如图 3-2 所示。

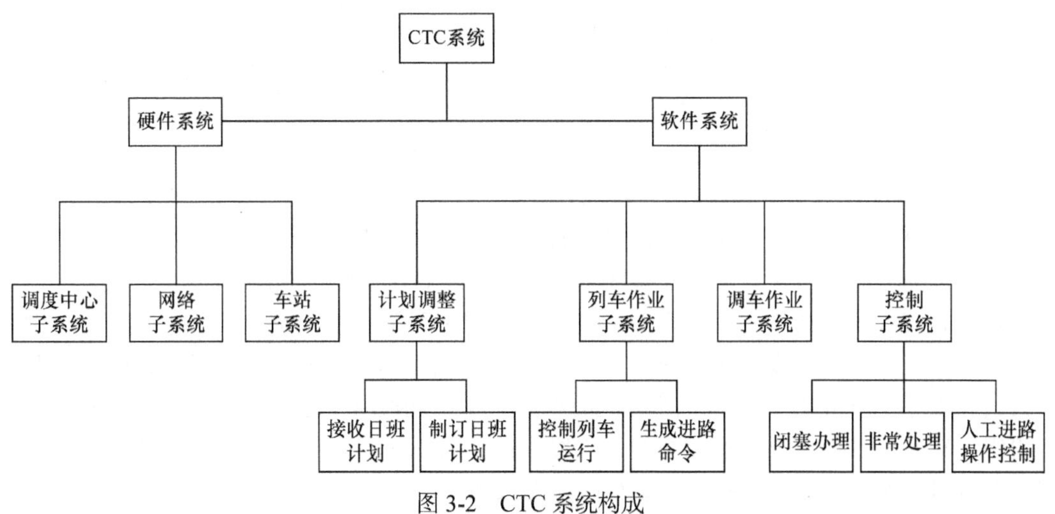

图 3-2　CTC 系统构成

2. CTC 系统功能

分散自律调度集中系统具备了调车进路路程控制和智能化控制的功能，有效地解决了车站与调度中心频繁交换控制权进行调车控制的问题，非常适合我国铁路客货列车混跑、调车作业量大的运输特点。在功能上与传统调度集中系统相比，分散自律调度集中系统的功能有以下三个特点。

(1) 分散自律，即由车站自律机在列车运行调整计划的基础上，车站自律机自主自动执行，同时对计划进行自律条件检测，将实际的情况、结果回执给调度中心。

(2) 新型分散自律调度集中系统新增调车作业的控制，解决了无人车站调车作业的集中控制问题，可以是有计划地自动办理，也可以是人工直接操作。

(3) 控制方式分为分散自律控制与非常站控两种模式。①分散自律控制模式是用列车运行调整计划自动控制列车运行进路，同时在分散自律条件下调度中心可以人工办理列车作业、调车进路，车站具备人工办理调车进路的功能。②非常站控模式是指当调度集中设备故障、发生危及行车安全的情况或设备天窗维修、施工时，由车站人员采用带计数器的非自复式铅封非常站控按钮或开关，在车站进行操作，系统脱离分散自律控制转为车站传统人工控制模式。

3. CTC 系统应用

自第一套系统(FZK-CTC)于 2004 年在青藏线西宁—哈尔盖调度区段试运行成功后，其应用越来越广泛，在客运专线、繁忙干线、重载铁路等不同特征线路上得到了推广应用。系统在应用中结合了线路的实际特点。

1) 分散自律调度集中系统在青藏线的应用

青藏线西哈段(西宁—哈尔盖)全长 176km，共计 17 个车站。针对青藏线的恶劣运行环境要求、车站无人化的运营要求、免维修的要求，青藏线分散自律调度集中系统进行了特殊的设计，系统具有显著技术特点。

分散自律调度集中系统在西哈段的应用成功标志着我国调度集中系统的应用揭开了新的篇章。接发列车的全过程全部由调度所行车台承担，有效提高了运输指挥的效率和准确性；实现了青藏线 17 个车站中 10 个车站行车指挥无人化，无人化率达到 58.8%，全线车务部门运转人员减员 119 人，其中电务、车务、调度所、工务总计新增 58 人，净减员 61 人，年节约人工成本支出可达 200 万元，达到了减员增效的目的。

2) 分散自律调度集中系统在胶济线的应用

胶济线分散自律调度集中控制区域全长 364.6km，胶济线分散自律调度集中系统设计 34 个 CTC 控制车站，19 个 TDCS 指挥车站，胶济线 CTC 设 3 个行车调度台。

根据胶济线车站结构及运输作业特点，胶济线调度集中系统设计了全新的车站运输作业内容。将车站按照等级不同划分为 4 个级别：一级车站为区段站及编组站，调车作业量较大，有 2 台以上的专用调车机车，同时在这些车站均设有车站调度，和车站值班员一起负责组织车站的计划调整及运输组织；二级车站为有固定调车机的车站；三级车站为无固定调车机但有调车作业的车站；四级车站为无人站。

3) 分散自律调度集中系统在重载铁路大秦线的应用

2009 年 8 月 1 日，由北京交大微联科技有限公司自主研发的 FZj-CTC 调度集中系统正式成功应用于大秦铁路。为了兼顾一般车站及复杂作业的大站，大秦线分散自律调度集中系统将分散自律控制模式划分为车站调车操作方式和车站操作方式。其中，车站调车操作方式可用于一般车站。对于重载铁路区段站，机车转线频率高，平行进路特别多，调度员难以掌握车站具体的作业情况，因此采用分散自律车站操作方式，这样既可以满足列车进路按计划自动排列的需要，又不改变现场作业的灵活性。

4) 分散自律调度集中系统在客运专线的应用

目前我国客运专线等级主要有 CTCS-2 级和 CTCS-3 级，合宁、合武、沿海通道属于 CTCS-2 级列控系统客运专线，行车速度为 200～250km/h。武广、郑西、广深港、沪宁、哈大属于 CTCS-3 级列控系统客运专线，行车速度为 300km/h。由于客运专线增加了列车运行控制系统，以及 RBC 等新型设备，CTC 需要在既有线功能基础上完善与这些新型系统的结合。

以武广客运专线为例，武广客运专线列车运行控制系统为 CTCS-3 级，列车设计时速为 350 公里。分散自律调度集中系统是武广客运专线的重要信号设备之一，对全线内的信号设备进行集中控制，对列车运行直接指挥、管理，可以实现列车进路和运行计划调整及列控限速设置等功能。

3.2　高速铁路客运营销与产品设计

3.2.1　高速铁路客运营销

我国国土面积很大，人口也众多，铁路客运具备运行速度快、舒适度好、客运量大、价格低廉等优点，且不受地形、地貌、天气限制，只要轨道通达旅客就能到达目的地，因此铁路是最为适宜的旅客出行方式。虽然近年来我国铁路发展迅猛，但仍存在巨大发展空间。铁路客运面临季节性忙闲分布不均，地区性客流分布不均，客运组织方式与营销要求差距大，为旅客提供便捷性和舒适性出行服务的水平有待提高等问题，这需要铁路企业充分应用客运营销。客运营销的目的就是研究旅客需求，研究旅客需要什么产品(列车)、如何销售这些产品(客票)、如何提供更好的(站车)服务。因此，铁路客运营销就是通过客运市场调查和分析，以此设计出适合广大旅客出行需要的列车产品和服务，提高旅客满意度，提高铁路客运效益的全程组织活动。

1. 铁路客运营销内容

铁路客运营销是指铁路客运在观念上把旅客视为市场的主人，营销工作的出发点是满足旅客的需求欲望。铁路客运营销主要包括客运市场调研、客运市场细分与目标市场选择及客运营销战略等，具体内容如下。

1) 客运市场调研

市场调研是了解市场、认识市场的有效方法和手段，是进行市场细分和产品设计的基础，其主要内容包括市场环境调研、市场需求调研、市场资源调查、市场营销组合的调研。

铁路客运市场调研的方法主要有固定样本连续调查法、询问法和观察法。固定样本连续调查法指从总体抽出若干样本组成固定的样本小组，在一定时间内，通过对样本小组反复的调查，来测定市场趋势的方法。询问法是以询问的方式作为收集资料的手段。观察法是调查人员直接到调查现场进行观察，从而取得一手资料的方法。

2) 客运市场细分与目标市场选择

(1) 客运市场细分。

客运市场细分指以旅客需求为出发点，根据旅客出行行为的差异性，把旅客总体划分为类似旅行群体的过程。客运市场细分是实现客运营销必不可少的部分。

市场细分的标准是描述市场、分析市场需求规律的关键因素。因此，铁路客运市场按旅客出行目的分类，可分为学生客流、民工客流、旅客客流、公务、商务客流及探亲客流等客运子市场；按旅客出行距离分类，可分为长途、中途和短途客运子市场；按旅客地理位置分类，可分为沿海、内地和边疆客运子市场，或者分为城市和农村客运子市场，或者分为山区和平原客运子市场；按旅客收入水平分类，可分为高收入、中高收入、中等收入和低收入客运子市场。

(2) 目标市场选择。

针对目标市场选择，由于不同的细分子市场对铁路运输的安全、速度、舒适与便捷程度、经济性等方面的需要和重视程度不同，因此必须针对不同客运子市场的服务需求进行相应分析，以便选择高速铁路合理的目标市场。

考虑旅客出行目的时，公务、商务客流对舒适、速度和安全的要求较高，对经济性要求较弱。探亲、旅游客流中收入高人群对舒适、速度、安全的要求较高；收入较低人群对经济性要求较高；民工客流、学生客流一般对经济性要求较高，其他相对较弱。

考虑旅客出行距离时，长途旅客更重视旅行时间(速度)，其次是安全和舒适性，对便捷性并不十分敏感；中途旅客重视的指标则较为复杂，一般希望“夕发朝至”或者“朝发夕至”；短途旅客更重视方便，其次是安全和舒适性，对速度和经济性不是十分敏感。

考虑旅客地理位置时，东南沿海、京津等发达地区的旅客对速度、方便性和舒适性要求较高，对经济性考虑较少；东北和西部地区的旅客对经济性和舒适性要求较高，速度次之，较少考虑方便性。

3) 客运营销战略

(1) 确定客运营销战略。

铁路运输企业客运营销战略是指为实现企业总体经营目标，通过营销手段的组合，进入、占领和扩大运输市场所做出的长远性谋划与方略。

客运营销的前提是要树立新的客运营销观念，这样可以加强竞争和服务意识，从服务、质量和人才等方面获取竞争优势，凸显特色服务。

当前客运营销工作总的思路为：以增加市场份额、增加运输收入、增强企业信誉、追求企业发展“三增一追求”为基本准则，以客户至上、服务至上、信誉至上“三个至上”为根本宗旨，以盘活存量、提高效益为主攻方向。

因此，客运营销战略确定为：满足中长途客流需求，充分发挥中长距离运输优势，扩大直通运输能力，巩固客运主体市场；提高以快速、夕发朝至、优质优价列车为主的拳头产品质量，实施品牌营销战略；适应旅游度假休闲客流需求，加强市场调查，搞好营销宣传，开发季节性旅游客运市场；适应民工流动需求，大力组织开行民工专列，开发劳务客运市场。

(2) 实施客运营销战略的对应措施。

① 夯实营销基础，构造市场营销的基本功能。

② 抓好铁路客运市场的培育和开发。

③ 建立动态的客运能力配置机制。

④ 提高服务质量，增强客运市场竞争能力。

⑤ 构筑营销宣传网络，打造铁路客运品牌。

⑥ 灵活运用运价政策，运用价格杠杆调整运输需求。

2. 目前铁路客运营销存在的问题及创新对策

1) 当前铁路客运营销存在的问题

客运是铁路工作中创收的重要环节。当前虽然各级管理部门都结合实际需求设置客运业务管理部门，但是实际上从职能分类来看，仍然偏向管理生产，并没有太强的营销色彩，同时也没有将现有的市场信息总结起来，共同承担客运市场工作。此外，基层部门也没有开展市场调查的能力和基础，所以在以需定产上能力不足。

铁路属于轨道运输，所以与民航及公路运输相比，其营销手段也没有太大可变化空间。在具体的营销工作中，铁路运输灵活性不足，既无法对运输成本进行调节，又无法将运能和运量结合起来，也无法适应市场的实际需要。在人才方面，当前铁路部门没有针对市场营销工作予以重视，所以也缺乏相应的人才来推动营销工作的革新发展。

2) 铁路客运营销的创新对策

(1) 提高管理水平。先对现有市场需求进行必要的调查和了解再开展营销工作；提高机构设置的合理性，制定合理的岗位制度。

(2) 制定票价体系。结合国家相关政策并考虑成本影响因素来合理调整价格，且允许价格在一定区间内浮动；地区铁路部门可以结合区段内的密度及车型和发车时间来对票价进行合理调整，充分发挥价格的杠杆作用。

(3) 实现营销的差异化及定制化。结合客运市场实际需求，开通各种专列。例如，大城市中黄金周、节假日会有一定市场；开学返工季、放假返乡季，可以根据实际需求开通学生和民工专列；在一定档次列车上配备娱乐、餐饮商务等设施，提供休闲酒吧、茶座等个性化服务，为高端客户节约时间和减少团队客户窗口排队压力等。

(4) 加大营销宣传。设置客运营销广告宣传专项资金来加大广告宣传力度，投资建立完善的营销宣传网络，通过互联网、手机、广播等宣传工具，使任何人在任何时刻、任何地点都能了解客运的相关信息。

(5) 提高服务质量，优化内部营销环境。提高整体客运服务规范性、降低服务随意性、杜绝服务野蛮性，对应建立客运职工培训中心，提高铁路客运员工素质。

3.2.2　高速铁路客运产品设计

1. 客运产品设计的背景

设计是人类特有的创意活动，生活中到处都有设计。以产品设计为例，设计师首先要考虑设计的目的，进而分析服务对象的生理和心理需求、使用要求、舒适程度等。就产品设计而言，企业考虑的是投入和产出、价格与市场等，追求的是利用产品独特的设计来赢得市场进而获利；消费者关注的是产品的使用功能、价格等因素，追求的是使用产品来享受生活。产品设计已经渗透到人类生活的每一个方面，小到锅碗瓢盆，大到航母军舰，这些都需要独特的产品设计。产品设计美化着生活，引领着生活，也时刻影响着人们的生活。

铁路客运产品设计是产品与旅客之间的连接，是企业与市场的连接，是功能与情感之间的连接。

2. 客运产品构成与要素分析

高速铁路客运产品是指旅客利用高速铁路运输装备实现位移的整个过程中，所能感知的有形和无形的运输及服务属性的总和。其中，有形的属性是指高速铁路提供客运服务所需的基础性产品，包括列车、车站、服务设施等。无形的属性是指旅客运输过程体验，包括服务方式、服务内容、服务质量等。

从高速铁路客运产品构成层次角度对产品要素进行划分，高速铁路客运产品由核心产品、服务产品和形式产品三部分构成。高速铁路客运产品的不同层次有不同的产品要素，具体内容见表 3-3。

表 3-3　高速铁路客运产品要素分析

产品层次	载体	产品要素
核心产品	列车开行方案	开行频率
		编组
		开行区间及停站
		换乘接续
		到发时刻及旅行时间
		列车等级
		…
服务产品	服务体系	服务内容
		服务标准
		延伸服务
		…
形式产品	票种票制	定价策略
		车票类型
		…
	品牌	品牌含义
		品牌管理
		品牌推广
		…

3. 客运产品设计

1) 设计的原则

客运产品应当为经济社会发展服务，为广大人民服务。让利于民、让尽可能多的人民群众享受高铁产品的快捷、舒适是我们进行铁路运营时应当充分考虑的，是铁路运输企业更好地为经济社会发展、为广大人民服务的具体体现。

客运产品设计应当有利于铁路运输企业扩大市场份额。铁路运输企业要把高铁线路大量投入运营作为提高运输市场份额的突破口，在进行高铁客运产品设计、制定运营方案时充分考虑尽最大努力吸引旅客乘坐高铁，争取社会效益与经济效益。

2) 设计的策略

(1) 树立以需求为核心的产品设计理念。

(2) 针对不同层次产品合理设计多级细分市场。

(3) 正确平衡产品的公益性与营利性。

3) 设计的思路

高速铁路客运产品设计的实质是高速铁路供给与需求逐层逐步精确匹配的过程，具体表现为不同层次产品的设计与组合。因此，高速铁路客运产品设计的总体思路是以旅客为中心，在合理配置运力资源条件下，根据市场需求对各类客运产品的产品要素进行设计。具体来说，就是以市场分析、运力分析及产品评价反馈为依据，设计高速铁路的核心产品、服务产品及形式产品，然后在产品推出之前进行预评估与调整，并实施客运产品营销，如图 3-3 所示。

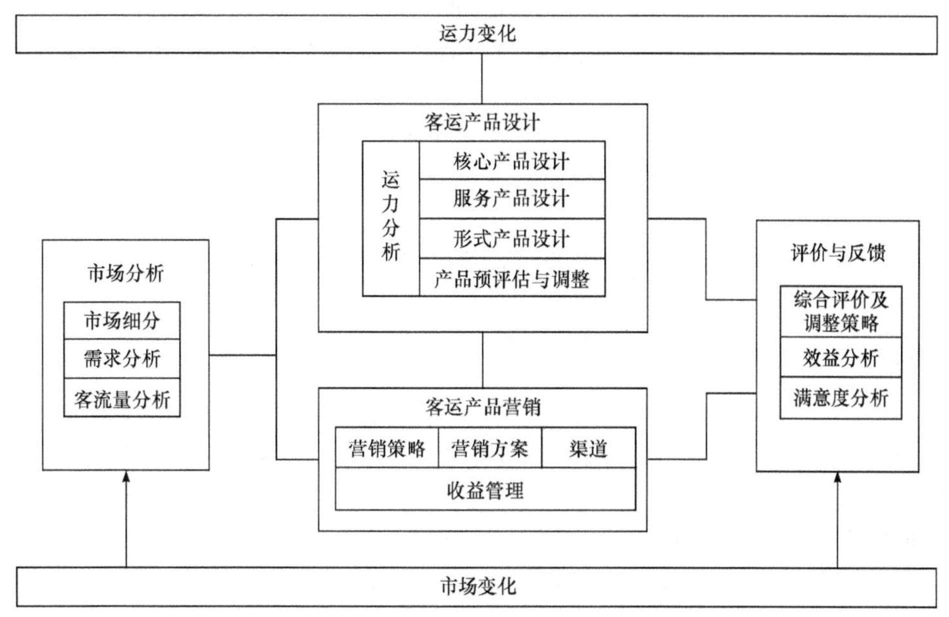

图 3-3　高速铁路客运产品设计总体框架

4) 设计的内容

高速铁路客运产品设计的核心内容包括列车开行方案、服务体系和品牌战略。

(1) 列车开行方案设计。

我国高速铁路具有规模大、速度高、发展快速、网状特征明显、与既有路网形成有效连接等特点。此外，高速路网的客流增长迅速，不同旅客群体对各种需求偏好不同，相应形成了多元化、多层次的需求结构。列车开行方案设计的关键是如何根据市场需求结构设计并及时调整开行方案，快速适应并进一步引导客流变化。旅客需求包括可达性、时效性、经济性、便捷性等若干特征维度，相应地，开行方案的设计也围绕上述特征展开。

(2) 服务体系设计。

服务产品设计的目标是构建中国高速铁路的服务体系，包括服务内容的设计、服务标准的制定及服务质量的管理。服务产品设计遵循“以人为本”的核心原则，为旅客提供舒适便捷的全方位服务。能够体现出高铁服务特色的主要有以下几个方面：①便捷性服务；②自助式服务；③人性化服务；④差异化服务；⑤规范化服务；⑥整体服务。

(3) 品牌战略设计。

我国高速铁路已建立起以“CRH”为标志、以“和谐号”为标识、以“安全舒适、便捷、人文、环保、创新”为内涵的高铁品牌。为确保品牌质量并进一步提升品牌价值，需要完善高速铁路标准体系建设、加强质量监控、扩大品牌宣传，以使高速铁路的品牌战略能最终落到实处。

① 统一标准。统一持续的品牌形象和质量是品牌的一个重要特点。为保证高铁品牌的持续和一致，需要建立从产品、设备、人员到服务的建设和运营管理标准，通过示范引导、全面推广的方式逐步建成高铁客运的标准体系。

② 品质保障。质量是品牌的生命，高水平的服务是保证高铁品牌的重要手段。首先需要加强高铁内部宣传，使全体人员认识到维护品牌价值的意义，意识到整体服务和全员服务的重要性，再通过员工培训、监督评价、奖惩激励等各项质量管理措施，确保高铁服务的一流品质。

③ 品牌推广。品牌推广是品牌树立、维护过程的重要环节，包括推广计划及执行、跟踪与评估等多项内容。

3.3　运营管理模式与组织机构

3.3.1　高速铁路运输组织模式

高速铁路的运输组织是根据高速铁路的特点，研究一些有别于普通铁路运输的技术问题。高速铁路的运输组织是涉及高速铁路的技术经济优势能否充分发挥，能否最大限度地吸引客流，能否获得最佳的经济、社会效益的软件环境，是高速铁路技术的重要组成部分。高速铁路运输组织具有高速度、高密度、高正点率、高可靠性、高质量服务、高市场占有率和高社会经济效益等目标。因此，高速铁路运输组织具有以下特点：运输服务系统覆盖旅客旅行服务的全过程；充分满足旅客出行需求、适应客流变化，制定运输计划和旅客列车开行方案；建立以高新技术为基础的安全保障体系的运营管理系统；建立以调度中心为中枢的运营管理总体系统。

高速铁路运输组织模式主要是解决在高速铁路不同发展阶段、客流特点、路网条件及高速铁路与既有线合理分工的原则下，高速线路上开行的列车种类、列车速度、列车开行比例及跨线客流组织和跨线列车运行方式选择等问题。由于各国的经济发展水平、客流特点、路网结构及换乘设施布局不同，采用的高速铁路运输组织模式也有所差异。

1. 日本新干线运输组织模式

日本新干线铁路主要有东海道新干线、山阳新干线、东北新干线、上越新干线、北陆新干线，多为自成体系的高速客运线。其运输组织模式采取高速客运的方式进行旅客运输，可以称为“全高速-换乘”模式，高速线上只运行高速列车，无跨线列车运行，直通客流大，跨线旅客采用换乘的方式。

2. 法国高速铁路运输组织模式

法国 TGV 高速铁路系统运输组织模式可以归结为：①新线客运专用；②新线与既有线兼容；③高密度少中转的运输组织模式。从整体上讲法国高速铁路可以归结为“全高速-下线运行”的运输方式，高速线仅运行高速列车，但高速列车不仅可在高速线上运行而且可以在与高速线相衔接的既有线路上运行。这样，一方面使新线运力得到最佳发挥，另一方面能充分利用既有的基础设施，尽量减少在高度都市化地区进行困难和昂贵的工程建设，列车可以方便地进入如巴黎、里昂这样的大城市。

3. 德国高速铁路运输组织模式

德国铁路的高速网是由改造的旧线(最高速度 200km/h)和新建的高速线(最高速度 250～300km/h)混合组成的。德国高速铁路的建设特别强调扩大货物运输能力、改善运输质量和消除运输瓶颈地段，所以采用“客货混运”的运输方式，在高速线路上既要运行 ICE 列车，也要运行货物列车，还要开行地区和短途旅客列车，因此，高速线路运输任务很繁忙。

4. 意大利、西班牙等国家高速铁路运输组织模式

意大利的高速铁路是按高速旅客列车、常速旅客列车及高速货物列车客货混运设计施工运营的，其高速铁路运输组织模式属于“混合运输”模式。

西班牙的高速铁路是按高、中速旅客列车共线混跑设计的。马德里-塞维利亚高速铁路每天开行高速列车 74 列，其中，56 列是 AVE 高速列车，另外 18 列摆式动车组列车以 200km/h 速度从马德里运行至塞维利亚后，下到既有线以 160km/h 速度运行至终点城市，其运行组织模式与法国相似。

5. 我国高速铁路运输组织模式

截至目前，我国新建的高速线路“四纵、四横、三城际”按速度等级和运输组织模式不同，可划分为 4 个不同类型：一是 300km/h 及以上客运专线，不同速度的动车组列车共线运行；二是 200～250km/h 客运专线，高速动车组列车与普速旅客列车共线运行；三是 200～250km/h 客货混跑的线路，高速、普速旅客列车与货物列车共线运行；四是多数城际高速铁路，仅运行速度相同的动车组列车。由此可见，我国新建不同速度等级的高速铁路，其运输组织模式虽然有所不同，但是前三种都属于“不同速度列车共线运行”模式。

300km/h 及以上客运专线，采用 300km/h“G”字头与 200～250km/h“D”字头动车组列车共线运行模式。例如，京沪、京广高速铁路，既开行“G”字头列车，又开行“D”字头列车。“D”字头列车与“G”字头列车共线运行，既保留了较高的列车运行速度和较小的列车追踪间隔时间，基本上不会发生列车越行，又可充分利用区段通过能力，增加高速铁路列车直达率，跨线客流无须换乘，从而缩短旅行时间。

200～250km/h 客运专线，采用“D”字头列车与普速旅客列车共线运行的模式。200～250km/h 客运专线和 200～250km/h 客货共线这两种模式的主要优点是能提高客运专线通过能力利用率，缩短数百千米运输里程或减轻既有线能力紧张压力。其主要缺点是速差较大，列车越行较多，行车组织工作难度大，能力扣除系数大。

城际高速铁路多采用“动车组专线运行”模式。例如，北京—天津、上海—杭州城际铁路，只运行 300km/h 动车组列车；广深、广珠城际仅运行 250km/h 动车组列车；南京—上海城际，本线运行 300km/h 动车组列车 95 对，跨线运行 250km/h 动车组列车 25 对。

6. 高速铁路运输组织模式的优缺点及适用条件

世界各国(地区)高速铁路选择运输组织模式时，首先考虑的是最大限度地满足旅客需

要，其次是各国铁路网的关系和运营情况。高速铁路运输组织模式大致可以归纳如下。

1) “全高速-换乘”模式

高速线上只运行高速列车，无跨线列车运行，直通客流大，跨线旅客采用换乘的方式。这种模式适用于自成体系的高速客运专线，如日本的新干线。

其优点是列车运行速度高(可达到 200～300km/h)，列车追踪运行时间短(最小可达到 2～3min)，运输组织简单，便于管理，运输能力大等。

其缺点是由于跨线客流要全部在衔接作业站进行一次或多次换乘，将延长旅客旅行时间，部分客流可能会转向其他交通工具，加重市内交通压力，给旅客带来不便和困难。所以，旅客换乘是“全高速”模式的关键性问题。

2) “全高速-下线运行”模式

高速线上既运行本线高速列车又运行跨线列车的高速线路，跨线列车在高速线上按高速列车运行，下高速线后按普通线路允许的速度运行，这种模式是用于与普通线路相衔接的高速客运专线，如法国的高速铁路。

其优点是由于高速线上运行的高速列车速度基本相同，可按平行运行图运行，通过能力大；高速列车下线运行，可以增加高速列车的通行网络，扩大了高速线路的服务范围，能更多地吸引客流，提高高速线的利用率，减少旅客换乘，较好地解决了跨线旅客运输问题。

其缺点是需要较多的高速列车车底，要求高速客运专线与既有线兼容。

3) “混合运输”模式

高速线上不仅运行高速旅客列车，还运行速度较低的货物列车，多适用于既有线改建成的高速线，如英国、德国、苏联等国的高速铁路。

其优点是线路的工程投资少。

其缺点是线路上由于运行的客货列车速差大(旅客列车速度一般为 200km/h，货物列车速度一般为 100km/h)，通过能力扣除较大，列车的运行组织复杂；旅客列车的最高速度也受到限制，一般只能达到 160～200km/h，延长了旅客的旅行时间。

3.3.2 高速铁路经营管理模式

1. 经营管理模式简介

高速铁路(客专公司)是合资公司，客专公司可采取的主要经营管理模式有自主经营、联合经营、委托经营和委托运输等形式。

1) 自主经营

自主经营是合资公司独立自主行使运输管理权和经营管理权的一种模式。合资公司独立承担运输生产经营，负责管辖范围内一切铁路运输业务。

2) 联合经营

联合经营是由合资公司与有关出资方、接轨铁路局及其他利益相关方联合承担运输生产组织，共同负责经营管理，并通过签订协议明确各自权利、责任、义务的一种创新管理模式。

3) 委托经营

委托经营是资产经营与生产经营相分离的一种模式。合资公司将合资铁路的运输专业管理、生产经营管理全部委托给相关铁路局，实行经营目标责任制。

4) 委托运输

委托运输管理是客专公司与相关铁路局达成委托运输管理协议，将客运专线的运输业务委托于铁路局，由铁路局承担客运专线的运输管理，负责编制运行图、组织行车等。双方通过签订委托运输管理协议明确各方的权利义务及委托运输管理的具体内容。根据国铁集团的指导意见，委托运输管理的主要内容有运输组织管理、运输设施管理、运输移动设备管理、运输安全管理、运输收入管理及铁路用地管理。

目前委托运输管理的模式有两种：一是资产全委托模式，即客专公司将其全部铁路线路资产委托于受托方(客运专线沿线铁路局)经营管理，作为受托方的铁路局以自己的名义经营管理线路资产，而客专公司只收取相应的收益(固定或者浮动收益)；二是经营委托，即客专公司只将运输经营权委托于受托方，作为委托方的客专公司仍保留独立的经营架构，此时，运输经营收益是客专公司的收益，客专公司只向受托方支付相应的经营报酬。

高铁线路建成后，如果由客专公司自身负责运输、组织、调度等，则对人力资源、技术、设备等方面的要求较高，也难以达到高速铁路的运输管理标准。因此，中华人民共和国铁道部(简称铁道部，于 2013 年 3 月撤销)于 2008 年 12 月颁布了《关于新建合资铁路委托运输管理的指导意见》，明确提出自 2003 年以来的新建合资铁路实施委托运输管理。2011 年 11 月，铁道部修订并发布了《关于新建合资铁路委托运输管理的指导意见》。新发布的意见对委托运输管理的有关问题提出了规范性指导意见。

2. 经营管理模式优缺点比较分析

总结以上几种经营管理模式的优点及缺点，具体分析见表 3-4。

表 3-4　高速铁路四种经营管理模式优缺点比较

经营管理模式	优点	缺点
自主经营	① 企业利益直接体现在经营管理上； ② 企业管理权、经营权和决策权一体化，便于掌控企业的发展方向	① 受公司规模大小的影响，有的线路较短，不能形成直接运输效益； ② 同其他铁路接口较多，联合运输效率低； ③ 管理成本较高
联合经营(自主/联合经营相结合)	① 各方利益比较明确； ② 有利于更好实现企业的自主职能； ③ 有利于快速形成生产经营规模，降低运营成本； ④ 有利于充分发挥铁路网络运输的优势	① 协调难度较大； ② 不适合所有客专公司，受公司规模大小的影响
委托经营	① 有利于充分利用市场机制，配置各种运输资源，提高运输效率，降低成本； ② 有利于铁路运输的统一调度，实现路网联合运输	① 运营成本核定比较复杂； ② 增加了清算环节，可能形成二次纳税的情况； ③ 责任界定较为复杂
委托运输	① 有利于客专公司快速形成运输能力； ② 提高客专公司运营效率及效益； ③ 减少客专公司的人员配置及管理成本	① 存在经营责任约束不力，委托双方权利义务责任不清； ② 交易价格清算过程存在矛盾与冲突

国内目前投入运营的高速铁路大多采取委托运输管理的经营模式，如郑西高速铁路委

托西安铁路局和郑州铁路局运输，京沪高速铁路委托北京铁路局、济南铁路局和上海铁路局运输，沪宁城际铁路委托上海铁路局运输管理。在此模式下，客专公司不必进行运输组织，无须配备运输作业及相关管理人员，而是将线路及设备的维护交由受托路局完成，由受托铁路局负责编制运行图、组织行车，这样不仅缩短了设备调试、相关技术人员培训所占用的时间，快速形成运输能力，而且有利于对运输资源的优化配置，保证运输安全。

3.3.3 高速铁路业务组织模式

高速铁路业务组织模式涉及业务层次、委托层次和组织层次等方面。其中，业务层次指高速铁路公司面临的通用因素或共性因素，包括人、财、物、产、供、销等基本因素；委托层次指这些具体业务是采取外部委托方式还是内部委托方式，来达到特定的运输资源配置目标；组织层次指采取什么样的管理模式来组织管理各种相关业务。

高速铁路业务组织模式涉及的业务包括一般管理业务和生产管理业务。一般管理业务主要有市场企划部、人力资源部、计财部、行政办公室、客运营销部、党政工团、技术装备部、安全监察部、质量监察部、综合部等一般性经营部门，生产管理业务则包括车辆管理部、基础设施部、运营管理部、多元经营部等职能部门。高速铁路公司可能涉及的业务类别如图 3-4 所示。

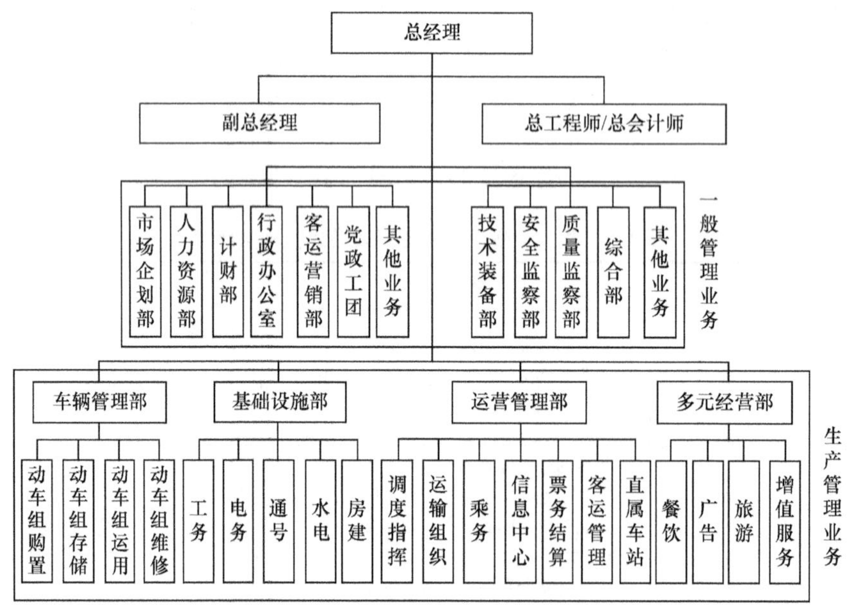

图 3-4　高速铁路公司涉及的业务类别

1. 业务种类分类

高速铁路业务种类按时间维度分，包括建设期业务对象、运营期业务对象等，如图 3-5 所示。

高速铁路业务种类按空间维度分，主要有调度指挥、车站管理、动车组存储等，如图 3-6 所示。

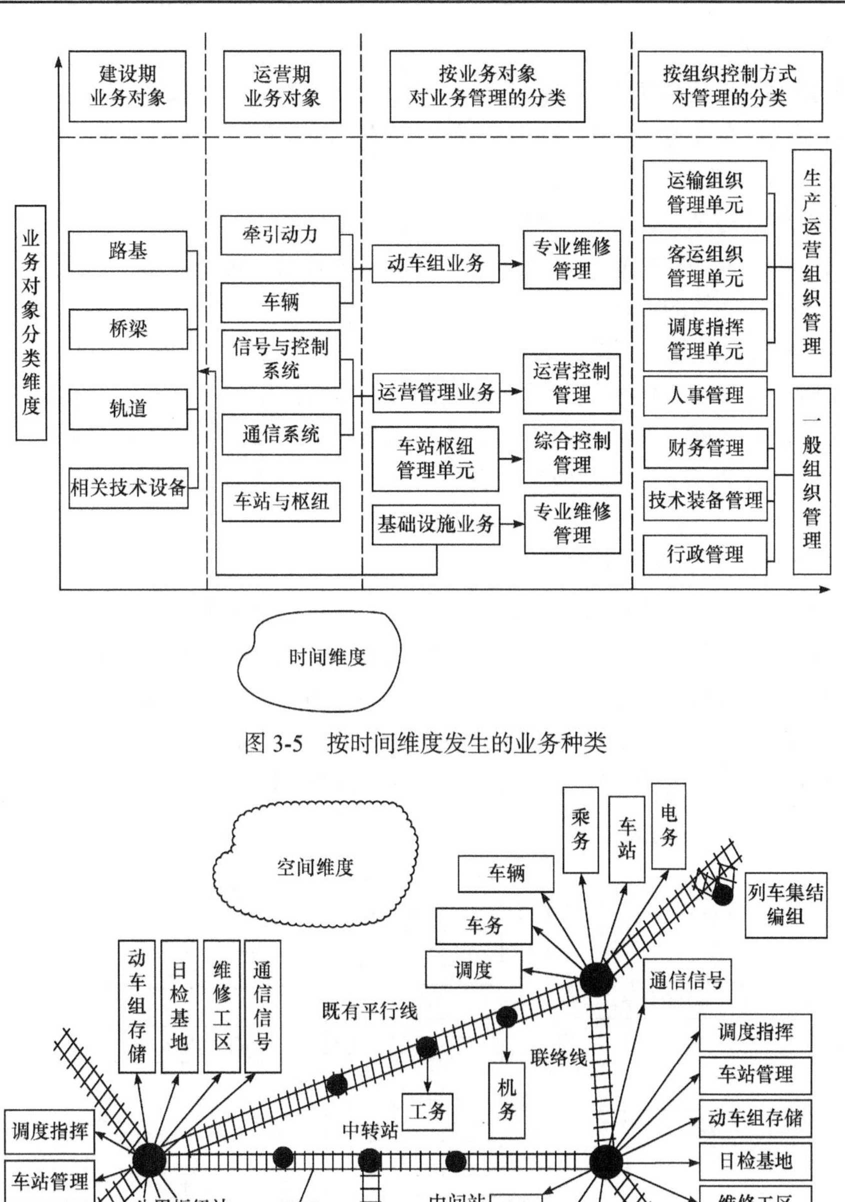

图 3-5 按时间维度发生的业务种类

图 3-6 按空间维度发生的业务种类

2. 业务委托方式分类

高速铁路的业务委托方式可分为完全委托模式、部分委托模式、联合经营模式(合包模式)、自主经营模式(内揽模式)四种模式。

1) 完全委托模式

完全委托模式是指高速铁路公司充分利用市场化外部资源，按照市场价格与各提供商进行交易的模式。在高速铁路公司不愿配置某些资产或业务时，会产生完全委托模式。

2) 部分委托模式

部分委托模式是把人力资源、财务清算、调度指挥等部门的管理、运用、维修业务部分外包出去，以获取稳定价格下的外包资源。部分委托模式可以是基于行政命令的委托，也可以是基于市场交易的委托。

3) 联合经营模式(合包模式)

联合经营模式又称合包模式，是指通过组建一定形式的联合实体，提供外包服务。合包模式适用于高速铁路公司某些业务缺乏外委对象，或直接外委成本或风险过高，通过设立某种形式的合资公司、合作基地、联合生产或其他联营方式，实现高速铁路公司与其他主体核心资源的优势互补、降低交易成本和生产成本。

4) 自主经营模式(内揽模式)

自主经营模式是指完全由公司自己控制或生产某种产品或服务。自主经营模式适用于缺乏外包对象，或外包出去成本或风险太高的业务。例如，一般管理业务或生产管理业务的综合管理就无法外包。高速铁路公司通过自己的努力，向市场提供方便、舒适、安全、便捷的运输产品，树立企业形象，构建市场竞争优势，打造企业核心竞争能力。

不同的自营委托模式的实现方式和交易对象均有所不同，如图 3-7 所示。

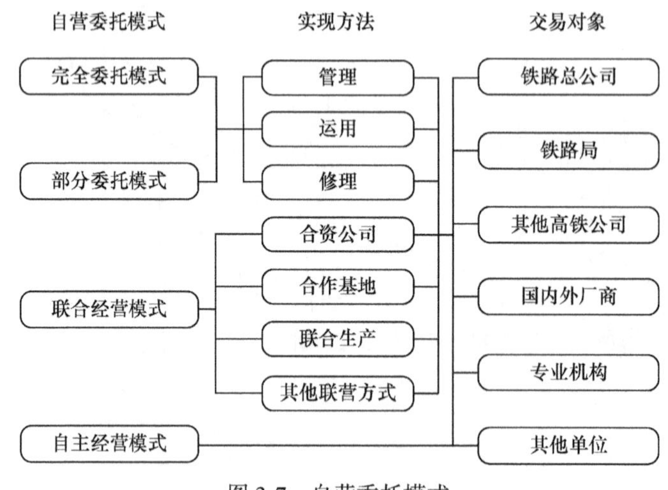

图 3-7　自营委托模式

3. 业务组织模式

影响业务组织模式的主要因素有政府因素和市场因素。政府因素包括路网整体性约束、产业政策与行业发展规划约束；市场因素包括技术性质约束、委托或外包市场规模与范围。

高速铁路公司内部管理的业务组织模式包括以下几类。

1) 专业站段模式

专业站段模式为传统的经营管理模式，例如，客运公司下设客运段、动车段、工务段电务段等专业站段。

2) 综合管理模式

综合管理模式是指在部分业务外包的情况下，设置综合性的管理机构，协调管理基础设施、动车组、运营管理或多元经营业务。

3) 事业部模式

事业部模式是指公司下设若干事业部。

4) 分公司模式

分公司模式是按照公司化方式运作但不具备独立法人资格。

5) 子公司模式

子公司模式是经营主体下设多个子公司，确立两级法人经营管理。

不同的内部业务管理模式在性质、集权与分权程度、委托数量、纵横向协调能力、组织规模及复杂程度、管理范围大小等方面的差别明显，见表 3-5。

表 3-5　内部业务管理模式

模式	性质	集权程度	委托数量	横向协调	纵向协调	组织规模	组织复杂程度	管理范围大小
专业站段	生产导向型	集权程度大	不委托	最难	最容易	最大	简单	小
综合管理	—	—	—	—	—	较小	复杂	大
事业部	—	—	—	—	—	较大	较复杂	较大
分公司	—	—	—	—	—	较大	很复杂	很大
子公司	市场导向型	分权程度大	大量委托	最容易	最难	大	很复杂	非常大

3.4　高速铁路客流组织

3.4.1　高速铁路客运需求分析

高速铁路的客运需求是有现实基础的，人口多的国情、经济的不断发展、富裕人群的扩大、城市化进程的继续等是刺激高速铁路客运需求的重要因素。

客运需求是一种派生性需求，根据出行目的不同，分为生产性需求和消费性需求。派生于社会经济活动和工农业生产，一个国家或地区的旅客运输需求规模、需求结构的演变规律，受国家或地区宏观经济环境的影响。旅客运输需求的产生及需求量的大小，与社会经济宏观环境条件紧密相关。影响旅客运输需求的主要因素如下。

1. 国民经济发展水平

结合 2000～2010 年我国 GDP 与铁路里程的数据，计算得出铁路里程与 GDP 的相关系数为 0.959，接近于 1，说明铁路里程与国内生产总值高度正相关，相关关系密切。铁路建设带动着国民经济的发展，而国民经济的发展也促进着铁路的建设，二者相辅相成，相互促进。国民经济发展水平越高，越需要建设更多的铁路来支持。民间广为传说的“要想富，先修路”也不无道理，体现了路对经济的促进作用。在世界各国建设高速铁路的潮流中，我国对高速铁路的建设也得到重视。

随着我国经济的不断发展，人们的生产性客运需求将有很大的潜力。生产性客运需求是指人类生产、交换、分配等活动引起相关人的出行需求，例如，采购、展销、财务及劳务活动产生的旅行。中国的快速发展促进了生产、交换和分配活动的活跃性，人与人、人与企业、企业与企业间的相互交流愈加频繁，在一个讲求效率的社会中，高速铁路就成为人们的选择。市场经济条件下居民的消费动机受到政府宏观政策、调控约束的影响日益减少，更趋于符合满足人的自然需求。居民的收入水平直接受制于地区或国家的整体经济发达水平。因此从某种意义上来说国民经济发展水平是影响旅客出行需求变化的根本原因。

2. 居民收入水平的提高

世界交通运输发展的轨迹显示出旅客运输与经济发展水平之间的密切关系，经济越发达，人民越富裕，旅客运输需求越大。随着综合国力的不断提升，社会保障制度必将日趋完善，人们将能够更加注重与“行”相关方面的需要，能够在社交方面投入更多的时间和消费，寻求归属感。因此，我国的客运问题将越来越突出。如何满足急剧增加的旅客运输需求，是整个交通运输业，尤其是铁路面临的重要问题，而高速铁路能够更好地满足客运需求。下面从不同方面进行说明。

1) 居民个人可支配收入

个人可支配收入被认为是消费开支的最重要的决定性因素。因此，常被用来衡量生活水平的变化情况。一般来说，人均可支配收入与生活水平成正比，即人均可支配收入越高，生活水平则越高。生活水平的提高使来自个人可支配收入的消费性客运需求增长。旅游观光、探亲访友、度假等的可能性和意愿增加，而在能够追求享受的经济水平下，对客运的舒适性、方便性要求也提高。他们需要更发达的交通运输工具的支持，高速铁路能够满足人们这方面的需求。

2) 旅游花费情况

结合 2000～2010 年数据，计算得出旅游总花费与 GDP 的相关系数为 0.991，接近于1，说明旅游总花费与 GDP 高度正相关，GDP 水平越高，旅游总花费越高。另计算出人均可支配收入与旅游人均花费的相关系数为 0.998，说明旅游人均花费与人均可支配收入高度正相关，居民人均可支配收入越高，人均旅游消费也越高。国内游、出国游开始由观光型走向休闲度假型，并且出境旅游变得越来越平民化，个性化旅游升温，人们放松心情度假，开放自己的事业，开始真正享受旅游带来的乐趣，而平民化的旅游加重了铁路线路的负担。

总体来说，随着人们收入水平的提高，需求的层次开始发生转变，并不断得到提升，良好的经济条件允许人们在有关“行”方面投入更多的时间和金钱。人们日渐活跃的商业活动、探亲访友、度假的消费性旅行都隐含了旅客运输需求，并对舒适度和旅行速度提出了更高的要求。因此，人们对高速度且更为舒适的高速铁路有了更大的需求。

3. 人口数量、城市化进程的加快及产业结构的变化

1) 人口数量

旅客运输的对象是人，人口数量及其增长速度，尤其是人口中劳动力数量及其增长速

度是影响人口迁移和流动的重要因素，而城市化程度则进一步加剧了人口的迁移和流动。在市场经济体制下，人们在就业方面有较大自由，人口流动相对频繁，因此客运需求量也大。根据 2000～2010 年数据，计算人口与客运量的相关系数为 0.897，说明人口与客运量是正相关关系，人口数量大，则客运量也大。作为世界上人口最多的国家，客运需求量的数字也十分可观。随着市场经济的发展，我国人口流动性大大增加，客运量出现了强劲增长的势头。

2) 城市化进程的加快

城市化的过程不仅表现在城市人口的迅速增长，还表现在特大城市和城市群的迅速增加，以及第三产业人口在城市人口中所占比重的极大提高上。

城市化特点之一是城市群迅速发展，一些区域具有区位、资源和产业优势，已经达到了较高的城市化水平，形成了城市发展相对集中的城市群或都市圈。各城市群间经济文化的交流与合作，需要铁路的支撑。在这个信息化的社会，生活节奏加快，经济、文化、旅游商务等交流繁忙，来往旅客对运输的时效性要求较高，解决这一问题的措施就是建设高速铁路。发达的城市人民生活水平高，运价的敏感性相对较低，因此客运市场的需求价格弹性相对较低，客运市场大，客流相对稳定，且有快节奏、大密度、高效率的运输要求，这为建设高速铁路提供了很好的市场基础。

3) 产业结构的变化

城市在保持经济快速发展的同时，以服务业为代表的第三产业得到迅速发展，城市的产业构成实现了优化升级。我国第三产业的发展具备良好的条件，这体现在：科学技术的进步和劳动生产率的提高；社会分工的细化和专业化程度的提高；第一二产业的劳动生产率提高，就业人口比重下降，为第三产业提供劳动力；居民消费水平的提高，消费结构的变化和广阔的市场；国际经济技术交流的不断加强。近几年，随着城市化的发展，服务业地位得到提升，政策驱动必然促进第三产业的进一步发展，随之而来的劳动力流动量、消费性客流和活跃的经济技术交流活动都需要能够输送大量人流量的铁路的支持。而高档次消费活动和经济技术交流活动对旅行质量提出了更高的要求，需要高速铁路高时效性、高舒适度的服务。

3.4.2 高速铁路列车开行方案

高速铁路列车开行方案在铁路运输组织中占有极为重要的地位，它规定了列车的运行区段、列车种类及开行对数等内容，是高速列车开行的框架计划，是旅客列车运行计划的重要组成部分。高速铁路列车开行方案是编制高速铁路列车运行图及动车组运用计划的基础，是高速铁路客流的输送计划，是高速铁路客运产品规划方案，是高速铁路旅客运输组织的核心问题。因此，如何制定一个合理的高速铁路列车开行方案，是列车运行图编制人员面临的核心问题。良好的高速铁路列车开行方案能较好地反映旅客运输的经营策略，并且可以提高旅客运输的经济效益和服务水平。在市场经济条件下，列车开行方案也是高速铁路客运竞争力的体现。

1. 高速铁路列车开行方案的作用和意义

旅客列车开行方案是高速铁路旅客运输组织的核心，主要包括旅客列车运行区段、列车种类、开行对数的计划等。它是以客运量为基础，以客流性质、特点和规律为依据，科学合理地安排包括旅客列车开行等级、种类、起讫点、数量、经由线路、编组内容、停站方案、列车客座能力利用、车底运用等内容，体现从客流到车流的组织方案。

随着经济的发展和人民生活水平的提高，我国旅客出行需求不断增加的同时，旅客对运输的准时性、便捷性、舒适性、安全性等要求不断提高。因此，高速铁路必须从市场出发，从旅客的需求出发，以运输市场为背景，以最大限度地满足旅客出行的各方面需求为基本要求，提高运输质量。高速铁路列车开行方案的实施对发展高速铁路旅客运输、提高旅客运输的经营策略和服务质量、争取客运市场份额有着极其重要的作用。

好的开行方案能够确定出合理的列车运行图，从而保证列车安全、正点运行和经济有效地实施旅客运输组织，以高服务频率、高服务质量满足旅客对速度、安全、准时、舒适、方便等因素的追求，给旅客出行带来方便，能够反映铁路旅客运输的经营策略和服务质量水平，提高铁路旅客运输的经营效果和效益。

在市场经济下，旅客列车开行方案的优劣是与其他运输方式竞争实力的体现，高速铁路为了赢得更多的市场份额，需要根据市场需要，不断调整和优化旅客列车开行方案，使之与市场需求相适应。

2. 高速铁路列车开行方案的构成

旅客列车的始发站、终到站及经由线路构成旅客列车的运行区段，列车种类区别出列车的不同等级或性质，开行对数的多少表示行车量的大小，三者共同组成旅客列车开行方案。列车运行方案图同列车的运行区段、种类、数量紧密相连，所以客车方案和客车车底数也归为开行方案之中。

1) 列车运行区间

列车运行区间由始发站、终到站及经由线路三个要素组成，其中始发站是指旅客列车由何处始发；终到站是指列车在何处终到；经由线路是列车实际运行所经过的线路。由于既有线上始发站与终到站之间有多条径路可以选择，因此一般需要进行最佳径路选择，而高速铁路没有形成网络，目前经由线路唯一。

2) 列车种类

高速铁路上运行的相关列车包括 A 类列车(300km/h ≤ 速度目标值 ≤ 350km/h)和 B 类列车(200km/h ≤ 速度目标值 < 300km/h)，高速列车由于运行距离和运行时间都较短，一般都不设非载客车辆，为满足不同层次旅客需求，可设包间、一等车和二等车。各种车辆的比例可根据实际需要确定。

3) 列车对数

列车对数是指方向上或区段内为满足客流量需要而开行的旅客列车数量，基本上取决于客流计划。合理确定旅客列车对数非常关键，它将直接关系到列车运行图的编制，一方面要尽量满足客流量的需要，另一方面要使客运设备得到经济合理的利用。合理的旅客列车开行对数可以降低铁路运输成本、提高铁路运输生产效率、保证旅客运输服务质量、增强铁路的竞争能力。

3. 高速铁路列车开行方案基本编制流程

高速铁路列车开行方案首先要符合旅客出行规律，最大限度地方便旅客，提高服务质量，减少等待时间，尽可能减少换乘，提高列车上座率。其次要充分利用运输能力，合理利用动车组，控制列车超员。因此，高速铁路列车开行方案的编制是一项系统、复杂的工作，它所包含的内容具体可分为以下方面：

(1) 列车运行特性，包括起讫点、运行路径、途中停站方案等；

(2) 列车性质，包括列车种类、数量等；

(3) 设备利用情况，包括列车编组内容、车底运用情况、席位能力利用等；

(4) 高速铁路列车开行效益，包括经济效益和社会效益。

具体编制流程如图 3-8 所示。

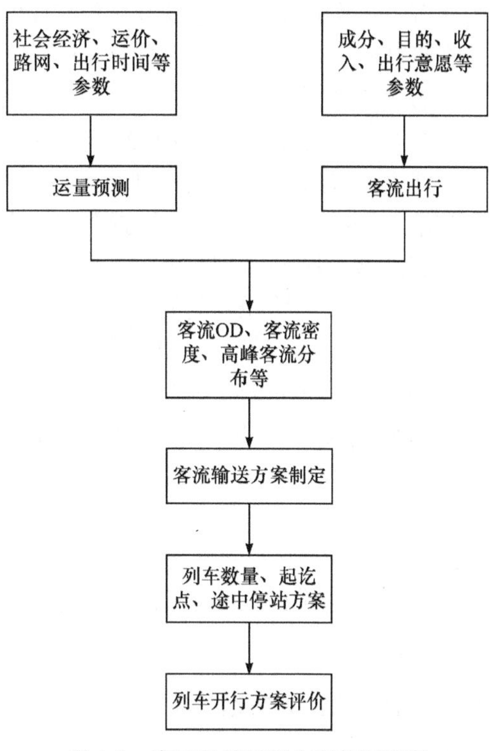

图 3-8　高速铁路开行方案编制流程

4. 高速铁路列车开行方案的影响因素

影响旅客列车开行方案的因素很多，如列车编组及定员、客流波动系数、服务频率与运量的关系、客流密度、车站能力、高速铁路跨线客流的输送方式等。

1) 列车编组及定员

列车编组是由固定数量和类型的车辆组成的固定车底。列车定员是列车编组中乘坐旅客的车厢的标记定员之和，即一列车的席位数。

列车编组内容主要根据列车起讫点城市的旅客经济水平、需求层次、旅客列车在途时间长短及节假日客流波动等因素共同决定的。确定列车定员的基本依据是服务频率，达到一定的服务频率，才能完成预测的运量。

2) 客流波动系数

由于受季节、时间和环境等各方面因素影响，客流量每天都在变化。高峰月日均客流量与年日均客流量之比就是客流波动系数。通过分析我国铁路客流情况可知，我国旅客运输市场需求在时间上和空间上都存在着不均衡性。

3) 服务频率与运量的关系

服务频率是吸引旅客的至关重要的因素，直接反映出沿线各站旅客乘坐旅客列车的机会次数，显示出“方案”吸引客流的程度。随着服务频率增加，运量也增长，但服务频率达到一定的次数后，再增加服务频率对运量的影响就不大了。

4) 客流密度

正确计算和预测客流量是确定旅客列车开行方案的基础，“按流开行”是确定旅客列车开行方案首要的原则。各区段客流密度是检验开行方案的一个重要约束条件，要使旅客列车开行方案提供的客运能力与各区段客流密度相适应。客流密度的大小是确定开行方案的客流基础，在一定程度上决定着车流。

5) 车站能力

旅客列车的开行方案受车站能力的制约，当车站能力不足时(包括到发能力、车底整备折返能力)，需要延长或缩短列车运行区段，缓解车站能力的不足。此外，还应该考虑车站在政治、经济、文化、地理位置等多方面的因素，在具有特殊政治经济地位的车站可能超越客流需求而延长运行区段。

6) 高速铁路跨线客流的输送方式

本线客流是本线各大站间到发的客流和沿线小站间到发的沿线客流，跨线客流是本线与相邻线或各相邻线间交流而通过本线的客流。

由高速线承担的跨线客流有三种基本输送方式：一是在高速线与既有线的衔接站换乘，高速线上用高速列车输送，其他线路上用普通列车输送，称为换乘方式；二是高速列车下高速线，全程都用高速列车输送，在其他线路上按线路允许速度运行，称为下高速线方式；三是跨线列车上、下高速线，全程都用专门的跨线列车(最高运行速度可达 200km/h)输送，在高速线上按最高运行速度行驶，称为跨线运行方式。我国目前多采用换乘方式进行跨线输送。

3.4.3　高速铁路列车运行组织

高速铁路列车运行组织在旅客运输生产过程中是一个比较复杂的环节，它要利用多种铁路技术设备，要求各个部门、各工种、各项作业之间互相协调配合，才能保证行车安全和提高运输效率。高速铁路列车运行图和动车组运用计划的制定是列车运行组织中的主要环节。

1. 高速铁路列车运行图

列车运行图是对列车运行时间、空间关系的图解表示，它规定了各次列车占用区间的顺序，列车在每个车站的到达和出发(或通过)时刻、列车在区间的运行时间、列车在车站的停站时间及车底交路等，是组织列车运行的基础，是协调铁路各部门和单位按一定程序进行活动的文件。

高速铁路列车运行图一方面是高速铁路实现列车安全、正点运行和经济有效地组织运输工作的列车运行生产计划；另一方面，列车运行图又是高速铁路向社会提供客运产品的一种具体形式。

1) 高速铁路列车运行图的种类

按照不同的分类方法，列车运行图有多种类型。

(1) 按照表示时间的方式分类：①二分格运行图；②十分格运行图；③一小时格运行图。

(2) 按照编制特点分类：①平行运行图和非平行运行图；②成对运行图和不成对运行图。

(3) 按照所处时期不同分类：①基本运行图；②日常运行图；③周末运行图；④高峰运行图。

(4) 按照运行图上各时间点的规律性分类：①非规格化运行图；②规格化运行图(欧洲又称周期运行图)。

以上种类是根据列车运行图的单一特点而分的，在实际运用的过程中，列车运行图可能同时具备上述的几种特点，例如，它可能是平行成对的列车运行图。

2) 高速铁路列车运行图的要素

列车运行图虽有不同种类，但它的基本要素大致相同。在编制列车运行图之前，应首先确定组成列车运行图的各项要素，具体要素包括：①线路；②车站；③区间；④列车运行路径与相关运行区间的集合；⑤运行时分；⑥列车种类；⑦列车运行参数；⑧列车运行间隔时间；⑨动车组运用参数；⑩运行图站名显示参数。

3) 高速铁路列车运行图的特点

上述两部分内容介绍了列车运行图的大致情况，高速铁路列车运行图与普速铁路运行图的种类和基本要素相类似。但是，在运行图线路的铺画方式和特点上，高速铁路与普速铁路的列车运行图存在一定程度的差异。总体来看，其在可铺画列车运行线的时间段及列车合理的始发、终到时间等方面差异明显，下面将对其共性和差异展开介绍。

(1) 高速铁路与普速铁路列车运行图的共性。

编制高速铁路与普速铁路的列车运行图时，需要遵循的原则如下：

① 充分利用线路的通过能力，合理安排各等级列车的运行秩序，确定运行图各运行线的初始时刻和各站的停站时刻；

② 低级列车待避高级列车、短途列车待避长途列车；

③ 在满足各种列车作业和列车运行安全的前提下，尽可能提高列车旅行速度，减少列车停站次数和停站时间；

④ 在满足运输需求和列车运行安全的前提下，尽可能减少使用列车移动设备(机车、旅客车底或高速动车组)的数量；

⑤ 追踪运行组织模式下，列车之间都有最小车站和区间间隔时间限制；

⑥ 运行图的铺画都要考虑乘务组连续工作时间不要超过标准劳动时间的限制；

⑦ 在满足移动设备的最小折返时间限制前提下，都应尽可能减少移动设备在外段的停留折返时间，缩短移动设备的周转时间；

⑧ 列车运行图的铺画过程都是边设定、边计算、边检查、边调整的编制过程。

(2) 高速铁路与普速铁路列车运行图的差异。

① 运行图铺画目标不同；

② 线路上运行的列车属性和种类不同；

③ 运行图编制顺序不同；

④ 运行图的铺画策略不同；

⑤ 运行图的优化调整策略不同；

⑥ 运行图可铺画运行线的时间段不同。

4) 高速铁路列车运行图的编制原则

编制原则体现了高速铁路列车运行图编制过程中的约束条件与期望目标，具体如下：

(1) 高速铁路列车运行图编制原则上纳入全路编图工作，全路定期性的列车运行图编制工作由国铁集团决定，统一编制；

(2) 跨局列车运行图由国铁集团组织编制，管内列车运行图由各铁路局编制，报国铁集团审批；

(3) 严格遵守各种间隔和时间标准；

(4) 适应高速铁路客流特点，最大限度满足旅客出行的需求，尽可能按时段、频率安排列车运行线；

(5) 要协调好高速铁路与普速铁路的衔接，并尽可能提高高速铁路及普速铁路的通过能力；

(6) 高速铁路通常以本线列车为主，跨线列车为辅，本线高等级列车必须合理分布，跨线列车应尽量减少对本线高速列车的影响，列车等级按速度等级划分，速度高的列车等级高于速度低的列车，高等级高速列车可越行低等级高速列车，停站少的高速列车可越行停站多的高速列车，但要尽可能减少列车之间的越行，因为越行会导致较长的停站时间；

(7) 尽可能提高动车组的运用效率；

(8) 尽可能提高列车旅行速度和合理安排列车停站，并使运行图保持合理的弹性。

5) 高速铁路列车运行图编制关键问题

(1) 列车运行图的规格化水平。基于路网跨线和本线列车开行条件，实现列车运行图结构的合理优化，关键在于解决好分时段的跨线与本线列车合理分布、列车发车时刻的规律化、停站方案优化设计、通过能力最大化利用等问题，以促进高速铁路列车运行图达到较高的规格化程度。

(2) 本线列车运行线与跨线列车运行线的协调优化。我国铁路客流具有运量大、客流集中、平均行程长、跨线客流所占比例大等特点，必须基于市场需求和运力资源水平，着眼于社会效益和经济效益，考虑高速铁路旅客出行具有按时段呈波动性和规律性等特点，研究直达、全程、区段列车的合理开行时段、比例及数量，合理安排本线列车运行线与跨线列车运行线，减少不同速度等级列车间的运行干扰，既确保高速列车高速、安全运行，又能保证跨线列车的合理衔接。

(3) 列车运行线衔接优化。由于高速铁路的竞争优势在于中短途运输，未来高速铁路应尽量减少长途跨线列车的开行，列车运行图编制要考虑长途旅客的换乘需要。因此，应结合主要换乘站设置，强化列车运行线之间的紧密接续，实现列车运行线的衔接优化，以方便旅客换乘。

(4) 高速列车停站方案设计与列车运行图编制协同优化。现有研究将旅客列车停站方案设计和列车运行图编制进行分层优化，二者为先后关系，一般独立进行。实际上，高速铁路与既有线的差异对高速铁路停站方案和列车运行图的编制提出了新要求，对二者协同优化有利于提高高速铁路服务质量和加强运力资源的优化配置。合理的列车停站方案既有利于满足不同层次的旅客需求，吸引客流，也有利于减少高速列车占用线路区间的时间，提高线路通过能力利用率。

(5) 高速列车运行线与综合维修“天窗”的协调优化。目前，我国高速铁路均采用矩形综合维修“天窗”，一般铺设在 0：00 至 4：00 之间，且“天窗”内禁止行车，“天窗”的开设不仅缩短了列车运行图中可供列车运行的时间段，而且人为地将列车运行图分割为两个隔开的时间段，对高速铁路通过能力造成了巨大影响。随着高速铁路逐渐成网，长途跨线列车开行的数量越来越多，组织高速列车利用夜间运行、充分利用高铁通过能力将会成为考虑的重点，鉴于此，高速列车运行线的铺画应与综合维修“天窗”的开设方式综合优化。

(6) 列车运行图与动车组交路图的协同优化。列车开行数量受动车组能力的制约，同时，列车运行线的分布决定了动车组需承担的运输任务，单从动车组运用计划的优化问题着手，并不能从根本上解决动车组的运用数量的问题，必须将动车组运用与列车运行线综合优化，才能提高动车组的运用效率和列车运行计划的质量。

2. 高速铁路动车组运用计划

动车组是高速铁路进行旅客运输生产过程中最重要的移动设备。作为运送高速旅客的载体，动车组的利用效率对高速铁路客流组织、列车运行组织的质量产生直接影响。

动车组运用计划是动车组运行交路和移动设备分配的综合计划，即根据给定的列车运行时刻安排、动车组检修修程及检修基地条件等，对动车组在什么时刻、哪个车站、担当哪次列车，以及在什么时间、什么地点、进行哪种类型的检修等做出具体安排，以确保运用的动车组状态良好。动车组运用计划是列车运行图顺利实施的关键，当列车运行图调整时，动车组运用计划也必须重新编制。通过订定科学合理的动车组运用计划，可以减少动车组使用数量，降低运输组织的难度，并对于降低运营成本具有重要意义。

1) 高速铁路动车组运用计划种类

动车组运用计划可分为以下四种不同的类型。

(1) 平日运用计划。平日和节假日旅客需求有所不同，体现在出行的时间、密度、方向等各个方面。为适应这种需求，在平日和假日分别采用不同的运行图，因此动车组运用计划也自然地被分为平日运用计划和假日运用计划。为保证动车组在平日和节假日之间过渡和检修计划的实施，应先编制平日计划，编制假日计划时，要保证假日计划的交路段内容(始发车站、终到车站及检修的种类)与平日计划的相应交路段内容一致。

(2) 单基地与多基地动车组运用计划。如果列车运行图由一个基地配属的动车组担当，所编制的运用计划为单基地动车组运用计划。如果列车运行图由两个以上基地配属的动车组担当，相应的计划为多基地动车组运用计划。

(3) 单车种和多车种动车组运用计划。列车运行图上的列车采用同一类型的动车组担当，相应的计划为单车种动车组运用计划。如果运行图上的列车由不同种类的动车组担当，相应的计划为多车种动车组运用计划。在编制多车种运用计划时，运行图中的某一列车由何种动车组担当也没用完全规定。

(4) 多种类的组合运用计划。多种类的组合运用计划即上述计划方式的各种组合，如单车种单基地平日计划、单车种单基地假日计划等。其中，单车种单基地的形式被较为广泛地采用。

2) 高速铁路动车组运用计划的影响因素

(1) 动车组检修模式与体制的影响分析。

(2) 动车组配属基地设置的影响。

(3) 技术作业时间标准。

(4) 动车组修程修制。

3) 高速铁路动车组运用计划的评价

评价一个动车组运用计划优劣的标准包括以下几个方面：使用的动车组数量最

少；定期检修次数和日常检修次数尽量减少；回送列车的次数和回送里程尽可能缩短；各动车组的均衡度(包括运行里程、运用时间、接续时间等)的值越小越好；总的接续时间少。

基于上述评价标准，可建立动车组运用计划的评价指标体系，主要分为速度指标、运用指标和检修指标，见表 3-6。

表 3-6　动车组运用计划评价指标体系

序号	类别	指标
1	速度指标	旅行速度/(km/h)
2	运用指标	总始发站停留时间/min
		总接续时间/min
		动车组周转时间/d
		动车组需要数/组
		动车组日车公里/km
		运行里程均衡度/(km/d)
		运行时间均衡度/min
		接续时间均衡度/min
3	检修指标	一二级检修次数/次

应该注意的是，各方案的指标相比较会出现一个方案的某一个指标较优而另一个指标较劣的情况。单凭以上指标精确评判各方案优劣往往不够，还需赋予每个指标权重，以最终权值来衡量。各公司应根据自身情况，并依据有关车辆运用的相关规定来确定符合本公司的指标权重。

3.4.4　高速铁路车站客流组织

高速铁路车站无论在空间布局、设备配置还是在客流规律、作业流程、服务理念等方面均与既有普速铁路存在较大的区别，其客流组织方法与传统客运站相比也有一定的不同。高速铁路车站不仅更加注重“以人为本”的服务理念，而且注重运用现代化设备和技术手段提高车站的客流组织和客运服务水平。

1. 车站客流组织内容

高速铁路车站客流组织是在车站功能布局一定的条件下，运用先进的服务理念，通过合理的、有效的、科学的组织手段，以及现代化的客运设备，保证旅客站内购票、候车、乘降等活动顺畅，完成客运任务的过程。客流组织是否合理，不但影响高速铁路车站的作业效率和能力，也直接影响旅客服务质量和服务效果。车站流线组织的关键节点有站前广场、车站售票口、候车室、检票口、跨线通道和站台等。根据各节点工作内容的不同，可将流线节点组织工作大致分为售票处工作组织、旅客乘降工作组织和客运服务工作。其组织内容主要包括以下几方面。

1) 流线组织

在高速铁路客运站内，由于旅客和列车的集散活动，产生一定的流动过程和流动路线，称为流线。流线组织是高速铁路客运站站房总体布局的重点，也是旅客工作组织的主要依据。从流动方向上分，高速铁路客运站流线可分为进站流线、出站流线和换乘流线。高速铁路客运站一般不办理普通行包组织业务，但部分车站开始办理快递货运业务，从流线性质上仅分为旅客流线和车辆流线。

因此，车站的流线组织工作即根据各类流线的特征，结合车站实际空间布局条件，采用合理的组织管理手段，使旅客安全、便利、舒适地完成站内出行需求，一般遵循的原则为尽量避免和减少各种流线的相互交叉干扰，最大限度地缩短旅客流动距离，避免流线迂回，防止对流，保障安全。

2) 售票组织

由于高速铁路的日发车频率相对较高，运输能力较充分，“随到随走”成为高速铁路旅客购票乘车的重要方式。此外，高速铁路旅客的整体素质相对较高，接受新事物的能力较强，并且相对注重个人空间的私密性。因此，售票服务自助化成为高速铁路售票工作的主流，是高速铁路售票组织的主要趋势。

售票服务自助化指通过某些途径，或采用信息化、智能化的手段，引导和支持旅客在特定流程下对车票购买、改签或退票的自定义处理，其优势在于既能充分满足旅客的购票需求，也能减少高速铁路车站售票人员的工作量，节约人力成本。目前，高速铁路自助化售票的具体形式有电话订票、互联网订票、自动售票机购票等。从车站客流组织的角度而言，车站应保证自动售票机的合理布局，减少旅客购票流线的距离。目前一般高速铁路车站实现了该类自助化服务，甚至为提高互联网订票旅客在车站办理取票的速度，铁路运输企业还通过在大部分高速铁路车站、预售点、高等学校等地方设置自动取票机(图 3-9)。

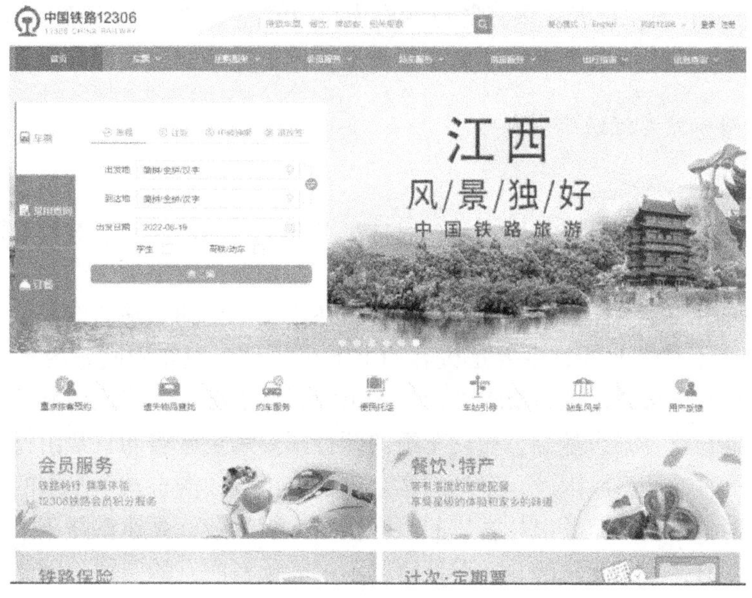

图 3-9　互联网订票系统界面

3) 检票组织

高速铁路车站检票组织包括进站检票组织和出站检票组织，其中进站检票组织是车站检票组织工作的重点。检票组织工作内容主要包括检票时间的设置、检票人员的安排等的组织。优化检票人员的轮班，根据列车信息及时发布检票信息，制定合理的检票时间，可以优化车站的检票组织，使旅客候车、上车过程更加流畅。在高速铁路车站自动检票机的使用增加了高速铁路自助化服务强度，提高了服务效率，甚至在部分高速铁路线路的沿线车站(如武广高铁广州南站、衡阳东站等，京沪高铁上海虹桥站、南京南站等)，互联网购票旅客无须提前取纸质车票，直接在自动检票机上刷二代居民身份证即可顺利进入站台上车，缩短了旅客购取票时间，极大地方便了旅客高铁出行。

4) 旅客乘降组织

旅客乘降工作是指铁路工作人员有秩序地组织旅客在站内通行检票进站、上车及到达旅客的验票出站。

高速铁路车站必须装备完善的旅客向导系统，采用多媒体技术在候车区、检票口、进出站口、站台等旅客活动场所设立醒目、明确的电子指示牌等来指示车站各种旅客服务设施的方向和位置、列车到发去向、到发时刻、列车停靠站台、晚点变更等情况，引导旅客方便地使用车站的各种服务设施，以及按规定的路径便捷地实现乘降和换乘，使站内旅客便捷地办理各种旅行手续，尽量避免各种流线在站内各类通道上形成交叉干扰。大客运站应从市内交通的停车场起，分别组织入站购票、候车的长途及市郊客流。

5) 其他客运服务

客运服务工作是高速铁路车站客流组织的辅助环节，包括问询服务、物品寄存、站厅内便利店设置、残疾人或孕妇的协助、突发事件的应急处置等。高速铁路具有发车密度高、正点率高、动车组运行较为固定等特点，所以旅客在高速铁路车站的等候时间相对较短，“开放式候车”和“自助式乘降”也就成为高速铁路车站客流组织工作的重要理念。车站的客运服务也应围绕这两点具体实施。

2. 高速铁路车站客流组织原则

1) 一体化原则

大多高速铁路车站按一体化原则进行设计。这种车站设计原则，使高速铁路车站工作组织体现出一体化风格。

高速铁路采用动车组作为运载工具，动车组在始发、终到车站的作业较少，除常规的例行检查发车、进站作业外，主要是旅客的上下车。动车组在中间站内一般只停留几分钟，对按点发车要求很高，这就要求站内旅客组织工作能够保证客流的顺畅。客票的日常销售是以动车组开行方案为基础，而动车组的开行则要满足旅客的日常出行规律，并根据市场变化进行及时的调整。因此，车站的客票销售、市场的需求及动车组的开行是互相关联的。候车旅客、进站客流及出站客流的组织相对比较复杂，高速铁路车站在设计建设阶段即进行考虑，但客流是变化的，在设计阶段不可能预料所有的问题，因此车站在日常组织工作中，需要灵活运用车站引导系统、广播、电子牌等，根据客票的发售情况、动车组的开行时刻等及时为旅客在站的集散提供信息和指引。

2) 人性化原则

在激烈的运输市场竞争中，高速铁路提高服务质量、体现人性化的工作方式，是高速铁路车站工作组织需要遵循的原则之一。

(1) 购票方便。旅客购买车票的方便性是车站工作人性化的首要体现。高速铁路除了常规的车站窗口售票及客票代理点外，网上订票、自动售票机售票、电话预约及送票上门等服务应成为主要的客票销售方式，而多种支付方式也应得到推广。

(2) 旅客换乘方便。旅客换乘的方便性也是体现车站工作人性化的重要一面，包括旅客在站换乘、旅客出站与其他交通方式的换乘等都应该成为车站工作组织中的一环。旅客的在站换乘，要根据动车组的不同发车时刻，以及开行跨线列车情况，通过车站的广播系统、指引系统等为旅客提供合适的信息；而旅客的出站换乘，车站应和城市交通进行有效地衔接。

(3) 进出站、上下车便捷。高速铁路车站的导向标识系统、信息及广播等指示系统能够为旅客进站、候车、上车、下车及出站等站内活动提供方便的信息。这也是高速铁路车站人性化设计的体现。

(4) 公共设施先进科学，候车舒适。高速铁路车站要考虑到旅客在站的各种需要，设置人性化的公共设施设备，包括残疾人专用通道、厕所，残疾人专用控制面板和盲文的电梯，残疾人专用的售票机和售票台等。工作人员应本着以人为本的服务思想，为出行旅客提供各种帮助。

3) 智能化原则

高速铁路车站通过运用各种信息管理系统软件和硬件设施，与强大的接发列车能力相匹配，适应大流量、高密度、客流快速集散的需要，体现出高速铁路的现代科学技术水平。车站的日常工作和工作人员要具有以科技改变高速铁路客运服务水平的理念，不断改进车站的智能化水平和控制各种智能设备的能力，从而不断推动高速铁路技术和服务的提升。

高速铁路车站作为城市的公共设施，也需要体现出公共属性和商业属性。这包括站前广场的绿化、景观设施建设和维护、站内外公益及商业广告的合理布置、便利超市、商店的设计等，只要树立以人为本、可持续发展的基本理念，充分展现车站建筑的功能性、系统性、先进性、文化性、经济性等，均可以处处体现出高速车站现代化、人性化和智能化的一面，从而使其成为一座城市的开放性窗口，也是标志性建筑之一。

3. 影响车站客流组织的因素

车站的客流组织工作是车站工作的重点，涉及管理模式、人员安排、设施设备布局等方面，影响因素如下：

(1) 高速铁路车站客流；

(2) 高速铁路车站平面布局；

(3) 高速铁路车站设施设备能力；

(4) 高速铁路车站通过能力；

(5) 其他管理因素。

小　结

本章重点介绍了高速铁路调度系统、高速铁路客运营销与产品设计、运营管理模式与组织机构及高速铁路客流组织等相关知识，掌握这些知识是深入了解高速铁路运营管理的基础，从而掌握高速铁路运营管理的基础理论和相关技术。

随着高速铁路的快速发展，我国铁路进入了以技术创新、管理创新为主要动力的良性发展阶段。在此期间，运营管理创新同技术进步一样在推动铁路行业发展中起到了至关重要的作用。在铁路发展历程中，运营管理创新甚至在一定程度上决定了技术创新的动力和成败，成为我国铁路蓬勃发展的关键因素。因此，掌握高速铁路运营管理相关知识是必要的。

第 4 章　高速铁路信号系统维护

随着我国对高速铁路的需求日益增加，行车安全和运输高效率成为高速铁路的新追求，高速铁路信号系统也孕育而生。高速铁路信号系统的基本思想为故障-安全原则，因此，高速铁路信号系统的维护是列车行车安全和运输高效率的基本保障。

4.1　高速铁路牵引供电系统维护

4.1.1　高速铁路牵引供电系统简介

1. 定义与组成

高速铁路牵引供电系统是保证铁路安全、稳定、高效运营的基础设施之一，是列车运营的动力保障。以电能为主要牵引动力的铁路称为电气化铁路，将电能从电力系统传送给电力机车的电力装置的总称为电气化铁路的供电系统，又称牵引供电系统。其主要由牵引变电所和接触网两大部分组成。

为了满足高速列车运行的运能大、安全性高、占地少、节省能源的要求，高速铁路牵引供电系统必须采用更为高效、可靠的供电设备和施工技术，才能为高速铁路的正常运行提供更有效的供电质量和运行基础。因此，世界各国的高速铁路几乎都采用电力为牵引动力。

高速铁路牵引供电系统是向电力机车提供电能的沿线供电设施，从电能的变换、传输、分配角度构成牵引供电系统。由于电力机车本身不带原动机，需要靠外部电力系统经过牵引供电装置供给其电能，故电气化铁路是由电力机车和牵引供电系统组成的。牵引供电系统主要由牵引变电所和接触网两部分组成，所以人们又称电力机车、牵引变电所和接触网为电气化铁道的三大元件。

1) 电力机车

电力机车靠顶部升起的受电弓和接触网的接触来获取电能。电力机车顶部都有受电弓，由司机控制其升降。受电弓升起时，紧贴接触网线摩擦滑行，将电能引入机车，经机车主断路器到机车主变压器，主变压器降压后，经供电装置供给牵引电动机，牵引电动机通过传动机构使电力机车运行。

2) 牵引变电所

牵引变电所把电力系统送来的电能，根据电力牵引对电流和电压的不同要求，转变为适用于电力牵引的电能，然后分别送到铁路线上空架设的接触网，为列车供电。

3) 接触网

高速铁路接触网是铁路线上空架设的，向电力机车供电的输电线路，高铁列车运行所仰赖的电流，就是通过机车上端的接触网来输送的。接触网一旦停电，或列车受电弓与接触网接触不良，对列车的供电便产生影响。列车在运行过程中，受电弓需始终与接触网接触，便于列车从接触网中取电。

2. 高速铁路牵引供电系统的特点

高速铁路牵引供电系统要满足动车组“高速度、高密度、高可靠性”的运行要求，它与普速铁路在设计理念、技术方案及设备选型等方面有许多不同之处，主要体现在以下几个方面。

(1) 我国高速铁路牵引供电系统是通过原始创新、集成创新和消化吸收再创新，实现拥有自主知识产权、先进的牵引供电系统技术，具有“先进、成熟、经济、适用、可靠”的技术特点。技术方案要满足高速度、高密度、大功率的要求，并尽可能与国际接轨。

(2) 供电系统设计还应满足设计初、近、远期的最高运营速度要求，试验速度为最高设计速度的 1.1 倍。

(3) 供电能力应能满足动车组在规定运行速度下，按最小追踪运行间隔 3min，8 辆或 16 辆编组运行的需要。

(4) 牵引供电系统应满足 RAMS(RAMS 是系统可靠性(Reliability)、可用性(Availability)、维修性(Maintenance)及安全性(Security)英文的简称)的要求。

(5) 牵引供电系统设计应满足国家对节能和环保的要求。

3. 高速铁路对牵引供电系统的要求

1) 牵引负荷大，可靠性要求高

高速铁路列车速度高，高峰时段密度大。空气阻力随速度呈几何级数增长，列车牵引力主要克服空气阻力运行，牵引负荷很大。350km/h 速度时，列车运行所需的功率最高超过 24000kW，列车需要持续地从接触网取得电能，所以高速列车负载率高，受电时间长。

2) 列车要求牵引网供电电压高

为保证充分发挥列车的功率和加速能力，牵引网的供电电压不宜低于 20kV。

3) 短时集中负荷特征明显

高速铁路具有显著的时段特征，在早、晚时段和节假日等高峰客流期，根据客流量的需要，可能组织大编组高密度运输，甚至在短时间内形成紧密追踪，牵引负荷集中特征明显。

4) 越区供电能力要求高

由于旅客运输能力和准点的需要，牵引供电系统应具有应对各种条件下的供电能力。在出现某一牵引变电所解列退出供电的情况下，往往采用由两相邻牵引变电所越区进行供电。为了尽量减少越区供电对运输能力和准点的影响，应避免过多地限制列车数量或降低列车速度，这样会相应增加两相邻牵引变电所的供电负荷。

4. 高速铁路牵引供电系统功能

牵引供电系统的主要功能是：将地方电力系统的电源(交流 220kV 或 330kV)引入牵引供电系统的牵引变电所，通过牵引变压器变压为适合电力机车运行的电压制式(交流 25kV 或交流 2×25kV)，向电力机车提供连续电能。

电力牵引负荷为一级负荷，引入牵引变电所的外部电源应为两回独立可靠的电源，并互为热备用，能够实现自动切换。

交流电气化铁路牵引供电系统简图如图 4-1 所示。

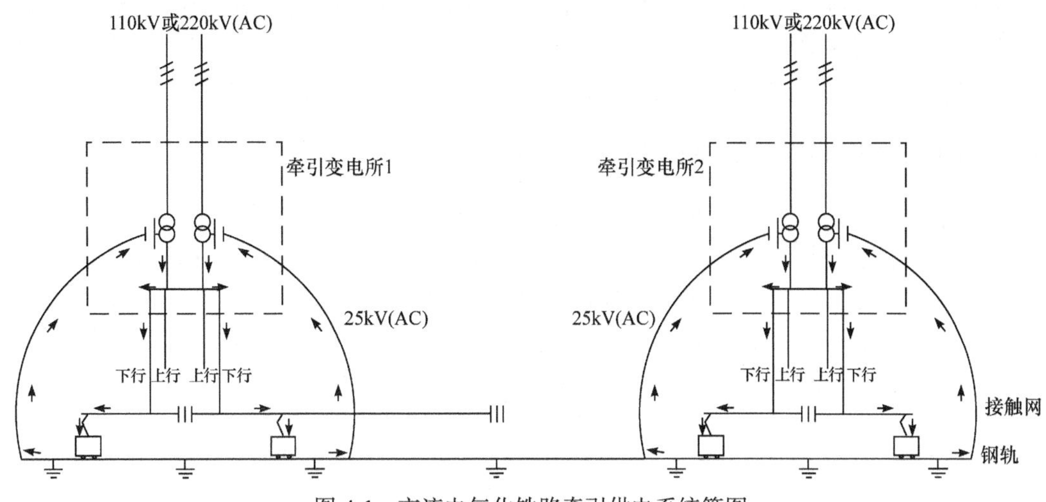

图 4-1　交流电气化铁路牵引供电系统简图

5. 高速铁路牵引供电系统关键技术及其应用

1) 牵引供电方式

高速铁路要求接触网受流质量高，分段和分相点数量少。目前各国大多采用自耦变压器(AT)供电方式和带回线的直接(RT)供电方式。例如，日本、法国采用 AT 供电方式，德国、意大利和西班牙采用 RT 供电方式。AT 供电方式的优点是供电质量高、变电所数量少、便于牵引变电所选址和电力部门的配合、牵引变电所间距大、分相点少、便于高速列车运行，防干扰效果也好。

2) 电源电压等级

高速铁路负荷电流大，对电力系统的不平衡影响也大。为了减少对电力系统的影响，高速铁路一般采用较高的电源电压。例如，日本采用 154kV、220kV 和 275kV 三种电压等级，法国采用 225kV 电压等级，德国采用 110kV 电压等级，意大利采用 130kV 电压等级，西班牙采用 132kV 和 220kV 两种电压等级。

3) 接触网电压

接触网的电压对电力机车功率发挥及机车运行速度有很大影响，而且直接关系到牵引供电设备技术参数的选定和供电系统的工程投资，各国都非常重视这一技术标准。例如，日本接触网的标准电压为 25kV，最高电压为 30kV，最低电压为 22.5kV；法国分别为 25kV、27.5kV 和 18kV；德国分别为 15kV、17kV 和 12kV；西班牙分别为 25kV、27.5kV 和 19kV；意大利采用直流供电，电压分别为 3kV、3.6kV 和 2kV。

4) 牵引变压器结线形式

牵引变压器是牵引供电系统中最重要的设备，是牵引供电系统和工程投资的决定性因素，不同类型的牵引变压器对电力系统产生不同的不平衡影响。日本采用斯科特结线和变形伍德桥结线三相变压器。法国、德国、意大利和西班牙采用单相变压器，单相变压器的优点是变压器容量大、利用率高、经济效果好，最适合在高速铁路上应用。

5) 牵引变电所继电保护和自动控制装置

日本、法国、德国及西班牙高速铁路的牵引变电所均按无人值守设计，采用远动装置在电力调度中心监控。牵引变电所的继电保护和自动控制系统仍采用传统的控制保护盘方式，微机控制保护和全部自动化等技术都还没有采用。但在保护系统的配置、继电器的特性、控制回路的联动等方面比较先进，系统的安全性和可靠性也比较高。

4.1.2　高速铁路牵引供电系统的供电方式及选择

交流牵引供电系统可采用的供电方式主要有四种：直接供电方式、BT(吸流变压器)供电方式、AT(自耦变压器)供电方式和 CC(同轴电缆)供电方式。交流电气化铁道对邻近通信线路的干扰主要是由接触网与地回路对通信线的不对称引起的。如果能实现由对称回路向电力机车供电，就可以大大减轻对通信回路的干扰。采用 BT、AT、CC 等供电方式就是为了提高供电回路的对称性，其中 CC 供电方式效率最高，但投资过大。目前，电气化铁路采用 BT、AT 供电方式。

1. 供电方式

1) 直接供电方式

这是一种最简单的供电方式。在线路上，机车供电由接触网和轨-地直接构成回路，对通信干扰不加特殊防护措施，如图 4-2 所示。电气化铁路最早大都采用这种供电方式。这种供电方式最简单，投资最省，牵引网阻抗较小，能损也较低，供电距离一般为 30～40km。电气化铁路的单项负荷电流由接触网经钢轨流回牵引变电所。由于钢轨和大地不是绝缘的，一部分回流由钢轨流入大地，因此对通信线路产生感应影响，这是直接供电方式的缺点。它一般用在铁路沿线无架空通信线路或通信线路已改用地下屏蔽电缆区段，必要时也将通信线迁到更远处。

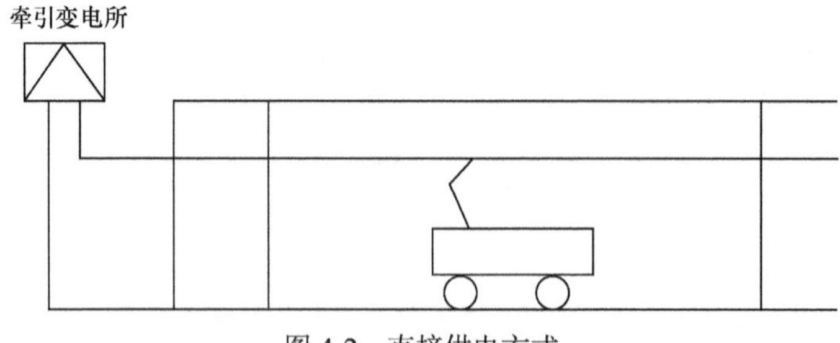

图 4-2　直接供电方式

2) BT 供电方式

BT 供电方式是在牵引网中架设有吸流变压器-回流线装置的一种供电方式，目前在我国电气化铁路中应用较广。吸流变压器的变比是 1∶1。它的一次绕组串接在接触网中，二次绕组串接在专为牵引电流流回牵引变电所而特设的回流线(NF)中，故称为吸流变压器-回流线供电方式，如图 4-3 所示。在两个吸流变压器中间用吸上线将钢轨和回流线连接起来，构成电力机车负荷电流由钢轨流向回流线的回路。两个吸流变压器之间的距离称为 BT 段，一般 BT 段长为 2～4km。这种供电方式由于在牵引网中串联了吸流变压器，致使牵引网的阻抗比直接供电方式约大 50%，能耗也较大，供电距离也较短(单线一般为 25km 左右，双线一般为 20km 左右)，投资也比直接供电方式大。

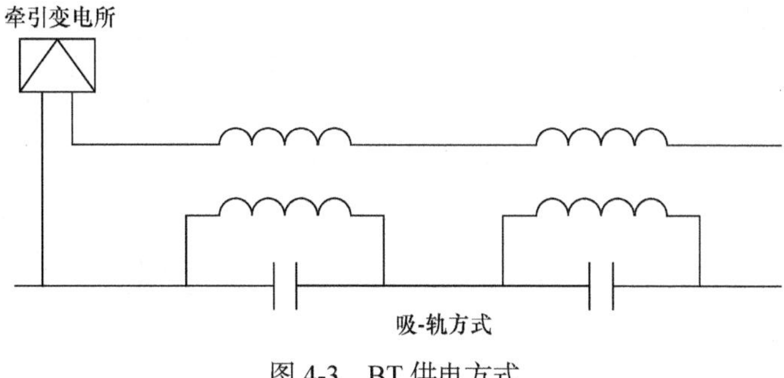

图 4-3　BT 供电方式

3) AT 供电方式

AT 供电方式是 20 世纪 70 年代才发展起来的，它既能有效地减轻牵引网对通信线路的干扰，又能适应高速、大功率电力机车的运行，故很多国家都有应用。这种供电方式每隔 10km 左右在接触网与正馈线之间并入 1 台自耦变压器，其中性点与钢轨相连。自耦变压器将牵引网的供电电压提高 1 倍，而供给电力机车的电压仍为 25kV，其工作原理如图 4-4 所示。这种供电方式一般用在重载、高速等负荷大的电气化铁路上。由于牵引负荷电流在接触网和正馈线中方向相反，因此对邻近的通信线路干扰很小，其防干扰效果与吸流变压器-回流线供电方式相当。

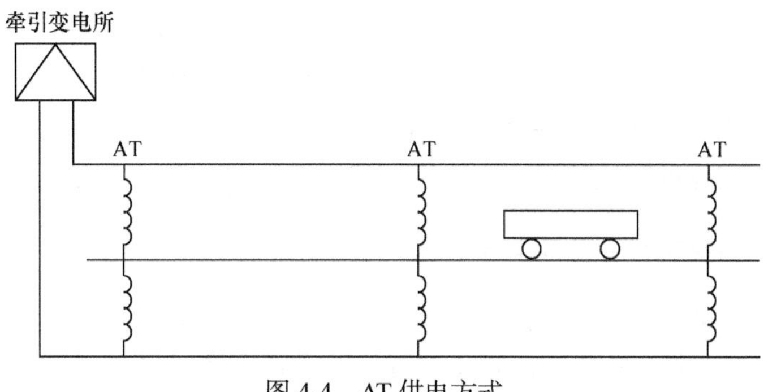

图 4-4　AT 供电方式

4) CC 供电方式

CC 供电方式是一种新型的供电方式。它的同轴电力电缆(CC)沿铁路线路埋设，内部芯线作为供电线与接触网连接，外部导体作为回流线与钢轨相接，每隔 5～10km 做一个分段，如图 4-5 所示。CC 供电方式的优点是：馈电线与回流线在同一电缆中，间隔很小，而且同轴布置，使得互感系数增大；同轴电力电缆的阻抗比接触网和钢轨小得多，因此牵引电流和回流几乎全部从同轴电力电缆中流过；电缆芯线与外层导体电流相等，方向相反，二者形成的磁场互相抵消，对邻近的通信线路几乎无干扰；阻抗小，供电距离长。但是同轴电力电缆造价高，投资大，现仅在一些特别困难的地段采用。

2. 各种供电方式的优劣

由于高速电力牵引的速度快、电流大，因此要求供电系统的供电质量高，并应尽量减

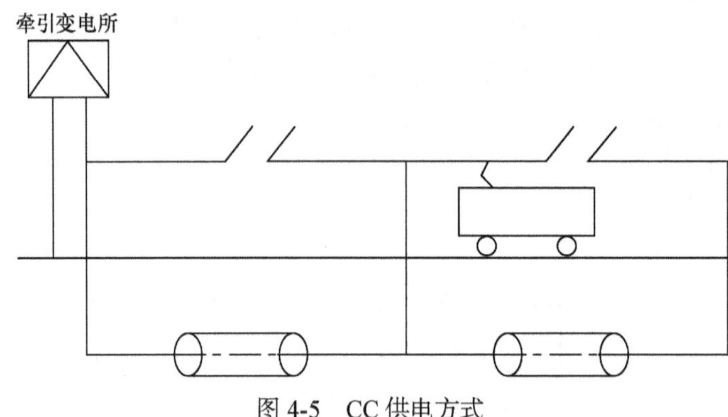

图 4-5　CC 供电方式

少电分相、电分段的数量。BT 供电方式虽然在通信线路防干扰方面性能较好，但是由于它在接触导线中串入了吸流变压器，伴随一个火花间隙，使一个供电臂的接触导线分成很多段，因此不适合高速牵引电力牵引。与 BT 供电方式相比，AT 供电方式和直接供电方式(包括加负馈线的供电方式)的很多特点，都能满足高速电力牵引的要求。

AT 供电方式变电所间距大，一是可以大大减少电分相数量，并且牵引网阻抗小，能显著减少牵引网电压损失，改善供电质量，保证列车高速运行；二是可以密切配合电力系统向电气化铁道供电的电源选择，以降低工程造价。另外，AT 供电方式对通信线路的影响小，与 BT 供电方式相当。由于以上种种原因，世界各国的高速铁路均广泛推广 AT 供电方式，日本已将 AT 供电方式作为电气化铁路的标准制式加以推广。

直接供电方式的牵引网阻抗大，变电所间距小，相应地电分相数量多，对通信线路的防护不如 BT、AT 供电方式。但直接供电方式的牵引网结构简单，可用在对电磁干扰要求不高的地区。直接供电方式的一些技术指标介于 BT 供电方式和 AT 供电方式之间，也是高速电气化铁路可选择的方式。

4.1.3　高速铁路牵引供电系统防雷与接地

接触网的防雷接地应充分利用铁路的综合接地，《高速铁路设计规范》规定：牵引网中的防雷接地装置在贯通地线上的接入点与其他设备在贯通地线的接入点间距不应小于 15m。可见，牵引供电系统的防雷接地与铁路工程的综合接地系统间有着密不可分的关系。

1. 防雷

城市轨道交通线路复杂，既有地下线路，又有地面线路，车辆段设置在地面，所以对正线车辆段应采取不同的防雷、过电压保护措施及接地方案。在供电系统内部，由于断路器的操作或系统故障，系统参数发生变化，在由此而引起的供电系统内部电磁能量转化或传递的过程中，将在系统中出现过电压。这种过电压称为“内部过电压”。按产生原因可将内部过电压分为操作过电压、暂时过电压。此外，由于雷电的活动也会在设备上产生过电压，这种过电压又称为外部过电压(大气过电压)，一般包括直击雷过电压和感应雷过电压，当这些过电压沿着线路传到其他设备时，又以另一种形式作用于电气设备，称为雷电侵入波。

1) 雷电过电压产生原因

雷云带有电荷后，其电荷集中几个带电中心，它们的电荷数也不完全相等。当某一点的电荷较多，且在它附近的电场强度达到足以使空气绝缘破坏的强度(25～30kV/cm)时，空气开始游离。当某一段空气游离后，这段空气就由原来的绝缘状态变为导电性的通道，称为“先导放电通道”。它是从云中带电中心向地面发展的。由于通道的一端和云中某一带电中心相连，而它又具有导电性，因此云中的电荷也沿通道向下运动，近似均匀分布于通道的表面上。在先导通道下方的某一处(地面上或地面上的架空导线上)，由于静电感应，将有一个电荷分离过程，与先导通道同号的电荷被推斥而远离通道，与先导通道电荷异号的电荷将集中在地面上或架空线上的某一处，成为束缚电荷。这一过程称为先导放电。

当先导放电通道发展到接近地面时，通道的头部与异号的感应电荷的集中点间的距离很小，由于其一端为雷云的对地电位，另一端为地电位，故剩余的空气间隙中的电场强度达到极高的数值，高场强使空气强烈电离。游离后产生正、负电荷即高密度的等离子区，此区域沿先导通道自下而上迅速传播形成一条高电导率的等离子体通道，使先导通道及雷云中的电荷与大地的电荷相中和，这就是主放电过程。放电会产生强烈的光，就是常见的电闪。主放电发展的速度比先导发展速度大得多，时间极短，电流极大，温升很高，达到20000℃，空气受热急剧膨胀，随之发生爆炸般的轰鸣声，因而出现了强烈的雷鸣，这一过程称为主放电。当主放电通道贯穿整个间隙时，击穿过程完成。由于云中同时可能有几个带电中心存在，故雷电往往是重复的，雷电示意图如图 4-6 所示。

图 4-6　雷电示意图

主放电过后，电流逐渐减小，电压显著降低，但放电仍在持续着，这一过程称为余晖放电。当电流减少一定值后，空中聚积的能量基本被释放，称为第一次主放电。一般会经过多次放电才能把空中聚积的能量释放完。对设备最危险的是主放电时的电流，其幅值很高，且有很大的上升速度(陡度)。发生主放电时，先导通道的电荷被剧烈地中和，未受雷击的导体上束缚电荷就成为自由电荷。由于电流的突然增加，被击点周围的磁场也有很大变化。

综合分析可知，雷电从空中发展到地面一般经过三个阶段：初级先导、主放电和余晖放电。对于比较强的雷需要经过几次主放电才能把积蓄的能量释放出去，一部分以光、声、热等的形式释放出去，一部分通过被击物体释放到大地或物体中。

2) 雷电过电压的几种形式

(1) 直击雷过电压。云带有大量电荷，当带不同电荷的雷云相遇时，雷云之间便会产生放电(中和)现象，低空中的雷云还会直接对建筑物或其他物体放电。当遭受雷击而通过强大的雷电流时，便会造成巨大损失。架空线路和露天变配电所都在室外，遭受雷击的机会就比较多。如果雷云直接对导线放电，雷云中的大量电荷将聚集到导线上，就会产生直击雷过电压，其数值可高达数百万伏。

(2) 感应雷过电压。当架空线路上空出现雷云时，它会使线路和线路附近的物体感应出大量电荷，这些电荷会经过导线的对地电阻流入大地。雷云对线路附近的大地或物体放电后，雷云电荷便消失。此时，原来导线上的束缚电荷，就会因失去外力束缚而成为自由电荷。由于它们本身互相排斥，就会向线路两端以很高的速度运动，从而形成感应过电压，其幅值最高可达 500～600kV。

(3) 雷电侵入波。雷电侵入波也称高电位侵入波，它是指由于架空线路或架空金属管道上遭受直击雷或感应雷而产生的高压冲击雷电荷，可能沿线路或管道侵入室内。据统计，在供电系统中，由于雷电侵入而造成的雷伤害事故占雷伤害总数一半以上。

3) 牵引供电系统防雷措施

根据城市轨道交通供电系统的实际情况，一般采取以下具体措施进行防雷：一是对全线牵引降压混合变电所和降压变电所的 35kV 母线上设置避雷器，防止雷电侵入波对设备的损坏；二是在牵引变电所整流器正、负极间设置避雷器，防止过电压对设备的损坏；三是在牵引变电所直流 1500V 母线上设置避雷器，防止过电压对设备的损坏；四是在牵引变电所直流馈出线与接触网交界处的隔离开关处安装避雷器，以限制雷电波或过电压损害变电所设备；五是接触网所有不带电金属部分均与架空地线连接，架空地线与牵引变电所内接地网相连；六是车辆段出入段线和试车线，在接触网上方单独架设避雷器，架空地线每隔 200～250m 接地，接地电阻不大于 10Ω；七是在隧道洞口的接触网上设置氧化锌避雷器，以限制雷击；八是隧道外架空地线与牵引变电所的接地网相连，每隔 200m 通过放电间隙与接地极相连，提高隧道外架空地线的安装高度兼作避雷线；九是在隧道外车站两端、高架桥的最高处、隧道外空旷地段每隔 500m 处设置避雷器，保护接触网设备不受大气过电压冲击；十是在轨道旁边电信设备的接地不能直接和接触网架空地线连接，避免雷击。

2. 接地

接地是描述供电系统中电气装置或电气设备某些导电部分与地的电气连接关系。它是维护系统和设备运行可靠性、稳定性，保护设备和人身安全，防止雷电伤害，抑制电磁干扰等必不可少的措施。接地处理得正确与否，尤其对供电系统安全运行、保护设备绝缘免受异常过电压破坏、防止人身遭受电击有重要作用。

1) 接地分类

按照供电系统电流制式和频率可划分为交流供电系统的工频接地、直流牵引供电系统的接地和雷电及过电压的冲击接地。按照供电系统电压等级可划分为高压系统的接地、中压系统的接地和低压系统的接地。目前接地的分类多按其作用进行划分。

接地按其作用可分为两类：一为功能性接地，这是为了系统正常运行的可靠性及异常情况下保障系统的稳定性而设置的，如工作接地、电磁兼容接地等，主变压器、配电变压器的中性点接地就属于工作接地；二为保护性接地，这是以人身和设备安全为目的而设置的，如保护接地、防雷及过电压接地、防静电接地等。

(1) 工作接地是处理系统内电源端带电导体的接地问题，是为了保证供电系统的正常运行，防止系统振荡，保证继电保护的可靠性。

(2) 电磁兼容接地是为了保证器件、电路、设备或系统在其电磁环境中能够正常工作，且不对该电磁环境中的任何器件、电路、设备或系统构成不能承受的电磁干扰。

(3) 保护性接地是为了防止电气设备绝缘损坏，或产生漏电时，使正常运行不带电的电气设备、外露可导电部分或电气装置外露可导电部分带电而导致电击危险。保护性接地能够在设备绝缘破坏时，降低电气设备外露可导电部分对地的电压，从而降低人身接触该可导电部分对地的接触电压。

各种接地是彼此关联的，需要共同作用，完成系统或设备运行的要求，不应将系统性接地、保护性接地中的内容独立对待。

2) 交流供电系统的接地

轨道交通交流供电系统的电压等级一般有 110kV、35kV、10kV、0.4kV 等，其接地内容包括工作接地、电磁兼容接地等功能性接地和电气装置的接地、防雷接地、过电压设备接地等保护性接地。

(1) 工作接地。

10kV 及以上电压等级的工作接地方式是指系统电源中性点的接地方式，其选择是一个综合性问题，它与电压等级、单相接地短路电流、过电压水平、继电保护配置等有关，直接影响系统的绝缘水平、系统供电的可靠性和连续性。工作接地方式分为两类：①电源中性点非直接接地方式，包括中性点不接地、中性点经消弧线圈接地和中性点经高电阻接地，由于发生单相对地短路时，接地电流较小，也称为小电流接地方式；②电源中性点直接接地或小电阻接地方式，也称为大电流接地方式。

(2) 保护性接地。

交流设备的保护性接地就是处理电气装置或电气设备的外露可导电部分，即金属外壳与地的关系。无论系统接地采用什么形式，交流系统电气装置的外露可导电部分均要接地。实施保护性接地可以降低预期接触电压，提供接地故障电流回路，为过压保护装置接地提供条件，实施等电位联结。

3) 直流牵引供电系统的接地

城市轨道交通工程的牵引供电制式多采用 DC750V 或 DC1500V，直流牵引供电系统的主要设备有牵引整流器、直流开关设备、上网开关设备、钢轨电位限制装置、接触网、回流轨等。

(1) 系统接地方式。

轨道交通直流牵引供电系统的负极相当于交流系统的中性点，直流牵引供电的工作接地就是负极对地关系问题。为减少直流杂散电流对金属结构的腐蚀，直流牵引供电的工作接地采用不接地系统，即正常情况下系统设备的所有正极和负极均与地绝缘。这里的“地”既包括大地，也包括结构地。

采用走行轨回流，在直流大双边越区供电情况下，走行轨对地电位将高于正常双边供电，有时会超过允许值。另外，在运行过程中，走行轨也可能出现不明原因的电位升高。此时为保护乘客及运行人员的安全，可通过钢轨电位限制装置将走行轨与地进行短时电气连接，以钳制走行轨对地电位。

走行轨对地电位超过允许限值时，为避免乘客上下车受到跨步电压的影响，钢轨电位限制装置本应将走行轨与结构地短时连接，但考虑到杂散电流问题，目前的做法是将走行轨与电位同结构的基本相当的外引接地装置短时连接。

(2) 牵引变电所内直流牵引供电设备的接地。

牵引整流器、直流开关设备，包括直流进线柜、直流馈线柜、负母线柜、钢轨电位限制装置，都安装于牵引变电所内，其外露可导电部分即金属外壳不与地直接电气连接，而是通过直流框架泄漏保护装置与地形成单点电气连接。

金属外壳与基础槽钢之间设有硬质绝缘板，设备固定采用绝缘安装方法。当系统标称电压为 750V 时，绝缘电阻一般不小于 50kΩ；当标称电压为 1500V 时，绝缘电阻一般不小于 100kΩ。各设备金属外壳之间采用电缆实现电气连接，一般在负母线柜接地端子单点通过电缆与直流框架泄漏保护装置连接后，接至变电所接地母排，实现变电所内直流牵引供电设备单点接地。

(3) 区间直流上网开关设备的接地。

区间直流上网开关设备的接地有以下四种方式。

① 当上网开关设备设在站台的独立设备房间或牵引变电所内时，纳入直流开关柜的框架泄漏保护中，在发生设备外壳漏电时框架保护联跳直流馈出断路器。上网开关设备安装要求与牵引变电所内直流牵引供电设备相同，金属外壳与基础槽钢之间设置硬质绝缘板。这种方式需增加接地电缆。

② 采用非金属绝缘外壳，当柜内发生直流漏电时，设备外壳不会带直流异常电位，也没有杂散电流泄漏问题。这种方式设备投资较高。

③ 设备外壳与基础槽钢之间设置硬质绝缘板，设备外壳与附近走行轨电气连接，发生直流漏电时会产生系统正负短路，直流馈线保护动作并切除故障。这种方式要求设备操作维护只能在直流停电后进行，应用受限。

④ 设备金属外壳直接与附近结构钢筋电气连接，相当于交流低压 IT 系统的接地方式，这种方式需要保证并保持正极对外壳的绝缘，使正常泄漏的直流电流不能对结构钢筋产生腐蚀，并需要在正极碰壳发生时能迅速切除故障或进行报警。

(4) 车辆段、停车场直流上网开关等设备的接地。

车辆段、停车场范围大，直流上网开关设备与检修设备的数量多、分布广，内部金属管线较多。直流上网开关等设备的接地问题可通过柜内设置绝缘护板、绝缘电缆支架或采用非金属绝缘外壳等措施解决。

4.1.4 高速铁路牵引供电系统常见故障及分析处理

1. 牵引变电相关故障和处理

经过对运行的高铁故障进行调查分析表明，发生概率最大的则是牵引所内断路器跳闸故障，部分高铁在一年多的运行时间内，发生断路器跳闸的故障已有几十次之多。导致牵引所断路器发生跳闸事故的原因是多方面的，但主要原因还是由于雷击、机身原因、过负荷及外部环境等所导致跳闸的发生。

在高铁运行过程中是没有办法消除雷雨天气的影响的，这就需要做好提前预防措施，即在雷雨季节到来之前，需要对其管内的避雷设施和接地系统进行全面的检查。确保各点的避雷针、避雷器和引线等避雷设备都处于正常的状态，这样即使发生雷击时，也可以起到限制雷电波的作用，从而减少断路器跳闸故障的发生。对于雷击引起跳闸的故障发生后，则需要到故障点进行检查，找出雷击点，确定故障的损坏情况，然后进行相应的处理，确保避雷设备符合规定的要求。

对于机车自身原因引起的跳闸，若跳闸故障是由机车自身原因所导致的，则需要对跳闸时机车所处位置进行检查，及时找到故障点，进行处理，以防止由于机车故障而导致损坏接触网设备，带来更大的损失。

对于过负荷引起的跳闸，则需要从两个方面来进行处理。其一，过负荷所导致的跳闸的发生具有间隔性，所以说明当跳闸时，最大负荷与牵引所的整定值之间相当接近，所以只需要对牵引所的整定值稍微调高一点即可解决跳闸故障的发生；其二，也可以采用限制列车取流的方法来进行，即对这一区段的列车速度进行降低，或是对这一区间列车追踪的间隔进行适当延长，也可以使跳闸故障得到很好的解决。

外部环境导致跳闸的发生，多是由异物、鸟巢、树木、施工等所导致的，对于这种情况，则需要加大监控力度，从而做到及早发现，及早解决，有效地避免事故的扩大。

2. 隔离开关故障和处理

隔离开关是牵引供电系统中的重要设备，可以通过隔离开关对需要停电的设备和线路与外部电源进行有效隔离，确保对设备和线路的检修工作能够安全进行，可以在线路出现故障时，通过隔离开关实现供电方式的改变。

对于手动隔离开关，引起隔离开关发生故障的原因有：操作人员操作方法不当、用力过猛等造成隔离开关损坏，或是由于机构问题造成隔离开关无法分合到位或者拒动、失灵等。

对于电动隔离开关，引起故障的主要原因有：长期运行造成接触电阻增加，工作电流较大时升温较高，触头工艺不达标，接触面脏污等原因造成温度过高而烧损；或是隔离开关由于机械故障，受客观环境影响机构锈蚀，操作困难，造成零部件变形扭曲、拒动；或由于变形造成分合不到位，虚接烧损电机。

另外，供电 SCADA 远动系统操作的隔离开关也会由于本地或调度端综合系统故障、显示信号不一致等原因造成无法远程操控。

对于隔离开关相关的故障的有效处理方法是加强检修，定期通过预防性试验的方式测量隔开回路电阻，检查机械结构，试验分合状态，对发现的相关问题进行及时处理，对需要更换的机械结构进行更换。

3. 接触悬挂及接触网设备故障和处理

1) 故障分析

接触悬挂及接触网常见的问题主要是关节及线岔处线间距不足，主要发生在承力索、接触线、弹性吊索、吊弦及接触悬挂设备之间。对照沪杭高铁接触网主要技术标准，导致故障发生的原因则是在外部环境的变化下，线索产生热胀冷缩等物理变化，这样则会导致接触网静态参数发生相应的变化，从而发生故障。同时，如果在施工过程中不能规范地进行电连接压接等，也会导致接触网故障的发生。

2) 处理方法

(1) 若无法满足线间距动态标准要求，则需要在线索上安装绝缘护线条和加装等位线，加装后还需要对其进行定期监测，确保其运行正常；

(2) 若线索之间已经处于相磨状态，则需要根据线索间距的变化规律来制定方案对接触悬挂进行调整，调整过程中要避免对设备所带来的损害发生；

(3) 加强对关键部位的测量工作，从而对静态数据的变化情况进行掌握，以便于及时发现问题。

4. 弓网故障和处理

1) 故障分析

随着速度的提高，高速接触网的动态变化显著增大，受电弓与接触网之间会出现离线现象，受电弓会因磨损等产生划痕甚至损坏。常见的弓网故障都是由受电弓和接触网关系不良引起的，主要有：①脱弓、打弓、钻弓、抬弓；②机车自动降弓；③拉弧。

2) 处理方法

(1) 加强对接触网设备的监测、检测、检修，对重点设备做好数据记录及分析，各部螺栓的紧固达到要求力矩；

(2) 严格按温度曲线安装、调整接触网设备，保证补偿装置、支持装置、定位器、开关引线、电连接线在温度变化时不致影响受电弓取流或参数发生较大变化；

(3) 加强外部环境的监管，做好线路添乘及巡视，对上跨桥、上跨线、附近广告牌、塑料布、节庆气球等及时发现及时处理，防止落到接触网上造成弓网故障；

(4) 对下发的动检数据应足够重视，仔细检查认真复测。

5. 避雷器故障和处理

1) 故障分析

金属氧化物避雷器的优点是产品体积小、重量轻、不易破损、运输安装方便，因此避雷器本身很少出现问题。避雷器的相关问题有：①避雷器爆裂；②避雷器脱离器损坏；③计数器避雷器失效；④避雷器接地极损坏或电阻过大。

2) 处理方法

(1) 通常情况下避雷器都会安装在牵引所、AT 所、AT 分区所等各网点上，对于安装避雷器的重要部位要进行重点检测和检查，而在检测这些重点部位时，也要对避雷器的运行状态进行确认；

(2) 在避雷器安装前需要对其进行检验，同时采用正确的运输和储存方式，对避雷器脱离器、计数器和接地极进行定期的检查，同时还要对接地电阻进行测量，以便于能够及时发现问题，及时进行处理；

(3) 在雷雨季节到来时，则需要进行全面的检查，并做好记录。

4.1.5 高速铁路牵引供电系统的健康管理和故障预警体系

1. 基本概念

高速铁路牵引供电系统的健康管理和故障预警(Prognosis and Health Management，PHM)技术通过采用先进的传感器采集和获取与系统属性有关的特征参数，然后将这些特征参数与有用的信息关联，借助智能算法和模型进行检测、分析、评价和预测。健康管理和故障预警是在状态监控基础上的转变，这种转变引入了对系统未来可靠性的预测能力，借助这种能力来识别和管理系统和设备的工作状态，在设备运行趋势的基础上提早实现故障的预测预警，并对系统和设备的维修策略与供应保障进行规划和优化，其主要目的是提高牵引供电系统的安全性、可靠性，降低故障发生的概率与风险，降低使用与维护的费用。健康管理和故障预警的实施与高速铁路牵引供电系统“预防为主，重检慎修”这一维护检修理念是相一致的。健康管理和故障预警与传统的故障诊断之间的关系如图 4-7 所示。

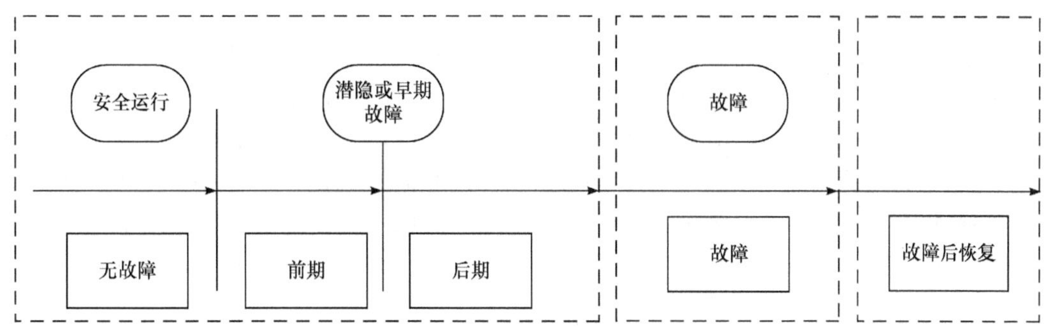

图 4-7 健康管理和故障预警与传统的故障诊断之间的关系

2. 主要故障预警技术

1) 多元化的牵引供电数据采集和处理技术

多元化的牵引供电数据采集和处理技术主要包括牵引变电所自动化系统、监控装置、数据采集系统、故障录波系统和接触网检测系统。采用多元化的牵引供电数据采集和处理技术，可以提高各个系统监测数据之间的关联性，以便获取高速列车在牵引供电变压器的信息和对不同数据的来源、特征进行综合分析。在多元化的牵引供电数据采集和处理技术中，在相关数据和信息采集处理的基础上，对故障进行分析，综合分析数据的结果可以尽快解决高速铁路牵引供电系统健康管理中的问题。以管理需求为中心，采用多元化的牵引供电数据采集和处理技术，实现方案最优化、管理一体化、决策科学化、运行安全化，从而为全面提高供电系统运行安全和运营管理水平提供强有力的技术支撑。

2) 高速铁路牵引供电正常状态下的综合评价技术

高速铁路牵引供电正常状态下的综合评价技术是根据高速列车在牵引供电正常情况下的综合评价和相关标准，对牵引供电系统正常运行的结构及特征进行诊断，建立一系列动态评估标准，对相关数据进行汇集处理、智能分析、关联分析、历史比对、季节性比对等综合分析，科学合理地对高速铁路牵引供电系统的运行状态进行评估，从而保障高速铁路的稳定运行。

3) 高速铁路牵引供电故障预警技术

高速铁路牵引供电故障预警技术针对有一定必然性和规律性的牵引供电系统故障，在高速铁路牵引供电系统处于不健康运作状态下，当系统难以承受正常工作负荷时，系统故障随之产生，无论故障在哪个环节，哪个位置，均是难以预判的，故障的隐蔽性和随机性较强。通过建立高速铁路牵引供电故障预警技术体系，可以在故障发生之前进行一些设备的异常识别，对一些故障进行预警。高速铁路牵引供电系统故障预警体系主要是对潜在的故障预警或对于已经有一定端倪的安全隐患进行报警。各供电段通过新建健康管理和故障预测系统，实现对供电设备的健康管理及故障预测预判。根据数据中心汇集的供电设备的静态数据和动态数据，以及各种检修数据和问题库数据，运用大数据分析及数据挖掘手段，分析设备运行规律，为设备的精测精修、预测预判提供决策依据，从而实现对设备的健康管理和故障预测。

4) 高速铁路牵引供电系统维护技术

高速铁路牵引供电系统维护技术是对高速铁路牵引供电系统，利用科学、合理、规范的系统维护技术来有效地延长系统寿命的核心技术，可以提高高速铁路牵引供电系统的设备性能，提升高速铁路牵引供电系统的稳定性和安全性。高速铁路牵引供电系统维护技术主要涉及高速铁路牵引供电系统动态检修技术，利用科学的方式有效降低维修成本，在提高高速铁路牵引供电系统稳定性基础上，实现运营和成本的相互协调，采用定量的方法对不同的高速铁路牵引供电系统维护费用和故障损失费用之间找到最佳平衡点。高速铁路牵引供电系统维护技术能够有效地降低成本，提高高速铁路牵引供电系统的经济性和可靠性。

3. 高速铁路牵引供电系统的健康管理和故障预警体系功能

高速铁路牵引供电系统的健康管理和故障预警体系重点研究基于多信息融合的设备及系统健康状态评估、系统隐藏故障及早期故障的预警、基于健康状态的设备维修保养策略的制定，以及支撑健康管理和故障预警系统的构建。功能主要分为数据采集处理、健康状态评估和维修决策优化。具体功能模块如图 4-8 所示。

4. 高速铁路牵引供电系统的健康管理和故障预测系统作用

高速铁路牵引供电系统的健康管理和故障预测系统的建立，将在以下方面发挥重大作用。

(1) 通过设备健康状态的感知，实现对设备和系统故障状态的提早预测，提早维修，从而避免故障发生产生的影响，减小高速铁路牵引供电系统故障引起的风险，提高牵引供电系统的可靠性，为高速铁路安全正点运行提供保证。

(2) 通过对设备状态的准确判断，利用状态检修代替周期检修，减少维修，特别是计划外维修次数，缩短维修时间，提高设备完好率和利用率，减少牵引供电系统的停电时间。

(3) 通过设备的状态检修，减轻对现场检修人员的工作压力，减少对备件、保障设备、维修人力等保障资源的需求，降低维修保障费用，提高牵引供电系统运行的经济性。

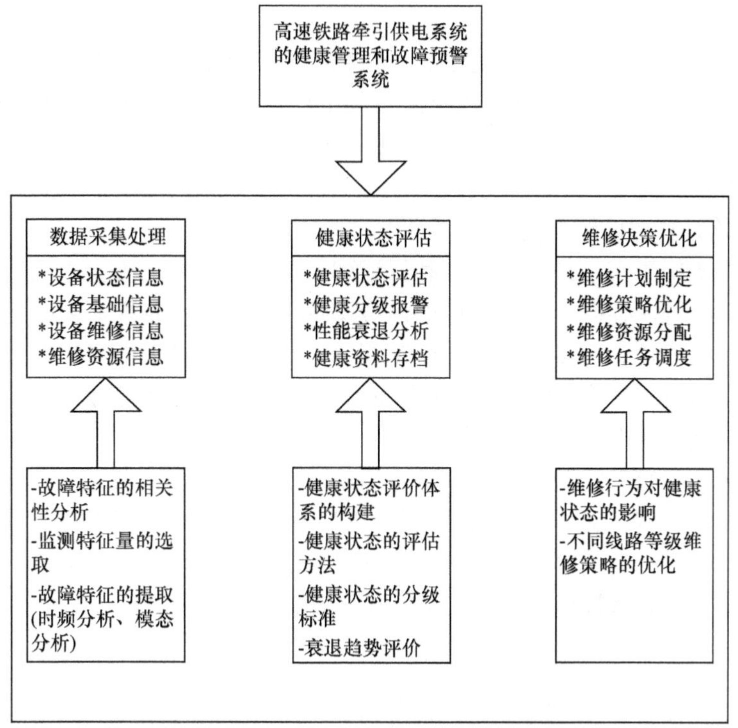

图 4-8　高速铁路牵引供电系统的健康管理和故障预警系统

4.2　高速铁路通信信号系统维护

4.2.1　高速铁路通信信号系统

1. 概念

高速铁路通信信号系统是完成行车控制、运营管理的综合自动化系统，主要由用于指挥行车的调度集中系统、用于控制进路的连锁系统、用于控制列车行车间隔的列车自动控制系统、代用信号设备和专用通信设备组成。系统涉及调度指挥中心、车站、线路和列车等诸多部分，是保障列车运行安全、提高运输效率的关键技术装备，对全面实现高速铁路的服务宗旨举足轻重。

1) 列车运行自动控制系统

在传统的自动闭塞系统中，列车的速度与闭塞分区长度有着密切联系，在高速高密度的行车条件下，为保证列车在一个闭塞分区内能够停车，需要延长闭塞分区距离和列车运行间隔，这将使线路通过能力下降。目前，世界各国采用的解决方法是在列车最高运行速度下再设置几个速度等级信号，每个闭塞分区满足列车从上一速度级减小到下一速度级所需的制动距离。这样既能保证列车之间的安全间隔，又提高了线路的通过能力。随着运行速度的提高，依靠司机确认地面信号的传统做法是不科学、不安全的，因此，在高速铁路上一般是以车载信号作为行车凭证，并将地面信号指令直接转换为对列车制动系统的控制指令。以上即列车运行自动控制系统的主要内容。

2) 高速铁路行车指挥系统

高速铁路行车指挥采用综合调度系统，该系统能够满足高速铁路高速度、大流量、高安全性和正点率的要求。综合调度系统涉及范围广泛，除行车外，系统还需要对运输计划、牵引供电、车辆等方面进行管理。综合调度系统由调度中心设备、通信网及分布在沿线和车站的设备组成。

3) 高速铁路计算机联锁系统

联锁系统主要用于车站进路的控制和保证列车运行、作业的安全。高速铁路联锁系统由调度中心计算机统一控制，取消了地面信号设备，由车载设备控制列车运行。现代联锁系统均采用计算机联锁，与传统继电器联锁相比，计算机联锁功能更加完善，信息量大，易于实现系统自诊断和自检测，因此近年来在国内外得到了广泛应用。

4) 铁路专用通信系统

铁路专用通信系统是指铁路行业内部专用的通信网络系统，该系统由电话交换网、数字传输网、数据通信网、无线通信网、全路电视会议网、运输调度指挥通信网、地区通信网、支撑网、列车内部通信网等组成。高速铁路通信系统必须实时、准确、可靠地传递与高速列车行车安全、运营管理相关的大量语音、数据和图像等信息。

2. 组成

高速铁路通信信号系统主要由信号与控制系统和通信系统组成。信号与控制系统是一种集计算机技术、通信技术和控制技术为一体的行车指挥、列车运行控制和管理自动化系统；而通信系统以传输及接入、电话交换、数据网、GSM-R 专用移动通信等设备为基础，建立调度、电视会议、救援指挥、环境监控和同步时钟分配等通信系统，将有线通信和无线通信有机结合，实现话音、数据、图像、列控的多种功能。

1) 高速铁路信号与控制系统

高速铁路信号与控制系统是高速列车安全、高密度运行的基本保证，是保证列车行驶安全和提高行车效率最有效的信号设备。在普通速度线路的列车运行中，司机是根据地面信号显示来控制列车运行的。而在高速线路上，由于速度高，司机在很短时间内要辨认地面信号是非常困难的，必须根据地面发送的信息直接与机车制动系统相联系。

(1) 特点。

由于新技术及微型计算机的发展及应用，高速铁路信号与控制系统的主要特点有以下几项。

① 高速铁路信号与控制系统采用列车运行自动控制(ATC)系统。随着列车速度的提高，列车的安全运行除了保证进路，还必须采用专用的安全设备进行监督，甚至强迫列车或司机执行。

② 为了提高行车效率及降低运营成本，高速铁路都建有综合调度中心。由综合调度中心统一指挥全线列车运行，实行集中控制。调度集中系统(CTC)远距离控制全线信号、转辙机和列车进路，正常行车不需要本站本地控制。

③ 在各车站及区间信号室附近设置车次号核查等列车-地面信息传输设备(TIPB)，对列车实际位置进行确认。这是由综合调度中心指挥列车运行所需的基础设备。

④ 车站采用计算机联锁和大号码道岔，道岔转换采用多台转辙机多点牵引。

⑤ 系统重视安全防护，配备了热轴探测、界限检查及自然灾害报警监测点并与调度中心联网，防患于未然。

⑥ 通信信号一体化在高速铁路得到充分体现。专用通信系统承载业务以数据为主，辅以话音和图像。信息传递的实时性、安全性及可靠性要求更高。

⑦ 为保证安全，在高速列车运行中不允许线路上进行施工和维修作业，因此高速铁路大量采用冗余技术、故障监测记录及远程诊断等手段以保证信号系统的可靠性及可用性。

(2) 组成。

高速铁路信号与控制系统主要由计算机联锁子系统、列车运行控制子系统和综合调度子系统组成；另外，还包括一些附属子系统，如诊断与服务子系统、微机监测子系统、灾害信息处理子系统、通信网络子系统和培训子系统等。高速铁路信号与控制系统的设备主要布置在调度中心、车站、区间信号室、线路旁和机车内。

计算机联锁子系统根据计划实时建立各列车安全进路，为列车提供进、出站及站内行车的安全进路。

列车运行控制子系统根据车站进路、前行列车的位置和安全追踪间隔等向后续列车提供行车许可、速度目标值等信息，由车载列控设备对列车运行速度实施监督和控制。

综合调度子系统根据列车运行图所制定的日、班计划和列车运行正、晚点情况，编制各阶段计划，并下达给各个计算机联锁控制系统。

(3) 列车控制系统 CTCS 系统。

我国列车控制系统 CTCS 系统由列控地面设备和车载设备组成，作为保证列车行车安全(即用于控制列车间隔)和提高运输效率的信号设备。目前，列车控制系统主要包括线路空闲、占用及列车完整性检测、列车移动授权计算、指示列车安全运行速度、监控列车安全运行四个功能。我国借鉴欧洲的列车控制系统(ETCS)建设经验，并结合我国铁路运输特点和既有信号设备制式，考虑未来发展，遵循全路统一规划的原则，制定了我国列车控制系统 CTCS 技术标准，分为 CTCS-0 级、1 级、2 级、3 级、4 级，见表 4-1。从目前来看，我国主要以 CTCS-2 级、CTCS-3 级为主。

表 4-1　我国列车控制系统 CTCS 技术标准

CTCS 等级	对象
CTCS-0 级	既有线现状
CTCS-1 级	160km/h 以下
CTCS-2 级	既有线提速和 250km/h 客运专线
CTCS-3 级	300km/h 及以上客运专线
CTCS-4 级	面向未来的列车控制系统

2) 高速铁路通信系统

(1) 特点。

高速铁路是一个庞大而复杂的系统，有着高度集中和各个工作环节紧密联系、协同工作的特点。沿线车站的各部门、各工种要实现安全、准确、迅速、协调的运输生产，都离不开高速铁路通信。

高速铁路通信的基本任务主要有：①高速铁路通信必须保证指挥列车运行的各种调度指挥命令信息及时、准确、可靠地传输；②高速铁路通信要为旅客提供各种服务的通信；③高速铁路通信要为设备维修及运营管理提供通信条件。

高速铁路通信主要有六大特点：①高速铁路通信的高可靠性，使列车的高速安全运行得以保证；②高速铁路通信保证了运营管理的高效率；③高速铁路通信与信号系统紧密结合，形成一个整体；④高速铁路通信与计算机和计算机网络相结合，形成一个现代化的运营、管理、服务系统；⑤高速铁路通信完成多种信息的传输和提供多种通信服务；⑥多种通信方式结合形成统一的铁路通信网。

(2) 组成。

高速铁路通信系统能保证指挥列车运行的各种调度命令的传输，为旅客提供各种服务的通信，为设备维修及运营管理提供通信条件。我国高速铁路通信系统以传输及接入设备、电话交换、数据网、GSM-R 专用移动通信等设备为基础，建立调度、会议电视、救援指挥、动力环境监控和同步时钟分配等通信系统，将有线通信和无线通信有机结合，实现话音、数据、图像、列车运行控制等多种功能。

高速铁路通信系统各个组成部分的主要功能如下。

① 传输层具有信息承载能力，是通信的基础设施，它为交换中心之间提供链路，构成通信业务网和支撑网，为通信终端设备之间提供信道。

② 数据网提供各种数据业务，属基础网络，是各类计算机网赖以建立的基础。

③ GSM-R 设备具有调度通信、区间移动电话、通用数据传输、列车控制信息传输等多种功能；核心节点按全路网络规划配置。

④ 自动电话设备利用自动交换机在铁路地区内实现了公务通信。

⑤ 客服通信系统为旅客服务提供数据传输。

⑥ SCADA 即数据采集与监视控制系统，SCADA 通信系统为 SCADA 牵引供电系统提供数据传输。

⑦ 应急救援指挥通信系统为突发事件(灾害)应急救援工作的开展提供通信保障。

⑧ 调度通信系统业务包括列车调度通信、货运调度通信、牵引变电调度通信，以及专用通信、站场通信、应急通信、施工养护通信和道口通信等。

⑨ 会议电视系统具有能实现部、局、站段间的会议通信功能，采用两级管理的方式，具有速度快、效率高及节省资金的优点。

⑩ 同步及时钟分配系统能保证数字信息的同步传输。

我国高速铁路通信系统是铁路通信网的一大特色，它是直接为高速铁路运营服务的通信网，是组织高速铁路运输、指挥列车运行、提高旅客服务水平、维护设备运转、处理意外事故的高速铁路的基础设备。

3. 高速铁路通信信号系统主要技术应用

客运专线运营调度系统是高速铁路运营管理现代化、自动化、安全高效的标志，它根据旅客出行需求、动车组配备和动力特性、车站装备及作业、沿线线路和设备状态、相邻线路列车运行的状态等，统筹编制列车运行计划、集中指挥列车运行和协调铁路运输各部门的工作。

客运专线运营调度系统涉及运输组织、动车组、通信信号、供电、安全监控、维护救援旅客服务等多学科，是铁路运输指挥的基础设施，也是运输生产的重要技术装备。

客运专线运营调度系统的集成化程度高、技术复杂、可靠性要求高。运营调度系统客运专线运营调度系统集计算机、通信、网络等现代化技术为一体，完成列车的计划、运行、维修等一系列任务，是完成客运专线运输组织特别是日常运营的根本保证，也为完成运输生产提供有力保障，为人们出行提供便利。

运营调度系统一般包括运输计划管理系统、动车管理系统、综合维修管理系统、车站作业管理系统、调度指挥管理系统、安全监控系统、系统运行维护体系。

4.2.2　铁路信号集中监测系统采集设备及维护

本小节将重点对传感器基础知识、外电网综合质量采集设备、电源屏采集设备及采集设备维护及常见故障处理进行介绍。

1. 传感器基础知识

1) 电压互感器

电压互感器(Potential Transformer，PT)的功能和变压器相似，都是用来变换线路上的电压。但是变压器变换电压的目的是输送电能，因此容量很大，一般都是以千伏安或兆伏安为计量单位；而电压互感器变换电压的目的主要是给测量仪表和继电保护装置供电，用来测量线路的电压、功率和电能，或者在线路发生故障时用来保护线路中的贵重设备、电机和变压器。因此电压互感器的容量很小，一般都只有几伏安、几十伏安，最大也不超过1000V。

电压互感器实际上是一个带铁心的变压器，主要由一二次线圈、铁心和绝缘组成。两个绕组都装在或绕在铁心上。两个绕组之间、绕组与铁心之间都有绝缘，使两个绕组之间、绕组与铁心之间都有电的隔离。电压互感器在运行时，一次绕组 N_1 并联接在线路上，二次绕组 N_2 并联接仪表或继电器。因此在测量高压线路上的电压时，尽管一次电压很高，但二次电压却是低压的，这样可以确保操作人员和仪表的安全。

集中监测系统所用的电压互感器多为 500V 以下电压，通过电压互感器及其后级调理电路将车站各种电压信号隔离并调整为 5V 以下信号，便于 DSP 芯片进行处理及运算。

2) 电流互感器

在供电用电的线路中电流相差悬殊，从几安到几万安都有。为便于二次仪表测量，需要转换为比较统一的电流。另外，线路上的电压都比较高，直接测量是非常危险的，电流互感器(Current Transformer，CT)就起到变流和电气隔离作用。

微型电流互感器也有人称之为仪用电流互感器(仪用电流互感器有一层含义是指在实验室使用的多电流比精密电流互感器，一般用于扩大仪表量程)。

微型电流互感器与变压器类似，也是根据电磁感应原理工作的，变压器变换的是电压，而微型电流互感器变换的是电流。绕组 N_1 接被测电流，称为一次绕组(或原边绕组、初级绕组)；绕组 N_2 接测量仪表，称为二次绕组(或副边绕组、次级绕组)。

微型电流互感器的一次绕组电流 I_1 与二次绕组 I_2 的电流比，称为实际电流比 K。微型电流互感器在额定工作电流下工作时的电流比称为电流互感器额定电流比，用 K_n ($K_n = I_{1n} / I_{2n}$)表示。

电流互感器的作用是可以把数值较大的一次电流通过一定的变比转换为数值较小的二次电流，用来进行保护、测量等。

3) 线性光耦

线性光耦是一种用于模拟信号隔离的光耦器件，和普通光耦一样，线性光耦真正隔离的是电流。线性光耦能够保护被测对象和测试电路，并减少环境干扰对测试电路的影响。

线性光耦的隔离原理与普通光耦没有差别，只是将普通光耦的单发单收模式稍加改变，增加一个用于反馈的光接收电路。因此，虽然两个光接收电路都是非线性的，但两个光接收电路的非线性特性都是一样的，就可以通过反馈通路的非线性来抵消直通通路的非线性，从而达到实现线性隔离的目的。光隔离器只有光的耦合，没有电的联系，如图 4-9 所示。

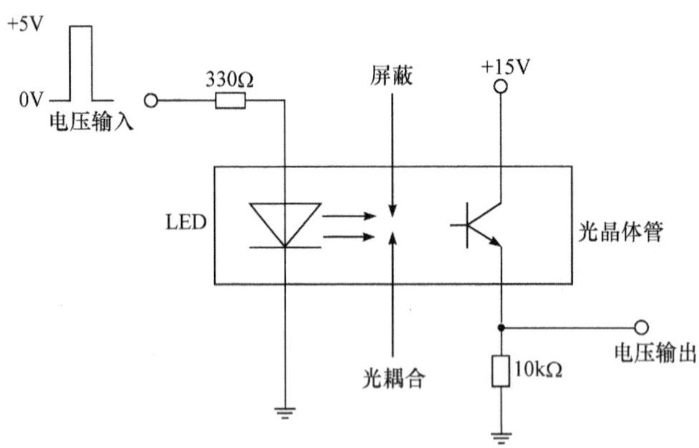

图 4-9　线性光耦原理示意图

4) 运放及常用滤波电路

运算放大器(Operational Amplifier，OP、OPA、OPAMP、运放)是一种直流耦合，差模(差动模式)输入，通常为单端输出的高增益电压放大器，因开始主要用于加法、减法等模拟运算电路中，因此得名。

通常使用运算放大器时，会将其输出端与其反相输入端连接，形成一负反馈组态。原因是运算放大器的电压增益非常大，范围从数百至数万倍不等，使用负反馈方可保证电路的稳定运作。但是这并不代表运算放大器不能连接成正反馈组态，相反地，在很多需要产生振荡信号的系统中，正反馈组态的运算放大器是很常见的组成元件。

低通滤波电路是容许低于截止频率的信号通过，但高于截止频率的信号不能通过的电子滤波电路；带通滤波电路是指能通过某一频率范围内的频率分量，但将其他范围的频率分量衰减到极低水平的滤波电路；高通滤波电路是使高频率比较容易通过而阻止低频率通过的滤波电路。

2. 外电网综合质量采集设备

外电网综合质量采集设备为外电网质量监测箱，能监测外电网输出相电压、线电压、频率、相位角、电流、功率等信息。外电网综合质量采集设备分为电压和电流两部分。电压采集点在配电箱闸刀外侧；电流采集采用非接触式的开口式电流传感器，与设备不直接接触，采集外电网配电箱闸刀内侧至电源屏输入之间的电流，如图 4-10 所示。

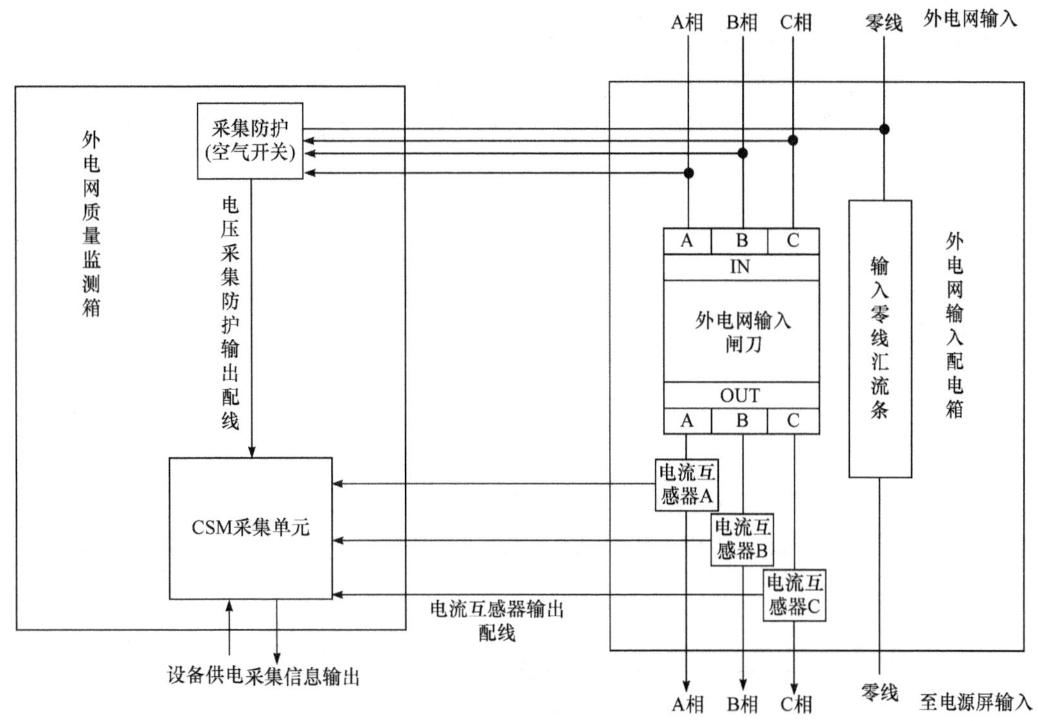

图 4-10　外电网综合质量采集原理

采样路径：一二路外电输入→输入闸刀外侧→CSM 采集单元。

电流互感器为无源模块，输出配线不能太长，在 1.5m 以内，因此外电网质量监测箱必须安装在配电箱的附近。

断相、错序、瞬间断电开关量的采样周期为 50ms，电压、电流采样周期为 250ms。

外电网综合质量监测安全隔离分析如下。

(1) 电压采集是将 380VA/B/C 三相电压引入线接入外电网质量监测箱的空气开关(熔断器)上，经过空气开关(熔断器)隔离后接入采集单元。电流采用非接触式的开口式互感器，与设备不直接接触，其输出线通过低压端子接入外电网质量监测箱。

(2) 空气开关(熔断器)、采集单元等采集设备安装在胶木板上，与外壳绝缘(其绝缘电阻大于 25MΩ)。

(3) 外电网质量监测箱与机柜之间通过现场总线传递信息，监测主机端接口处设有光电隔离设备，使内部电路与外壳隔离(其绝缘电阻大于 25MΩ)并阻燃。采集设备电源输入端设有隔离防护措施。

(4) 配电箱内的防雷设备是第一级防护设备，如果击穿防雷设备，外电网质量监测箱中的空气开关(熔断器)进行第二级防护。空气开关采用符合标准 IEC60898/GB 10963 的设备，分断能力：IEC608986kA。

(5) 监测设备短路或开路故障对采集点都无影响，空气开关(熔断器)断开，反向隔离了对被监测设备的影响。

(6) 采集设备内部防护措施。

① 外壳材料为阻燃 ABS，阻燃等级 V0 级。

② 总线保护：可承受 400W 的瞬时脉冲电压自动热关断和 ESD 保护等功能。

③ 所有对外接口全部采用电磁隔离或者光电隔离。

④ IO 端口的保护，用 TVS 等抗电磁兼容措施，保证输入端口指标达到脉冲群：2kV；静电：8kV。

⑤ 串行通信芯片采用抗雷击串行收发器，芯片内置 4 个瞬时高压保护管，可承受高达 600W 的 TVS，并外加保护器件，确保抗干扰能力。

⑥ 电源输入侧采用全隔离方式确保浪涌的可靠保护。极间绝缘电阻大于 2MΩ，其他绝缘电阻大于 5MΩ。

⑦ 外电网质量监测箱配件耐热能力：960℃不燃烧。

3. 电源屏采集设备

智能电源屏自带采集终端，CSM 与该终端通过 RS-485 接口获取 709 号文规定的各种信息。对于非智能电源屏，使用采集器 C0 组合进行监测，电源屏电压采集原理如图 4-11 所示。

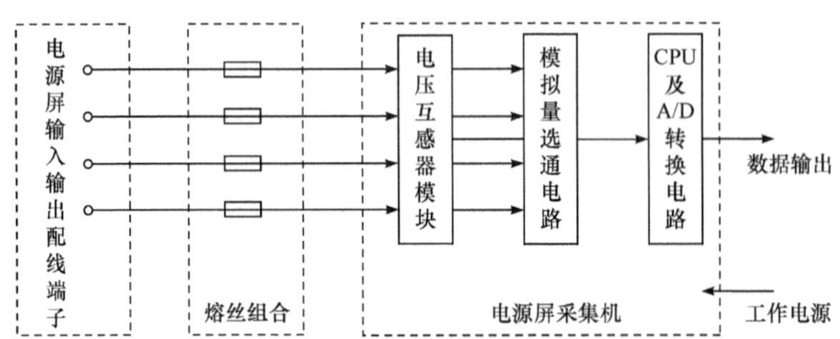

图 4-11　非智能电源屏电压采集原理图

电源屏电压采集输入一二路电源和电源屏的各类输出电压。输入电源采集配线点在电源的输入断路器外侧端子上，输出电源的采集配线点在输出空开外侧相应的配线端子上。

电压采样路径：电源屏配线端子→熔丝组合→CSM 采集机。

在组合架上安装熔丝组合，被采集的电压信号经过组合架上熔丝组合后，进入电源屏电压采集设备。熔丝组合配置 0.3A 速断熔丝，主要用于防护采集单元故障或配线原因造成的短路情况，同时在漏流接地测试时用于防护电流太大对信号设备造成的影响。

电源屏电压采集设备采用电压互感器模块进行信号的隔离转换，将转换后的低压信号接入后续模拟采集电路。

电流采样路径：电源屏输出线→电流互感器→CSM 采集机。

电流采用非接触式的开口式互感器，与设备不直接接触，其输出线通过低压端子进入电源屏电流采集设备，如图 4-12 所示。开口式电流互感器便于安装及更换。

电源屏电压、电流采样周期为 250ms。

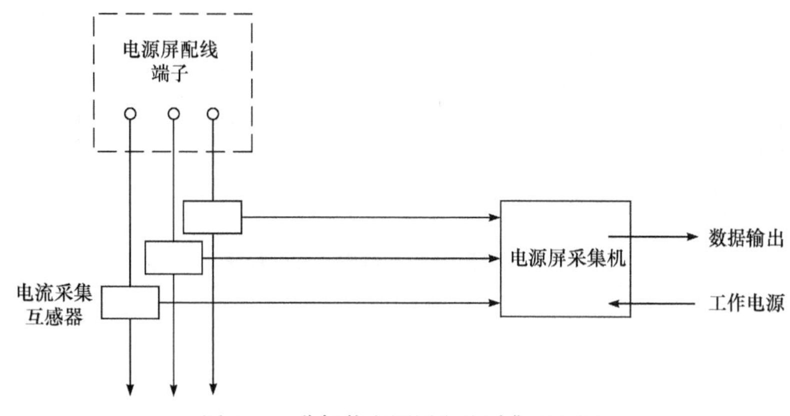

图 4-12　非智能电源屏电流采集原理图

4. 采集设备维护及常见故障处理

1) 采集机电源

采集机电源有普通开关电源和大功率开关电源。KDYA-103HH04-2.2 为普通开关电源。KDYA-150HH04-1.2 为大功率开关电源，比 KDYA-103HH04-2.2 普通开关电源宽，主要用于提速道岔采集，可通过电源侧面的标签来判断其型号。

(1) 日常维护。

正常情况下，12V 电源的 5VI、−12V、+12V、5V 四个灯均亮灯，面板温度接近室内温度。

如果面板突然变得非常热，则可能是该采集机电源故障或将要发生故障；也可能是由该采集机输出电源正负极短路造成的，应立即关闭该采集机电源查找原因。

如果采集机电源发生异常，则应更换采集机电源。

(2) 案例。

① 5VI 或 5V 灯不亮，则可能存在以下两种情况。

a. 采集机电源故障：此时，使用该电源供电的所有分机(每块采集板均为一个分机)所监测的内容均显示未知，即不通信。

b. 采集机电源指示灯故障(但电源其他功能工作正常)：此时，使用该电源供电的所有分机(每块采集板均为一个分机)所监测的内容均正常，不影响正常使用。

② 如果−7.5V(−12V)、+7.5V(+12V)灯不亮，则可能存在以下两种情况。

a. 采集机电源故障：此时，使用该电源供电的采集模块所监测的内容均监测不到。

b. 采集机电源指示灯故障(但电源其他功能工作正常)：此时，使用该电源供电的所有分机(每块采集板均为一个分机)所监测的内容均正常，不影响正常使用。

③ 如果采集机电源所有灯均灭灯，则检查采集机电源的供电电源是否正常。若正常，则采集机电源坏，需更换。若不正常，则根据配线图纸检查配线。

2) 模拟量输入板(模入板)

正常情况下，面板上的电源灯常亮，工作灯秒闪，主/备灯和故障灯灭灯，收灯、发灯闪烁。每块模入板可监测 48 路模拟量。

电源灯灭灯时，首先查看该采集板所在组合相应的采集机电源是否正常。若采集机电源工作正常，如果其他灯均正常，则是该灯故障，不影响正常使用；如果其他灯灭灯或常亮，则为该采集板故障，需更换。

更换新板卡时请确认：下位机程序已经正确写入该板卡；板卡各短路块跳线与先前跳线一致，即跳为工作模式。

模入板监测内容及对应面膜、板卡名称见表 4-2。

表 4-2　模入板监测内容及对应面膜、板卡名称表

监测内容	面膜名称	板卡名称
列车信号机点灯电流	信号机电流	06 模入板 V2.0 / 06MRBV2.0

3) 绝缘、漏流、灯丝采集板

正常情况下，面板上的电源灯常亮，工作灯秒闪，主/备灯和故障灯灭灯，收灯、发灯闪烁。修改面板指示灯对应位置：1～16 对应 C1～C16；17～32 对应 A1～A16；14 与 29 位指示灯不显示，为模拟量对应位；指示灯 33～48 未用。

铁路信号集中监测系统中开关量输出板(简称开出板)分为主机与副机两部分。其中主机包括 26 路开出(A 层 9 个继电器、B 层 8 个继电器、E 层 9 个继电器)、1 路模入和 3 路开入量采集(SDSJ、XDSJ、预留)。

每两块开出板可监测 256 路电缆对地绝缘。开出板监测内容及对应面膜、板卡名称见表 4-3。

表 4-3　开出板监测内容及对应面膜、板卡名称表

监测内容	面膜名称	板卡名称
电缆对地绝缘、电源对地漏泄电流、主灯丝断丝报警	绝缘漏流灯丝	CSM 开出板 V1.0

电源灯灭灯时，首先查看该采集板所在组合相应的采集机电源是否正常。若采集机电源工作正常，如果其他灯均正常，则是该灯故障，不影响正常使用；如果其他灯灭灯或常亮，则为该采集板故障，需更换。

更换新板卡时请确认：下位机程序已经正确写入该板卡；板卡各短路块跳线与先前跳线一致，即跳为工作模式。

4) 开关量采集板

正常情况下，面板上的电源灯常亮，工作灯秒闪，主/备灯和故障灯灭灯，收灯、发灯闪烁。1～16 对应 C1～C16；33～48 对应 A1～A16；17～32 未用。每块开入板可监测 32 路开关量信息。

电源灯灭灯时，首先查看该采集板所在组合相应的采集机电源是否正常。若采集机电源工作正常，如果其他灯均正常，则是该灯故障，不影响正常使用；如果其他灯灭灯或常亮，则为该采集板故障，需更换。

更换新板卡时请确认：下位机程序已经正确写入该板卡；板卡各短路块跳线与先前跳线一致，即跳为工作模式。

该板监测内容及对应面膜、板卡名称见表 4-4。

表 4-4　开关量采集板监测内容及对应面膜、板卡名称表

监测内容	面膜名称	板卡名称
熔丝报警开关量	开关量	06 正开入板 V2.0 / 06KRBV2.0
轨道继电器状态		
站场信息开关量		
其他开关量		

5) 普通道岔采集板

正常情况下，面板上的电源灯常亮，工作灯秒闪，主/备灯和故障灯灭灯，收灯、发灯闪烁。1～12 灯亮代表相应道岔 1DQJ 状态采集正常(扳动道岔时灭灯)，13～24 灯亮代表相应道岔定位表示灯采集正常，25～36 灯亮代表相应道岔反位表示灯采集正常。每块直流道岔采集板可监测 16 组普通道岔电机的电流及 16 组道岔的定、反位表示灯信息。

电源灯灭灯时，首先查看该采集板所在组合相应的采集机电源是否正常。若采集机电源工作正常，如果其他灯均正常，则是该灯故障，不影响正常使用；如果其他灯灭灯或常亮，则为该采集板故障，需更换。

更换新板卡时请确认：下位机程序已经正确写入该板卡；板卡各短路块跳线与先前跳线一致，即跳为工作模式。

该板监测内容及对应面膜、板卡名称见表 4-5。

表 4-5　普通道岔采集板监测内容及对应面膜、板卡名称表

监测内容	面膜名称	板卡名称
普通道岔的电流曲线、1DQJ 状态、定反位表示状态	普通道岔	06 普通道岔板 V2.0 / 06PTDCBV2.0

6) 提速道岔采集板

正常情况下，面板上的电源灯常亮，工作灯秒闪，主/备灯和故障灯灭灯，收灯、发灯闪烁。1～4 灯亮代表相应道岔 1DQJ 状态采集正常(扳动道岔时灭灯)，9～12 灯亮代表相应道岔定位表示灯采集正常，17～20 灯亮代表相应道岔反位表示灯采集正常。

每块提速道岔采集板可监测 4 组提速道岔电机及 4 组道岔的定、反位表示灯信息。

电源灯灭灯时，首先查看该采集板所在组合相应的采集机电源是否正常。若采集机电源工作正常，如果其他灯均正常，则是该灯故障，不影响正常使用；如果其他灯灭灯或常亮，则为该采集板故障，需更换。

更换新板卡时请确认：下位机程序已经正确写入该板卡；板卡各短路块跳线与先前跳线一致，跳为工作模式。

该板监测内容及对应面膜、板卡名称见表 4-6。

表 4-6　提速道岔采集板监测内容及对应面膜、板卡名称表

监测内容	面膜名称	板卡名称
三相道岔的电流曲线、功率曲线、1DQJ 状态、定反位表示状态	三相道岔	06 交流转辙机电流 V2.0/三相道岔 06JLZZJDLV2.0

7) 轨道电压采集板

正常情况下，面板上的电源灯常亮，工作灯秒闪，主/备灯和故障灯灭灯，收灯、发灯闪烁。每块轨道互感器板可监测 7 路轨道电路电压。

电源灯灭灯时，首先查看该采集板所在组合相应的采集机电源是否正常。若采集机电源工作正常，如果其他灯均正常，则是该灯故障，不影响正常使用；如果其他灯灭灯或常亮，则为该采集板故障，需更换。

更换新板卡时请确认：下位机程序已经正确写入该板卡；板卡各短路块跳线与先前跳线一致，即跳为工作模式。

对应面膜为轨道电压，板卡名称为 CSM 轨道互感器板 V1.0。

8) 道岔表示电压采集器

道岔表示电压采集器 V1.0，采用继电器封装。

正常情况下，面板上的电源灯常亮，工作灯秒闪，主/备灯和故障灯灭灯，收灯、发灯闪烁。每块道岔表示电压采集器可采集 2 组道岔的 4 路表示电压。

电源灯灭灯时，首先查看该采集器所在组合相应的采集机电源是否正常。若采集机电源工作正常，如果其他灯均正常，则是该灯故障，不影响正常使用；如果其他灯灭灯或常亮，则为该采集板故障，需更换。

更换新采集器时请确认：下位机程序已经正确写入该采集器；采集器各短路块跳线与先前跳线一致，即跳为工作模式。

4.2.3　高速铁路通信信号系统维护特点分析及措施

1. 维护模式

1) 国外高速铁路通信信号系统维护模式

国外高速铁路通信信号系统维护模式以法国高速铁路通信信号系统的维护为例进行介绍。

法国 TVM 信号系统采用维修辅助系统 SAM，该系统分为本地 SAM 和中心 SAM，满足本地维修和维修中心 2 级维修管理的需要。该系统能够对所有的联锁设备和区间设备实现实时集中监控，可以为站机的设备故障判断提供帮助，能够集中储存各类事件，在一定的周期内观察发生的事件。

同时，法国高铁采用了综合检测列车 IRIS320。法国铁路综合检测列车 IRIS320 可在对线路运营无任何干扰的情况下，并在许可运营速度下对被测线路完成各种测试。测试分析完成后，可及时将设备缺陷信息传递到相关设备管理单位，由设备管理单位组织克服。

2) 国内高速铁路通信信号系统维护模式

国内高速铁路通信信号系统维护模式以已建成的合宁、合武高铁为例进行介绍。

(1) 合宁、合武高铁列控系统简介。

合宁、合武高铁采用 CTCS-2 级列控系统。CTCS-2 级列控系统由列控地面子系统、地面信息传输通道和列控车载子系统组成。

CTCS-2 级列控系统具有以下功能。①连续信息接收模块：完成轨道电路信息的接收与处理；②点式信息接收模块：完成点式信息的接收与处理；③测速模块：实时检测列车运行速度并计算列车走行距离；④诊断维护记录单元：对接收信息、系统状态和控制动作进行记录；⑤车载安全计算机：对列车运行控制信息进行综合处理，生成控制速度与目标距离模式曲线，控制列车按命令运行；⑥人机界面：车载设备与机车乘务员交互的设备；⑦司法记录单元：规范机车乘务员驾驶，记录与运行管理相关的数据；⑧预留无线通信接口。

合宁、合武高铁在车站设置列控中心，再根据地面设备配属设置相应的车载设备，车站采用 2×2 计算机联锁系统，区间及站内采用 ZPW-2000A 一体化轨道电路，并采用分散自律调度集中系统，实现调度集中系统指挥行车。

(2) 维修维护体系结构。

合宁、合武高铁目前沿用传统的三级维修体系，分别是电务段、电子车间、综合维修工区。全线设 1 个电务段(即合肥电务段)，电务段设 1 个电子车间，电子车间下设 6 个综合维修工区(均配备轨道车)。每一级的主要职能和人员配备见表 4-7。

表 4-7　维修维护体系结构

结构等级	维护中心等级	主要职能	人员配备
综合维修工区	一级	定期巡视、巡查列控系统面板指示灯变化(列控中心、列控通信板等)	一般信号工完成信号基本设备更换
电子车间	二级	负责将工区上报的列控设备故障进行分析，处理遇到特殊故障上报电务段技术科(三级维护中心)处理	由具有较强技术和协调能力的工程技术人员组成
电务段	三级	负责全面掌握全线各个车站列控系统故障状况，对二级维护中心上报的故障信息进行分析处理	专业技术人员

(3) 合宁、合武高铁维修体制。

由于高速铁路列车速度高、行车密度大，主要繁忙干线不能停运，因此普速铁路利用行车间隔进行维修的模式已不能满足要求。因此，天窗修和返厂修是目前重要的维修方式。

① 天窗修：既要保证维修按时按点，又要保证维修人员安全，因此天窗修是现场维修的主要维修方式。

② 返厂修：列控系统的产品趋向模块化、高技术化发展，设备厂商在列控设备维护中的地位越来越高，给运营维护单位提供技术说明越来越少。因此，设备厂商的维护成为目前高铁主要维修体系中不可或缺的部分。

2. 维护特点分析

1) 通信信号维护特性

维护工作的实施，就是以最小的维护代价，采取高效率的维护方式，以获得最有效的设备性能，也就是尽可能采取一些手段来做好预防性的措施。对于目前我国铁路普遍采用的高速铁路列控系统 CTCS，没有任何可以参照的现成模式，因此，需要借鉴发达国家的维护方式，选用一种适合我国自身特色的维修体系。

作为普遍性的理论观点，设备的维修工作需具备以下“四特性”，即可靠性、可维护性、可利用性和安全性。

(1) 可靠性：对于组成元件或(子)系统，在相同的使用环境中表现的是同一种性质。

(2) 可维护性：在给定的使用条件及周期内，维修可以使其恢复到给定的技术要求。

(3) 可利用性：在两次维修期之间可以使设备正常使用。

(4) 安全性：简而言之就是不能由于设备原因或人为错误出现灾难。

2) 信号预防修与矫正修

铁路通信信号维护工作，同时也是坚持以预防为主。事后矫正是补充的工作指导方式。因此，信号维修主要有预防修和矫正修两种方式。

(1) 预防修。预防修是维修研究的主要工作，其目的是防止设备出现故障。

(2) 矫正修。矫正修主要是紧急抢险工作和事故之后的重建工作，通常通过应急预案及故障程序等予以规定。

3) 高铁信号预防修特点

作为高速铁路信号设备，设备器材故障特性同样满足传统的浴盆曲线特性。

对于信号系统的每个单项设备或器材组成等，当其发生故障或者工作不稳定时，其后果对整个系统可能出现以下三种结果：①系统仍然正常工作，但是出现了一些报警信息；②系统仍能正常工作，但是在降级模式下工作；③系统不能工作，其功能没有了。

针对第 3 种情况，应采取故障修即矫正修；对于前 2 种情况，若是单个设备的，则采用故障修，若是整个系统的，由于整个系统仍处于正常工作状态，则可以通过监控监测等手段实现预防修，也就是状态修。通过维修活动使系统恢复到初始技术标准，做好日常监测监控，就可以将维修工作的开展降低到对运营影响的最小范围以内。

4) 我国高铁通信信号维护展望

对于目前我国铁路普遍采用的高速铁路列控系统 CTCS，没有任何可以参照的现成模式。因此，我国高铁通信信号维护需从以下三个方面着手未来：

(1) 重新定义高速铁路信号的维护理念；

(2) 建立信号维护分级；

(3) 建立综合性维护模式。

3. 维护措施

1) 高速铁路通信信号系统维修技术

高速铁路通信信号系统采用了大量的新设备、新技术，科技含量高，容易受到外界影响，其维修技术要求更高。信号设备维修实行电务段、维修车间、维修攻取三级管理模式。大修由铁路局委托专业公司或施工企业进行，硬件日常维修由信号工区负责，软件维护和升级由设备供应商负责。通信设备维修工作分为大修、日常维修两部分。电务段负责通信设备的运用管理，铁通公司等通信企业负责通信设备维修工作。

2) 高速铁路通信信号系统维护措施

(1) 严格制定信号设备维修计划表。

要严格制定信号设备维修计划表。以鹰厦线为例，目前，南昌局在全面实行“天窗修”的基础上，逐步推行信号设备“状态修”，这就要求在编制维修计划表时，要充分考虑到“天窗修”或者“状态修”等不同的维修体制。

(2) 严格落实楼内设备维修质量。

楼内信号设备是全站设备的“心脏”，任何一个部位和细小环节出现问题，都会导致设备故障的发生。楼内设备主要包括控制台、人工解锁按钮盘、电源屏、分线盘、继电器组合、微机监测设备及闭塞系统。要搞好楼内信号设备的维修工作，必须坚持以下两个原则。

① 按照维修周期定期检修的原则。维修计划表中针对楼内设备非常明确地规定了检修周期，要坚持按照计划进行检修。

② 利用微机监测监控设备运用状态的原则。有效利用微机监测监控设备可以监控到设备的运用状态，同时可以预防设备故障的发生。

(3) 严格做好室外设备的维修和保养。

室外信号设备主要包括道岔、信号机、轨道电路、电缆路径等设备。对于维修和保养好室外信号设备，确保行车安全，应该从以下三个方面做好维修管理工作。

① 做好道岔维护工作，坚持日巡视制度，坚持日监测制度，坚持计划维修制度。

② 做好信号机维护工作，要坚持检修周期，按照检修周期对信号机内部、箱盒内部进行检修，重点检查变压器、灯丝转换继电器状态。再次，要认真做好灯泡端电压测试工作。

③ 做好轨道电路及电缆路径维护工作。

(4) 严格搞好信号设备秋季鉴定。

信号设备秋季鉴定关系到来年维修计划表的制定，也关系到班组生产财务计划表的编制，是信号工区工作的重要依据。车间应该在 8 月份、9 月份、10 月份三个月内认真组织车间技术骨干力量，对各车站信号设备进行全面仔细认真地鉴定，认真掌握并记录好设备缺点。

(5) 严格落实安全专项整治。

每年年初，各电务段都会制定下达安全专项整治计划。车间和班组要严格按照电务段制定的计划认真组织实施。

3) 铁路 GIS 技术发展及在通信网维护管理中的应用

目前，铁路通信网各专业网络管理系统及信息类系统，多数为表单式、逻辑图式界面，缺少直观方便的地图化的管理界面，各专业系统间也缺乏直接有效的地理信息资源数据互通、共享手段。因此，本小节将介绍一种先进的维护方式——铁路 GIS 技术。

(1) GIS 系统概念。

GIS 是地理信息技术的英文简称，GIS 系统是以地理空间数据库为基础，采用地理模型分析方法，适时提供多种空间的和动态的地理信息，为地理研究和地理决策服务的计算机系统。

GIS 系统的发展起源于 20 世纪 60 年代，先后经历了三代技术发展。目前第三代 GIS 软件技术已趋于成熟，不断演化为 Web GIS、组件化、元数据、空间数据共享、服务共享和 GIS 系统互连等系统表现形式，最终建立内容和服务更加丰富的空间数据库及应用系统。

(2) 铁路 GIS 系统。

现有的铁路 GIS 系统于 2009 年正式在全路投入使用，系统集中管理机车通信设备所用地理信息数据，制定了全路统一的地理信息数据版本，为机车调度的通信在全路实现自动频率制式切换，提供标准的数据源。同时，通过采集全国铁路沿线地理信息数据(地理坐标、经纬度等)，汇总机车通信设备属性数据，建立全国统一的铁路线路地理信息数据库系统。

现有铁路 GIS 系统由中国国家铁路集团有限公司和铁路局两级网络构成。总公司级包含总公司数据管理服务器、总公司数据库服务器，铁路局级包含铁路局数据管理服务器、采集管理器、数据采集终端等。系统结构如图 4-13 所示。

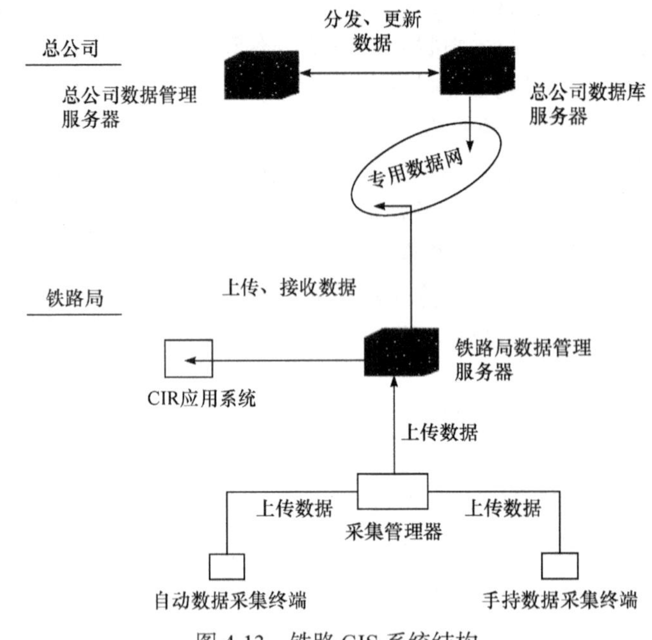

图 4-13　铁路 GIS 系统结构

(3) GIS 技术在通信维护管理中的应用。

GIS 技术在通信信号维护管理中可实现以下三方面的应用。

① 通信网资源管理。GSM-R 无线基站、铁塔、无线列调电台、区间通话柱、沿线光缆等各类通信设备的位置信息均可存储在信息系统中，铁路 GIS 系统再通过标准化的通信接口，依据设备名称、线路名称、维护单位等关键字段索引，可与现有的铁路通信设备履历管理系统等通信设备的资源信息系统，实现数据互联及共享。

② 通信设备故障管理。铁路局管内所有沿线通信设备，如高速铁路沿线基站铁塔设备等，可通过采集地理信息数据点，存储于铁路 GIS 系统。通过与 GIS 系统和综合网管系统、专业设备网管的标准化接口互联，可实时以地图形式呈现相关设备的运行状况。一旦发生紧急设备故障，综合网管或专业设备网管实时发出设备故障告警，并以直观的地图形式呈现在通信网管人员面前，并且通过第三方短信或数据业务接口，及时通知各级相关人员做好设备抢修工作。

③ 作业监控与安全防护。铁路通信现场设备维护作业主要是围绕铁路沿线各类设备开展，铁路 GIS 系统已经存储绝大部分铁路线的详细地理信息数据，通过维护人员携带的手持 GPS 定位设备，可以实时地了解维护人员位置信息，以及维护人员与铁路沿线、通信设备的位置关系信息。通过系统设置的地理信息逻辑程序，可随时监控掌握维护人员作业情况，并可及时发现侵入铁路线内等危及列车行驶及人员生命安全的作业安全隐患。

小　结

本章主要从高速铁路牵引供电系统维护和高速铁路通信信号系统维护两个方面对高速铁路信号系统维护进行介绍。首先，对高速铁路牵引供电系统维护和高速铁路通信信号系统维护进行了简要概述，然后从高速铁路牵引供电系统的供电方式及选择、防雷与接地、常见故障及分析处理、健康管理及故障预警体系、维护策略和措施等多方面对高速铁路牵引供电系统进行详细介绍，最后从铁路信号集中监测系统采集设备及维护、国内外高速铁路通信信号系统维护模式、我国高速铁路通信信号系统维护特点分析、维护措施等多方面对高速铁路通信信号系统维护进行详细介绍。掌握以上知识是深入了解高速铁路信号系统维护的基础。

随着高速铁路的迅速发展，传统的维修理念已经不能适应新型高速铁路的发展要求。牵引供电系统的维修机构作为铁路维修系统中的一个重要环节，在不断地寻求合理、可靠的维修制度。而铁路通信信号技术的发展是随着近百年的铁路发展及继电器、半导体、电子信息技术的变化，不断地演进与发展的。因此，掌握高速铁路信号系统维护的相关知识是至关重要的。

第 5 章　高速铁路线路与工务维护体制

我国高速铁路发展已从速度规模型向质量效益型转变，基础设施现代化设备、数量等“硬实力”实现了快速增长和整体升级；检测监测手段和设备维修方式逐步现代化、智能化，技术进步带来了生产一线检测、维修手段的历史性、革命性变化，运输生产力发生了历史性突破，高铁行车密度大，突发故障影响范围大，社会传播速度快，对基础设施故障安全保障水平和应急处置能力提出了更高要求。

5.1　高速铁路综合维修体制

5.1.1　高速铁路工务维修体制

为了确保列车能以规定的最高速度，安全、平稳和不间断地运行，就必须对轨道在运营过程中出现的各种变形采取相应的修养措施，包括对轨道的经常维护和定期修理，借以保持和提高线路设备的质量，使轨道经常处于良好的工作状态，符合规定的技术标准，并最大限度地延长各设备的使用寿命。由此可见，科学合理的线路维护工作，不仅是安全运输的必要保障，同时可节省大量的运营投入。为此，应当合理地划分与组织维护工作，规定各类工作的性质、内容、标准、要求和实施周期。

为适应大型机械化、开天窗维修及人工队的现代化作业方法的需要，经常维护宜实行线路“养修分开”的维护体制，将以大型机械作业为主体的线路维修和以人工零星作业为主体的线路养护分开管理，应当坚持“预防为主、防治结合、养修并重”的技术原则。

1. 国家铁路修程

我国线路维护的修程设置为线路大修、线路中修及线路维修三个层次，如图 5-1 所示。

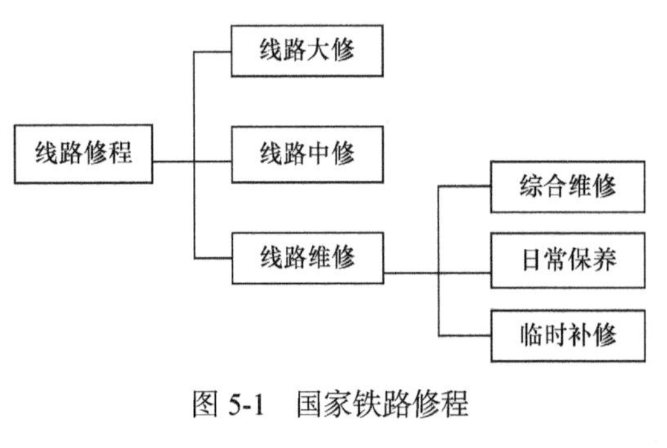

图 5-1　国家铁路修程

(1) 线路大修的基本任务是：根据运输需要及线路损耗规律，周期性地、有计划地对损耗部件进行更新和修理，恢复与增强轨道承载能力，延长设备的使用寿命。线路大修通常取决于钢轨伤损的发展情况，以全面更换新轨为主要标志，故通常又称为换轨大修。线路大修除全面换轨大修外，还有许多单项大修，如成段更换再用轨、轨枕、道岔、扣件及道口大修等。

(2) 线路中修的重点是解决道床脏污、板结及轨枕失效等问题，同时对线路进行全面修理。在一个大修周期内，通常安排一至二次线路中修，对道床破底清筛以恢复和改善线路状态。

(3) 线路维修的基本任务是：消除线路上各种不平顺，防止自然因素对线路的侵扰，整修或更新部分伤损部件，保证线路经常处于完好状态，即保证轨道的几何形位符合规定的技术标准，道床和路基稳固、坚实，排水性能良好，轨道各部件无病害，线路外观整洁。线路维修又包括线路综合维修、日常保养和临时补修三种维护工作。

根据以上国家铁路对修程的划分，把维修界定为小修，往往会使业外人士混淆；同时国家铁路所指的中修通常是以清筛道床为主体的修程，而城市轨道交通的碎石道床线路所占的比例极低，路基与道床翻浆冒泥的现象极少。所以，清筛道床作业基本上可以认为很少遇见，完全可以在大修时清筛道床，从而取消中修。因此不妨在轨道交通领域把维修的理念进行更新，如图 5-2 所示。

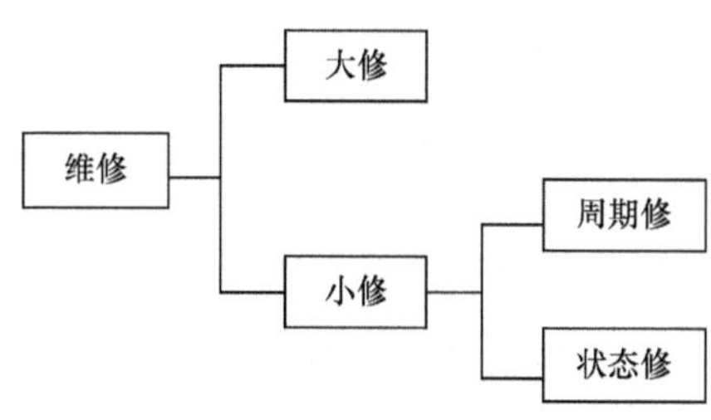

图 5-2　国家铁路对修程的划分

这里的“周期修”从某种意义上来说就是原来的综合维修，“状态修”则包括了日常保养和临时补修，状态修是没有周期的，完全根据线路的状态而决定日常工作的计划和范围。当然，要根据状态的程度，根据对安全行车的影响程度，按照轻重缓急的原则，合理安排生产计划。在设备维修的理论上，“修”是“修”，“养”是“养”，二者的概念不同。

“修”是指设备缺陷或设备故障已经发生或快要发生这样一个前提下所组织的维修，前提是缺陷和故障，所以，也可以称之为“故障修”。换言之，哪里有缺陷，或哪里有故障，就到哪里去维修。

“养”指的是在没有故障或缺陷甚微的条件下所组织的设备维护，或称保养。“养”的目的是减少将来的“修”，是一种预防性的措施，把线路病害消灭在萌芽之中。在养护与维修的关系上，要本着以养为主的指导思想。

必须说明，这里的“状态修”，不单单专指“修”，其中还包括“养”。

这样，在小修范畴中，既有按周期所控制的“周期修”，又有按日常设备状态所控制的“状态修”，从而使维修的体制趋于完善。

目前，各城市地铁所采取的维修形式是不一致的，有的基本按照国家铁路的体制运行，结合本企业的特点进行一些改革。修程修制是非常重要的因素，但不是唯一的因素和决定的因素，最终要达到运行的结果即安全、质量、效益。

在维修的运作过程中，不能机械地套用维修周期而安排不必要的设备维修，要提倡科学养路，提高设备质量。要不断探索状态修的理念，建立“检测—分析—维修—检测”的循环体系，不断进行质量跟踪，确保设施质量始终处于受控状态。

2. 维修内容

铁路线路维修分为综合维修、日常保养、临时补修。

(1) 综合维修是根据线路变化规律和特点，以全面改善轨道弹性、调整轨道几何尺寸和更换、整修失效零部件为重点，按周期、有计划地对线路进行的综合修理，以恢复线路完好技术状态。

(2) 日常保养是根据线路变化情况，在全年度和线路全长范围内进行的有计划、有重点的养护，以保持线路质量经常处于均衡状态。

(3) 临时补修是及时整修超过临时补修容许偏差管理值及其他不良处所的临时性修理，以保证行车平稳和安全。

以上三个层次具有不同的特点，对设备质量和行车安全都具有互补性。综合维修是根据轨道各部件老化的规律和使用寿命所进行的周期性工作，周期的长短主要取决于运量、部件的技术指标和质量指标。同时，还取决于日常养护维修的工作质量，当日常养护工作的质量高时，完全可以延长维修周期。

日常保养是及时减缓或消灭线路所发生的经常性变化，阻止线路超限的发展或线路病害的积累，是确保全线质量均衡的措施。

临时补修带有突发性和不可预见性，及时发现和处理突发性病害是养护工作的重中之重。国家铁路的维修方法机制在计划经济的年代，具有一定的科学性、合理性和实用性。针对城市轨道交通的特点，把综合维修界定为周期修，把日常保养和临时补修界定为状态修，通过周期修与状态修的结合，确保线路质量。

5.1.2　铁路线路设备检测技术

铁轨运输设备常年处于自然环境中，受到自然天气气候条件的影响及重载列车的运行，使得轨道常常出现变形，铁轨路基和道床极其容易发生变化，铁轨上的零件及铁轨线路出现摩擦损坏，对铁路运输产生不良影响。这就需要通过工务检查，及时地发现铁路运输线路上的问题，并及时地运用科学合理的方法对线路进行养护和维修，确保线路的良好运行，保障运输的安全。在工务检测过程中，最重要的检测手段就是轨道动静态检测，其能对每一段路线进行详细的检查，在检查期间，铁轨媒体受到列车的载荷，利用检测工具和检测设备对轨道进行检查，铁轨检查负责人需要对各个路段进行负责，重点检查铁轨的薄弱环节，保证路线检测的精确程度。常见的铁路线路设备监测技术如下。

(1) 钢轨磨耗检测装置。钢轨磨耗超限，是造成钢轨下道的主要原因之一。钢轨磨耗主要是指钢轨的轨头侧面磨耗、轨顶垂直磨耗及波浪形磨耗。随着轴重和通过总重的增加，磨耗逐渐增大。轨道几何形位设置不当，会使垂直磨耗速率加快，可以通过调整轨道几何尺寸来解决这个问题。用于测量磨耗的仪器主要分为接触式和非接触式两种。图 5-3 给出了测量钢轨侧磨与垂磨的检测装置，图 5-4 给出了机械接触式钢轨测磨仪。

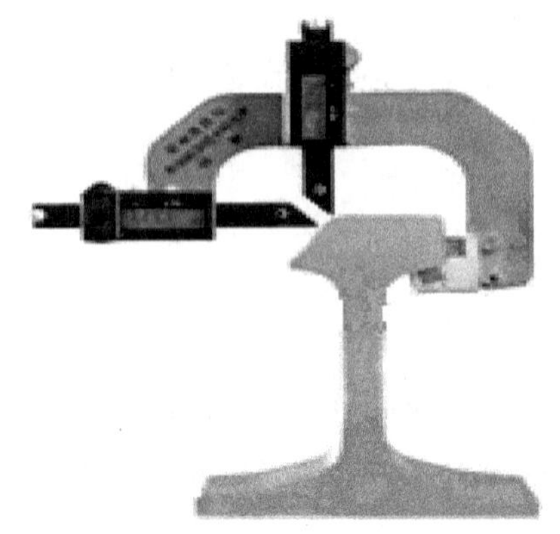

图 5-3　测量钢轨侧磨与垂磨的检测装置

图 5-4　机械接触式钢轨测磨仪

(2) 无缝线路钢轨温度力测试。无缝线路钢轨温度力是线路设计的重要参数。国内外一直致力于钢轨温度力的测试，现有检测技术主要有：基于双向应变法的电阻应变计和光纤光栅测量法，另有巴克豪森法等其他检测方法。巴克豪森法的工作原理是：通过对钢轨施加一个交变磁场使其磁化，磁场和磁微观结构相互作用并重新定向，使钢轨内部产生一系列突变、阶跃式的脉冲信号(即巴克豪森噪声)，使用适当探头来测量这些脉冲信号及噪声频谱。这个所谓的磁巴克豪森噪声(MBN)的幅度，明显依赖于钢轨内部的纵向应力，拉应力使 MBN 的幅度增加，压应力使 MBN 的幅度减小。

(3) 轨枕表面检测系统。系统可安装在列车或轨检车上，系统安装有 2 台像素为 $0.4\text{mm}\times0.5\text{mm}$ 的摄像机。其图像分析系统，可提供混凝土轨枕和道床表面的状态，使混凝土枕表面的裂纹和掉块等病害能及早地被发现。

(4) 钢轨断缝检查仪。断轨速查仪采用漏磁检测原理，应用数字集成电路和单片机技术，实现对钢轨断轨故障的非接触式快速检测。在信号检测盒内，装有特型恒磁体、信号检测头和前置放大电路等，实现了对断轨处的漏磁检测，具有在运行速度不超过 15km/h 条件下，快速识别 0.05mm 及以上断缝的功能。

(5) 道床检测设备。探地雷达系统(Ground Penetrating Radar，GPR)在铁路检测中应用较广泛，可用于检测路基、桥梁及隧道结构等，也可检测道床的脏污板结情况、厚度及其变化、内部积水状态及埋藏设备等信息。

(6) 轨道设备检测车。轨道设备检测车是将各种检测设备综合起来的大型检测设备。

5.1.3　无缝线路监测系统

无缝线路在铺设锁定后，在温度等载荷作用下，钢轨易产生较大的应力与位移，给线路的高平顺性与安全性带来了挑战。如何准确地测量监测无缝线路钢轨内力与钢轨轨温变化成为确保无缝线路安全使用的关键技术。对无缝线路参数的监测的传统方案有人工监测和轨道监测车两种方法。人工监测是监测人员使用相应的测量设备测量出线路参数，并将所得到的参数记录下来，等回到监测中心以后再把线路参数数据输入相关的监测管理系统中。轨道监测车是将相关的轨道监测设备安装在特殊的列车上，在一些线路空闲的时间让轨道监测车沿着待测轨道线路行驶，通过监测设备来得到线路参数，同时对其进行分析，从而得知线路是否符合安全要求。传统方法效率低，不能实时对无缝线路进行监测。随着无缝线路的大量铺设，相关学者提出了搭建无缝线路参数实时监测系统。

1. 无缝线路位移监测系统

采用如图 5-5 所示的“智能电子眼”安装在监测点处，用来监测钢轨的爬行状态，并与其他监测点的钢轨纵向位移一起计算钢轨中的纵向力变化情况，可以连续地对钢轨爬行状况进行监测，可以实时地掌握钢轨中纵向力的变化情况，还可在钢轨上安装轨温监测设备。该系统主要由多个“智能电子眼”和监测中心构成。

“智能电子眼”是整个监测系统设计的关键所在，它的作用主要分为无缝线路图像的采集、存储、分析和处理，以及无缝线路参数的分析及提取和参数数据的传输三个部分。

无线收发装置是用来把“智能电子眼”和监测中心结合在一起的通道，它的作用主要是将“智能电子眼”得到的无缝线路参数数据传输给监测中心，并将监测中心的控制信息传输给“智能电子眼”，实现真正的实时监测。

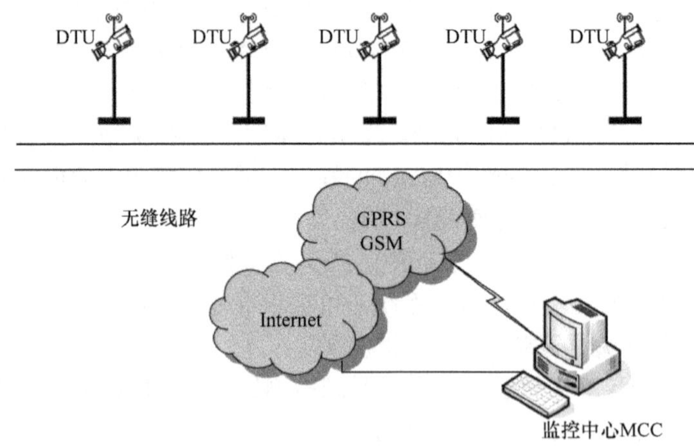

图 5-5　无缝线路位移监测系统

监测中心的作用是对收到的无缝线路参数数据进行分析，从而判断线路参数是否超出安全限定范围，并在出现安全问题时进行及时地报警。这一部分功能就是现有的工务管理系统中轨道检测与评价子系统的工作。监测中心与“智能电子眼”是一对多的关系，即在一段线路内只有一个监测中心，但是监测点有很多，所以会有很多个“智能电子眼”向中心传送线路参数数据，这就需要监测中心对不同的监测点的数据进行相应的处理。因此，监测中心采用数据库的方式对每一个监测点的数据进行管理，其中包括每一个监测点线路的原始施工的相关参数及线路移动的安全范围值等相关信息，以便对线路进行实时的监测、报警和及时的维护。

但无缝线路位移监测系统需要在现场能找到合适的安装摄像机的立柱，且不能受夜间检测及气候条件的过多限制，在区间线路上使用还存在供电的难题，以及图像自动识别及检测精度等技术的制约。

2. 无缝线路轨温监测系统

无缝线路轨温监测系统主要由无缝线路钢轨纵向温度力及锁定轨温测定仪、轨温监测报警系统、工务段轨温监测报警系统、铁路局轨温监测报警系统组成，如图 5-6 所示。研制的无缝线路轨温监测系统能够在无缝线路的固定区对钢轨温度力进行实时监测，一般每 10km 建立一个监测点，通过横向加力法或竖向提升法，测出钢轨的温度力，根据钢轨的温度力和实时轨温再换算出锁定轨温，通常在线路施工作业改变锁定轨温或每半年测定一次锁定轨温。

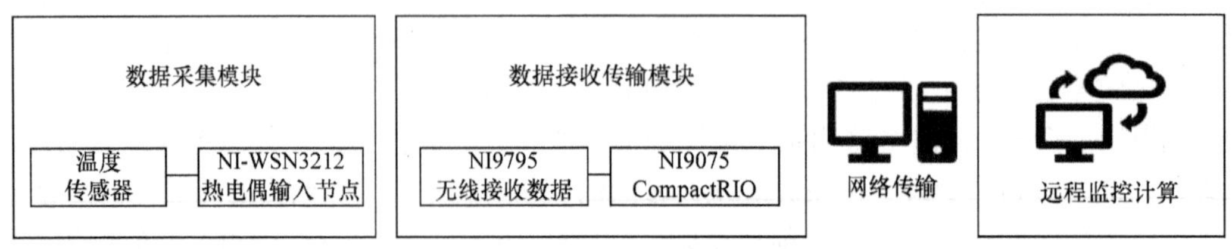

图 5-6　无缝线路轨温监测系统

无缝线路钢轨纵向温度力及锁定轨温测定仪运用纵横弯曲理论，可准确测出无缝线路钢轨内部实际纵向温度力及锁定轨温，为无缝线路技术管理提供可靠依据。它由主机、(力位移、温度)传感器、支架和螺旋加力装置组成。工作环境温度为–15～60℃，测试误差≤1.5℃，可在连续加载的情况下实现测试数据的自动采集和计算，测试数据可转储到计算机，用管理软件对数据进行分析。

轨温监测报警系统是安装在站区的轨温、气温监测报警设备，它既可以单台独立使用，又可通过远程网络，配合工务段或铁路局。轨温监测报警系统联网使用。系统由温度传感器、温度采集单元、数据无线通信单元、数据解码器及管理计算机组成，可实时轨温报警，具有语音及声光报警功能，可自动打印报警通知单，通过通信网络实时发送报警数据。

工务段轨温监测报警系统通过网络，接收段管辖范围内各个站区采集系统发送的轨温数据并转发给铁路局，结合电子地图，以不同颜色显示各个站区的轨温报警状态，可查看所属各个站区报警信息和轨温信息。该系统可根据需要，构建单一测量(轨温)监测报警系统或多个测量(轨温、气温和温度力)监测报警系统；提供多种传输手段，具有良好的扩充性；电子地图显示轨温传感器的分布和实时状态，地图可放大、缩小、拖动，通过不同颜色显示站区当前的轨温状态，单击可查询对应站区当前的轨温数据；表格显示轨温数据和报警信息；可查询指定日期的轨温数据和轨温曲线；实时上传报警数据，工务段收到报警数据后实时上传给铁路局；整个系统使用统一的时间，并自动校时；统计报表功能包括轨温汇总、轨温明细、轨温报警等情况信息。

铁路局轨温监测报警系统通过网络，接收局管辖范围内各工务段转发来的站区轨温数据和报警信息，结合电子地图，以不同颜色显示各个站区轨温报警状态，可查看所属各个站区的报警信息和轨温信息。但该系统依赖传感器的精度与准确性，受到恶劣监测环境和长监测周期对传感器的稳定性、耐久性的制约。

3. 无缝线路道岔监测系统

随着铁路高速度、高密度行车区段的不断增加，为确保行车安全，对道岔运用质量与状态稳定性要求越来越高。同时，随着高速繁忙干线，电务维修“天窗”制的全面推行，对道岔运用状态进行有效、实时监测尤显迫切。

高速铁路道岔智能监测系统主要是采用计算机技术、通信技术和传感器技术等对铁路重要的室外道岔设备的状态进行实时监控，通过实时采集表示其状态的传感器数据来分析道岔设备的性能，使设备的状态更加具体化，用具体的数据来判断道岔设备的状态，为道岔设备的维护和维修提供可靠的依据。高速铁路道岔智能监测系统最主要的工作就是传感器数据的采集和数据的处理，数据是系统运行的基础，还要体现出数据处理的快速性，故障定位的准确性，整体系统的可靠性和可用性。

道岔设备是重要的铁路室外设备之一，它是负责列车转入不同轨道的连接设备，道岔设备的状态直接影响着铁路运输安全和效率。《铁路技术管理规程》中规定装有转换锁闭器，电动、电控、电液转辙机的道岔，当第一连接杆处(分动外锁闭道岔为锁闭杆处)的尖轨与基本轨间、心轨与翼轨间有 4mm 及其以上水平间隙时，不能锁闭或开放信号机。如果出现间隙大于 4mm 并且道岔处于锁闭，这种状态是非常危险的，当列车高速通过道岔时，就有可能发生严重事故。《高速铁路信号维护规则》中规定对于外锁闭道岔不采用 2mm 锁闭标准，因为外锁闭道岔的锁钩和锁钩轴有较大的刚度，较大的力不能使其变形，如果采用 2mm 锁闭标准，若尖轨与基本轨之间有 2mm 的间隙，当列车通过时，外力就会使尖轨向基本轨移动，这种频繁的移动势必会造成设备的高磨损，因此 2mm 锁闭标准对外锁闭道岔不适用。可见道岔的密贴对设备的安全有着巨大的影响。道岔监测系统主要对以下内容进行监测。

(1) 道岔转换力：目前我国高速铁路道岔设备采用的是大号码道岔，有 18 号、42 号、62 号道岔。大号码道岔的转换需要多台电动转辙机，电动转辙机动作过程中，如果有一台电动转辙机发生故障，现场不能及时发现则将会影响整体设备的正常运行，所以对每一台电动转辙机牵引点转换力的监测是非常必要的。道岔的转动是靠电动转辙机带动动作杆实现的，拉力的大小影响着道岔设备的正常转动。拉力过大会使道岔转换部分变形受损，拉力过小又会使道岔转换无力，密贴不够，所以监测道岔转换力是非常有必要的。电动转辙机的转换力和道岔阻力大小相同。转换力传感器安装在道岔动作杆连接处，传感器所受的力近似为道岔的转换力。

(2) 振动加速度：这里的振动加速度是指道岔转换设备的振动加速度，提速道岔的转换设备安装在岔枕上，当列车高速通过道岔时，道岔转换设备的振动加速度与岔枕的振动成正比，同时也对道岔产生一定的冲击力，有可能造成斥离尖轨的跳动。电动转辙机各部件对振动加速度比较敏感，如果振动加速度过大，势必会造成电动转辙机各部件的损耗，如部件连接处的过度磨损、旷量过大、螺栓的松动等，这些都会大大缩短电动转辙机的使用寿命。《铁路道岔转辙机第 1 部分：通用技术条件》规定，振动频率范围为 38～1000Hz 时，道岔转换设备应该能承受 73.5m/s^2 的振动加速度。

(3) 挤岔：高速铁路道岔心轨发生挤岔时，如果列车速度较慢且制动及时，发生的挤岔情况并不会影响到心轨、电动转辙机、表示杆和密贴检查器。虽然在现有的微机连锁等设备中并不能够反映出来，但挤岔已经对钢轨造成了损伤，会形成安全隐患。因此，在岔区易发生挤岔的地方装设轮对传感器，依靠传感器判断车辆行驶的位置，通过系统其他如密贴监测传感器数据得到当前道岔定反位位置信息，并根据轮对通过信息与道岔位置相比较，得出是否挤岔的信息。所以，实时监测道岔挤岔状况也是必要的。

(4) 钢轨温度和环境温湿度：道岔设备属于铁路室外设备，其工作在室外自然环境中，工作状态受到室外自然环境温度、相对湿度等的影响。如果设备长时间工作在湿度较大的环境中，金属部件容易生锈，所以现场工作人员要多养护设备。此外，系统中的下位机、传感器等也安装在轨旁，同样受自然环境的影响，所以系统对环境温度、钢轨温度和相对湿度的实时监测也具有一定的实际意义。《铁路道岔转辙机第 1 部分：通用技术条件》规定，转辙机工作环境相对湿度不大于 90%(温度在 25℃时)。

5.1.4　铁路线路设备养护维修

1. 钢轨的养护维修

钢轨是铁路的主要技术装备之一，是行车的基础。但钢轨在服役过程中承受车轮巨大的冲击载荷，极易发生折断、磨耗、裂纹等影响钢轨使用性能的伤损。为了保证列车安全平稳地运行，必须定期对钢轨进行养护维修。钢轨养护维修的主要方法有：钢轨打磨、钢轨涂油、钢轨更换等。

钢轨打磨是线路修理工作的重要内容，是钢轨病害预防和治理的有效手段。通过打磨可以改善轮轨接触关系，预防和延缓接触疲劳、磨耗、波形磨耗(简称波磨)等钢轨病害的产生，修复或减轻轨面病害，降低钢轨折断的风险，延长轨道设备使用寿命和维修周期。通过打磨能够解决的轨面病害主要有疲劳裂纹、剥离掉块、波磨、擦伤、硌伤、肥边、不均匀磨耗、光带不良等。另外，正线个别区段百米定尺钢轨尾端 2m 左右平直度超标(大多数情况表现为低塌)问题也可采用钢轨打磨进行治理。我国使用的线路和道岔钢轨打磨设备主要有钢轨打磨列车、道岔打磨车、钢轨铣磨车、小型打磨机具等。钢轨打磨的类型包括预防性打磨、修理性打磨、周期性打磨。与钢轨打磨不同，钢轨涂油是通过在钢轨表面涂上润滑剂来减少钢轨的磨耗，是一项比较有效的减磨措施。在钢轨达到其使用年限后或者出现严重的钢轨伤损，工务段会对钢轨进行整体更换。

2. 道岔的养护维修

道岔的养护维修要在贯彻预防为主的原则下，根据季节性的特点，妥善安排好综合维修、日常保养和临时补修，使三者紧密地结合起来，合理使用劳动力、机具和材料。对正线、到发线和主要站线、专用线道岔，每年做一次综合维修，使之经常处于良好状态，延长各部件的使用寿命，确保行车安全。

提速道岔上道初期，应抓紧全面做好各项养护维修工作，使提速道岔早日达到应有的技术状态。为此，应认真做好以下工作。

(1) 加强检查尖轨、可动心轨的状况，尤其是钢岔枕内各转换件相对几何位置的状况，严防卡碰故障。

(2) 全面检查道岔各部件的几何形位及状况，使之处于正常状态，保证正常工作。

(3) 抓紧补充道砟。枕盒道床要饱满、密实，并低于枕面 20mm，砟肩宽度不少于 400mm，砟肩自枕面堆高 100mm。

(4) 加强捣固。道砟补充到位之后，要用单电镐全面捣固 2～3 遍，尤其要注意加强钢岔枕及辙叉部分的捣固，并拨正方向，整好大平，使道岔基础迅速稳定，道床阻力迅速提高。

(5) 全面整修轨距、水平、方向、高低，做到各部几何尺寸无超限，确实达到上部准、下部稳的技术要求。

(6) 全面复紧螺母。弹条扣件螺母的拧紧程度以弹条中部前端下颚与轨距块接触为准。复紧防松螺母时，严禁上、下螺母一起拧紧，应先松开上螺母，下螺母按规定扭矩拧紧后再拧紧上螺母。

提速道岔经过一段时间运营后，各部零件逐渐磨合，应进一步精心养护，使提速道岔上部准、下部稳的技术状态得到进一步巩固，充分发挥其有效功能。

(1) 轨距超限需要调整时，应首先采用不同号码的轨距块来调整。若不能满足，可另加垫片调整，但垫片厚度不得超过 2mm。个别轨距块不能平整吻合时，可适当打磨使之平整合用，与轨底接触良好。

(2) 应经常查看尖轨与基本轨和可动心轨与翼轨的密贴状态及间隙，同时检查顶铁与尖轨或可动心轨轨腰之间的间隙。这一间隙的养护维修标准为小于 2mm，若有超限，工、电双方应联合进行调整。

(3) 尖轨跟端限位器 A、B 块之间的间隙，应保持正常。用于跨区间无缝线路上的道岔，在锁定轨温条件下，A、B 块之间的间隙应符合(7.0 ± 1.5)mm 的要求；用于非无缝线路上的道岔，铺设时 A、B 块应尽量相对居中，日常 A、B 块不得相互顶紧，否则应根据尖轨跟端轨缝的大小适当串轨进行调整。

(4) 加强钢岔枕的重点养护。钢岔枕下的道床应捣固密实。垫板与钢岔枕连接的螺栓螺母应保持规定的扭力矩，以防钢岔枕串动及产生位移。钢岔枕内各转换构件的相关部位之间的相对间隙应保持正常，个别因铺设或制造的误差而不正常时，应进行必要的修理，以防卡碰影响尖轨或可动心轨正常转换。

(5) 可动心轨辙叉部分的养护维修应注意做好以下各项工作。

① 跨区间超长无缝线路上的可动心轨道岔，可动心轨弹性可弯中心后部，6 个间隔铁及翼轨趾端间隔铁应采用 10.9 级 M27 高强度螺栓，螺母扭矩应达到 700～900N · m。

② 可动心轨产生肥边，应及时打磨。

③ 可动心轨辙叉安设在侧股的护轨与可动心轨的查照间隔，应经常保持大于等于 1391mm。

④ 日常应注意查看滑床板及护轨垫板的弹片状况，若有折断或明显残余变形，应及时更换。

⑤ 要注意检查叉跟尖轨尖端与短心轨的密贴状态，发现不密贴时，可用顶铁调整片调整，要求间隙不大于 1mm。

⑥ 可动心轨与翼轨之间及钢岔枕内应保持清洁，要及时清除石砟、砂土、冰雪及其他异物，以保证可动心轨的正常转换。

(6) 尖轨、可动心轨跟端出现深度达 1.5m 的鞍形磨耗时，应进行焊补修理，并通过打磨恢复轨头外形。

(7) 尖轨尖端前基本轨长度为 2916mm，可动心轨实际尖端至翼轨趾端距离为 2396mm，两者允许偏差均为 ±4 mm。

(8) 在寒冷地区铺设的提速道岔，在轨底与橡胶垫板间，允许加垫厚度不大于 6m 的冻害垫。

(9) 道岔钢轨、扣件及高锰钢辙叉伤损更换标准按《铁路线路维修规则》有关规定办理。

(10) 日常应注意查看岔枕螺栓的状况，发现松动应及时拧紧，发现损坏应及时更换。

3. 无缝线路的应力放散与调整

无缝线路的锁定轨温，应为长轨条处于无温度应力状态的轨温，通常将长轨条两端按正常就位的轨温平均值作为锁定轨温。无缝线路的锁定轨温必须正确、均匀，当无缝线路的实际锁定轨温与设计锁定轨温不符或原锁定轨温不明时，应进行应力放散或调整。

1) 需进行应力放散或调整的情况

(1) 实际锁定轨温不在设计锁定轨温范围内，左右两股长轨条相邻单元轨节的实际锁定轨温相差超过 5℃；

(2) 锁定轨温不清楚或不确定；

(3) 铺设或维修养护的作业方法不当，长轨条产生不正常的过量伸缩；

(4) 固定区出现严重的不均匀位移；

(5) 跨区间和全区间无缝线路的两相邻单元轨条的锁定轨温差超过 5℃，同一区间内单元轨条的最低、最高锁定轨温相差超过 10℃；

(6) 夏季线路方向严重不良，碎弯多；

(7) 通过测试，发现应力严重不均匀；

(8) 处理线路故障或施工作业需要，改变了原来的锁定轨温；

(9) 低温铺设长轨条时，拉伸不到位或拉伸不均匀。

2) 应力放散或调整的基本方法

无缝线路应力放散可采用滚筒配合撞轨放散和滚筒与拉伸器相结合放散两种方法。

(1) 滚筒配合撞轨放散方法。在接近设计锁定轨温的条件下，松开扣件和防爬器，长轨条下垫滚筒，配合以适当撞轨，使长轨条正常伸缩。

(2) 滚筒与拉伸器相结合放散方法。在轨温比较低的条件下，在采用滚筒放散的同时，用拉伸器拉伸。但原锁定轨温不清楚或不准确时，必须在滚筒放散的基础上，通过计算后用拉伸器拉伸。

无缝线路应力调整(不改变长轨条长度)，可在比较接近实际锁定轨温的条件下，采用滚筒调整和列车碾压调整两种方法。

(1) 滚筒调整方法。在调整地段松开扣件、地锚拉杆和防爬器，长轨条下垫滚筒。

(2) 列车碾压调整方法。在调整地段，适当松动扣件、地锚拉杆和防爬器，利用列车碾压。无缝线路应力放散时，每隔 50～100m 设置一个观测点，观测钢轨在放散时的位移量，及时排除影响放散的故障，力求放散均匀。若应力放散不均匀，则要根据具体情况，进行局部调整或重新放散。

无缝线路应力放散与调整符合设计规定后，重新设置观测桩标记，按实际锁定轨温修改有关技术资料。

4. 其他部件的养护维修

运营初期应注意观察轨枕和扣件的使用情况，发现有轨枕空吊、高低和水平不平顺或三角坑时，应及时进行起道捣固，不得使用调高垫板进行钢轨调高作业。使用中若发现轨距块破裂、橡胶垫板破裂或弹条折断，应及时更换。在进行无缝线路应力放散时，需用专用工具(同安装工具)将弹条卸下。应力放散结束后，应检查橡胶垫板和轨距块位置是否正确，若有错位，应在调整后再安装弹条。

无砟道床轨道板或砂浆充填层损坏严重，采取其他措施无法保证无砟轨道稳定和平顺性时，经论证后可实施道床修理作业。道床修理作业应选择接近轨道板施工铺设时温度的条件下进行，道床修理可按以下工艺进行施作。

(1) 利用锚固筋将受损轨道结构两端一定数量的轨道板与支承层或底座板进行锚固，锚固筋的数量和布置根据轨道板施工时的纵连锁定温度、维修作业期间的温度计算确定。

(2) 松开受损部位一定范围的扣件，切断钢轨。

(3) 使用混凝土切割机，在轨道板宽接缝的接缝处进行切割，采用凿子、风镐等工机具清除板间接缝混凝土，拆除张拉锁件。

(4) 采用专用索锯，沿线路纵向、水平切割轨道板与砂浆结合面，分离轨道板与砂浆层。

(5) 将受损轨道板、砂浆层清运出现场，并将支承层或底座板表面清理干净。

(6) 运输、铺设新轨道板，精调并固定。

(7) 采用模筑法灌注固化速度较快、力学性能与充填层材料相当的修补材料。

(8) 用快凝混凝土浇筑窄接缝。

(9) 安装张拉锁件，按规定扭矩纵向连接轨道板。

(10) 接缝两侧支立模板，并用夹具固定，防止漏浆。

(11) 采用 C55 微膨胀早强混凝土封闭宽接缝，洒水覆盖养护或喷洒养护剂。

(12) 按设计锁定轨温要求，锁定线路。

(13) 轨道状态精调，恢复线路。

5.2　高速铁路维修原则与安全管理

5.2.1　高速铁路线路维修理论

维修是为了保持和恢复有形资产良好工作状态而进行的活动，主要分为维护和修理。

1. 维修学科

维修学科一共包括三大分支，即维修性设计、维修管理、维修技术。

(1) 维修性设计：从设备设计阶段入手，保证设备在未来的使用阶段，一旦出现故障，技术方面易于维修，故障后果方面经济损失低。维修性设计是指产品设计时，设计师应从维修的观点出发，保证当产品一旦出故障，能容易地发现故障、易拆、易检修、易安装，即可维修度要高。维修度是产品的固有性质，它属于产品固有可靠性的指标之一。维修度的高低直接影响产品的维修工时、维修费用，以及产品的利用率。维修性设计中应考虑的主要问题有可达性、零部件的标准化和互换性等内容。

(2) 维修管理：包括维修生产的组织与管理、维修的经济管理、维修决策、机械的日常检查、维护管理、备件管理、故障管理等。

(3) 维修技术：包括机械维修、表面工程维修等。

2. 维修理论

维修不单纯是排除有形资产故障，维修是生产力的重要组成部分；维修能提高有形资产的完好率，延长有形资产的使用寿命，从而增加产品数量，提高产品质量。维修能够改善有形资产的使用率，进而提高现有有形资产的价值；维修是投资的一种选择方式，是对未来的投资。在一定周期内不仅可以收回维修投资成本，而且能增值；维修是对资产的再投资、再制造、再利用。

维修理论是指导维修实践的理论的内容，又称维修原理、维修观念、维修哲学等，是人们对维修的客观规律的正确反映，是对维修工作总体的认识，其正确与否直接影响维修工作的全局。

维修理论的发展过程主要经历了事后维修阶段、预防性维修阶段、生产维修阶段、设备综合管理阶段及现代维修理论阶段，如图 5-7 所示。其中事后维修阶段在 1950 年前，维修思想为：有了故障才去维修，往往处于被动地位，准备工作不可能充分，难以取得完善的维修效果。此后 1950～1960 年主要为预防性维修阶段；然后又发展为生产维修阶段、设备综合管理阶段，1990 年至今为现代维修理论阶段。近代维修理论的新观念主要包括：①维修全系统观点，将设备及其相关部分看成一个系统，重视设备的可靠性和维修性与功能性同等重要，重视保障系统；②维修全寿命观点，设备全寿命过程又称寿命周期(Life Cycle，LC)，寿命周期分为 5 个阶段，其各个阶段都有其规定的维修活动和目标；③维修全费用观点，考虑设备的寿命周期费用(Life Cycle Cost，LCC)，只有 LCC 才能衡量设备的经济性，重视再现费用和 LCC 的先天性。

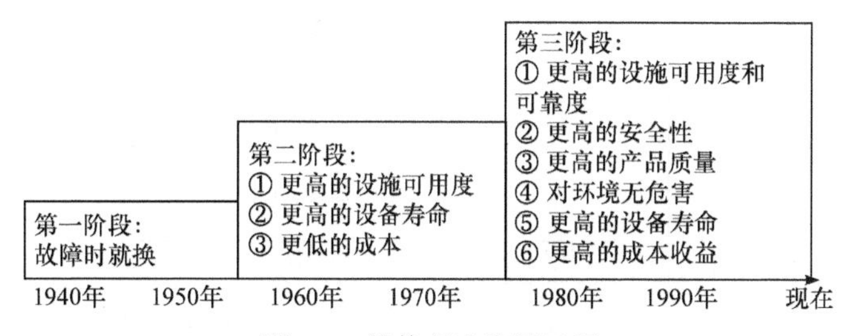

图 5-7　维修理论发展过程

3. 现代维修理论

现代逐渐形成了以利用率为中心的维修、全面计划质量维修、可靠性维修、通用性维修及绿色维修为主的现代维修理论。

(1) 以利用率为中心的维修(Availability Centered Maintenance，ACM)是把设备利用率放到第一位，来制定维修策略的设备管理方式。

(2) 全面计划质量维修(Total Planning Qualitative Maintenance，TPQM)以设备整个寿命周期内的可靠性、设备有效利用率及经济性为总目标。

(3) 可靠性维修是继被动维修、预防性维修、预测维修之后，新发展起来的以主动维修为导向的维修体制，通过系统地消灭故障根源，尽最大努力消减维修工作总量，最大限度地延长设备寿命；核心是把综合费用降到最低。

(4) 通用性维修(Adaptive Maintenance，AM)的核心是把综合费用降到最低，综合费用=维修费用+生产损失。

(5) 绿色维修(Green Maintenance，GM)源于传统维修，又高于传统维修。与传统维修相比，绿色维修是兼顾维修性和经济性，并行地考虑环境保护、资源利用等因素的现代维修方式。绿色维修具有广泛意义上的绿色特性，具有以人为本的维修理念，是一个涉及多方面的综合体系。绿色维修的特点是：维修具有广泛意义上的绿色特性，具有以人为本的维修理念，是一个涉及多方面的综合体系；绿色维修应该遵循以下主要原则：资源、能源最佳利用原则、零污染原则、零损害原则、技术先进原则、整体效益最佳原则。

5.2.2 线路工程维修体系

在 20 世纪 50 年代以前，维修基本上属于一种操作技艺。随着生产装备日趋复杂，科技成分不断增长，使装备维修涉及的知识面越发广泛，如今维修理论已成为一门涉及断裂力学、故障数学、可靠性工程、系统工程、管理科学、工程经济、人机工程等多门学问的综合性学科。

技术装备维修理论范畴如图 5-8 所示，可以概括为两大部分。一部分是技术装备系统维修的组织管理，包括维修的指导方针和对策等的研究，这是对维修进行宏观的研究，寻求维修工作组织的最佳途径，称为维修组织管理；另一部分是技术装备维修技术及手段的研究，这是对维修进行微观的研究，以寻求解决维修工作中的具体技术问题，称为维修工程技术。

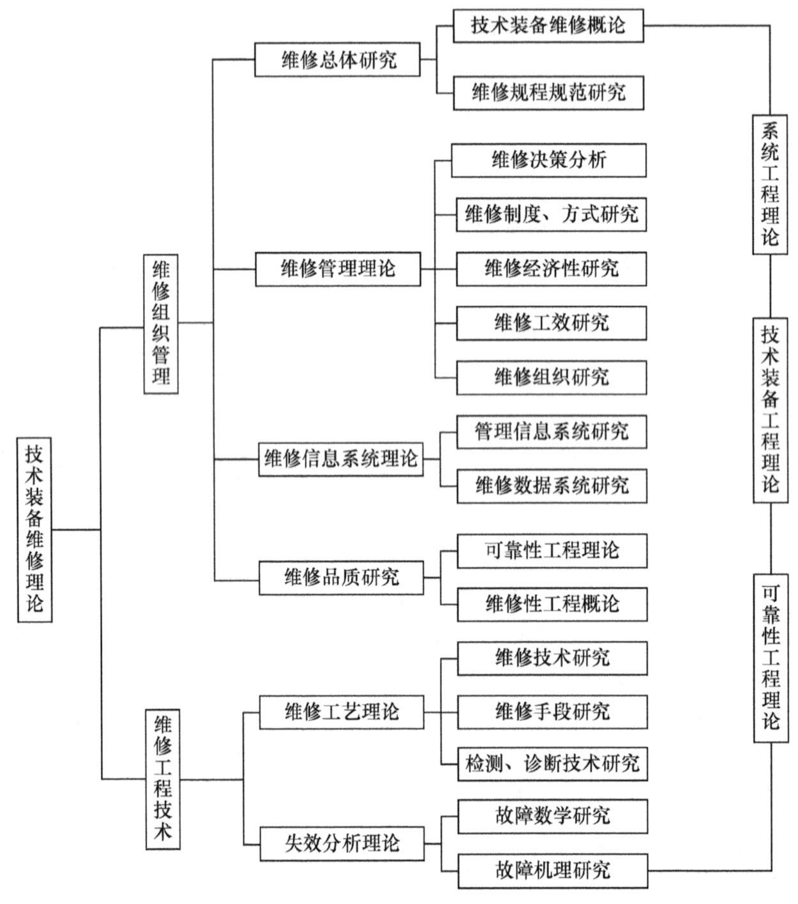

图 5-8　技术装备维修理论范畴

1. 线路工程维修体系理论

1) 维修组织管理方面的理论

该理论主要是应用现代科学管理理论来研究技术装备维修的组织管理，研究的目的在于寻求维修最有效、最经济、最合理的途径。它主要包括以下方面。

(1) 维修总体研究。总体理论研究就是以现代科学技术观点，联系技术装备的维修实际，对技术装备及其维修保障系统的维修目标和维修活动等的原则、方向进行研究。它包括维修概论，即技术装备维修的基本问题，如技术装备维修的基本概念、技术装备的发展对维修的影响、技术装备维修的性质和特点、维修人员的培训等。另外，还有技术装备维修规程、规范的研究等。

(2) 维修管理理论。维修管理理论是用系统工程理论进行技术装备系统维修管理的研究。维修管理理论的研究对象主要是技术装备系统维修方针、决策的研究；维修思想和维修制度的变化与发展，维修方式的研究；维修组织和维修工效的研究等。

(3) 维修信息系统理论。为了保证及时提供准确、可靠的信息，必须建立完整的技术装备维修信息系统，其中包括数据收集系统、数据处理及管理系统。如今，随着多媒体的应用和网络技术的发展，建立网络信息平台使信息系统的范围更加扩展，应用更加广泛。信息系统方面的理论主要有各种代码的合理编制，以及信息系统结构管理的理论。另外，还有技术装备维修信息分析和决策的研究等。

(4) 维修品质研究。技术装备维修品质的研究主要是可靠性工程、维修性工程和质量保障体系方面的研究，利用概率和数理统计的基本理论对技术装备的 RAMS 进行研究。在维修性工程中还包括行为科学方面的理论。另外，还有技术装备的采购和指标验证研究等。

2) 维修工程技术方面的理论

(1) 失效分析理论。这里的失效分析主要是指对技术装备及其零部件失效(故障)的微观机理分析，而失效(故障)的宏观分析，则包括在可靠性工程的范畴内。失效(故障)分析涉及多门学科。断裂力学从裂纹萌生与发展的角度来研究失效的原因；材料力学以材料强度为出发点来研究失效的可能性；金属物理化学则从金相组织和成分的观点来研究失效的生成和机理；机械工艺学又从加工工艺的立场去分析故障的产生、防止和修复。

(2) 维修工艺理论。维修工艺理论是研究维修工艺技术和方法的，一是维修工艺技术方面的研究；二是维修技术手段的研究；三是故障诊断技术的研究。

2. 维修方式

根据是在故障前或后实施维修活动的差异，可将维修活动分为两种基本类别：修复性维修和预防性维修。

(1) 修复性维修。修复性维修指对发生了故障的产品进行修理，使其恢复到所规定的使用状态。人们日常生活中谈论的维修通常指的是修复性维修。修复性维修一般包括准备、故障定位与隔离、分解、更换、结合、调准及检测等活动内容。

(2) 预防性维修。预防性维修指通过对产品的系统检查、检测和发现故障征兆以防止故障发生，使其保持在规定状态所进行的全部活动。通常是未出现故障下的处理工作，包括按工作时间或日历时间有计划地进行维修，以及产品工作前后的检测工作等，以确保产品保持所规定的状态。典型的预防性维修工作类型包括润滑保养、操作人员监控、定期检查、定期拆修、定期更换及定期报废等。

根据维修的发展历程，可将维修归纳为如下三类：事后维修(抢修、事后监控维修)、预防性维修(定期维修、视情维修)、预知维修。

(1) 事后维修。20 世纪 40 年代以前，设备系统维修方式一般都是采用事后维修的方式，主要是在设备出现功能性故障或无法继续运转时才进行维修。该维修方式是一种被动的维修方式，平时不注重设备状态的分析，只是等设备出现故障之后再进行维修。显然，这种应急维修需要付出很大的代价和维修费用，造成的维修停机时间比较长，带来的经济损失也比较大。在现代管理设备要求下，事后维修仅仅用于对生产影响极小的非重点设备、有冗余配置的设备或采用其他方式不经济的设备。一般来说，事后维修适用于设备故障是突发、无法预测且故障对运行安全影响甚微，造成的损失较小的情况。

(2) 预防性维修。从 20 世纪 40 年代开始，以预防为主的维修思想逐渐发展起来，其基本思路是要求设备设施及其零部件在即将达到磨损极限或损坏之前进行及时的更换和修理，其实质就是在故障发生之前进行预防性的维修工作。随着浴盆曲线的发现，定期维修方式(Time Based Maintenance，TBM)得到了广泛的应用。定期维修也称计划维修，是一种以时间为基准的维修方式，按照一定修理计划对设备进行预防性维护的维修模式。这种模式主要根据设备的性能退化规律，预测故障发生的时间，从而制定维修周期、维修类别、维修内容等，在保证重要设备正常运行中起到了延缓故障的作用。然而，该维修模式有两个缺点：一是过分强调按规定的时间进行维修，而忽略了设备的运行状态，经常出现维修过剩或维修不足的情况；二是随着设备结构复杂程度的增加，故障的随机性增加，定期预防维修的效果逐渐减弱。

(3) 预知维修。20 世纪 80 年代以来，随着监控监测技术的不断发展，状态维修得到了越来越广泛的重视和应用。状态维修(Condition Based Maintenance，CBM)是相对于事后维修和以时间为基础的定期维修而提出的，是一种基于设备状态的检修方式，以设备的实际情况为依据，通过先进的状态监测和诊断技术获取状态信息，在故障发生之前或者设备性能下降到一定程度前主动安排维修计划。状态维修又称为视情维修、预知维修，立足于故障机理的分析，通过加强和完善监测监控手段，识别故障的早期征兆，掌握设备的运行状态，从而能够及时检测出潜在故障的特征参数，采取科学合理的维护措施，使故障在发生之前得到有效的预防，使维修工作变被动为主动，大大降低故障率，充分利用设备零部件的有效寿命，节约维修成本，保证设备的安全运行。这种维修方式由于对设备进行针对性的实时维修，比定期维修更为合理，有效地解决了维修过剩造成的资源浪费和维修不足造成的安全隐患问题。

三种常见维修方式的对比见表 5-1。由表 5-1 可以看出，三种常见的维修方式各有其优缺点，因此，设备的维修方式应该根据不同系统或设备的脆弱性、故障特征、可监测性及对可靠性的要求，分析各种维修方式技术条件和经济条件的可行性，逐步在现有的基础上增加状态维修的比例。

表 5-1　三种常见维修方式的对比

维修方式	事后维修	定期维修/计划维修	状态维修/视情维修
维修性质	非预防性	预防性	预防性
主要依据	故障统计数据和历史经验	设备劣化规律和历史经验	设备性能状态检测数据
适用范围	故障危害性小，事后维修经济性好	有故障危害性，但是定期维修经济性好	有故障危害性，满足状态维修的技术和经济条件

续表

维修方式	事后维修	定期维修/计划维修	状态维修/视情维修
优点	充分利用设备能力，较低的维修费用	确保设备具有很高的可用率，较低的停机损失	确保较高的设备可用率
缺点	较高的停机损失	较高的维修费用，容易造成过修和欠修	需要提前定义潜在故障状态，较高的监测费用

定期维修的周期是根据人的经验和某些统计资料来制定的，人的经验毕竟可靠性较低，统计资料也可能存在偏差，所以确定维修周期的科学性是值得怀疑的。地铁单个设备的寿命周期不同于整个地铁系统或子系统的寿命周期，采用统一的时间间隔进行维修会导致有些设备未到必须维修的时间而进行维修，造成维修过剩，或者有些设备到了检修的时间，却因各种原因并没有进行检修造成维修不足。维修过剩限制了设备最大潜力的发挥，造成人力、物力、财力等资源的巨大浪费。维修不足则失去了预防性维修的意义，整个系统随时可能产生不可预估的隐患，带来的损失无法估计。

定期维修模式存在的种种问题，使得地铁设备的维修体制正在从几乎纯粹的计划性维修模式向状态维修模式转变。对于适合状态维修的地铁设备采用状态维修方法，可以在很大程度上减少维修过剩和维修不足的情况，保证设备设施处于一个良好的运行状态，减少故障的发生，也就能有效降低物理脆弱性。

5.2.3　高速铁路线路维修管理

1. 维修计划管理

我国目前大多线路上，主要推行的是一种按时间或按通过总重制定维修计划的管理方式。例如，每一年或每通过总重 100Mt·km/km 时安排一次对线路有计划的综合维修。由于不同路段的情况差异较大，这种没有与线路实际状态挂钩的计划维修不尽合理，往往造成一部分路段欠修另一部分路段过修。欠修路段上会余留一些病害隐患，增加紧急补修和日常保养的工作量；而在过修路段上，则因过于频繁地扰动线路，增加线路的不稳定性，同时造成维修资金浪费。因此，近年来部分路局积极地探索和推广状态修，即按照线路状态来计划对线路的修理，这是线路维护科学化中的可喜进展。

根据线路质量安排维修计划的一般做法是：将线路划分若干区段，一般为 200～500m，依据一定的质量指标，在对线路进行全面检测的基础上，计算质量指标值，当质量指标达到某一给定值时，该段线路就需要安排计划维修。要按照线路实际状态或质量计划修理，首先必须有线路质量综合评定方法。各国所采用的线路质量评定方法有所不同，大致可分为两类，一类纯粹是轨道几何状态质量指标，如状态 P 值和轨道质量退化系数；另一类是综合轨道状态和车辆性能的指标，如轨检车评分。

(1) 轨道状态系数 P 值。轨道状态系数 P 值是日本国铁用以评价线路质量、指导计划维修的指标。对某一段轨道不平顺连续抽样检测，所测得的数据认为是正态分布的。在正态分布图上，设两条限界 $\pm a$mm，求出轨道各种不平顺分布图上超过限界 $\pm a$ 的误差所占概率的总和即为轨道不平顺状态指标 P。轨道的轨距、高低、方向及水平的 P 值可单独计算，用于评价某路段单项轨道参数的质量，也可将各项累计求和，用以评价某路段轨道几何参数总体质量。

(2) 线路退化系数。瑞士联邦铁路上，采用线路退化系数评价某段轨道的质量并指导计划性维修。对某路段上轨道不平顺进行统计，作出各项误差的概率图形。在图上设置需要维护的限值(称为介入限)，找出需要维修的处所数，用于指导重点地段维修。设置需要紧急补修的限值，找出需要紧急补修的处所数，用于指导紧急补修。对未进入介入限的部分用线路退化系数加以衡量。线路退化系数分为 0～9 档，用实测误差统计线与刚整修好的线路误差统计线相比较得出。线路退化系数用于制定预防性维修(类似于我国的综合维修)方案。

(3) 轨检车评分。我国和苏联等都采用对轨检车记录进行判读，给出线路评分。轨检车评分采用罚分制，不平顺超限会处罚一定的分值。除轨道几何形位外，还要考虑轨道部件，如钢轨、轨枕、连接零件、防爬设备、道床、路基、道口及其他设备的状态评分值，共计八大项 26 小项。各项罚分累计后，以某段线路的评分总数及平均值(每单位长线路得分)来评定线路质量，指导线路计划维修。

2. 轨道不平顺管理

轨道在复杂的受力条件下工作，随机地出现各种不平顺是不可避免的。轨道不平顺一经出现，就加剧轮轨动力作用，造成轮轨系统的剧烈振动，缩短各部件的使用寿命，降低行车平稳性，严重时危及行车安全，并同时促使不平顺进一步增大，形成恶性循环。线路维护工作的实质正是中断这种恶性循环，各级修程也是依据轨道不平顺的发生发展规律，按照科学性、经济性和实用性等原则加以确定的。因此，为了实现对线路的科学维护，首先必须建立科学合理的轨道不平顺管理标准体系。

轨道不平顺管理的标准体系大致可分为四个层次，各种标准有其特定的含义、确定依据和应用范围。

(1) 作业验收标准。作业验收标准是线路维护中各种作业的公差界限，其确定依据主要是经济性原则。作业标准是根据轨道设计技术条件、作业手段、作业方法等因素确定的，是作业中所能达到最合理的要求，综合反映了维护作业的水平。在作业水平能够达到的前提下，验收标准宜从严制定，以保证线路作业交验后至轨道不平顺发展到保养限值间有尽可能长的时间，以延长线路保养周期，取得更大的效益。

(2) 日常保养标准。日常保养标准是日常保养中的不平顺限值，即不平顺达到或超过日常保养标准时，就要安排线路保养。日常保养标准的确定依据主要是经济性原则。将线路始终保持在设计的技术标准，必然造成大量的人力和物力浪费，从安全和经济上讲都是不必要的。为了确保轨道必要的平顺性，保养能力又能达得到，且在最经济合理的条件下，确定了保养标准。

(3) 紧急补修标准。由于轨道不平顺出现和发展的随机性，在少数处所可能会出现较大的不平顺，这种不平顺尽管还不至于危及行车安全，但对行车平稳性已有了明显的影响，即应当进行整治。可见，紧急补修标准的确定原则主要是行车平稳性的要求，其次，由于大值不平顺的发展速率急剧加快，因此在制定紧急补修标准时，还应当考虑给行车安全性留有足够的储备量，即在发现超限处所至限期整修完成的时间内，行车安全不会出现问题。

(4) 安全限度标准。为保证行车安全，必须控制轨道不平顺，使其不超过安全限值。此外，安全限度标准也是制定其他各有关标准时的重要参考，是判定事故责任、分析事故原因及预防事故的重要依据。铁路运输技术发达的国家，如日本、法国等，均有轨道不平顺安全管理标准。但由于安全标准涉及面广，影响因素多，行车安全性方面的试验研究需要投入巨额资金，且具有极大的风险性，因此我国这方面的研究工作尚未全面开展，也还没能建立轨道不平顺的安全限度标准。对轨道不平顺的管理，首先要对线路逐点检查，并对照相应的维护标准，判定轨道的几何尺寸是否超限，同时要对成段线路在检测的基础上给出总体质量评定，用以指导制定各种维护计划。

3. 工务设备的技术管理

工务设备是铁路运输的基础，其固定资产占铁路部门总资产的一半以上。工务设备的状态直接影响到铁路运输的安全与效益，掌握设备的变化状态，对科学合理地组织线路维护、发挥设备的潜力都具有重大的意义，为此应当建立工务设备及其状态的管理系统。

工务设备图表包括两类，一类为工务登记簿，是反映工务设备现状的原始资料，是工务基层单位生产、管理的基础，包括钢轨登记簿、道口登记簿、路基病害登记簿、机械设备登记簿及采石登记簿等。另一类为工务设备图表，是反映工务设备状态的基本资料，是编制生产计划的依据，也是提供设备技术改造的主要资料，主要包括综合、站场及桥隧等三部分图表。这些图表根据基建、大修竣工文件及实际的勘测调查，并参考工务登记簿的资料绘制而成。综合图表部分包括管界示意图、线路技术设备汇总表、人员统计表、通过能力表、工务设备综合图。工务设备图表的功能是提供工务设备的数量、种类和状态，为线路维护宏观决策及管理提供依据。利用计算机管理工务设备档案，是工务部门管理现代化的重要内容。目前，我国工务部门开始应用“铁路工务设备数据库结构软件”和“铁路工务设备技术履历书打印软件”等成套软件，以取代手工作业，使用方便，运算快速，统计准确，表格美观划一，能节省大量人力物力，加速信息反馈，提高科学管理水平。在此基础上，又开发了工务设备及地形地貌录像计算机管理系统，使工务设备由静态管理向动态管理发展。

5.3 高速铁路工务维护管理信息系统

5.3.1 高速铁路工务维护管理信息系统简介

铁路信息化是铁路行业发展的战略制高点和现代化的主要标志，工务信息化是铁路信息化的重要组成部分。工务信息化是工务部门科学养护维修工务设备，有效分配资金、材料、人力和作业时间，实时动态监测工务设备，保持工务设备处于良好使用状态，确保行车安全，提高效率和管理水平的保障。

随着我国路网干线的全面提速及高速、重载铁路的发展，路网设备维护已成为运输生产组织、行车安全中的关键问题。客车的提速和高速、重载货车的开行，导致了工务设备状态劣化过程的加剧，造成工务部门管理工作量的加大，同时，由于行车密度的提高，可用于养护维修的作业时间却在不断减少，运营与维修的矛盾日益尖锐，行车安全隐患也潜在增多。为确保运输安全，借助现代化的计算机和信息技术，改变传统的人为管理方式，大幅度提高管理水平，使有限的资源得到最合理的使用，从而产生最大的效益，是工务信息化建设的重要内容。通过全面推进工务信息化建设工作，将信息化管理不断延伸至站段、车间、工区(班组)，实现工务信息传输畅通、信息共享，实现对普速、提速、高速铁路设备基础数据管理、检测管理、设备状态分析、维修计划编制、修理(工单)管理、问题追踪等生产过程信息化管理，提高工务设备养护维修手段和水平，达到有效控制维修成本，提高设备质量，确保行车安全的目的，实现工务管理现代化。

高速铁路工务管理系统是以轨道检查车、探伤车、巡道车等高度自动化的检测设备，获取线路状态数据，以计算机网络快速传输数据，以计算中心的专用管理软件，对线路质量状态进行评价，对线路状态的变化进行预测。根据维修决策表对维修活动进行决策，制定线路维护的近期计划和中长期计划，并随时通过最新数据对所做的决策进行调整，提供多个方案供管理人员参考。高速铁路工务管理系统中，工务养护维修信息管理是其主体。按照信息的性质和与工务养护维修的关系，可将信息管理分为基础信息管理和养护维修管理两类。

线路养护维修信息管理主要包括既有设备管理、轨道状态变化管理、安全生产管理。既有设备管理包括设施信息维护和维修工程管理两部分。轨道状态变化管理只要反映轨道经过运营后其质量的变化情况，包括 TQI 管理、轨道不平顺管理等。安全生产管理是对事故的严重性进行分类，对整个线路的各个区间进行统计，方便工务管理人员及时准确地了解未发生各种事故的天数。

5.3.2　国外高速铁路工务维护管理信息系统发展现状

计算机技术在铁路工务领域中的应用，对提高工务设备养护、管理和决策水平，保障铁路运输安全，提高高速铁路运输经济效益具有重要作用。世界各国铁路部门一直在不断进行研究与开发，从 20 世纪 70 年代初开发铁路工务管理信息系统开始，先后开发了多个计算机工务管理信息系统。一些主要国家和地区的工务管理信息系统概况见表 5-2。

表 5-2　国外铁路工务管理信息系统概况

国家和地区	系统	国家和地区	系统
瑞士	① 联邦铁路工务一体化管理系统 ② 轨道养护计划决策支持系统	英国	轨道养护、轨道更新计划决策、费用估算支持系统(MAPPAS)
日本	① 新干线工务管理系统(SMIS) ② 东日本公司设备管理系统(EWS) ③ 养护管理数据库系统(LABOCS) ④ JR 东海道养护管理系统 ⑤ 东海道新干线养护管理系统 ⑥ 道岔维修检查系统 ⑦ 轨道维修计划辅助系统	欧洲国家和地区	① 经济的轨道养护维修系统(ECOTRACK) ② 道岔管理系统(ECOWITCH) ③ 桥梁管理系统(ECOBRIDGE) ④ 接触网管理系统(ECOCATENARY) ⑤ 路基管理系统(ECOSOIL)
加拿大	① 轨道管理系统(TMS) ② 轨道维修咨询系统(EPMS) ③ 轨道养护计划决策支持系统(TMAS)	荷兰	轨道养护、轨道更新计划决策支持系统(BINCO)
美国	① 轨道养护决策支持系统(SMS) ② 钢轨更换计划辅助管理系统(REPOMAN)	波兰	全面维修决策支持系统(DONG)
德国	轨道养护、轨道更新计划决策支持系统(SYSTEM DYNAMICS)	奥地利	用于设施管理的联邦铁路公司 OEBB 地理信息系统

例如，日本东海道新干线养护管理系统(RINDA)。①系统主要输入数据为轨道检测车数据、钢轨探伤车检查数据、SMIS 运量数据、各种台账基础数据、各种环境文件、各种材料检查业绩、轨道作业业绩和养修机械使用业绩。②数据保留时间。轨道作业实绩和检查实绩，保留 6 年；道床更换作业业绩，半永久保留；钢轨更换业绩，保留 20 年。③系统动能，包括检测车数据处理、运量管理、1m 代表值管理、轨道维修作业验收、轨道状态管理、轨道环境文件管理、无缝线路温度管理、伸缩接头管理、胶接绝缘接头管理、道岔管理、道床管理及巡回检查管理、养修机械管理、钢轨探伤车数据处理、钢轨材料管理、综合管理图。

美国的计算机辅助工务管理主要体现在将计算机技术应用于养护维修，如轨道养护决策支持系统(SMS)、钢轨更换计划辅助管理系统(REPOMAN)等。SMS 决策系统根据轨道养护标准等条件，制定养护维修计划，确定养护维修作业的施工顺序等。系统具有统计分析功能，可以生成各种材料支出报告等，并能够对历史维护工作进行分析，为未来的线路养护维修提供决策支持。REPOMAN 开发于 20 世纪 80 年代，该系统基于技术经济分析模型，对钢轨更换计划方案进行技术经济比较，综合优化分析，从而得到一个较优的钢轨更换计划方案。为实现真正削减成本，利用最优化处理这个复杂的问题，在欧洲联盟的财政支持下，欧洲铁路研究所开发了经济的轨道养护维修系统(ECOTRACK)，其概况如下：①适用于既有线、高速线和重载线路，能一次形成范围为 3000～5000km 的铁路网络的维修计划；②可分别统计 200m、500m、1000m 等长度的各种检测数据；③根据一定的预算指标，决定养护的优先顺序；④对轨道的养护及更新作业，实行最佳资源和计划的分配；⑤基于养护专家的知识和经验而开发的专家系统。

国外工务管理信息系统基本上是静态与动态信息综合管理，提供线路养护维修辅助决策管理功能，可以概括为以下几个主要内容。

(1) 建设检测数据畅通的传输通道，建立高速有效的数据库，将工务有关的动态与静态信息结合起来，形成全面的信息资源。

(2) 根据作业手段和能力确定维修区段：①通过检测和试验数据进行轨道状态评价；②分析发现轨道失格或薄弱区段；③分析轨道出现失格或薄弱状态的根本原因；④分析轨道状态发展趋势；⑤确定满足目前作业手段和能力的维修范围。

(3) 确定经济合理的维修计划：①明确维修项目；②根据资源规划维修作业工作；③以最大的效益和最小的运输干扰为目标制定维修计划。

(4) 分派任务，执行计划，反馈信息。反馈信息的内容包括：①评估作业质量；②检验作业效益；③更新系统中的作业业绩。

总之，国外大部分的工务管理信息系统基本上实现了工务信息的静态与动态结合管理，并且具备设备状态预测分析及辅助决策管理的功能。不少铁路运输发达的国家在这一领域内技术水平较高，已经建立了较完善的工务管理信息系统，积累了丰富、成功的经验。特别是，轨检车等现代化检测设备收集轨道状态数据→通过计算机管理系统对轨道状态进行分析和处理→制定维修计划→辅助决策→实施→信息反馈→信息储存，这些环节构成了线路养护维修信息化管理的全过程，对我国建设、完善工务管理信息系统具有很好的借鉴意义。

5.3.3　我国高速铁路工务维护管理信息系统的发展

我国工务部门的信息化应用工作始于 1985 年，以逐步实现工务设备计算机管理化的任务为目标。随着计算机技术的不断发展，在工务设备和秋检计算机管理方面陆续组织开发、应用了基于 DOS、Windows 操作系统的单机版应用系统，先后完成了 FOXBASE 版本的线路设备汇总软件、桥隧设备管理软件、线路秋检管理软件、桥隧秋检管理软件等。1998 年又将桥隧设备管理软件升级为 ACCESS 数据库版本软件，数据上报采用报盘模式，为工务设备信息化管理打下了很好的基础。同时，一些铁路局、站段、科研院校也进行了相关单机版本应用子系统的研究与开发工作，取得了一定的应用效果。

目前我国铁路工务管理信息系统主要包括 PWMIS、北京铁路局工务地理信息查询系统、南昌铁路局工务管理信息系统、沪宁铁路工务管理信息系统等几个主要的工务管理信息系统，使用情况见表 5-3。

表 5-3　我国铁路工务管理信息使用情况汇总

系统名称	使用技术	特点	GIS 功能	决策功能
铁路工务管理信息系统(PWMIS)	Mapstream BS 模式	涵盖了铁路工务部门的主要业务，工务线路综合图的自动生成及工务大桥略图的自动生成	有	无
北京铁路局工务地理信息查询系统	GeoGraphics DB2	可查询铁路地形图、纵断面图、配线图等	有	无
南昌铁路局工务管理信息系统	Geo Graphics viecon publisher	可查询铁路地形图、纵断面图、配线图等	有	无
沪宁铁路工务管理信息系统	SQLSeverPower Builder	图形、图像以文件形式存放	无	无
沈阳铁路工务设备综合管理系统		可以提供多角度、全方位的视频图像	有	
广深线养护维修计算机管理系统		应用 TQI 评估轨道质量状态	无	弱
株洲工务段铁路工务生产指挥管理信息系统		线路录像、设备综合图、站场平面图三图联动	有	无
秦沈客运专线工务信息管理系统	DSS 和专家系统	建立了供工区及秦沈客运管理处二级使用的系统	无	有

总体来看，我国的铁路工务管理信息系统普遍具有数据管理、统计、查询等功能，一些铁路局还引入了 GIS 概念，图形化显示信息。但与发达国家相比，还存在一定的差距，具体表现在以下方面。

(1) 发达国家的铁路基础设施(内含工务)管理信息系统普遍以 GIS 为基础，而我国只有某些铁路局在不同程度上引入了 GIS。将 GIS 技术应用于工务管理信息系统，形象直观地反映工务设备的实况已是大势所趋。

(2) 目前我国工务管理信息系统的数据基本都是静态数据，而发达国家的基础设施管理信息系统已经实现了实时动态数据的管理，并能进行三维显示。

(3) 我国工务管理信息系统只能提供数据管理、统计、查询等功能，普遍缺乏决策支持功能。

5.3.4 PWMIS 工务管理信息系统

PWMIS 是在原铁道部运输局基础部组织下，由弘远公司牵头，在各局工务段专家的支持下研发成功的，覆盖原铁道部-铁路局-工务段三级工务管理部门的计算机网络管理信息系统。从 1999 年开始，在铁道部运输局的组织下，由铁道部信息技术中心牵头，联合北方交通大学和各铁路局等单位，经过多年的努力，完成了铁路工务管理信息系统(Permanent Way Management Information System，PWMIS)开发、全路试用、京广线工程试点等工作，形成了覆盖铁道部-铁路局-工务段三级工务管理部门的计算机网络管理信息系统，初步搭建了以静态设备和图表信息管理为主的工务信息管理应用系统和网络平台。2002 年 5 月，PWMIS(一期)应用软件通过了铁道部运输局组织的技术评审。2004 年，PWMIS(C/S 版本)系统通过了铁道部科技司组织的技术评审。2005 年开始进行全路工程推广可研方面工作；2006 年 10 月，铁道部计划司批复工程初设文件，2006 年 11 月开始着手在全路进行 PWMIS 工程建设，于 2007 年完成了工程实施工作，推动了工务信息化应用的发展。根据工务专业管理的特点，需要进行大量的、复杂的数据汇总工作，同时生成的报表也是格式复杂且量大，现有 C/S 结构满足了工务专业管理和工务技术人员管理工作的要求。同时，随着工务各级领导决策的需要及业务管理模式的发展，2005 年铁道部信息部开发了基于浏览器(B/S)结构的铁路工务管理信息查询系统，便于有关单位和人员对工务基础信息的查询。

从总体概念上看，PWMIS 工务管理信息系统由四大部分组成：工务信息源、工务信息处理器、工务信息用户和工务信息管理者。

PWMIS(C/S)系统是工务各专业信息共享一个 PWMIS 数据库，PWMIS 将提供数据采集、传输、建库、查询、检索和报表等数据管理功能，满足工务业务部门在线路、桥隧、路基和调度等方面的业务管理需要，提供信息汇总、报表、统计、查询、打印、图形显示和数据传输、维护功能，为工务设备的修建、改造和维护工作提供及时、准确的信息。2008 年以来，针对高速铁路设备管理需求，系统增加了对高速铁路设备管理功能，对线路设备、桥隧设备、综合图、速度图等子系统进行了修改完善。2011 年，铁道部信息部开发了大型养路机械运用管理信息子系统，包含大机设备管理、大机施工管理、大机检修管理、大机运用管理等功能模块。

PWMIS 分为静态信息、动态信息、工务地理信息三部分，共有包括线路设备、桥隧设备、路基设备、线路秋检、桥隧秋检、路基秋检、工务调度、防洪水害、综合图、速度图、配线图、大桥略图绘制、钢轨伤损等 17 个业务子系统，以及数据同步和系统管理 2 个维护子系统。

1. 工务信息网络体系结构

工务信息网络体系由国铁集团、铁路局、基层段、车间、工区五级信息网络体系组成，图 5-9 为工务信息系统网络结构示意图。在“十一五”期间，已经完成了基层段接入铁路网络建设任务，基层段、铁路局、国铁集团的上三级网络已经互联互通。但是，大部分基层段与车间、工区网络接入工作还未完成。同时，各检测、监控点需要实现有线或者无线的网络接入。随着网络条件改善，逐步推进国铁集团、铁路局两级集中建库，基层段不再设置服务器。

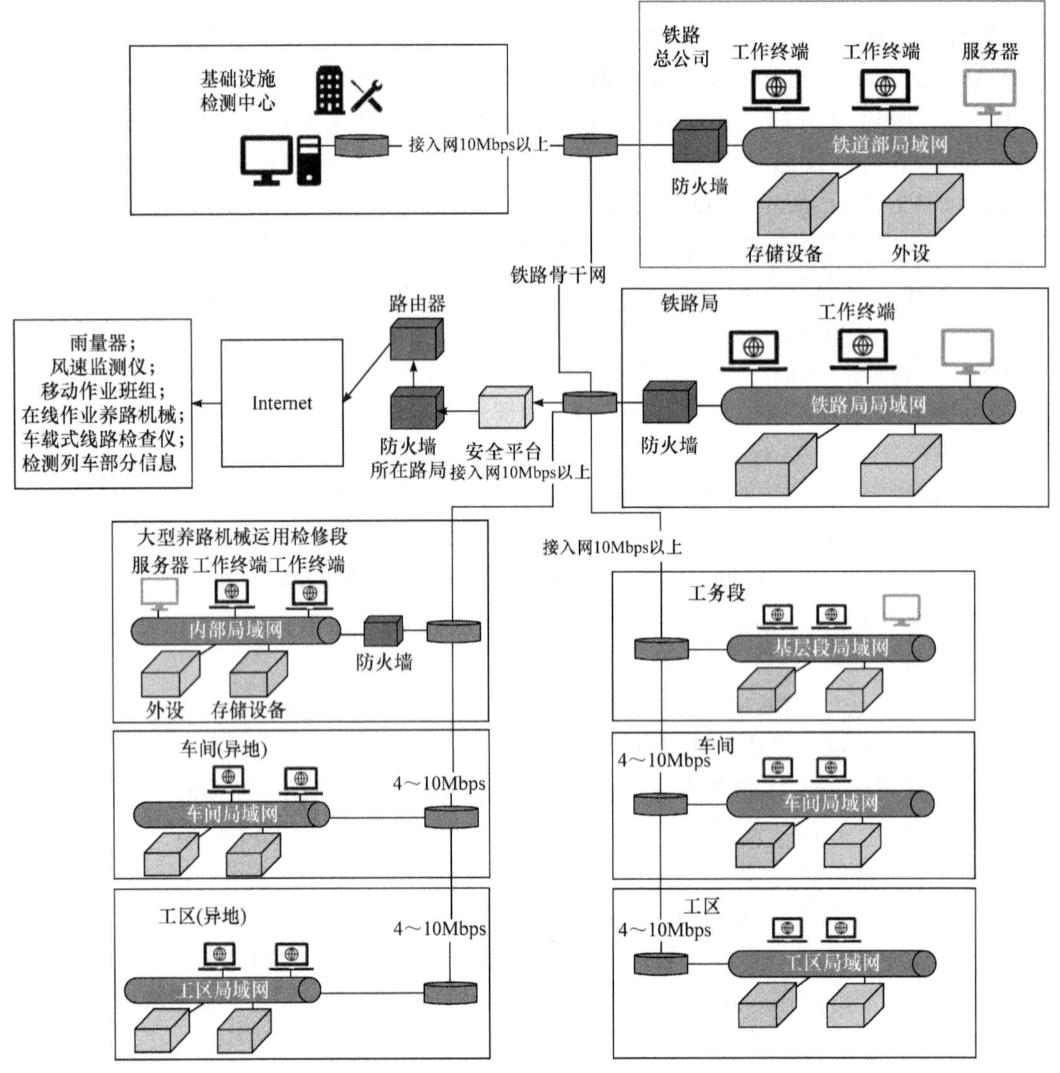

图 5-9　工务信息系统网络结构示意图

基层段是工务部门的基层单位，各基层段基本上都包含分布于异地、地理上离基层段较远的车间、工区等下属机构，这些都是工务原始信息采集点，是工务信息系统的重要组成部分。基层段级的应用系统需要与铁路局工务应用系统交换数据，也需要与异地下属机构交换数据。

(1) 基层段的本地下属机构(车间、工区)应以 100Mbps/1000Mbps 局域网拓展的方式接入基层段。

(2) 基层段的异地下属机构(车间、工区)接入铁路计算机网络的方式，要优先采用接入网络汇接点的方式；如果条件不具备，可采用就近接入联网车站的方式；接入速率至少

4Mbps 以上带宽。

(3) 检测监控点的联网原则就是通道本地化，远离铁路局或基层段的检测监控点选择以下方式实现网络接入进行信息传输：①通过局域网扩展的方式就近联入附近联网车站；②以铁路广域网(至少 4Mbps 以上带宽)的方式直接上联到信息汇接点；③以无线网络方式，通过互联公网，经过铁路局的安全平台接入铁路内网，以满足检测监控应用和现场作业信息反馈等移动性应用需要。

2. PWMIS 系统应用功能

1) 线路设备管理

线路设备信息是工务线路设备技术管理的重要组成部分，是反映工务线路设备的技术资料，是安排大维修计划、指挥日常生产、事故抢修、设备改造的重要依据。线路设备管理子系统管理工务的线路设备信息，工务段根据线路设备的实际情况、变化情况和有关技术资料，填写或者修改线路设备信息，确保工务设备数据真实、准确、清晰、完整，与现场设备相符。子系统具有线路设备数据管理、钢轨累计通过总重计算、设备数据查询、设备数据汇总、设备报表生成和打印等应用功能。

线路设备子系统提供数据增加、修改(批量修改)、删除、查询、汇总，数据转换，数据转储，数据校验，运营情况计算，报表汇总、制作(生成、浏览、打印)，查询统计，沿线线桥设备概况统计等功能，查询结果可以输出到 EXCEL 中，沿线线桥设备概况可以输出到 WORD 中。

(1) 系统维护。

系统维护提供使用对象、用户密码、数据转储历史库、公用字典表和线路字典表(110 多个)、维护线路简介统计等应用功能。

(2) 数据维护。

① 数据编辑：该子系统涵盖了曲线、股道、坡度、钢轨、道岔、正线轨枕、站段岔特线轨枕、正线道床、站段岔特线道床、车站、道口设备、人员机构、立交设备、专用线、管界标、水准基点、起讫里程、运营情况、大修表、单位线名、工务段管界、线路断链表等 32 个业务数据表。对于高速铁路线路设备情况，又增加了正线轨道板及胶垫、水泥乳化沥青砂浆层、底座板及支承层、伸缩缝、两布一膜、观测桩、里程标志、端刺(硬泡沫板、底座板后浇带)等业务数据表。

数据编辑提供对线路设备所有基础数据的增加、修改删除、批量修改等功能。数据录入部分的一般原则是：对于具有字典性质的字段采取下拉框选择，不必输入。数据保存之前进行数据合格性、逻辑性检查和校验工作，可以选择或输入条件查询相关数据，以便修改或删除记录。

② 数据校验：提供了线路设备基础表数据校验、设备基础表之间校验、汇总表间校验、字典性字段校验等功能，为用户提供数据校验报告，指出填写错误情况，为保障数据准确性提供检查手段。

③ 计算运营情况：该功能适用于国铁集团、铁路局进行操作，每年根据机报-6(客车)、机报-7(货车)基础数据，通过钢轨运营计算模型和算法，计算出各条钢轨记录的年通过总重、客车对数、货车对数，并结合上年的运营情况数据，计算各钢轨记录的累计通过总重，

生成线路运营情况表、正线钢轨使用情况表、年通过总重表，为线路维修提供科学依据。

(3) 数据查询。

查询部分提供较灵活的查询方式，分为详细查询、统计查询、SQL 查询，查询条件灵活设置，业务数据表中的所有字段均可设置为查询条件，便于用户快捷地查询所需线路设备有关信息。各种查询结果可以随时输出到 EXCEL 中，便于用户保存、再编辑使用。

① 详细查询：按照用户选定的数据范围，对各查询项目的数据库内容进行详细查询。

② 统计查询：对各项查询项目的统计指标，按照业务计算规则，在选定的数据范围内进行统计汇总，并输出统计查询结果。

③ SQL 查询：用户自定义 SQL 查询语句进行查询。

(4) 报表汇总打印。

在报表生成前，进行数据汇总，数据汇总方式为：工务段在基础数据上汇总，铁路局在工务段汇总数据上汇总或者直接从基础数据汇总，国铁集团在铁路局汇总数据上汇总。线路设备子系统提供线路设备年报的汇总、输出、打印功能。报表应分别符合国铁集团、铁路局和工务段三级要求的格式。按年度汇总，上级单位可以汇总下级单位的数据。

线路设备管理系统提供《线路设备汇总表之一(钢轨 1)》《线路设备汇总表之一(钢轨 2)》《线路设备汇总表之二(道岔 1)》《线路设备汇总表之二(道岔 2)》《线路设备汇总表之三(曲线及坡度)》《线路设备汇总表之四(轨枕及扣件)》《线路设备汇总表之五(道床及道口)》《车站汇总表之一(钢轨及轨枕)》《车站汇总表之二(道岔 1)》《车站汇总表之二(道岔 2)》《车站汇总表之三(道岔 3)》《代维修非路产专用设备汇总表之一(钢轨)》《代维修非路产专用设备汇总表之二(综合)》《工务人员统计表》《工务机构统计表》《线路设备数量变化说明表》《正线起迄里程表》《股道表》《道岔表》《道口表》《铁路里程断链明细表》《线路运营情况表》《正线钢轨使用情况统计表之一》《正线钢轨使用情况统计表之二》《线路年通过总重表》等 26 类报表管理功能。

2) 桥隧设备管理

铁路桥隧设备数据库是了解和掌握铁路桥隧设备情况的重要依据，对制定铁路桥隧发展技术政策，搞好铁路桥隧设备的修理及改造，确保铁路运输以规定的速度安全不间断地运行具有重要的意义。桥隧设备管理子系统提供了桥隧涵等设备数据增加、修改、删除、查询、数据转换、数据逻辑检查等功能，查询结果和报表可以输出到 EXCEL 中。系统涵盖了 78 个字典表、36 个设备属性数据表、21 类报表。

(1) 系统维护。

系统维护提供使用对象、用户密码、桥隧字典表维护、数据逻辑检查等应用功能。

(2) 数据维护。

数据维护提供对桥梁主区、桥梁次区、隧道主区、隧道次区、隧道排水设备、涵渠、涵渠接长、铁铁立交、铁公立交、桥隧涵长期慢行、其他桥隧建筑物、铁路防护设施等 36 个业务数据表的增加、修改、删除等功能。数据保存之前进行数据合格性、逻辑性检查和校验工作。对于高速铁路桥隧设备情况，又增加了侧向挡块、桥梁支座、防撞墙(排水设备、防水层、止水带)等附属设备等业务数据表管理功能。

(3) 数据查询。

查询部分提供较灵活的查询方式，分为详细查询、统计查询、SQL 查询，查询条件灵活设置，业务数据表中的所有字段均可设置为查询条件，便于用户快捷地查询所需线路设备有关信息。各种查询结果可以随时输出到 EXCEL 中，便于用户保存、再编辑使用。

① 详细查询：按照用户选定的数据范围，对各查询项目的数据库内容进行详细查询。

② SQL 查询：用户自定义 SQL 查询语句进行查询。

(4) 报表汇总打印。

桥隧设备管理系统提供了对《桥梁档案表》《桥梁历史与特征表》《桥梁孔跨式样表》《隧道档案表》《涵渠档案表》《铁铁立交桥报表》《铁公立交桥报表》《栓焊梁报表》《全焊梁报表》《铆焊梁报表》《结合梁报表》《双曲拱梁报表》《柔性墩报表》《橡胶支座报表》《特大桥报表》《桥隧长期慢行报表》《三公里以上长隧道报表》《其他桥建物档案表》《汇总表》(按照单位线路、单位、线路各生成相应汇总表)《设备数量变动比较表》《设备数量变动明细比较表》等 21 类报表汇总、生成、打印功能。

3) 路基设备管理

路基设备管理子系统包括路基本体设备、路基防护加固设备、路基排水设备、路基基床加强设备和路基其他设备五个组成部分，提供了数据编辑、数据查询、数据汇总、报表汇总打印、数据导入历史表等功能。报表有路基本体设备、排水设备、防护加固设备、基床加强设备、其他加固设备的明细表和汇总表。

4) 线路秋检管理

按照《铁路线路修理规则》，每年 9 月末以前，按照规定的秋检内容与评定标准，由铁路局组织工务段进行一次秋季设备检查，并结合设备检查进行线路设备状态评定，是考核各级线路设备管理工作和线路设备状态改善情况的基本指标。线路设备状态评定结合秋检资料分析，是安排线路大维修计划的主要依据。

线路秋检管理子系统是根据线路秋检数据，建立线路秋检数据库，并对钢轨、股道、零配件、轨枕、道床、道岔、曲线设备状态等进行评定，记录完成秋检调查工作的领工区和工区信息，提供了线路秋检调查数据增加、修改(批量修改)、删除、数据校验、数据汇总、数据替换、转换 DBF 数据、制作和打印线路秋检报表，以及数据查询等功能，查询结果和报表可以输出到 EXCEL 中。系统涵盖了 10 个字典表、3 个业务数据表、8 大类报表。

5) 桥隧秋检管理

按照《铁路桥隧建筑物修理规则》，工务段每年应结合秋季设备大检查，根据《铁路桥隧建筑物状态评定标准》，对每座桥隧建筑物按项目进行一次状态评定，以便对桥隧设备进行处理和维修。

桥隧秋检管理子系统是利用桥隧设备管理子系统中的设备基础信息，提供对桥梁秋检表、隧道秋检表、涵渠秋检表、存梁表、增减变动分析表(消除劣化桥隧涵)等秋检信息增加、修改、删除、查询、汇总，查询上年秋检信息及各种报表的制作(生成、浏览、打印)等功能，查询结果和报表可以输出到 EXCEL 中。根据《铁路桥隧建筑物状态评定标准》，系统规范了劣化项目，涵盖了桥梁劣化项目 6 大类 119 项、隧道劣化项目 5 大类 14 项、涵渠劣化项目 6 类。本系统涵盖了 9 个字典表、5 个秋检信息表、14 大类汇总报表。

6) 路基秋检管理

按照《铁路路基大维修规则》，工务段应通过检查全面掌握管内路基病害情况，对路基设备状态进行评定，对路基病害进行分级，分析重点路基病害产生的原因和发展的趋势，研究制定病害整治方案；根据检查结果编制年度路基大修、防洪预安排工程和路基维修的建议计划，填报路基秋检资料报表。路基秋检管理子系统主要提供了对路基秋检信息编辑、查询、汇总、各类报表生成的功能，并提供了病害等级字典表维护工作。

7) 线路综合图自动绘制管理

线路综合图是工务部门的重要专业图之一，它主要包含沿线不同公里段上的线路大修、路基、道床、轨枕、钢轨、坡度、曲线、桥梁、隧道、涵渠、道口、立交设备、车站、工区、管界等基础信息和统计信息。线路综合图是工务部门维护、计改、提速等工作的重要参考资料。本子系统自动获取线路设备管理子系统、桥隧设备管理子系统中的沿线设备信息，基于 MAPINFO 图形系统平台上的编程实现了自动绘制线路综合图，并在绘制过程中将长链自动绘入综合图中的实际对应位置。

线路综合图自动绘制功能有：①利用 PWMIS 设备数据库里的数据灵活地自动绘制综合图；②可自动绘制用于查询的里程连续的综合图；③可自动绘制用于打印的分页式综合图，并提供设置每页绘制的公里数；④可灵活选择起点里程和终点里程自动绘制综合图，可跨工务段或铁路局自动绘制综合图；⑤实现了长链也可绘制并插入综合图中实际对应的位置；⑥可分步绘制综合图中各元素(线路设备)，也可预留 1～2 个空行用于综合图扩展其他设备；⑦实现了综合图与实际设备数据信息联动的功能，便于查询图示设备位置与设备数据库属性的对应情况，查询综合图中各元素对应数据库里的内容；⑧可按照里程进行正向或反向绘制综合图；⑨同时绘制多个综合图；⑩编辑、修改综合图中标注，查询、打印、保存综合图。

8) 线路速度图自动绘制管理

线路速度图是按照允许速度库及线路、桥隧设备数据，自动绘制线路速度图，为铁路提速、计改管理、决策提供基础信息。线路速度图是工务部门的重要专业图之一，它主要包含沿线不同公里段上的曲线、加权坡度、限速原因、允许速度、主要桥梁及隧道、道口、车站、管界等信息。

系统功能主要有：①设置单位和日期、输入允许速度；②根据允许速度库中的数据自动生成里程连续的速度图或用于打印的分页式速度图；③可灵活选择起点里程和终点里程创建速度图，可跨工务段创建速度图；④长链也可绘制并插入速度图中实际对应的位置；⑤分页绘制时，可设置每页绘制的公里数；⑥可以选择是否绘制道口设备；⑦可以选择绘制大于某长度的桥梁，并进一步选择所需绘制的桥梁；⑧可以绘制一条、两条、三条速度线，为提速改造提供直观的信息；⑨可以同时绘制普通客车、动车组、临时限速三种速度线；⑩可按照里程进行正向或反向绘制速度图；⑪编辑、修改速度图中标注；⑫查询、打印(可分页、连续打印速度图)、保存速度图等。

9) 车站绘制管理

车站配线图是全路各工务段线路设备管理人员每年年初必须上报的一项工作，是反映车站股道、道岔、桥梁、涵渠、道口、立交、信号机等设备分布的平面图。配线图是工务部门维修、技改、提速等工作的重要参考资料。车站配线图是基于 MAPINFO 图形系统平台，预设了基本车站配线图库和标准线型、图例等资料，可完成各类车站配线图的制作、修改、存储、查询和输出。

系统功能主要有：①定制配线图的图符集；②通过按钮板绘制配线图；③打印配线

图，提供黑白打印机打印彩色配线图。

10) 大桥略图自动绘制管理

大桥略图自动绘制是利用自身预装的标准图库数据与“工务管理信息系统”的桥隧设备数据和线路设备数据，系统自动绘制大桥设计略图，对于非标准桥梁，通过人机对话绘制大桥设计略图。该系统是基于 MAPINFO 图形系统平台上编程实现自动绘制大桥略图，再现了桥梁的设计图形，省去了大量桥梁设计图纸的翻阅工作，极大地方便了用户。系统功能有：①生成大桥数据；②自动绘制大桥略图；③浏览桥梁主区数据；④浏览桥梁次区数据；⑤保存大桥略图；⑥查询、打印大桥略图；⑦局部调整图形等。大桥略图子系统通过设备数据再现了桥梁的设计图形，省去了翻阅大量桥梁设计图纸的工作，而且有些年代久的桥梁设计图纸查找比较困难，为工务部门在桥梁维修和计改等方面提供了服务。

大桥略图的主要内容包括：①大桥略图主要是由立面图、平面图、断面图组成的；②立面图、平面图、断面图又分别由其组成部件的各种投影图所组成；③部件主要包括桥梁、桥墩、桥台、基础四大部分。

11) 钢轨伤损

钢轨伤损管理子系统包含钢轨伤损管理、探伤车管理、钢轨伤损报表管理、人员仪器台账、图片管理、系统维护等，具有数据编辑、查询统计、汇总、报表生成等功能，可生成 5 类报表。该系统能收集、保存、处理、分析和上报钢轨伤损信息，全面地掌握钢轨伤损情况，制定钢轨探伤计划、大中维修计划，处理和监控伤损钢轨，报告钢轨伤损安全隐患，为确保铁路运输安全提供决策依据。

12) 工务调度

工务调度管理子系统包括工务安全管理、施工管理、伤损设备和故障统计分析，具有数据编辑、查询统计、汇总、报表生成等功能。同时提供安全天数统计、事故统计、日(月)施工计划、施工天窗兑现率、线路大修快(季)报、维修月报等 13 类报表。目前，使用 B/S 版本，主要有调度日报、安全天数、钢轨折断统计、晃车信息查询、施工计划查询等内容。

13) 防洪应急管理

铁路防洪应急管理系统通过铁路网络安全平台接入雨量、气象等有关信息，采用 WebGIS 技术，实现了铁路地理数据和防洪管理数据的有效链接与信息共享，综合管理铁路气象、雨情灾情、线路视频、水系水库、防洪准备、图表简报、应急预案等防洪信息，为铁路防洪管理、水害抢险及应急指挥提供了可靠的技术支持。

14) 大型养路机械运用管理信息子系统

2011 年，基于 PWMIS 系统开发了大型养路机械运用管理信息子系统。大型养路机械管理是依照《大型养路机械使用管理规则》，对各种大型养路机械设备及作业进行动态化管理，系统提供大机设备管理、施工管理、运用管理和检修管理四大功能，系统实现大型作业机械设备基础台账管理，设备建档、设备履历、设备动态追踪、设备部件、部件动态追踪、年鉴、调拨调配等管理；大型作业机械作业标准、作业追踪、运用统计分析等运用内容管理；大型养路机械检修计划、检修标准、检修过程、检修验收等检修管理，检修按照流程化进行管理；大机作业信息、大机轨迹追踪 GIS 综合展示。

(1) 大机设备管理。

大机设备管理实现新设备建档、设备动态追踪、部件管理、部件动态追踪、大机调拨调配、大机年鉴等内容的管理。

(2) 大机施工管理。

大机施工管理实现对大机的施工方案及组织设计、施工作业流程、工序、进度、质量和竣工验收等内容的管理。系统根据岗位不同定制了以下两类功能：以项目管理为核心的施工组织管理和以工单管理为核心的施工作业管理。

施工组织管理(面向段施工组织部门)：引入项目管理的理念，将施工作为可以进行独立成本核算的施工项目台账进行管理。对每个施工项目台账，进行施工组织设计，并逐级分解为阶段推进计划、月计划，最后到日计划；根据日计划，再按大机记录每日施工情况；施工进行中，进行阶段验收；整个施工项目台账完成后，进行项目竣工管理。

施工作业管理(面向车间施工作业部门)：引入工单管理的理念，段根据施工日计划安排，进行大机作业派单，将大机作业工单派给车间调度；车间调度接到作业单后，进行作业；作业完毕，填写作业回单信息，报段调度审批汇总工作量。大机作业工单内容除了包括具体作业任务外，还包括人员安排、机具安排、物料安排、安全预想、两图五表等内容。

(3) 大机运用管理。

大机运用管理实现对各类大机运转记录的管理，并为大机设备检修提供数据，如累计作业里程等；联合大机设备检修数据进行大机设备运用统计分析，运用信息统计分析包括大型养路机械综合月报、故障月报和配件消耗月报等统计报表。

(4) 大机检修管理。

大机检修管理实现检修计划管理、检修标准和知识管理、检修过程管理和检修验收管理等内容的管理。

15) 数据同步

数据同步子系统是基于铁路 OA 网和铁路统一数据传输平台 MQ 之上的、针对 PWMIS 项目开发的、专用的数据传输和管理应用软件系统，其主要目的是传输与 PWMIS 项目相关的数据表文件和通用的数据文件，并把数据表文件数据装入对方相应的数据表中，以达到工务段、铁路局、国铁集团三级数据库的一致性。

16) 系统管理

系统管理子系统包括用户安全权限管理模块和系统日志管理，用户安全权限管理模块负责管理 PWMIS 系统中存在的所有用户，并对所有用户分组，分权限管理，每个用户按照自己所在的用户组的权限使用本系统，行使职责，保证数据的分级传送和系统级的安全性；系统日志管理模块负责自动记载用户登录/退出的时间、登录/退出 PWMIS 子系统名称、登录终端名称(或者 IP 地址)等信息。PWMIS 系统管理只能授权予系统管理员，系统管理员负责维护。

PWMIS 工务管理信息系统主要由工务高层管理、工务中层管理及工务基层管理三个层次组成。信息处理所需资源的数量随管理任务的层次而变化，基层管理的业务信息量大，层次越高，信息量越小。PWMIS 工务管理信息系统的核心业务流程包括：设备综合检查、检测数据分析、维修辅助决策分析、维修计划编制、维修生产调度和维修生产作业等关键环节。

PWMIS 工务管理信息系统的设备使用及管理制度主要包括以下几点：组织领导与建设管理；机房管理；计算机系统文档管理；网络及附属设备管理；网络系统软件维护及开发；网络系统安全；网络信息管理；计算机系统操作人员管理规则。PWMIS 的系统特点主要包括以下 6 个方面：涉及面广，功能强大；灵活快捷的查询功能；权限设置，安全管理；网络系统，数据共享；采用标准协议，系统开放；逻辑校检，数据准确。

3. 检测监测信息接入管理

车载式线路检查仪、雨量计、大风监测仪等工务检测监测信息对于指导工务安全生产意义重大。但是，检测监测信息多数是通过外网 SMS 或 CPRS 方式传输、分散管理，无法在铁路内网综合分析应用。在 PWMIS 工程实施的基础上，国铁集团组织实施了工务检测监测信息接入铁路内网工作，进一步推进工务动态检测监测信息的综合利用工作。

信息技术中心根据铁路信息安全接入有关规定，提出了轨检车、综合检测车、车载式线路检查仪、雨量计、大风监测、无缝线路轨温监测等工务检测监测信息通过铁路安全平台接入铁路内网技术方案，并在国铁集团、铁路局 PWMIS 系统服务器上统一建库。2008～2010 年，先后完成了 Internet 网铁路专业气象、雨量计、车载式线路检查仪等信息接入铁路内网工作，并在工务调度、防洪应急管理子系统进行了应用。其他检测监测系统信息可以按照该技术方案陆续接入，将各种检测监测信息在铁路内网 PWMIS 数据库集中管理，可以利用各种检测监测数据，结合工务设备基础信息，进行全面、综合的分析，掌握设备质量变化趋势，及时发现设备病害情况，更好地服务于工务安全生产管理工作，也为工务安全生产管理系统相关应用功能推进打下了基础工作。

4. 线路视频信息查询系统

为了提高工务行车设备事故及灾害抢修的指挥能力，及时掌握事故现场真实的地形地貌，国铁集团在全路范围建立工务线路视频信息查询系统。工务线路视频信息查询系统将铁路电子地图线路设备综合图、车站配线图与线路视频结合起来，直观反映铁路沿线工务设备综合信息，为各级管理人员决策指挥提供数据支持。

小　结

本章主要包含高速铁路综合维修体制、高速铁路维修原则与安全管理和高速铁路工务维护管理信息系统三个方面的内容，掌握这些知识能够对高速铁路的运营维修养护体制、相关检测监测技术及高速铁路的维修理论、体系和维修管理有更全面的认识，同时对计算机技术与维护管理联系起来的管理信息系统有清晰的认知。

目前，高速铁路的维修养护对我国是一个新课题。随着列车速度的提高，保持控制系统、牵引供电系统和线路、桥梁状态的高质量、高标准，是保证高速列车安全运行、提高旅客舒适度的关键技术。通过实行“养修分开”的维护体制，坚持“预防为主、防治结合、养修并重”的技术原则，贯彻科学的维修理论，依靠先进的高速铁路工务维护信息管理系统，提高工务设备养护、管理和决策水平，保障铁路运输安全，可以提高高速铁路的运输经济效益。

第 6 章　高速铁路轨道检测技术

随着我国高速铁路运营规模的不断扩大，保持高品质高速铁路运输所必需的轨道高平顺性控制正面临着巨大的挑战。我国地域辽阔，气候变化大，地理环境复杂，铁路基础设施建造和运维难度大，高速铁路运营与维护标准高，在超高频率的列车载荷下长期保持轨道的高平顺性极其困难。一方面是下部基础的沉降等变形直接影响着轨面的平顺性；另一方面受轨道材料的多样性、结构分布的空间效应、服役过程的时间效应和多场多因素的耦合效应等影响，轨道自身的状态也在不断劣化。因此轨道结构的状态具有时变性，而高精度、实时或高频率的准确检测与科学评价是高速铁路运营安全的重要保障。

6.1　轨道平顺性检测技术

6.1.1　轨道不平顺的种类

轨道不平顺是指轨道的几何形状、尺寸和空间位置相对其正常状态的偏差。轨道不平顺主要有三种分类方式。轨道不平顺的类型，可按它们对机车车辆激扰作用的方向、不平顺的波长特征、显现时有无轮载作用等分类。

1. 按激扰作用的方向分类

按轨道不平顺对机车车辆激扰作用的方向，轨道不平顺可分为高低不平顺、水平不平顺、扭曲不平顺、轨向不平顺、轨距不平顺和复合不平顺。

1) 高低不平顺

高低不平顺(图 6-1)是指钢轨顶面或线路中心线竖向(与轨道平面垂直的方向)的凹凸不平。它包括钢轨表面不平、轨道弹性变形和残余变形不均匀、部件间隙不一致、路基不均匀下沉等形成的垂向不平顺。左、右两根钢轨高低的起伏变化趋势，虽然有时比较一致，但各自的变化并不完全相同，所以还必须区分左轨高低不平顺和右轨高低不平顺。

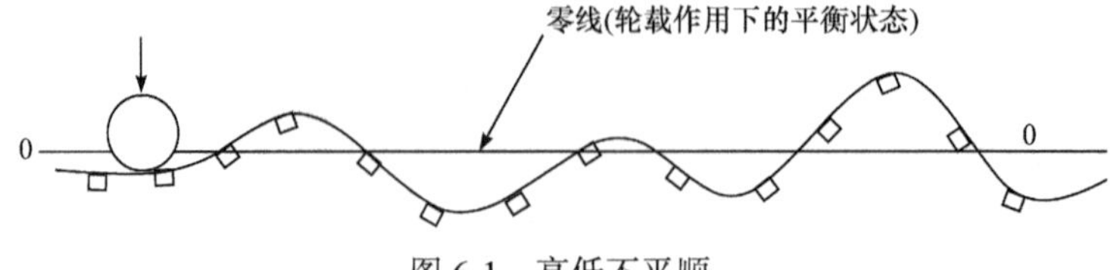

图 6-1　高低不平顺

2) 水平不平顺

水平不平顺(图 6-2)是指线路左右两股钢轨顶面的相对高差。水平不平顺的幅值在曲线上是指扣除正常超高值的偏差部分。

3) 扭曲不平顺

扭曲不平顺(又称三角坑，图 6-3)指左右两轨顶面相对于轨道平面的扭曲，用相隔一定距离的两个横截面水平幅值的代数差度量。

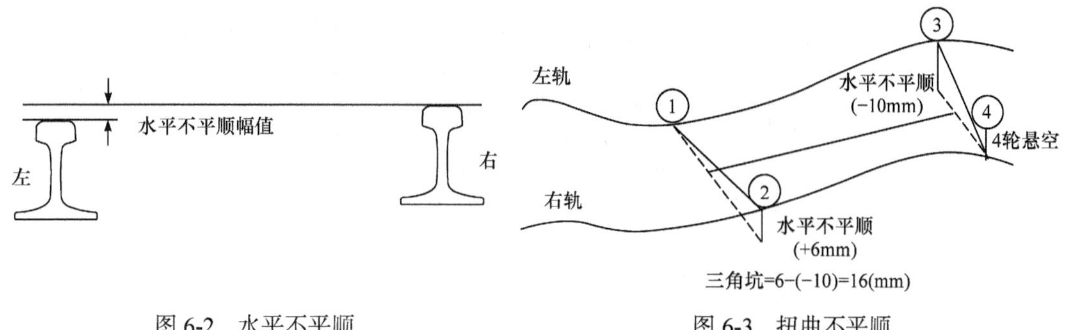

图 6-2　水平不平顺　　　　图 6-3　扭曲不平顺

4) 轨向不平顺

轨向不平顺(又称轨道方向不平顺，图 6-4)指轨头内侧面沿长度方向的横向凸凹不平顺。它包括轨道中心线偏差、轨排横向不均匀残余变形积累、轨头侧面不均匀磨耗、轨道横向弹性不一致等形成的横向不平顺。左、右两根钢轨方向的变化往往不同，尤其在木枕和扣件薄弱的曲线区段差异更大，因此需要区分左轨方向不平顺和右轨方向不平顺，并将左、右轨方向不平顺的平均值作为轨道的中心线方向偏差。

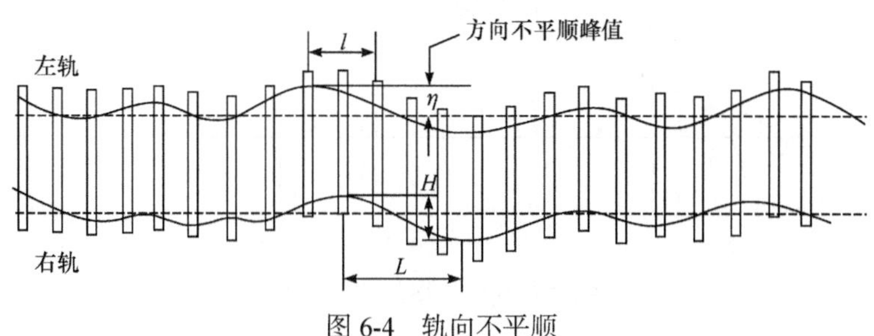

图 6-4　轨向不平顺

5) 轨距不平顺

轨距不平顺(图 6-5)是指同一横截面、轨顶面以下 16mm 处左右两轨内侧距离与标准轨距的偏差(欧洲等规定在轨面以下 14mm 处测量轨距)。

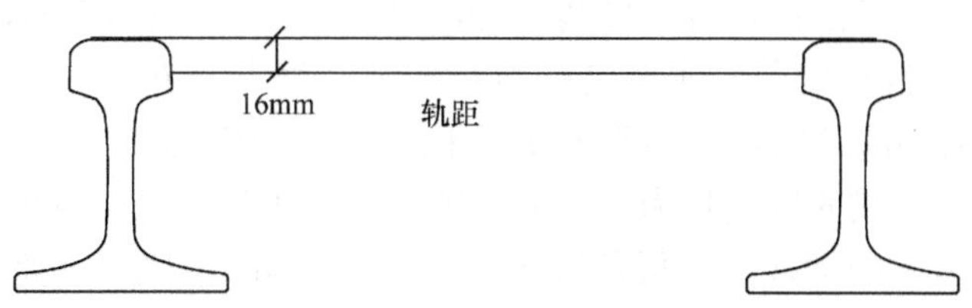

图 6-5　轨距不平顺测量位置

6) 复合不平顺

在轨道同一位置上，垂向不平顺和横向不平顺共存形成的双向不平顺称为轨道复合不平顺。危害较大的复合不平顺如下所述。

(1) 方向水平逆相复合不平顺。方向水平逆相复合不平顺(图 6-6)是指在同一位置既有方向不平顺又有水平不平顺，并且轨道臌曲方向与高轨位置形成反超高状态。

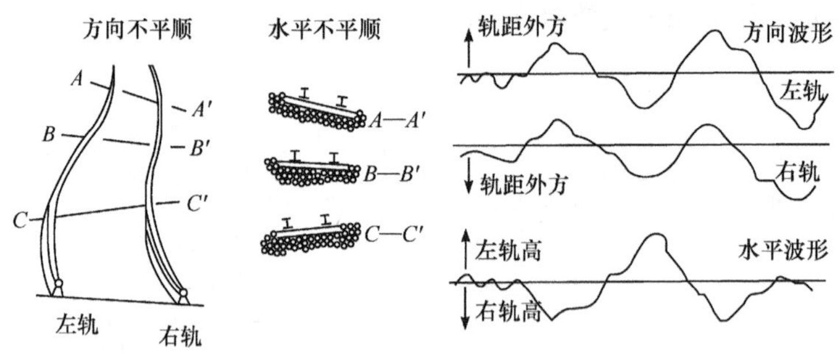

图 6-6　方向水平逆相复合不平顺

(2) 曲线头尾几何偏差。曲线圆缓点附近、缓直点附近，超高、正矢、轨距顺坡起点、终点不一致或不匹配形成的几何偏差，曲线圆缓点、缓直点的几何偏差造成的复合不平顺，如图 6-7 所示。

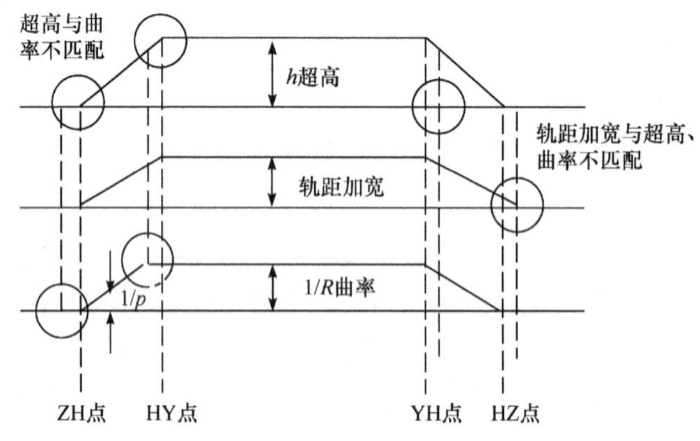

图 6-7　曲线头尾的几何偏差

2. 按轨道不平顺波长特征分类

随机性轨道不平顺包含许多不同的波长成分，波长范围很宽，0.01～200m 波长的不平顺很常见。波长 1m 以下的轨面短波不平顺幅值很小，多在 0.1～2mm，主要由钢轨接头焊缝、不均匀磨耗、轨头擦伤、剥离掉块、波浪形磨耗和波纹磨耗及轨枕间距等因素形成。1～3.5m 范围的波长成分，主要是钢轨在轧制过程中形成的周期性成分和波浪形磨耗。3～30m 波段主要由道床路基的残余变形不均匀，道床弹性、密实度不均，各部件间隙不等，接头或焊头形成的以轨长为基波的复杂周期波成分，以及桥涵、道口等轨道刚度变化和中、小跨度桥梁的动挠度、折角等形成。30～150m 波段多由路基工后沉降不均、路基施工的高程偏差、跨度较大的桥梁动挠度等构成。更长的长波多由地形起伏、线路坡度变化等形成。

轨道不平顺不仅波长的变化范围大，而且不同波长的不平顺的影响各不相同。因此，需要按轨道不平顺的波长分类。按轨道不平顺的波长特征，可分为短波不平顺、中波不平顺、长波不平顺三类，又可分为周期性不平顺和非周期性不平顺两种。周期性不平顺的特征是多波连续，基频波的波长相同，幅值具有随机性。非周期性不平顺的波长各不相同，无明显的基频波。

各国划分的波长类型基本相近，但各类型的波长范围不完全相同。根据我国的实际情况，按波长划分的轨道不平顺见表 6-1。

表 6-1　按波长划分的轨道不平顺

波长种类	波长范围	幅值范围	包含的常见不平顺
短波不平顺	数毫米至数十毫米	1mm 以内	擦伤、剥离掉块、波纹磨耗、焊缝等
	几百毫米	2mm 以内	波浪形磨耗、轨枕间距不平顺
中波不平顺	1～3.5m	0.1～1mm	钢轨生产过程中形成的不平顺
	3～30m	1～35mm	高低不平顺、轨向不平顺、扭曲不平顺、水平不平顺、轨距不平顺
长波不平顺	30m 以上	1～60mm	高低不平顺、轨向不平顺

3. 静态和动态几何不平顺

按轨道不平顺显现时有无轮载作用，可分为静态轨道不平顺和动态轨道不平顺两类。

1) 静态轨道不平顺

无轮载作用时，人工或轻型测量小车测得的不平顺通常称为静态轨道不平顺。无轮载作用时，由于具有一定的刚度，在较短的距离内钢轨、轨枕不会紧随道床的不均匀残余变形和暗坑等产生弯曲。因此，静态轨道不平顺不能反映暗坑吊板和弹性不均匀等形成的不平顺，只能部分反映道床、路基不均匀残余变形累积形成的不平顺。所以，静态轨道不平顺只是在无列车轮载时，真实轨道不平顺的部分表象。用水准仪、经纬仪测量因路基不均匀沉降等形成的轨道长波不平顺，所得的静态长波不平顺波形，经去除线路坡度变化的基线修正后，能较好地反映实际情况。

2) 动态轨道不平顺

用轨检车测得的在列车车轮载荷作用下才完全显现出来的轨道不平顺通常称为动态轨道不平顺。真正对行车安全、轮轨作用力、车辆振动产生实际影响的轨道不平顺是动态轨道不平顺。因此，各国轨道不平顺的各种控制及维修管理标准，尤其是安全管理标准，大多是控制动态不平顺值。有些学者认为，轨检车在不同速度时测得的轨道不平顺含有不同的轨道附加变形和车轮振动响应成分，并非实际的轨道不平顺。从严格的理论角度来说，只有准静态轮载作用下的轨道不平顺才是轨道本身所固有的真实状态。

6.1.2　轨道平顺状态的检测方法

1. 基本要求

轨道平顺状态的检测方法有以下四个基本要求。

(1) 测量基准：要求必须稳定可靠，在测量过程中不得变动。

(2) 传递函数：测量值与真实值的比值，只有传递函数为 1 或常量时，测量值才能真实反映轨道的平顺状态。

(3) 测量精度：对于轨面短波不平顺，测量的精度必须达到 ± 0.1mm，并能分辨 0.01～0.02mm。对于 1m 以上的中长波不平顺，国内外的管理标准都是以毫米计，检测精度应达到 ± 1mm，分辨率不低于 0.2mm。

(4) 波长范围：检测的波长范围与行车速度、车辆自振频率相关，高速客车车体的主振频率为 1Hz 左右，300～350km/h 的高速线路敏感波长为 80～100m。

2. 中点弦测法

从 20 世纪中叶起，各国铁路大都采用弦测法测量轨道不平顺，以弦线作为测量的基准线，由于该方法具有测量原理简单、使用方便、装备价格低等优点，得到世界范围内的广泛应用。一般弦测法包括两点差分法、三点中弦法(又称正矢法)、三点偏弦法、多点弦测法。苏联轨检车采用两点差分法，法国国铁轨检车采用多点弦测法。国外许多轨检车采用三点中弦法或三点偏弦法。国内外的轻型轨检车大都采用三点中弦法。由于被当作测量“基准线”的测量弦是随着轨道的高低不平顺或方向不直、不圆顺而起伏变动的，所以弦测法在许多情况下不能正确反映轨道的高低不平顺和轨向不平顺。

中点弦测法是基于弦线基准测量系统中最直观、结构原理最简单、最早得到应用的一种方法。在测量过程中，一根固定长度的弦线两端与钢轨接触，并随着测量过程向前移动，移动过程中，按照一定采样步长记录弦线中点位置相对于钢轨的法向偏差值，即为中点正矢偏差值，也称为弦测值。如图 6-8 所示，图中曲线表示一段待测量的轨道不平顺曲线，直线 AC 作为测量的“基准线”，则 B 轮与轨道接触点偏离基准线的数值 h 为弦测值。一直以来，弦测值被直接当作轨道不平顺的近似值。弦测值越大意味着钢轨的不平顺程度越大，反之亦然。

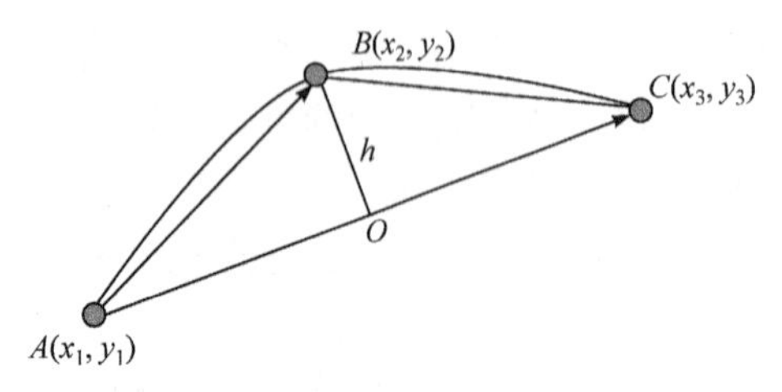

图 6-8　中点弦测法测量原理

3. 基于中点弦测法反演的轨道不平顺检测

中点弦测法测量的弦测偏差值携带着轨道几何形位的信息，由此反演(或者说是重构)轨道几何形位才具有应用上的现实意义。

在图 6-8 中，弦测偏差 h 可以表述为

$$h = \frac{2S_{\triangle ABC}}{|AC|} = \frac{1}{L}\begin{vmatrix} x_2 - x_1 & y_2 - y_1 \\ x_3 - x_1 & y_3 - y_1 \end{vmatrix} \tag{6-1}$$

若有 n 个等距点，则可由 n 个离散点坐标得到对应的弦测值：

$$\begin{cases} h_i = \dfrac{1}{L}(x_{i+1} - x_i, x_{i-1} - x_{i+1}, x_i - x_{i-1}) \cdot \begin{pmatrix} y_{i-1} \\ y_i \\ y_{i+1} \end{pmatrix}, \quad i = 2,3,\cdots,n-1 \\ (x_{i+1} - x_i)^2 + (y_{i+1} - y_i)^2 = \dfrac{1}{4}L^2, \quad i = 1,2,\cdots,n-1 \end{cases} \tag{6-2}$$

对于由 n 个等距点列构成轨道几何形位，在二维平面内存在 $2n$ 个未知数，反演模型

的主要目的是通过一种合适的方式求解这 $2n$ 个未知数。提供了 $2n-3$ 个二次方程，因此要确定这 $2n$ 个未知数的值还需要至少 3 个补充方程。从另一个角度来看，从绝对的轨道几何形位转化为弦测偏差值的过程中损失了一部分绝对信息，或者说弦测偏差值所携带的轨道几何形位的信息仅仅是其相对的形状信息，而不包括其绝对的空间信息。由于在平面问题中，两点确定一条直线，在被测对象形状确定的情况下，确定其平面的绝对信息仅需要两个不同点的坐标即可，即 4 个坐标值。再考虑到工程实际中所需要的主要是轨道几何形位的形状信息，而不关心其绝对的空间信息，因此这 4 个坐标值可以根据模型需要来假定，在点数较多的情况下通过递推方法求解。

4. 基于一弦 N 点弦测法反演的轨道不平顺检测

传统的弦测法理论直接用弦测值(我国规范中是 10m 弦正矢偏差)作为轨道不平顺的测量值，该系统的传递函数波动较大，这是导致弦测法不能精确描述轨道的真实不平顺状态的根源。为改进弦测法的检测效果，结合一弦 N 点弦测法，可以提高检测效率与检测精度。该方法将弦测值作为携带轨道几何形位的一个状态参数，而不将弦测值作为轨道不平顺的近似描述，再通过建立弦测值与轨道几何形位之间的几何关系，从测量的弦测值中反算出轨道的原始几何形位。

1) 一弦 N 点弦测法的检测模型

一弦 N 点弦测法的基本测量模式是从中点弦测法改进得来，并吸收了通过高频采样的中点弦测法提高测量精度的优点，将 N 点弦测值作为轨道几何形位的一组状态参数，并从该状态参数出发建立数学模型反演轨道几何形位。

一般而言，一弦 N 点弦测法中的 N 指的是在弦线上存在 N 个矢度偏差值，分别位于 N 个 $N+1$ 等分点处。记第 i 个弦测值为 h_i；N 个弦测值组成一个弦测值向量 h。另外，弦线起始位置与所检测得到的弦测值向量记为 $\boldsymbol{h_0}$，与之对应的 $n+2$ 个轨道几何不平顺向量记为 $\boldsymbol{y_0}$。

$$\boldsymbol{y_0}=\begin{pmatrix} y_0 \\ y_1 \\ \vdots \\ y_n \\ y_{n+1} \end{pmatrix}; \quad \boldsymbol{h_0}=\begin{pmatrix} h_{1,0} \\ h_{2,0} \\ \vdots \\ h_{n-1,0} \\ h_{n,0} \end{pmatrix} \tag{6-3}$$

考虑到一弦 N 点弦测法的 N 个检测位置为弦线 L 的 N 个 $N+1$ 等分点，再结合式(6-3)，$\lambda_i = i/L$，于是，如图 6-9 所示的各弦测值与对应的几何关系可以描述为

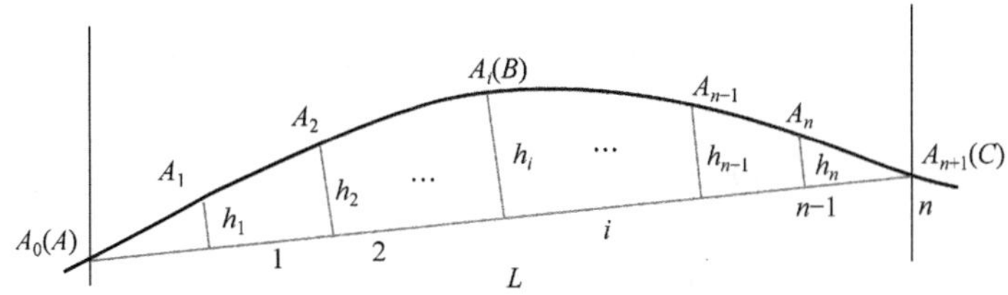

图 6-9　一弦 N 点弦测法检测模型

$$h = h_i = y_i + \lambda_i y_0 + \overline{\lambda}_i y_{n+1}, \quad i = 1,\ 2, \cdots, n \tag{6-4}$$

式中

$$\lambda_i = -\frac{n+1-i}{n+1}, \quad \overline{\lambda}_i = -\frac{i}{n+1}$$

将式(6-4)整理为线性方程组，并写为矩阵形式为

$$h_0 = M \cdot y_0 \tag{6-5}$$

式中

$$M = \begin{bmatrix} \lambda_1 & 1 & & & & \overline{\lambda}_1 \\ \lambda_2 & & 1 & & & \overline{\lambda}_2 \\ \vdots & & & \ddots & & \vdots \\ \lambda_{n-1} & & & & 1 & \overline{\lambda}_{n-1} \\ \lambda_n & & & & 1 & \overline{\lambda}_n \end{bmatrix}$$

矩阵 M 共有 n 行，第一列与第 $n+2$ 列的每个元素为 -0.5，中间 2～ $n+1$ 列为一个单位矩阵。不妨把矩阵 M 称为测量矩阵。通过该矩阵，轨道的几何不平顺信息被转化为弦测值信息；经矩阵求逆，可找到弦测值反演轨道几何形位的方法。

式(6-5)仅为一个位置处的一弦 N 点检测过程，随着参考弦线向着检测方向移动多个步长 L/N，将会有一系列形如式(6-5)的线性方程组，如式(6-6)所示：

$$h_i = M \cdot y_i, \quad i = 0,1,2,\cdots, N-n \tag{6-6}$$

式中，h_i 为第 i 步检测得到的检测值向量，如式(6-7)所示：

$$h_i = \begin{pmatrix} h_{1,i} \\ h_{2,i} \\ \vdots \\ h_{n-1,i} \\ h_{n,i} \end{pmatrix} \tag{6-7}$$

式(6-6)可简化为如下形式：

$$H = M \cdot F \tag{6-8}$$

式中，F 为由 y 生成的矩阵，也可以记为 $F(y)$，矩阵的 $(N-n)(n+2)$ 个元素中，仅有 N+1 个独立元素，即 y～y_N。而矩阵 H 由 $N-n$ 个独立的弦测向量 h_i 组成，共有 $(N-n)(n+2)$ 个独立测量的弦测值。

$$F = F(y) = \begin{bmatrix} y_0 & y_1 & \cdots & y_{N-n-2} & y_{N-n-1} \\ y_1 & y_2 & & y_{N-n} & y_{N-n+1} \\ \vdots & \vdots & \ddots & \vdots & \vdots \\ y_n & y_{n+1} & & y_{N-2} & y_{N-1} \\ y_{n+1} & y_{n+2} & \cdots & y_{N-1} & y_N \end{bmatrix} \tag{6-9}$$

考虑到每个检测点每次检测的随机误差，引入一个误差项矩阵 E，则一弦 N 点的检测

模型可以描述为

$$\overline{G} = G + G' = M \cdot F + E \tag{6-10}$$

式中，E 为测量过程中产生的误差；G' 为测量误差中产生的误差项；$\overline{G}$ 为实际测量的包含误差得到矢度偏差。

式(6-10)即一弦 N 点测量法的检测模型。

2) 一弦 N 点弦测法的反演模型

在检测模型的基础上，通过 n 组弦测值反算轨道几何形位，是检测模型的工程求逆过程。设测量得到的 n 组弦测值组成矩阵 G，规模为 $n\times(N-n+1)$，需求向量为 f，规模为 N。$F(y)$ 虽然是规模 $n\times(N-n+1)$ 的矩阵，但其中独立的未知数仅 N 个，已知方程个数为 $n\times(N-n+1)$ 个。问题简化为根据最小二乘原理寻找最优的向量 f，使得式(6-11)最优：

$$\min\frac{1}{2}\| M \cdot F(y) - \overline{G} \|^2 \tag{6-11}$$

式(6-11)即基于最小二乘法的一弦 N 点弦测法的反演模型。模型存在隐含的约束条件如式(6-9)所示，其约束了矩阵 $F(y)$ 中元素的彼此相关性。

5. 惯性基准法

惯性基准法是利用惯性原理获得测量基准的现代先进检测方法。一个如图 6-10 所示的由车体、车轮轴箱等组成的质量弹簧系统，当轴箱上下振动频率很高，大大高于系统的自振频率时，根据惯性原理，车体便不能跟随轴箱上下运动而静止，车体便成为可用作测量的静止基准。这时只要测出轴箱与车体间的相对位移便得到了轴箱上下振动的位移。如果轴箱的位移是由轨道不平顺引起的，在车轮不脱离钢轨的条件下，轴箱相对于车体的位移就是轨道不平顺。这便是早期轨道检查车曾使用的类似地震仪原理的惯性位移检测系统。

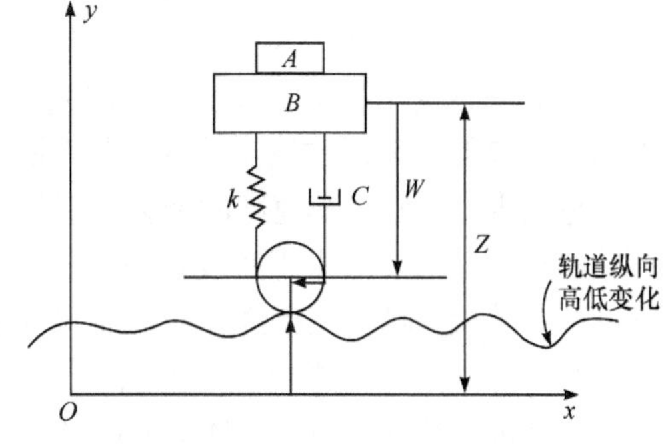

图 6-10　惯性基准法原理

遗憾的是，轨道不平顺引起轴箱上下振动的频率并不都是大大高于系统自振频率的，不平顺波长稍长或行车速度较低，轨道不平顺引起的轴箱振动频率不够高时，车体便会随之运动，测量的静止基准便丧失。于是，国内外不少机构又研究试验了另一种基于惯性原理似乎更简便易行的轴箱加速度积分法。

轴箱加速度积分法是测出轴箱加速度经二次积分运算和高通滤波得出轴箱位移(即轨道的不平顺)。理论上完全正确，但是由于轨道不平顺引起的轴箱加速度动态范围太大，例如，当速度为 100km/h、波长为 0.1m、幅值为 1mm 的正弦形不平顺所引起的轴箱加速度为 311g，轴箱振动频率为 278Hz；而波长为 50m、幅值为 1mm 的正弦形不平顺所引起的轴箱加速度仅为 0.0013g，频率为 0.56Hz，若要测出 0.1～50m 波长的不平顺，分辨精度为 1mm，则需要测量的加速度动态范围是(0.0013～311)g，最大值与最小值相差达 20 余万倍。目前的传感器和电测仪器均无法在这样大的动态范围内保证必要的分辨精度，因此这种方法由于电测技术上的困难未能得到实际应用。

各国现代轨检车实际采用的惯性基准法原理是：当车轮不脱离钢轨时，车轮轴箱的上下运动 H 即轨道的高低不平顺 η ，等于车体的上下运动 Z 及车体与轴箱间相对位移 W 之和，车体对其惯性基准线的位移 Z 可用加速度传感器测出车体的加速度 $\ddot{Z}$ 经二次积分得到，车体与轴箱间的相对位移 W 可用位移传感器测得，即

$$\eta = H = \dot{Z} + W = \iint \ddot{Z}\mathrm{d}t\mathrm{d}t + W \tag{6-12}$$

当轨道不平顺的波长较短，车速较快，轴箱上下运动的频率大大高于质量弹簧系统的自振频率时，车体的位移 Z 为零，轴箱上下运动 H 即为轨道的高低不平顺。从物理的角度可解释为：当轴箱的上下运动很快时，车体不能追随而保持静止，车体的这个静止位置即质量弹簧系统的“惯性零位”或称“惯性基准”。此时，轨道不平顺的变化完全由位移传感器 W 反映出来，即 $H = W$ 。当不平顺波长较长，车速较慢，车轮上下运动的频率大大低于系统自振频率时，车体随着车轮上下运动，车体与轴箱间相对位移 $W = 0$ (即弹簧不伸长也不缩短)；此时轨道的不平顺 H 即为车体相对其惯性基准的位移 Z，完全由加速度传感器来反映，即 $H = \iint \ddot{Z}\mathrm{d}t\mathrm{d}t$ 。多数情况是在这两种极端情况之间，即式(6-12)所表示的轨道不平顺是车体加速度的两次积分与轴箱间相对位移之和。

这一方法的特点是车体的加速度经弹簧系统减振后，其动态范围已大大缩小，车体上的加速度传感器主要反映频率较低、加速度数值较小的长波，位移传感器主要反映频率较高的短波，由两者之和得到整个需测波长范围的轨道不平顺，这样便解决了轴箱加速度直接积分法所遇到的轴箱加速度动态范围过大的问题。

从理论上说，这一方法可以测出任何波长的轨道高低不平顺，但是为了滤除无须测量的频率极低、变化缓慢、数值很大的轨道高程变化和坡度变化、曲线超高等影响，必须引入高通滤波器。高通滤波器的截止频率随行车速度的变化而自动切换，以保持可测波长在一定范围内，不随行车速度的变化而变化。

此外，还需要对由于曲线超高、较大水平不平顺等引起车体倾斜、侧滚而使加速度传感器产生的相应输出进行修正，才能得到精度较高的结果。

测量方向不平顺原理与此类似，但需将装置转 90°横向安装，测得轴向横向运行轨迹后，还需加上轮缘与轨头内侧面间的间隙变化。

6.1.3　轨道平顺状态的检测内容及检测设备

轨道平顺状态的检测主要包括：轨道几何不平顺检测、行车平稳性检测、部件状态的检测。其中，轨道几何不平顺的检测又包括静态检测和动态检测。

1. 静态检测

静态检测项目中的区间线路几何形位主要检测高低、水平、三角坑、轨向、轨距。

1) 检查周期

道岔几何尺寸检查每月 1 次，对于重点病害或轨道不平顺地段，应使用轨道测量仪、轨道检查仪进行检查；对于无缝道岔钢轨纵向位移每季度应全面观测一次。

2) 检查设备

静态检测的设备主要是万能道尺(图 6-11)、测量长波不平顺的激光准直仪(图 6-12)、轨道检查小车(图 6-13)、基于 CP Ⅲ网绝对测量仪(图 6-14)等。

图 6-11　万能道尺

图 6-12　测量长波不平顺的激光准直仪

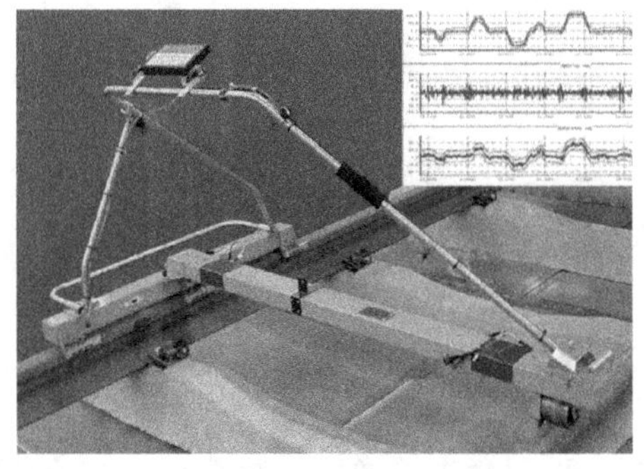

图 6-13　轨道检查小车

图 6-14　基于 CP Ⅲ网绝对测量仪

中国日月明公司研制的 0 级轨检仪如图 6-15 所示，它以全站仪为核心，以 CPⅢ为测量基准点自由设站，通过测量小车棱镜点坐标与小车姿态，综合解算出轨道高程/平面坐标，从而得到轨道的几何尺寸偏差，其测量精度为 1mm，采用 70m 弦中点校核长波时的测量精度为 ± 2mm，采用 120m 弦中点校核长波时的测量精度为 ± 3mm。

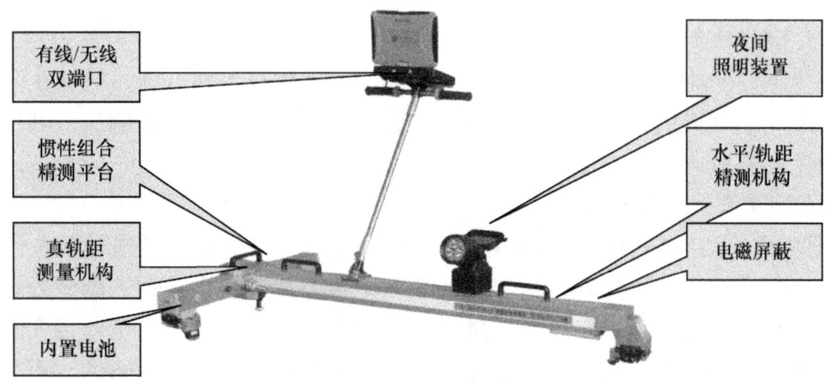

图 6-15　0 级轨检仪

2. 动态检测

动态检测是指采用轨道检查车或综合检查车在列车载荷作用下测量轨道不平顺的检测方法。通常采用轨检车进行测量。

动态检测的内容包括高低、水平、三角坑、轨向、轨距、曲线外轨超高、曲线半径、车体垂向加速度和横向加速度及轴箱加速度等。

1) 检查周期

综合检测列车每 10～15 天检查 1 次；动车组应安装车载式线路检查仪，每天对线路检查不少于 1 次；工务段应使用便携式线路检查仪添乘检查线路，每月不少于 2 次，应采用巡检设备检查线路设备状态，每半年不少于 1 次。

2) 检查设备

(1) 我国轨道动态检测技术的发展历程。

GJ-1 型轨道检测系统：20 世纪 50 年代生产，采用弦测法检测，为机械传动式。

GJ-2 型轨道检测系统：20 世纪 60 年代生产，采用弦测法检测，为电传动式，人工判读超限。

GJ-3 型轨道检测系统：20 世纪 80 年代生产，采用惯性基准法检测，为组合式系统结构，但缺少轨距、轨向检测项目，采用计算机评分。

GJ-4 型轨道检测系统：20 世纪 90 年代中期生产，采用惯性基准法检测，为捷联式系统结构，检测项目齐全，计算机处理全部数据，但吊梁式伺服跟踪轨距梁振动冲击大，存在安全隐患。

GJ-5 型轨道检测系统：2000 年从美国 IMAGEMAP 公司引进，采用激光摄像式及惯性基准法检测技术，检测梁安装在转向架上，维修成本高。

GJ-6 型轨道检测系统：2013 年我国自主研制，采用激光摄像式、惯性基准法及高速数字摄像机等检测技术，最高速度可达 400km/h，检测梁组件轻巧，可实现长波检测。

综合检测车：2007 年，随着我国铁路第六次大提速 200～250km/h 动车组的开行，研制了新型的 0 号综合检测车(200km/h 等级)、10 号综合检测车，它们能同时检测轨道几何状态、牵引供电状态、通信信号设备、轮轨关系、弓网接触状态及舒适性等指标。采用现代测量、时间空间同步定位、大容量数据实时传输、实时图像处理等多项先进技术，实现了高速动态多参数同步检测。

高速综合检测列车：2011 年，我国以 CRH380B 高速动车组技术平台为基础研制了高速综合检测列车，设计时速为 400 公里，采用先进的检测技术和方法，能够在时速 350 公里以上运行条件下对轨道、接触网、轮轨力、通信、信号、车辆动态响应、转向架载荷等进行实时精确检测和采样。

(2) GJ-6 型轨道检测技术特点。

GJ-6 型轨道检测系统吸收了 GJ-4 型轨道检测系统、GJ-5 型轨道检测系统的技术优点，以激光断面摄像技术为基础，结合惯性陀螺平台，采用惯性原理、图像处理、数字滤波、车载局域网等先进技术，实现了高速运动状态下对轨道几何状态全项目实时检测。该轨检系统由激光摄像组件、惯性测量组件、信号处理组件、数据处理组件、里程校正和定位同步组件、机械悬挂装置等组成，如图 6-16 所示。

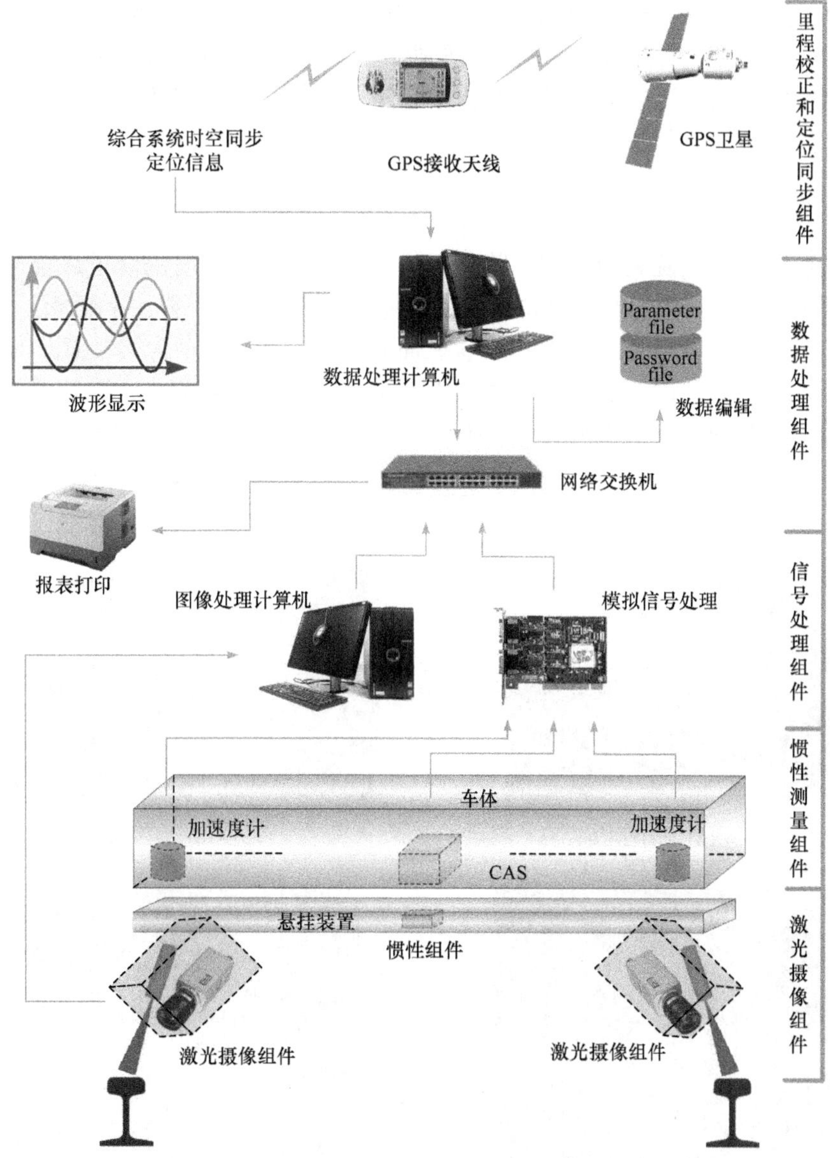

图 6-16　GJ-6 型轨道检测系统的组成

其主要技术特点如下。

① 综合使用了多种图像并行处理技术，提高了图像处理速度，达到 450 帧/秒；设计了先进的多功能控制卡，精确控制空间采样，同步各模块功能，实现了高速条件下传感器同步采样和各模块的协同运行；开发了基于实时操作系统的多处理器技术，最大限度地挖掘设备潜能；优化网络结构及通信方式，克服数据阻塞和丢失等；可实现进行 400km/h 速度下轨道几何状态的实时检测。

② 研制了新型激光摄像式测量设备，采用高性能数字摄像机进行系统优化设计，减少了 75%的传感部件，提高了系统的可靠性；建立了抗阳光干扰算法，成功提高了设备抗阳光干扰能力，未因阳光干扰影响检测。同时，提出了轨道长波不平顺检测法，实现了截

止波长 120m 的轨道长波不平顺检测功能；研制了时速 400 公里条件下，满足复杂结构形式、恶劣运行环境要求的检测梁。采用多维惯性基准技术进行多基准校核，建立了多测量基准的实时标定滤波方法，提出了基于相位差分 GPS、多惯性基准的大半径曲线检测算法，实现了对大半径曲线的准确测量。

3. 巡检设备

中国铁道科学研究院利用多相机阵列和集成光源等技术开发的轨道综合巡检车，如图 6-17 所示；它能够自动分析扣件位置异常、扣件缺失、弹条断裂、弹条移位、弹条反装等现象，如图 6-18 所示；能够检测出钢轨表面的擦伤，其分辨率为钢轨横向 1mm、钢轨纵向 1.6mm，能够识别钢轨表面的波磨，如图 6-19 所示；能够识别无砟轨道板裂纹和挡肩掉块，如图 6-20 所示；并将电子射频标签、高精度光电编码器、GPS 等多种定位信息源有机结合，利用数据融合技术，实现速度和里程信息的同步采集、传输和控制。

图 6-17　轨道综合巡检车

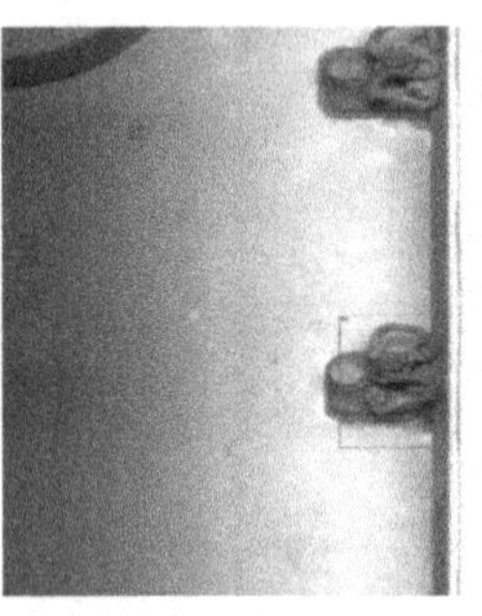

图 6-18　识别扣件反装

图 6-19　识别钢轨波磨

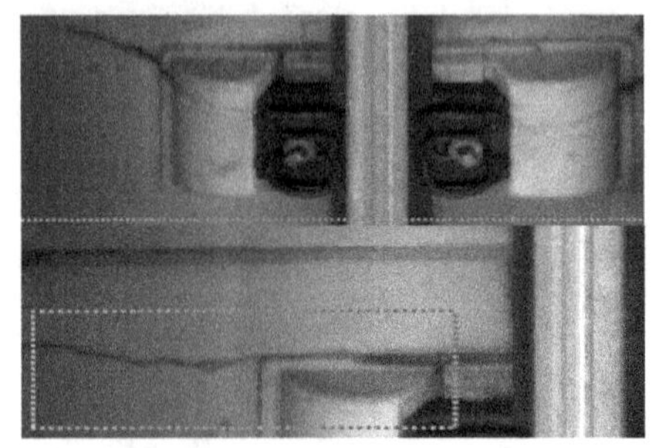

图 6-20　识别无砟轨道伤损

6.2　钢轨伤损检测技术

6.2.1　钢轨伤损的分类和成因

钢轨是机车车辆运行的基础，轮轨之间存在复杂的作用力，钢轨状态的好坏直接关系到铁路的运输安全。钢轨缺陷包括制造中遗留的缺陷和使用过程中发生的缺陷两类，其中制造中遗留的缺陷有白点、气孔、缩孔、偏析、非金属夹杂等，而使用过程中发生的缺陷就简称为钢轨伤损。从超声波钢轨探伤专业上，钢轨伤损可分为四大类：核伤、接头部位伤损、水平裂纹与纵向裂纹、轨底裂纹，下面主要介绍核伤、水平裂纹与纵向裂纹、轨底裂纹。

1. 核伤

核伤多数发生在钢轨轨头内，是轨头横断面裂纹，也有发生在轨底的。轨头核伤是最危险的一种钢轨伤损，会造成钢轨在列车运行中突然断裂。1953 年 10 月 23 日，沪宁线 K60+150 处因轨头核伤导致整根钢轨有 5 处碎断，导致上海开往南京的 204 次旅客列车 3 辆脱轨，2 辆倾覆，旅客死亡 11 人，重伤 4 人，轻伤 23 人，构成重大事故。

核伤，近似于椭圆形(一般长短轴比为 3∶2)；在复线铁路上核伤与钢轨横断面的夹角为 10°～25°，在单线铁路上核伤与钢轨横断面接近垂直。核伤又分白核(未被氧化)和黑核(与空气接触氧化后成黑色)。在原上海铁道学院开展的跟踪核伤扩展探测的疲劳试验表明，当核伤面积占轨头 5%～10%时，静力强度只有正常钢轨的 16%～40%；当核伤面积占轨头 10%～15%时，疲劳强度不到正常钢轨的 10%；当核伤面积发展到轨头截面的 20%～30%(相当于直径 21～40mm)时，将发生断轨。核伤由 5%发展到 20%～30%，仅能通过 2000 万吨左右的运量，一般线路 2～3 个月就发生断轨。

核伤按其成因有以下几种形式。

1) 钢轨内部缺陷形成的核伤

钢轨在制造过程中一般存在白点、气泡、夹渣、缩孔等缺陷，在列车的反复作用下，这些缺陷扩展成裂纹。当裂纹发展到较大面积或发展到快速扩展阶段时，裂纹才会发展到轨头表面，造成断轨，因此轨头一般没有表面伤损。

2) 轨面塑性变形形成的核伤

轮轨接触面表层金属发生塑性变形使钢轨断面的几何形状发生变化，表现为轨头踏面压宽、碾边、磨耗。

踏面压宽和碾边主要发生在曲线下股钢轨，这是因为曲线外(上)股设置超高，列车重力大部分集中在曲线下股，轮轨接触应力超过了钢轨的屈服强度。

轨头磨耗包含垂直磨耗和侧面磨耗，通常发生在小半径曲线外股钢轨处(轮轨滑动伴有较强的摩擦力)，有可能在轨头下颚的碾边处形成疲劳裂纹并导致钢轨横向断裂。当轨头的磨耗速率大于疲劳裂纹的发展速率时，钢轨的使用寿命以磨损为主；反之，钢轨的使用寿命以接触疲劳伤损为主。

3) 轨面鱼鳞伤或剥离形成的核伤

钢轨表面的塑性变形达到一定深度时，钢轨作用边(特别是在曲线上股)会出现程度不同的裂纹，这种裂纹外形形似鱼鳞，俗称“鱼鳞伤”。该裂纹始于轨头内侧圆弧附近，沿着列车运行方向向前延伸，裂纹附近常有黑影，表面的鱼鳞伤由外向内、由浅入深、由右后向前扩展，并且存在两个倾斜面，纵向倾斜面的倾角为 14°～20°，横向倾斜面的倾角为 15°～25°，其形成的核伤一般为双面核。

钢轨踏面表层或亚表层存在非金属夹杂物时，将会加速剥离裂纹的萌生和扩展，甚至产生剥离掉块。剥离裂纹和剥离坑底部的残余裂纹有可能向深度方向疲劳扩展，导致形成轨头横向疲劳核伤，引起钢轨的横向断裂。

4) 擦伤或焊补形成的核伤

在长大坡道、信号机前后、曲线上，因制动、启动和转向引起车轮在钢轨顶面瞬间的空转和滑动，使轮轨之间因摩擦引起擦伤。摩擦产生的高温严重时可使钢轨达熔融状态，致使轨顶面产生塑性变形并形成低凹。随后冷却，在钢轨顶面形成很薄的一层马氏体组织，在动载作用下，这层马氏体高碳组织很快碎裂。在运营过程中，裂纹垂直向钢轨内部纵深发展，最后成为核伤。轨面擦伤、剥离掉块后的焊补修理，如果磨修过程没有把裂纹磨干净，在焊补加热过程中，残留裂纹在高温作用下氧化扩展，常在焊补层下形成水平核伤，造成轨头大掉块或横向疲劳核伤导致断轨。这种情况已经发生多起，并且造成了重大事故，尤其是在无缝线路高应力情况下，焊补后短时间内发生断轨，就是因为没有清除残留缺陷。

2. 水平裂纹与纵向裂纹

钢轨的水平裂纹和纵向裂纹是指沿钢轨纵向水平状和垂直状的裂纹。水平裂纹发生的部位一般在轨腰近中和轴处，部分发生在轨头下颚处；纵向裂纹是指钢轨中心线的劈裂。

早期水平裂纹的产生是由于钢轨钢在冶炼时产生的严重偏析、非金属夹杂物，在轧制过程中沿轧制方向延展而成的。钢轨在运营过程中所受到的偏心载荷、水平力、弯曲应力的复合作用也加速了水平裂纹源的形成和扩展。产生轨腰纵向裂纹的原因是钢厂生产中的缺陷。在浇铸钢锭时，钢锭顶部多存在杂质，顶部钢锭按照要求是要切除的，但有时切除量可能不足，这就会使一部分缩孔或夹杂物留在钢轨内。如果没有及时查出，铺入线路后，经过一段时间的运营，由于原来在轨腰上有缩孔残余或夹杂物，就会产生轨腰鼓包(即轨腰纵向裂纹)。如果原有缩孔残余或夹杂物在轨头内，就会产生轨头纵向破裂。可见要消除这种缺陷，不仅要提高铸锭水平，而且要有恰当的切除量和严格的成品检查制度。纵向裂纹在被发现前可以在钢轨内扩展几十或几百厘米长，当它发展到轨头边缘时或转向时才改变方向。

3. 轨底裂纹

轨底裂纹的形成原因有以下两种。

(1) 轨腰垂直纵向裂纹向下发展成轨底裂纹。

(2) 轨底锈坑、划痕发展或卡损形成的轨底横向裂纹。

轨底锈蚀主要发生在隧道内潮湿、严重漏水地段。其实质上是应力和特定腐蚀介质(H_2O、NaCl、H_2S)的共同作用，导致钢轨发生低应力破坏和脆断。试验表明，U71Mn 50kg/m 钢轨在水介质及 NaCl 水溶液中的断裂韧性只有正常的 56%。所以在隧道内、矿区及沿海铁路上，钢轨应力腐蚀开裂要比普通路基上和一般地区严重。

6.2.2 无损检测技术

1. 无损检测的定义及发展

1) 无损检测的定义

无损检测(NDT)，就是利用声、光、磁和电等特性，在不损害或不影响被检对象使用性能的前提下，检测被检对象中是否存在缺陷或不均匀性，给出缺陷的大小、位置、性质和数量等信息，进而判定被检对象所处技术状态(如合格与否、剩余寿命等)的所有技术手段的总称。

无损检测是第二次世界大战后迅速发展起来的一门新兴的、多学科综合应用的工程科学。其“质量卫士”的美誉已得到工业界的普遍认同，但其结果往往不够“精细”，在多数情况下，只能给出缺陷的有无，或估算出缺陷的大小和性质。因此，无损检测是一种评估技术，而不是一种测量技术。

2) 无损检测的发展

第一阶段的无损检测称为无损探伤(NDI)，它的作用是在不损坏产品的前提下发现人眼无法看到的缺陷，以满足工程设计中的强度要求。第二阶段称为无损检测，这个阶段始于 19 世纪 70 年代，它不但检测最终产品，而且要测量各种工艺参数，制成工件后还需知道它的组织结构、晶粒大小和残余应力等。第三阶段称为无损评价(NDE)，尤其对航空、航天、核电、能源、交通、石油和化工等方面的机械产品，在加强检测的同时注重产品质量的评价，确保每一件产品都是合格的。工业发达国家已从一般无损评价发展到自动无损评价(ANDE)和定量自动无损评价(QNDE)，采用计算机进行检测和评价，尽可能减少人为因素的影响，这在超声检测的发展中成效突出，如钢轨探伤车。这种发展趋势促使无损检测人员应具有更广的知识面、更深厚的基础理论和更高的综合分析能力。

2. 无损探伤

介质中的非一致、非均匀、非连续的部位(或者说一个位错)都可以称为缺陷；而伤却是材料几何上的连续性遭到破坏(或者说是宏观缺陷)，伤是缺陷的一部分。

无损探伤是无损检测的一个重要组成部分，它是对材料、工件或组件进行非破坏性检测和分析，以发现材料和构件中的宏观缺陷(如裂纹、夹渣、气孔等)为主要目的的检验。在大多数情况下，如无特殊说明，无损检测实际指的就是无损探伤。

无损探伤的方法种类较多，但在实际应用中较普遍的为超声波探伤、射线探伤、磁粉探伤、渗透探伤、涡流探伤五种，除此之外，还有声发射、泄漏检测、光全息照相、红外热成像、微波检测等。

1) 超声波探伤

超声波探伤，即利用超声波能渗入金属材料的深处，遇到缺陷与零件底面时就分别发生反射的特点，在荧光屏上形成脉冲波形，根据这些脉冲波形来判断缺陷位置和大小。超声波探伤法可按原理、波形、显示方式进行分类。

超声波探伤法按原理可分为穿透法和脉冲反射法。

穿透法是最早采用的超声波探伤法，也称透射法。其基本原理是：先将两个探头分别置于被测工件的两个相对面，一个探头发射超声波，超声波即透射过被测工件而被另一面的探头所接收，若被测件内有缺陷存在，由于缺陷可引起超声波的衰减，因此透射过的超声波的能量减少。根据能量减少的程度可判断缺陷的大小。穿透法分为连续穿透法和脉冲穿透法两种。脉冲穿透法的优点是：不存在探测盲区，判定缺陷方法简单，适用于连续地自动化探测较薄的工件；缺点是：探伤灵敏度低，分辨率差，不能确定缺陷的深度位置，一般需要专用的探头夹持装置。

2) 射线探伤

射线探伤是利用射线可以穿透物质和在物质中有衰减的特性来发现其中缺陷的一种无损探伤方法。射线通常指 X 射线、γ 射线、α 射线、β 射线和中子射线等，其中，X 射线、γ 射线和中子射线因易于穿透物质而在产品质量检测中获得了广泛应用。

常规的射线探伤技术一般指射线照相探伤技术，即不同密度、不同厚度的物质对射线的吸收程度不同(即射线的衰减程度不同)，就会使被检工件下面的底片感光程度不同，通过对底片的显影观察其明暗均匀程度来判别工件内部质量。

射线探伤适用于体积型缺陷探测，如气孔、夹渣、缩孔、疏松等，对片型缺陷检测较难发现(相较无缺陷的地方射线衰减区别不大)。射线探伤具有一定的辐射性，探伤时应穿戴好防护服。

射线探伤的优点：适用于几乎所有材料，探伤结果(底片)显示直观、便于分析，探伤结果可以长期保存，探伤技术和检验工作质量可以监测。

射线探伤的缺点：检验成本较高，对裂纹类缺陷有方向性限制，需考虑安全防护问题(如 X 射线、γ 射线的传播)。

6.3 轨道质量状态评价技术

6.3.1 幅值超限扣分法和轨道质量指数

轨道状态直接决定轨道-车辆系统运行的安全性和舒适性。目前对轨道不平顺的评价主要采用局部幅值超限扣分、轨道质量指数(Track Quality Index，TQI)、不平顺功率谱、车辆动态响应等方法。幅值超限扣分法适用于局部存在幅值较大不平顺的情况；TQI 能较好地反映区段轨道不平顺质量状态，中国、英国、德国、美国、荷兰等国家大多采用 200～250m 区段 TQI 评价轨道不平顺的好坏；轨道不平顺功率谱能同时提供幅值和波长两个方面的信息，德国、美国、日本等国家利用其评价轨道不平顺状态。

1. 局部幅值管理法

我国现行局部轨道不平顺管理方法是以单项不平顺幅值的扣分，以公里为单元区段，按照每公里各单项不平顺超限的扣分总和计算。

局部不平顺幅值按照四级管理标准对应的超限扣分评定，其中，超过Ⅰ级(日常保养)标准的超限每处扣 1 分；超过Ⅱ级(舒适度)标准的超限每处扣 5 分；超过Ⅲ级(临时补修)标准的超限每处扣 100 分；超过Ⅳ级(限速管理)标准的超限每处扣 301 分。优良线路：0～50 分；合格线路：50～300 分；失格线路：300 分以上。扣分计算公式如下：

$$S=\sum_{i=1}^{4}\sum_{j=1}^{M}K_iT_iC_{ij} \tag{6-13}$$

式中，S 为每公里扣分总数；K_i 为各级偏差的扣分数；T_i 为各项的加权系数，$T_1\sim T_7$ 均为 1；C_{ij} 为各检查项目各级偏差个数；M 为参与评分的项目个数。这种评定方法较简单，且能指导现场对超限的不平顺进行整治，但不能反映出线路的均衡质量。

国内轨道不平顺管理标准按线路容许速度等级划分制定，主要考虑不同速度等级线路要求的轨道平顺性指标不同，各项偏差等级划分为四级：Ⅰ级为日常保养标准，Ⅱ级为舒适度标准，Ⅲ级为临时补修标准，Ⅳ级为限速标准，表 6-2 和表 6-3 分别为速度为 200～250km/h、250(不含)～350km/h 时线路轨道动态质量容许偏差管理值。

表 6-2　200～250km/h 时线路轨道动态质量容许偏差管理值

项目		日常保养	舒适度	临时补修	限速(160km/h)
偏差等级		Ⅰ级	Ⅱ级	Ⅲ级	Ⅳ级
轨距/mm		+4 −3	+6 −4	+8 −6	+12 −8
水平/mm		5	8	10	13
扭曲(基长 3m)/mm		4	6	8	10
高低/mm	波长 1.5～42m	5	8	11	14
轨向/mm	波长 1.5～42m	5	7	8	10
高低/mm	波长 1.5～120m	6	10	15	—
轨向/mm	波长 1.5～120m	6	8	12	—
车体垂向加速度/(m/s²)		1.0	1.5	2.0	2.5
车体横向加速度/(m/s²)		0.6	0.9	1.5	2.0
轨距变化率(基长 3m)/‰		1.0	1.2	—	—

注：① 表中管理值为轨道不平顺实际幅值的半峰值。

② 水平限值不包含曲线按规定设置的超高值及超高顺坡量。

③ 扭曲限值包含缓和曲线超高顺坡造成的扭曲量。

④ 车体垂向加速度采用 20Hz 低通滤波，车体横向加速度Ⅰ、Ⅱ级标准采用 0.5～10Hz 带通滤波处理的值进行评判，Ⅲ、Ⅳ级标准采用 10Hz 低通滤波处理的值进行评判。

表 6-3　250(不含)～350km/h 时线路轨道动态质量容许偏差管理值

项目		日常保养	舒适度	临时补修	限速(200km/h)
偏差等级		Ⅰ级	Ⅱ级	Ⅲ级	Ⅳ级
轨距/mm		+4 −3	+6 −4	+7 −5	+8 −6
水平/mm		5	6	7	8
扭曲(基长 3m)/mm		4	6	7	8
高低/mm	波长 1.5～42m	4	6	8	10
轨向/mm	波长 1.5～42m	4	5	6	7
高低/mm	波长 1.5～120m	7	9	12	15
轨向/mm	波长 1.5～120m	6	8	10	12
复合不平顺/mm		6	8	—	—
车体垂向加速度/(m/s²)		1.0	1.5	2.0	2.5
车体横向加速度/(m/s²)		0.6	0.9	1.5	2.0
轨距变化率(基长 3m)/‰		1.0	1.2	—	—

注：① 表中管理值为轨道不平顺实际幅值的半峰值。

② 水平限值不包含曲线按规定设置的超高值及超高顺坡量。

③ 扭曲限值包含缓和曲线超高顺坡造成的扭曲量。

④ 车体垂向加速度采用 20Hz 低通滤波，车体横向加速度Ⅰ、Ⅱ级标准采用 0.5～10Hz 带通滤波处理的值进行评判，Ⅲ、Ⅳ级标准采用 10Hz 低通滤波处理的值进行评判。

⑤ 复合不平顺指水平和轨向逆向复合不平顺，按水平和 1.5～42m 轨向代数差计算，避免出现连续多波不平顺。

2. 轨道质量指数

TQI 是高低、轨向、轨距、水平和三角坑动态检测数据的统计结果，其值大小与轨道平顺性密切相关，数值越大表明轨道平顺程度越差、波动性越大。各单项统计值同样也反映出该单项几何不平顺的平顺程度，计算公式如下：

$$\text{TQI} = \sum_{i=1}^{7}\sigma_i = \sum_{i=1}^{7}\sqrt{\frac{1}{n}\sum(x_{ij}-\overline{x}_i)^2} \tag{6-14}$$

式中，σ_i 为各项几何偏差的标准差；x_{ij} 为各项几何偏差在单元区段中连续采样点的幅值算术平均值；n 为采用点个数(200m 单元区段中 $n = 800$)。

对 TQI 的评价引入 T 值扣分概念，轨道质量状态通过采用整公里 T 值大小的程度评价，整公里 T 值等于各 200m 单元区段值 T_{200} 之和。$T > 0$ 即意味着该公里内有 TQI 超过管理值的单元区段。这种评定方法能反映线路的均衡质量，但与局部峰值管理法一样均为幅值管理，不能反映轨道不平顺的波长或频域特性。管理标准见表 6-4。

表 6-4　线路 TQI 管理值

项目		高低/mm	轨向/mm	轨距/mm	水平/mm	扭曲/mm	TQI
波长范围/m	1.5～42	0.8 × 2	0.7 × 2	0.6	0.7	0.7	5.0

注：波长范围为 1.5～42m 的单项标准差计算长度为 200m。

6.3.2　利用不平顺功率谱评价轨道质量状态

轨道不平顺谱是描述全线轨道不平顺状态的最有效形式之一，它同时反映了轨道不平顺的幅频特性。轨道不平顺谱的计算方法很多，主要分为经典谱估计方法和现在谱估计方法两种。经典谱估计方法又分为间接法(BT 法)、直接法(周期图法)、改进直接法(平均周期图法、Bartlett 法和 Welch 法)和直接法与间接法结合法(Nut Tall 法)。现在谱估计方法可分为参数模型法和非参数模型法两种。

采用周期图法计算轨道不平顺谱的流程为：①将轨道不平顺按 4096 点(1024m)划分成子段；②利用异常值处理算法和小波分析方法，对轨道不平顺数据进行预处理，消除异常值和非平稳性；③计算子段平均速度和标准差，如果平均速度低于线路设计速度(可能施工慢行地段)，则对该子段不进行谱计算，标准差太大可能是检测设备异常或线路设备异常，对该子段也不进行谱计算；④对满足要求的子段进行快速傅里叶变换(FFT)，计算子段的轨道不平顺谱；⑤对各子段轨道不平顺谱进行统计分析。

《高速铁路无砟轨道不平顺谱》(TB/T 3352—2014)中给出我国高速无砟轨道高低、轨向、轨距、水平四个不平顺功率谱，如图 6-21 所示。其中，高低和轨向是指轨道中心在垂向和横向偏离设计位置偏差，由于轨道检测系统测量的高低和轨向分别为左右高低和左右轨向，因此高低和轨向取左右高低和左右轨向的平均值代替。轨道不平顺谱采用空间频率的单边谱描述。空间频率量纲为 1/m，轨道不平顺谱量纲为 $\text{mm}^2/(1/\text{m})$。高速铁路轨道不平顺管理波长范围为 1.5～120m，120m 以上轨道不平顺谱可以利用轨道不平顺谱拟合公式外延，1.5m 以下轨道不平顺谱需要专门检测设备进行测试补充。

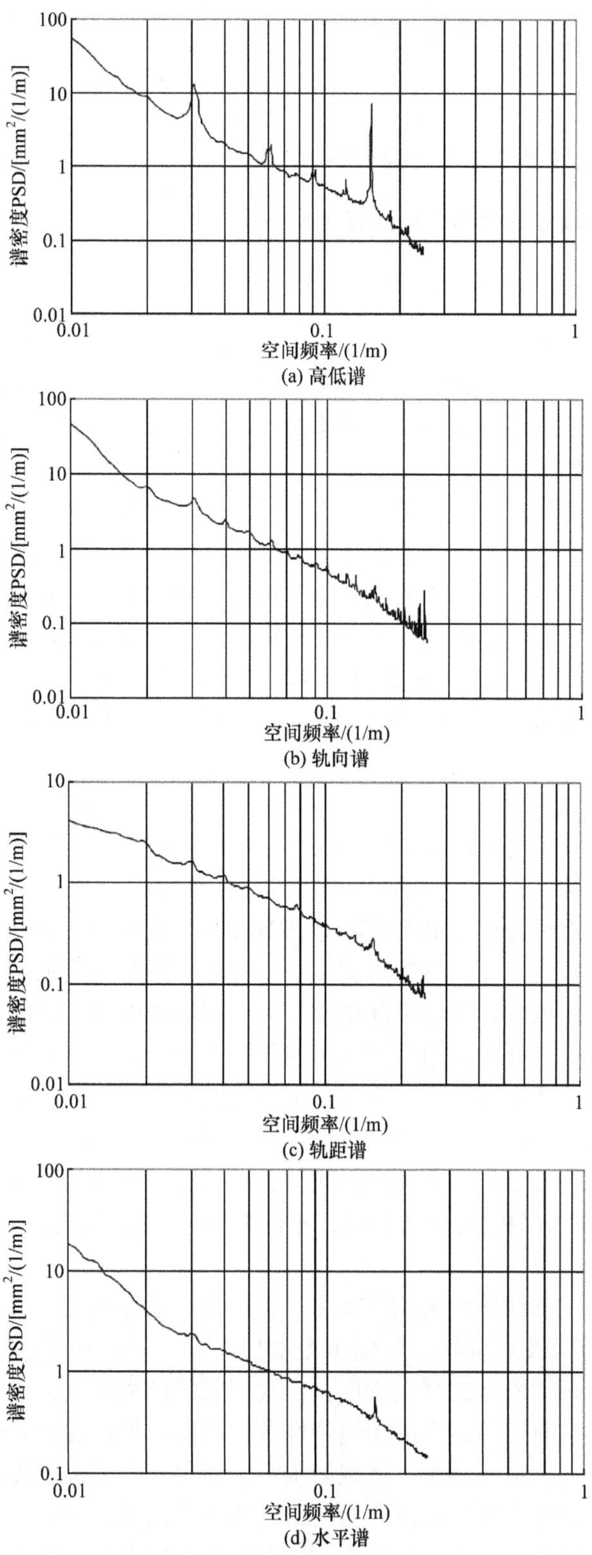

图 6-21　高速无砟轨道不平顺功率谱

以上四个轨道不平顺谱可采用式(6-15)拟合：

$$S(n)=\frac{A}{n^k} \tag{6-15}$$

式中，n 为空间频率；A 和 k 为拟合公式系数。

6.3.3 基于车辆动态响应分析的轨道质量评价技术

1. 基于轴箱加速度的轨道状态检测

高速条件下波长小于 1m、幅值在 0.1～2.0mm 的轨道短波不平顺激励轨道-车辆系统高频振动，会导致并加剧钢轨波磨和车轮多边形等问题，恶化轮轨接触状态，增大轮轨噪声，缩短车辆及轨道部件的使用寿命，严重时还会成为影响行车安全的潜在危害，由此轨道短波病害越来越受到重视。

相对于在“天窗修”内技术人员上道人工测量轨道短波不平顺几何尺寸的作业方式，通过车载设备得到的车辆动态响应数据能够客观地反映轨道短波引起的振动效果，快速评价轨道短波状态，向作业人员精准提供轨道平顺性较差的位置，提升轨道短波病害管理效率。轨道短波不平顺引起轮轨的激振频率主要集中在 40～2000Hz 频段，不同于采用超声波检测、涡流测量、基于图像的视觉测量等轨道短波检测技术，采用轴箱振动加速度可以从时频域信号特征上描述轨道短波状态，较好地从车辆动态响应的角度辅助评判轨道短病害。

1) 轨道短波评价方法

轴箱振动加速度峰值可反映车辆轴箱振动的强弱程度，但受轮轨接触状态、车辆振动传递特性等因素的影响，针对相同的轨道短波状态，轴箱振动加速度多次检测结果之间会存在一定的差别，严重时甚至 2 次轴箱振动加速度检测的峰值不在同一个数量级上，造成轨道短波病害与轴箱振动加速度峰值之间不一一对应，因此直接利用轴箱振动加速度峰值对轨道短波状态评判会遇到评价结果随机性较大和阈值难以确定的问题，也就是轴箱振动加速度的峰值不能有效地评价轨道短波病害的严重程度。为了避免轴箱振动加速度峰值评价模式的不足，铁路工程上还采用轴箱振动加速度的有效值、功率谱密度值、尺度平均小波功率、共振解调表征值、小波分解评价值等评价指标。采用时频分析技术将轴箱振动加速度的时域信号映射到频域，综合反映时频域分布情况，直观显示轴箱振动加速度各频率成分振动能量随着时间(里程)的分布情况，不同频段振动能量的强弱为轨道短波状态评价提供了依据。

轨道检测车的形式和线路结构相对固定时，轴箱振动加速度经过数据处理以后具有较好的重复性，将轨道短波病害特征与轴箱振动加速度特征信号联系起来，可提取表征指标，以量化评价轨道短波病害的严重程度。但我国路情较为复杂，线路建造等级及运营车辆形式多样，不同形式轨道检测车的传递特性及轴箱振动加速度检测装置安装的位置和方式也存在差异，使不同轨道检测车上搭载的轴箱振动加速度采集系统对同一线路的评价结果不同。为了保证不同形式轨道检测车对轨道短波评价的结果具有一致性，引入评价指标的归一化概念，将实测轴箱振动加速度测试结果转化为轨道冲击指数和钢轨波磨指数，较为科学地利用轴箱振动加速度表征钢轨短波状态，归一化流程如图 6-22 所示。

2) 轨道不平顺反演技术

除了采用轴箱振动加速度峰值、时频分析频谱值等监控轨道短波病害，因轴箱在空间位置上直接与轮对相连，而轴箱的位移是由轨道不平顺引起的，故在轮轨不脱离接触的前提下还采用轴箱振动加速度的二次积分反演得到轨道不平顺。轨道不平顺能够直观地反映轨道病害的类型和具体轨道管理指标限值，所以利用轴箱振动加速度反演得到的轨道不平顺可直接用于监控轨道的几何状态，从而指导线路养护维修。由轴箱振动加速度反演得到轨道不平顺的方法可分为时域积分和频域积分。时域积分是对轴箱振动加速度时域数据直接进行二次时域积分得到位移信号，由于积分的初始条件未知，测量误差(直流分量和噪声)或低频干扰引起加速度信号漂移，且随着积分时间的增加而信号偏移误差越来越明显。尽管提高数据采样频率能够减小积分误差，但车辆动态响应中存在多种频率成分，各个频率成分很难做到整周期采样，微小积分误差依然会带来较大趋势项，影响了时域积分的反演精度。频域积分则避免了误差累积放大效应，具有较高的准确性和稳定性，为了将时域信号转换为频域信号，频域积分先对轴箱振动加速度信号进行傅里叶变换，在频域内以傅里叶变换对(正弦余弦)的形式进行计算，有效避免时域信号的微小误差在积分过程中的累积放大作用。

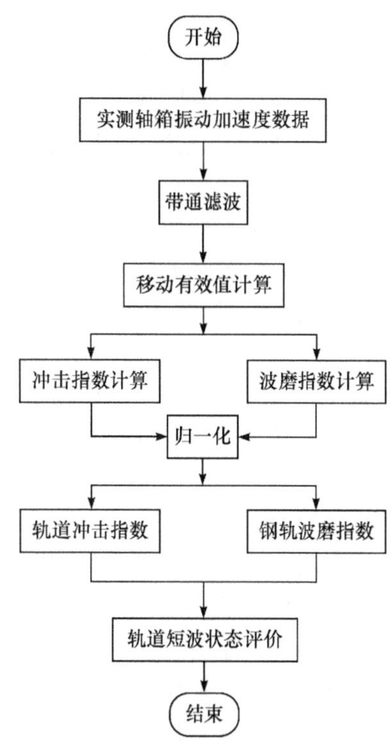

图 6-22　轴箱振动加速度归一化流程图

车辆动态响应数据反演轨道不平顺是利用相干分析方法确定反演模型中主要的输入与输出变量，往往着眼于车辆动态响应与单项轨道不平顺之间的传递特性，而实际上车辆动态响应是由多种轨道几何、车辆参数耦合作用的效果。较大的车辆动态响应反演得到的主要轨道不平顺未必超限，而次要的轨道不平顺引起的车辆动态响应效果则被忽视。

2. 基于构架振动加速度的轨道状态评价

经过车辆一系悬挂弹簧减振后，轨道不平顺激励的高频振动成分衰减，构架振动加速度强度减弱。相对于轴箱振动加速度传感器，构架振动加速度传感器在选型、接口设计、硬件安装及后期维护等方面均更易实现，因而构架振动加速度被广泛应用于轨道状态监控中，如构架横向振动加速度峰值常用于评价车辆横向稳定性。通过轨道不平顺幅值评价模式仅能找出超过维修管理限值的单类型偏差病害，而不同类型轨道不平顺引起的车辆振动具有叠加特征。目前，尚无评价复合轨道不平顺、多波轨道不平顺的维修管理限值，而采用构架振动加速度则可从不同类型轨道不平顺激励振动综合响应的角度定性地评价轨道状态，从而找出单类型轨道不平顺峰值未超过管理限值但多项轨道不平顺引起车辆构架振动剧烈的区段。轴箱振动加速度波形成分的频率分布范围广、幅值波动范围大，而中长波轨道高低不平顺激励的低频振动成分振幅较小，往往被淹没在轴箱振动加速度高频段振动中，因此由低频段轴箱振动加速度反演得到的轨道不平顺很难保持较高的分辨精度；相对于轴箱振动是高频段，构架主要的振动能量集中在低频段，对应着中长波轨道不平顺的波长。基于构架振动加速度与位移的换算关系，直接采用构架振动加速度二次积分反演得到轨道不平顺，再判断轨道不平顺幅值是否超过轨道维修管理限值，进而决定线路是否维修及如何维修等。直接采用构架振动加速度二次积分得到轨道不平顺时存在的误差影响反演精度，混合轴箱振动加速度与构架振动加速度分频段积分，从而提高轨道不平顺的反演精度；采用构架点头角速度和车速时域波形的二次积分，在消除拟合多项式趋势的基础上，再采用带通滤波和递归最小二乘自适应补偿滤波等数据处理方法，从而得到较高精度的轨道垂向长波不平顺。除此之外，建立轨道不平顺、轮对与构架振动加速度之间的动力学模型，在轮轨不脱离接触的假设条件下，推导轨道不平顺(轴箱空间位移)与构架振动加速度之间在时域或者频域上的传递函数计算式，由车辆悬挂参数计算传递函数，再利用构架振动加速度反演得到轨道高低不平顺。

3. 基于车体振动加速度的轨道状态评价

车体振动加速度传感器安装于车辆车厢的内部，在电气接口、选型、维护等方面更易实现且体积小便于携带，所以车体振动加速度数据常用于轨道状态的监控中。经过车辆一系、二系悬挂系统减振后，车体振动加速度信号中的高频振动部分衰减，中长波轨道不平顺成分引起的车辆振动影响在车体振动加速度中得到集中反映，因此车体振动加速度可对轨道中长波状态尤其是引起车辆剧烈振动的不利波长进行有效监控。

采用车体振动加速度时域信号的峰值对轨道状态进行管理评价，如我国现行的铁路维修规则中规定了车辆在不同运行速度下车体垂向和横向振动加速度Ⅰ、Ⅱ、Ⅲ、Ⅳ 4 个管理级别的限值。车体振动加速度时域信号不能反映人体或车辆对振动的反应敏感程度，而车体振动加速度频域信号能够反映不同频段振动信号的强弱，乘坐舒适度和车辆运行平稳性指标加权计算了人体对不同频段的车体振动加速度的反应，用以评价车辆运行过程的运行品质。除此之外，由于车体振动加速度是轨道状态引起车辆振动的综合反映，尽管车体振动加速度值与轨道不平顺之间缺少直接的对应关系，但利用车体振动加速度辅助评价轨道状态的数据处理方法、指标限值等方面的研究一直是国内外重点课题，研究思路大致如下：建立车辆-轨道耦合动力学模型，将轨道不平顺和车体振动加速度分别当作模型的输入和输出，而由输入反演得到输出属于载荷辨识中的动力学逆问题。

在车速恒定的条件下，不同波长轨道不平顺引起的激励频率不同，因此可通过相关分析的方法找出频域上车体振动加速度剧烈的频段，从而统计该频段上轨道病害的波长范围。时频转换的主要方法为傅里叶变换，但傅里叶变换缺少时间信息，且短时傅里叶变换依赖所加时间窗的尺寸；小波变换能够自动适应时频信号分析，通过改变尺度参数使得窗口宽度和分辨率随着数据频率的变化而变化，其分解效果相当于不丢失原始信息的 1 个低通滤波器和若干个带通滤波器。近年来，技术人员多利用小波变换技术对车体振动加速度进行多尺度分解，从而分析评价不同波长、频率范围的轨道不平顺。

4. 基于轮轨力的轨道动态性能评价

轮轨力峰值大小反映了轮轨相互作用的剧烈程度，由轮轨力数据计算得到的安全性指标常用来评价线路上车辆脱轨系数、轮轴横向力等参数分布情况。我国线路维修规则给出了轮轨力评价指标限值，利用该指标和限值可以找出影响车辆运行安全的轨道区段。在车辆运行过程中，轮轨力能够直接反映轮轨之间动态作用的强弱程度，较大的轮轨作用力会加速轨道结构变形、车辆/轨道部件疲劳损伤、劣化轨道服役状态，潜在威胁车辆运行安全。改善轨道状态，控制轮轨力在正常合理范围内有利于提高运行品质，延长轨道、车辆部件的使用寿命。

我国轨道状态整体上良好且具有较高的安全裕量，车辆运行安全性指标普遍较小。作为既有轨道不平顺评价体系和轨道养护维修的有益补充，轮轨力技术成为一种新的测试手段，用以评价轨道结构的动力学性能。目前采用轮轨力的峰值和有效值评价模式很难满足轨道病害多样性评价的需求，因此对于轮轨力评价轨道状态的方法、标准和阈值等均有待深入研究。

5. 利用广义能量指数评价列车轨道系统的动态特性

为了区分不同波长成分对输入能量的贡献，中国铁道科学研究院借鉴能量集中率的思想，提出综合评价轨道车辆系统动态特性的广义能量指数：

$$\mathrm{GEI}=\sum_{i=1}^{7}\alpha_i\sqrt{\frac{1}{n-1}\sum_{j=0}^{n-1}w_i(f_j)E_i(f_j)} \tag{6-16}$$

式中，$E_i(f_j)$ 为第 i 项不平顺对应波长 f_j 的能量；$w_i(f_j)$ 为对应波长的能量权系数，满足归一化条件，可以由车体振动加速度与不平顺间的频响函数得到；α_i 为各项不平顺的权重系数。

能量权系数 $w_i(f_j)$ 是广义能量指数的核心参数，表征轨道不平顺与车辆动力学的关联关系。由于轨道不平顺的幅值是时变的，因此车辆动力学响应与轨道不平顺的相位差不是一个常值。在一定窗长范围内，车辆动力学响应与轨道不平顺的相位差基本不变。于是，提出对其进行加窗，然后利用互相关函数计算局部平移量，并通过平移消除相位差。在此基础上，提出直接利用实测数据计算能量权系数同步模型方法。

小　结

本章概述了高速铁路轨道检测及轨道质量评价技术的相关内容，对轨道不平顺与钢轨伤损的分类、检测方法及检测设备等进行了详细介绍，掌握这些知识是实施轨道养护维修工作的基本前提。随着高速铁路在我国的快速发展，列车的运行安全问题越来越引起人们的重视，轨道作为铁路运输的基础，其状态的好坏直接关系到铁路运输安全。开展轨道检测技术及的研究，不断探索更完备的检测原理和方法，以期提高轨道不平顺及钢轨伤损检测的可靠性和准确性，对于保证高速铁路运营安全、指导轨道养护维修工作都具有十分重要的意义。

第 7 章　高速铁路轨道维护

轨道在机车车辆动力作用下，在风、沙、雨、雪和温度变化等自然条件的影响下，将产生一系列变形，这些变形包括弹性变形和永久变形。轨道的永久变形不仅影响列车的平稳运行，而且当这种变形累积到一定程度后，将大大削弱线路的强度和稳定性，威胁行车安全。高速铁路对这种变形的限制更加严格。轨道结构和一般工程结构的显著差别是在运营条件下要及时消除这些永久变形。为保证列车正常运行，我国对轨道及其各部分的相互关系都规定了严格的技术标准。轨道修理的宗旨就是提高设备质量，保证轨道状态经常良好，符合规定的技术标准，保证列车可以以规定的最高速度平稳、安全、不间断地运行。轨道变形，无论是弹性变形还是永久变形，实质上都表现为轨道的不平顺。理论研究和高速铁路的实践充分表明，只有在高平顺的轨道上才能实现高速行车。高速铁路轨道区别于一般铁路的主要特点就是具有高平顺性，从这个意义上讲，高速铁路轨道修理的核心就是解决高速铁路的平顺性问题。

7.1　钢轨修整作业

钢轨是轨道结构的主要部件，搞好钢轨及其接头的养护维修，是保证钢轨正常工作的条件。钢轨整修不仅能延长钢轨的使用寿命，也是确保行车安全的重要措施。

7.1.1　钢轨打磨

轨道平顺性是列车平稳、安全运行的基础。轨道不平顺分为长波不平顺和短波不平顺。长波不平顺又分为轨道结构在外力作用下的残余变形，如轨距、水平、高低、扭曲等几何状态的变化和钢轨在轧制、矫直过程中产生的周期性变化。这两类不平顺的消除方法完全不同，前者通过整道消除，后者随着钢轨生产工艺的改进在钢厂即可消除。短波不平顺又分为周期性不平顺和非周期性不平顺，周期性不平顺即波浪磨耗和波纹磨耗，非周期性不平顺是指擦伤、表面龟裂、剥离掉块、压溃、焊缝不平顺等。

钢轨打磨一般是指消除钢轨周期性和非周期性短波不平顺而进行的作业。高速铁路平顺性是能否实现高速行车的关键，钢轨打磨也就显得格外重要。

1. 钢轨打磨的分类

钢轨打磨分为校正性(修理性)打磨、保养性(轮廓性)和预防性打磨三类。校正性打磨是打磨已经产生的钢轨表面病害；保养性打磨是把钢轨断面打磨成最佳轮轨接触的几何形状，以延缓波磨和其他疲劳伤损的产生，并减少侧磨；预防性打磨是在钢轨轨头裂纹开始扩展前就把裂纹萌生区打磨掉，防止接触疲劳型波磨的产生和发展。由于钢轨打磨具有显著的社会效益和经济效益，在新线交付验收时对轨面也有进行保养性打磨的，特别是高速铁路，列车高速运行对轨面不平顺特别敏感，因此在高速铁路开通前都要进行钢轨打磨。重载铁路则侧重于以打磨消除轨面各种伤损，延长钢轨使用寿命；高速铁路则更多侧重于以预防性打磨和打磨消除轨面不平顺，提高列车运行的平稳性。

2. 我国钢轨的一般要求

钢轨的预防性打磨应在轨道精调完成后进行，主要目的是去除低碳表皮，调整目标钢轨断面，消除施工车辆对钢轨的损伤。钢轨的预防性打磨周期按通过总重和钢轨运营状态确定，原则上每 30～50Mt 通过总重打磨一次，最长不宜超过 2 年。

可采用钢轨打磨列车、道岔打磨车或钢轨铣磨车打磨或铣磨钢轨。钢轨焊接接头可采用小型钢轨打磨机进行打磨。

打磨廓形应符合设计要求，并采用模板或钢轨轮廓(磨耗)测量仪进行打磨廓形检查和验收，钢轨打磨作业后应满足表 7-1 和表 7-2 的要求。

表 7-1　钢轨打磨作业验收标准

<table>
<tr><th>项目</th><th>验收标准/mm</th><th>测量方法</th><th>说明</th></tr>
<tr><td>钢轨母材轨头内侧工作面</td><td>+0.2/0</td><td rowspan="4">1m 直尺测量矢度</td><td>“+”表示凹进</td></tr>
<tr><td>钢轨母材轨顶面或马鞍形磨耗</td><td>+0.2/0</td><td>“+”表示凸出</td></tr>
<tr><td>焊缝顶面</td><td>+0.2/0</td><td>“+”表示凸出</td></tr>
<tr><td>焊缝内侧工作面</td><td>+0.2/0</td><td>“+”表示凹进</td></tr>
</table>

表 7-2　钢轨波磨打磨作业验收标准

项目	验收标准				测量方法	说明
波长/mm	10～30	30～100	100～300	300～1000	—	—
采样窗长度/mm	600	600	1000	5000	—	—
谷深平均值/mm	0.02	0.02	0.03	0.15	测试精度在 0.01mm 及以上，且测试长度不小于采样窗长度	打磨作业完成后 8 天内或在打磨后通过总重 3×10^5t 之前测量
允许超限百分率/%	5	5	5	5	连续测量打磨波磨钢轨长度 100m(车载检测)或 30m(手工检测)	—

7.1.2　客运专线无缝线路钢轨重伤和折断的处理

(1) 检查发现钢轨重伤时，应及时切除重伤部分，实施焊复。检查发现钢轨焊缝重伤时，应及时组织加固处理或实施焊复。进行焊复处理时，应保持无缝线路锁定轨温不变，并如实记录两标记间钢轨长度在焊复前后的变化量。

(2) 钢轨折断的处理要求如下。

① 临时处理：钢轨折损严重，不能立即焊接修复时，应封锁线路，切除伤损部分，两锯口间插入长度不短于 10m 的同型钢轨，轨端钻孔，上接头夹板，用 10.9 级螺栓拧紧。

在短轨前后各 50m 范围内，拧紧扣件后，按不大于 160km/h 的速度放行列车。

临时处理时，应先在断缝两侧轨头非工作边做出标记，标记间距离约为 12m，并准确丈量两标记间的距离和轨头非工作边一侧的断缝值，做好记录。

② 永久处理：对临时处理的处所，应及时插入短轨进行焊复，恢复无缝线路轨道结构。钢轨折断宜直接进行永久处理，条件不具备时可进行临时处理。

③ 放行列车时，焊缝轨温应低于 300℃。

7.2 有砟轨道维护作业

7.2.1 有砟轨道线路病害及主要养护维修工作

1. 有砟轨道线路病害

1) 线路残余变形

轨道是一个整体性的工程结构，由力学性质各不相同的材料组成，包括钢轨、扣件、轨枕，道床等。由于长期处于列车运行的动力作用下，加上气候变化所造成的影响，轨道会产生线路残余变形，影响线路的平顺度。

2) 钢轨磨耗伤损

既有线上的轨道经过长期的运营，部分区段会出现剥落掉块、焊缝鞍形磨耗、肥边、擦伤、轨头表面由于冷作硬化出现轨道表面金属的破坏等缺陷，特别是曲线地段还会出现波磨，因此需要对线路进行定期维护。

从原理上来讲，钢轨打磨就是去除轨头的金属。如果在正确的地方除去适量的金属，通过断面及表面的修复，能使钢轨具备理想的几何尺寸。

3) 其他病害

有砟轨道其他常见的病害还有轨枕破损、道砟脏污、翻浆冒泥等。

钢筋混凝土轨枕在使用中常常发生裂缝、掉块及挡肩破损等病害，危及行车安全，因此有必要加强对轨枕状态的检查。

道床的脏污和板结程度则需要使用相关的检测仪器进行测试。道床脏污程度用道床内脏污物(粒径小于 20mm)或道床孔隙率衡量。道床脏污物测量一般采用筛分法进行，即在线路上随机抽取定数量的枕跨，进行道床破底开挖将挖出的道砟及脏物一起过筛后，称量粒径小于 20mm 的脏物重量。较为先进的测试方法是进行道床孔隙率或密度测量。

翻浆冒泥是线路上的常见病害，是翻浆和冒泥两类病害的总称。翻浆可分为道床翻浆与基床翻浆两类，翻浆较严重时，道床翻浆和基床翻浆一起出现。道床翻浆的根源在于道床不洁，其发生地段与下部路基无关，通常不浸入路基。道床中翻出的泥浆比路基土的颜色要深，雨季时道床翻浆较严重，雨季过后不再发生或明显轻微。道床因石砟被泥浆固结成干硬整块，逐渐板结并失去弹性。道床翻浆的严重程度可用翻浆等级加以划分。

2. 养护维修主要工作内容

针对不同的病害，有不同的养护维修工作。针对线路几何形位改变的养护维修工作有起道、拨道、捣固、砟肩夯拍等；针对部件伤损的维修工作有打磨、换轨、换枕等；其他的养护维修工作有道砟清筛、除草、涂油等。

为保证列车的正常运行，线路必须经常保持规定的技术完好状态，因此，计划性、系统性、经常性地对线路进行检查和维修是必要的。随着我国铁路高速、重载和舒适化的快速发展与要求，线路验收标准逐步提高，再加上近年来各种新建铁路、客运专线和改、扩建线路的大量竣工，大大增加了我国铁路的运营里程，以往传统的维修手段已经根本无法满足维修要求，大力发展大型养路机械事业已成为解决这个矛盾的必然。

7.2.2　大型养路机械作业基本要求

1. 线路维修作业技术规定

(1) 捣固作业时应设置不少于 10mm 的基本起道量。当起道量为 10～50mm 时捣固一遍，起道量超过 50mm 时捣固两遍并稳定一遍，接头处应增加捣固遍数。

(2) 在需变更曲线超高地段，当里股起道量大于 20mm 时，应分两次进行起道。

(3) 线路方向的整正可采用四点式近似法，用 GVA 自动拨道或查表输入修正值用手动拨道。当线路每隔 2.5m 有准确的拨道量时，可按精确法进行拨道。在长大直线地段，应采用激光准直系统进行拨道。

(4) 捣固作业结束前，应在作业终点划上标记，并以此开始按不大于 2.5‰的坡度递减顺坡，达到安全放行列车的要求。一般情况下不在圆曲线上顺坡，严禁在缓和曲线上顺坡结束作业。

(5) 在有砟桥上，枕下道砟厚度不足 150mm 时不能进行捣固作业。

(6) 站区内作业时，线路起道后的钢轨顶面至接触网的距离不得小于 5700mm。

(7) 大型养路机械维修后的线路几何状态应达到《铁路线路修理规则》(铁运[2006]146 号)规定的要求。

2. 线路大修作业技术规定

(1) 使用清筛机清筛道床，其清筛深度一般不小于 300mm。

(2) 清筛机枕下导槽在作业时应按 1∶50 的坡度向道床排水侧倾斜。

(3) 被清筛线路两侧的建筑物(包括埋设在道床中的固定物)至线路中心的距离应不小于 2100mm。

(4) 线路大修作业应经过三遍捣固后验交。整细捣固应采用精确法严格按照线路大修设计技术资料进行作业，其他捣固作业可采用近似法。

(5) 整细捣固顺坡率不得大于 2.5‰，当作业终点有拨道量时均应输入拨道递减量，以便将线路拨顺，达到安全放行列车的要求。

(6) 大型养路机械大修作业后的线路质量应达到《铁路线路修理规则》所规定的标准。

3. 大机线路综合维修施工组织及安全要求

大机线路维修包括线路、道岔起整捣固，轨道动力稳定，道床配砟整形，钢轨、道岔打磨等大机作业项目和大机作业前准备、作业中配合、作业后组整等人工配合作业项目，由工务段担任施工主体，负责制定施工技术方案，提报施工计划，组织技术交底和施工准备，协调施工配合，负责施工现场指挥和作业质量验收。工务机械段密切配合工务段共同制定施工方案和施工计划，组织调配大机，参加技术交底，细化作业分工，严格按标准组织大机作业。施工工序流程为：大机作业前准备—大机作业(包括地面配合作业)—大机作业后细整。

工务段和工务机械段应加强沟通，在保证作业质量的前提下，以大机作业效果最大化为原则，共同商定每日施工计划。执行技术交底制，工务段必须提前组织施工技术交底，明确施工方案、作业标准和配合要求。工务机械段必须保证机械状态良好，细化每台大机作业分工，召开班前准备会，明确工序节点时分和安全注意事项，布置落实到机组每个岗位，确保施工安全正点质量优良。

大机线路施工作业，特别是曲线精拨、道岔整治施工，涉及车务、电务配合等，人机集中，工序交错，施工情况复杂，必须建立现场指挥体系和安全防护体系，统一现场指挥，密切施工配合，协调应急处置，强化施工组织管理和现场作业全过程控制。在遵守营业线施工安全和电气化铁路施工安全有关规定的基础上，应特别注意以下安全事项。

(1) 加强邻线来车安全防护，指定专门防护员负责测量线间距。

(2) 大机和供电调网轨道车不得盲目倒车，以免伤及地面配合人员。

(3) 若配砟整形车作业，则必须确认邻线无列车通过后才可放下或收起靠邻线一侧的作业装置。

(4) 必须严格执行曲线正矢地面复核制度和线路开通联合签认制度，工务段和工务机械段共同确认开通条件。

4. 大机作业配合要求

大机作业质量取决于大机设备状态和操作水平，但施工前准备和地面配合质量对大机作业质量的影响绝不亚于大机本身。大机作业需要具备一定的作业条件，施工前准备和地面配合就是为大机创造好必要条件。

如果轨距不顺、垫板不拆、胶垫歪斜、零配件缺失、扣压力不足、轨枕失效歪斜、钢轨硬弯、道床冒浆板结、严重缺砟、电缆不捆不扎不拆、道岔不脱杆、曲线标桩不准、技术资料有误、基本起道量不足，那么根本无法保证大机能够实施正常的起道、拨道、捣固、夯拍和动力稳定作业，更谈不上保证大机作业质量、作业效率，提高线路设备质量储备。

工务段必须树立零缺陷理念，要建立固定队伍配合大机作业，严格按照作业标准，做到调查彻底、准备充分、配合默契、细整细改全面到位。施工前准备和地面配合的具体要求如下。

(1) 轨距、胶垫必须整正到位。

(2) 零配件齐全有效。

(3) 预拉预卸石砟。

(4) 轨枕状态良好。

(5) 提供准确的技术资料和起拨道量。

(6) 地面配合和大机作业后细整。

7.2.3 常见大型养护机械介绍

1. 捣固车

捣固车用在铁道线路新线建设、旧线大修清筛和既有线维修作业中，能对轨道进行起道抄平、拨道、石砟捣固及道肩石砟的夯实作业。作业后可使轨道方向、左右水平和前后高低均达到线路设计标准或线路维修规则的要求，提高道砟的密实度，增强轨道的稳定性，保证列车安全运行。

D09-32 型连续式捣固车具有较高的作业精度和作业效率。该车采用主机与工作小车分离的新结构，主机连续匀速向前运行，工作小车以钢轨导向做步进作业，大大降低了操作人员的工作强度，延长了机器的使用寿命。该车能进行起道、拨道、抄平、钢轨两侧枕下道砟捣固和枕端道砟夯实作业。利用车上的测量系统，可对作业前、后线路的轨道几何参数进行测量及记录，并通过控制系统，实现按设定的轨道几何参数进行作业。

CD08-475 型道岔捣固车是一种对铁路线路、道岔养护施工的专用大型养路机械。该车在道岔维修中采用科学的三线起道、四线捣固作业原理，有 4 个捣固装置，由滑移回转装置和伸缩旋转装置实现铁路线路、铁路道岔的起道、拨道、抄平、钢轨两侧枕下道砟捣固和枕端道砟夯实作业。利用车上的测量系统，可以对作业前、后线路的轨道几何参数进行测量及记录，并可通过控制系统，实现按设定的轨道几何参数进行作业。

2. 清筛机

铁道线路在运营过程中，会发生变形、磨耗、破损、腐蚀、脏污及老化，因此要对其进行养护、维修，以使其处于正常可靠的工作状态，保证行车安全。对碎石道床而言，当其不洁度超过 30%时，应进行清筛。道床清筛是线路长、中修任务中一项工作量大、劳动强度高的作业项目，目前我国已越来越多地采用道砟清筛机来完成。道砟清筛机是用来清筛道床中道砟的大型机械，它将脏污的道砟从轨枕底挖出，进行筛分后，将清洁道砟回填至道床，将筛出的污土清除到线路外。随着清筛机械的发展，道砟清筛机的功能不断增多，如可用清筛机进行垫砂、铺土工纤维布、抛床等作业。

SRM80 型全断面道砟清筛机是线路大修施工的主要大型养路机械。该机可在不拆除轨排的情况下，通过挖掘链运动将轨排下的道砟挖出，振动筛对挖出的道砟进行筛分，污土由污土输送带抛到该机前方线路的两侧或物料运输车内，清洁道砟可直接回填到道心内，也可由回填输送带回填到挖掘链后方钢轨两侧的道床内。道砟在线路的整个断面内均匀回填，可减少捣固作业线路的作业量。在翻浆冒泥路段，该机可对道床石砟进行全抛作业。

3. 稳定车

稳定车是用于线路清筛、捣固作业后，为了巩固作业效果、增强道砟密度和道床稳定性的大型养路机械。

WD-320 型动力稳定车是线路修理、提速改造和新线建设作业机组中重要的配套设备。该车通过两个激振装置，强迫轨排及道床产生横向水平振动并向道床传递垂直静压力，使道砟流动重新排列，互相填充达到密实，实现轨道在振动状态下有控制地均匀下沉而不改变线路原有的几何形状和精度，以提高作业线路的横向阻力和道床的整体稳定性，可有效降低线路维修作业后列车限速运行的限定条件。

4. 配砟整形车

配砟整形车是对铁路进行新建、大修和维修的大型机械化作业的重要机械之一，它具有对道床进行抛砟、配砟、整形和清扫轨枕面等作用。配砟整形车可编挂于捣固车之前，使捣固前道床断面成形，布砟均匀，方便捣固；也可编挂于捣固车之后，使捣固后道床得到进一步整理成形，同时将散落在轨枕或扣件上的道砟清扫干净。

SPZ-440 型单向配砟整形车是线路修理、提速改造和新线建设作业机组中重要的配套设备，能够进行道床配砟、边坡整形、清扫枕面、清扫轨侧、清扫扣件、收集枕面上的道砟至储砟斗、分配储砟斗内的道砟至道床。该车通过中犁、侧犁等工作装置完成道床的配砟整形作业，使道床布砟均匀，道床断面按技术要求成形；该机增加了局部集砟、补砟功能，可有效将作业时残留于轨枕和扣件上的道砟清扫并收集至砟斗并根据捣固作业需要进行回填，以达到石砟的合理利用及线路外观整齐美观的效果。该机采用先进的激光避障系统、道床断面激光扫描系统及 IPC 作业控制系统，可对侧犁、中犁作业效果进行有效测量并显示。

5. 钢轨打磨车

轨道交通开通运营之后，钢轨就长期处于恶劣的环境中，由于列车的动力作用、自然环境和钢轨本身质量等原因，钢轨经常发生伤损情况(如裂纹、磨耗等现象)，造成钢轨寿命缩短、养护工作量增加、养护成本增加，甚至严重影响行车安全。因此，必须及时对钢轨伤损进行消除或修复，以避免影响轨道交通运行的安全性。

对钢轨伤损进行消除或修复的措施有钢轨涂油、钢轨打磨等，其中钢轨打磨由于其高效性而受到世界各国铁路的广泛应用。

钢轨打磨主要是通过打磨机械或打磨列车对钢轨头部滚动表面进行打磨，以消除钢轨表面不平顺、轨头表面缺陷及将轨头轮廓恢复到原始设计要求，从而实现减缓钢轨表面缺陷的发展、提高钢轨表面平滑度，进一步达到改善旅客乘车舒适度、降低轮轨噪声、延长钢轨使用寿命的目的。

GMC-48K 钢轨打磨车主要用于铁路线路钢轨的预防性打磨和修理性打磨作业，可消除轨道表面上的锈蚀、疲劳裂纹、波纹、斑点、翅片等缺陷。该机可双向作业，作业精度能够满足 300km/h 高速线路的技术要求，具有世界同类产品先进水平的作业效率。

6. 路基处理车

路基处理车用于铁路既有线路路基面病害整治工作。LZC-800B 型路基处理车具有以下功能：挖取、回收、破碎上层旧道砟并作为路基保护面材料；挖掘剩余的道床和路基上层；平整路基顶面；铺设相应的保护物；铺设路基面保护层。

大修列车是一个很有前途的线路大修设备。经过线路大修综合施工管理的实践，对设备的进一步掌握和使用及管理水平的提高，大修列车必定在铁路大修作业中发挥出巨大的作用。P95 线路大修列车在线路大修领域经过了 30 多年的研究和发展，是当今世界上最先进的铁路换轨换枕大型机械设备。

7. 快速多功能综合作业车

快速多功能综合作业车(简称综合作业车)是电气化铁路、高速客运专线接触网检修、维护、抢修的专业设备，并可用于线路、桥梁等设施的检查和维护。

车辆的作业设备由检修电气化线路高空装置的全方位伸缩-旋转式工作台、升降工作台和网线定位作业装置、接触网自动检测系统和具有多种设备与材料存放的工作室等组成；车体的整体钢结构，可以支撑和平衡各种升降工作台的伸缩旋转作业；以 160～200km/h 高速内燃动车为基础，走行部既可以满足高速运行的需要，也可以使车体与走行部之间转换成刚性系统，满足低速作业运行的需要，牵引运行系统的各种机组全部安装在车架下部。

7.3　无砟轨道维护作业

无砟轨道是指不用道砟铺设的轨道结构，与有砟轨道相比，无砟轨道避免了道砟飞溅，具有平顺性好、稳定性好、使用寿命长等特点。我国无砟轨道的结构形式在线路上主要有 CRTS Ⅰ型、CRTS Ⅱ型、CRTS Ⅲ型板式无砟轨道及 CRTS Ⅰ型、CRTS Ⅱ型双块式无砟轨道等。

7.3.1　无砟轨道结构概况及主要技术要求

1. CRTS Ⅰ型板式无砟轨道

我国 CRTS Ⅰ型轨道板的宽度是根据下部基础条件、外载荷的大小及载荷传递情况来确定的。轨道板厚度主要由结构强度及配筋要求决定。在结构强度允许的范围内，进行综合比选。混凝土道床板的厚度应根据下部基础的支承条件(桥梁跨中挠度、路基承载力、隧道等)，以及轨道电路设计参数的要求来确定。

CRTS Ⅰ型板式无砟轨道的主要技术要求如下。

(1) 对于预应力混凝土整体式，轨道板是不允许开裂的，对于普通混凝土框架式，轨道板裂纹宽度限制在 0.2mm 以内。

(2) 水泥乳化沥青砂浆设计厚度为 50mm(检算厚度为 40～100mm)，并要与轨道板底部密贴。

(3) 配套的扣件有 WJ-7 型扣件，其锚固螺栓扭矩为 300～350N·m；对于一般地段，W1 型弹条的扭矩为 100～140N·m；对于大跨桥小阻力扣件，X2 型弹条的扭矩为 70～90N·m。

2. CRTS Ⅱ型板式无砟轨道

CRTS Ⅱ型板式无砟轨道技术是我国对博格板式无砟轨道系统技术消化、吸收、再创新，形成的中国特色板式无砟轨道技术。

CRTS Ⅱ型板式无砟轨道的主要技术要求如下。

(1) 除预裂缝处外，其他部位不得有裂缝。

(2) 水泥乳化沥青砂浆层设计厚度为 30mm(容许偏差 ± 10mm)。

(3) 离缝分 0.5mm、1mm、1.5mm 伤损等级。达到Ⅲ级做好标记，列入检修计划；离缝宽度大于 2mm、深度大于 200mm 时，应在高温季节前完成修理。

(4) 轨道板间接缝：离缝宽度分 0.2mm、0.3mm、0.5mm 伤损等级。

(5) 桥上连续底座板：容许均匀开裂，宽度限值 0.3mm。

3. CRTS Ⅲ型板式无砟轨道

CRTS Ⅲ型无砟轨道板完全是我国自主研发的一种无砟轨道结构形式。CRTS Ⅲ型板与 CRTS Ⅰ型板、CRTS Ⅱ型板最大的不同之处是用自密实混凝土代替 CA 砂浆。

CRTS Ⅲ型板式无砟轨道的主要技术要求如下。

(1) 轨道板：双向预应力结构，不得有裂缝，配套采用 WJ-8 扣件。

(2) 自密实混凝土层：设计厚度为 90～100mm(容许偏差±10mm)。

(3) 底座：分段设置，长度为 5～20m，底座间设宽度为 20mm 伸缩缝(路基段设有传力杆)；底座与路基面封闭间、底座与桥面保护层间有纵向接缝。

4. 双块式无砟轨道

双块式无砟轨道结构与板式无砟轨道结构有很大不同。在路基段，它由道床板、支承层组成，沿线路纵向连续，连续结构端部设有限位端梁。在桥梁段，它由道床板、土工布隔离层、底座及凹槽周围弹性垫层等组成，道床板和底座均为单元结构。为减少桥梁转角影响，个别梁端无砟轨道采用有过渡板特殊结构(由限位板、过渡板、支座、限位器等组成)。

双块式无砟轨道的主要技术要求如下。

(1) 道床板允许开裂结构，双块式轨枕不得有裂缝，道床板混凝土不得有横向或竖向贯通裂缝。

(2) 在路基地段，支承层与道床板、路基基床表层间密贴，不得离缝。

(3) 在隧道地段，道床板与回填层密贴。

7.3.2 无砟轨道结构伤损

1. 无砟轨道结构损伤分类

由于无砟轨道结构复杂，其损伤多种多样，因轨道结构形式的不同而不同。

按照无砟轨道的结构层次，可以将无砟轨道损伤归类为主体结构损伤和附属结构损伤。前者主要包括道床板(轨道板)裂纹、支承层(底座)裂纹等；而后者主要包括板式轨道凸型挡台周围填充树脂损伤开裂、CA 砂浆层裂纹、CA 砂浆层汲水、纵连板式轨道侧向挡块开裂等。

另外，按照无砟轨道损伤特征，可以将损伤划分为裂纹损伤和非裂纹损伤两种。前者主要包括各种原因引起的宏观裂纹，而后者主要包括 CA 砂浆层汲水、轨道板的不完全支承等。

2. 无砟轨道结构典型伤损

1) CRTS Ⅰ型板式无砟轨道

CRTS Ⅰ型板的典型问题有：轨道板开裂、掉块、劣化，由于预应力钢棒材质的缺陷，热处理及套管加工工艺不当，导致预应力钢棒断裂、窜出等；锚具设计不合理，在钢筋锚固处形成应力集中；无黏结预应力钢棒在高应力、高频振动下产生疲劳断裂等多种原因，致使预应力钢棒突然断裂造成钢棒弹出，可弹到相邻股道，打伤底座或轨道板，甚至伤及线路两侧设置的声屏障等建筑物；危及行车安全及线上工作人员的人身安全；预应力钢棒的断裂和窜出改变了轨道板的受力状况，使轨道板容易开裂。CRTS Ⅰ型轨道板在生产、运输、安装的过程中出现轨道板板角或边缘掉块；或者由于偶然外力致使出现掉块，影响轨道板的使用寿命。CRTS Ⅰ型轨道板大部分框架板下缘出现细微裂纹，个别裂纹已经贯通，造成框架板底出现裂纹的原因有以下几点：生产、运输、安装时形成的初始裂纹；纵向没有预应力或预应力较小，造成受弯构件下部开裂；板下支撑不均匀；轨道板养护不当。当裂缝发展到一定程度后会导致轨道板断裂，影响行车安全和使用寿命。

2) CRTS Ⅱ型板式无砟轨道

CRTS Ⅱ型板的典型问题有：轨道板非预裂缝处开裂、掉块，侧向挡块拉裂，砂浆层、底座板厚度不足，精调爪处砂浆缺损、渗浆等。

CRTS Ⅱ型轨道板在生产、运输或安装过程中处置不当，会导致在非预裂缝处出现横向贯通裂纹，有的裂纹从承轨台旁边开裂贯通轨道板，有的裂纹则直接经过承轨台形成轨道板横向贯通裂缝，有的裂缝与灌浆孔连通，还有的裂缝出现在梁端位置并与锚固销钉孔连通。这些裂缝的出现会影响扣件的正常工作性能，缩短轨道板的使用寿命。侧向挡块在施工时局部与轨道黏结较强，轨道与桥梁产生纵向相对位移时将黏结处拉裂，致使侧向挡块与轨道板或底座板相连处开裂。侧向挡块破损，会降低其横向和垂向的限位能力。

3) CRTS Ⅲ型板式无砟轨道

CRTS Ⅲ型板的常见问题是支承层与路基面封闭层间的纵向接缝防水功能失效。

在 CRTS Ⅲ型轨道板结构中，存在道岔板与自密实混凝土离缝、冒浆等伤损，造成这种伤损的原因可能是道岔板在温度作用下产生变形，致使板端与自密实混凝土脱离，在列车载荷作用下逐步整体脱离；再者由于排水不良导致水进入层间，在列车载荷作用下，动水压将层间研磨颗粒和细骨料带出形成白浆，影响道岔区结构的稳定性和耐久性。

4) 双块式无砟轨道

双块式无砟轨道的问题也有很多，如双块式轨枕周围界面裂纹、八字裂纹；双块式轨枕破损、松动，道床板横向贯通裂缝等。造成这种伤损的原因可能是施工质量缺陷、现浇混凝土收缩等。另外，双块式无砟轨道还可能出现道床板拱起的问题，以及路桥过渡段区域轨道结构端梁附近道床板拱起、施工后浇带区域道床板拱起等。造成这种伤损的原因可能是细部设计缺陷(限位能力不足)或施工质量缺陷(支承层、中断处锚固等)。

3. 无砟轨道裂纹损伤原因分析

裂纹产生的原因可分为两类：一是结构裂纹，该裂纹由外载荷引起，包括常规结构计算中的主要应力及其他的结构次应力造成的受力裂纹；二是材料裂纹，该裂纹是由非受力变形变化引起的，主要是由温度应力和混凝土的收缩引起的。

1) 施工裂纹

混凝土在浇筑时，由于振动棒和重力的作用，集料下沉、水泥浆上升，沉落直到混凝土硬化时才停止。当塑性沉落受到模板、钢筋及预制件的抑制(或者模板沉陷、移动)时就会出现裂纹。裂纹大多出现在混凝土浇筑后 0.3～0.5h，混凝土尚处在塑性状态，混凝土表面多余水消失时立即沿着轨道板上面钢筋的走向产生。其主要原因是混凝土坍落度大、沉陷过大。另外，在施工过程中如果模板绑扎得不好、模板沉陷、移动时也会出现此类裂纹。

双块式无砟轨道施工时一般是先将钢轨、双块式轨枕精确定位和扣件拧紧，再浇筑混凝土。当白天太阳直射，外界温度比较高时，钢轨的温度发生急剧升高，钢轨伸长，这时由于混凝土正处于初凝状态，混凝土强度趋近于零，不能抵抗这种变形应力而开裂。

对于双块式无砟轨道，由于轨枕是预先制作的，因此容易发生新旧混凝土黏结不良而出现裂纹。在双块式无砟轨道中，这种现象较为普遍。

2) 温度裂纹

温度裂纹主要是由温差造成的。温差可分为以下几种：水化热引起的混凝土内外温差、结构整体的温度升降差、结构从上表面至下表面的温度梯度。

混凝土浇筑初期，水泥水化过程产生大量的水化热，并且其大部分热量是在 3 天以内放出，由于混凝土是热的不良导体，水化热积聚在混凝土内部不易散发，常使混凝土内部温度上升，而混凝土表面温度为室外环境温度，这就形成了内外温差。这种内外温差在混凝土凝结初期产生的拉应力超过混凝土的抗拉强度时，就会导致混凝土裂纹。

混凝土结构在随季节性变化和日照的循环变化下，结构整体发生均匀的温度升降变化，从而使混凝土结构发生伸缩。这种伸缩在没有纵向约束或约束很小时，产生的温度力可以不考虑，但由于无砟轨道混凝土结构纵向受到很多约束，混凝土结构越长引起的温度应力越大，可导致混凝土出现贯通裂纹。

混凝土结构在太阳照射下，其上表面温度高，下表面温度低，由于混凝土的热传导性能差，轨道板在沿高度方向上存在正温度梯度；与之相反，在夜间或遇环境突然降温时，在轨道板高度方向会形成负温度梯度。温度梯度会导致轨道结构发生翘曲和表面出现横向裂纹。

3) 混凝土收缩裂纹

混凝土的收缩类型有很多种，其中引起混凝土开裂的主要有干燥收缩和塑性收缩。干燥收缩是指混凝土硬化后，在干燥或外界温度很高的环境下，混凝土内部的水分不断向外散失，引起混凝土由外向内的干缩变形裂纹。

塑性收缩是指混凝土浇筑后仍处于塑性状态时，由于表面水分蒸发过快而产生的裂纹，这类裂纹多出现在表面，形状不规则、长短宽窄不一、呈龟裂状，深度一般不超过 50mm。但当轨道板是厚度很小的薄板结构时，如果混凝土中掺有含泥量大的粉砂则可能被穿透。混凝土产生急剧收缩主要是因为混凝土浇筑后 3～4h 表面没有被覆盖，在炎热或大风天气，轨道结构混凝土表面水分蒸发过快；或者是过快地被基础和模板吸水；或者是混凝土本身的水化热高等；此时混凝土强度趋近于零，不能抵抗这种变形应力而导致开裂。

4) 载荷引起的裂纹

轨道结构受外载作用时，当载荷应力大于轨道结构混凝土的抗拉强度时，就会引起混凝土开裂。例如，当轨道结构遇基础不均匀沉降时，在列车载荷的作用下，会使底座板(支承层)和道床板(轨道板)承受附加弯矩而引起下部开裂。

此外，既有裂纹会在外载荷作用下扩展。由于轨道结构主要承受列车载荷和温度载荷，两种载荷均为反复载荷，在载荷的反复作用下，由其他原因产生的微裂纹会进一步扩展，形成轨道横向贯通裂纹。

无砟轨道主体结构的裂纹种类多种多样，其产生的原因也错综复杂，各种因素相互影响。有的裂纹对轨道结构的主体受力有重要影响，而有的裂纹仅对无砟轨道的长期使用寿命有一定影响。因此，对无砟轨道主体结构裂纹应区别对待。

7.3.3　扣件损坏的修理及维护

一般来说，扣件的各个部件均可以更换。但如果混凝土轨枕内的套管或混凝土螺纹损坏就危险了。在这种情况下要找出需要维修的套管，如果是混凝土或混凝土螺纹损坏，就必须钻孔，并用工程上允许采用的合成树脂重新黏合需要维修的套管，以 Vossloh 300-1NL 为例进行介绍，WJ-8 扣件和 WJ-7 扣件同样需要注意以下内容。

1. 弹条松弛或钢轨扣件没有结构性的损坏

扣件弹条松弛不需要更换任何扣件部分，只需要适当地紧固轨枕螺钉即可。这将根据轨道扣件系统 LOARV300-1 和 Vossloh 300-1NL 的安装指令进行。

(1) 修复过程：用扭力扳手或螺旋机根据安装说明紧固轨枕螺钉。

(2) 空间需求：完全封闭受影响的路段，在工作中必须对下一节轨道保持一定的安全距离。

(3) 重要的安全要求或有效的完成方法：如果工作人员有了一定的安全防护措施，此工作就可执行了。

其安全措施有：①安全的组织方法；②安全的技术方法；③完全封闭不受影响的路段；④对下一轨节保持一定的安全距离。

2. 轨枕外扣件或扣件组件的损坏

这种缺陷是由正常使用、意外事故及安装或材料缺陷而造成的。其损害类型有以下几种：

(1) 一个或几个钢轨扣件组件的变形；

(2) 一个或几个钢轨扣件组件的破裂。

这种缺陷通常仅通过肉眼就可检查出来。其修复过程的工作步骤如下：

(1) 放松有损坏部分的轨道和相邻轨道的扣件；

(2) 提升起钢轨；

(3) 去除有缺陷的钢轨扣件或扣件组件；

(4) 用压缩空气或空气喷嘴清扫榫钉孔(如果取出了轨枕螺钉)；

(5) 润滑轨枕螺钉；

(6) 安装新的钢轨扣件或扣件组件；

(7) 放低钢轨；

(8) 按需要的扭矩安装钢轨扣件。

3. 轨枕内扣件螺钉部分的损坏

螺钉 Ss36N 是部分与轨枕结构集为一体的。它们由于意外事故、安装或材料故障，消除或降低了轨枕内钢轨扣件适当的锚固作用。这种损害有螺钉失效和螺钉断裂。

这种缺陷通常仅通过简单的视觉进行检查，并且在此种螺钉失效的修复中是不需要起钢轨的，只需要替换螺钉即可。在螺钉断裂的修复中，榫钉内部的螺钉部分可以使用直径为 8～15mm 的左螺纹钻钻孔清除。钻头逆时针方向钻进断裂的螺钉中，随着转动阻力增大，能够从榫钉中移除螺钉部分。

若这种方法不能去除螺钉部分，则全部榫钉必须替换，工作步骤如下：

(1) 去除断裂螺钉的上部分；

(2) 去除弹条和轨距板；

(3) 去除榫钉内的螺钉断折部分(使用钻孔机和左旋螺纹钻)；

(4) 用压缩空气清洗榫钉；

(5) 润滑轨枕螺钉；

(6) 安装轨距板和弹条；

(7) 用适当的扭矩拧紧螺钉。

4. 轨枕内扣件榫钉部分的损坏

塑料榫钉 Sdü26l、Ss36N 与轨枕结构是完全一体的，它们由于意外事故、安装或材料缺陷，降低或消除了轨枕内部钢轨扣件适当的锚固作用。

这种损坏无须借助其他检测仪器，仅凭肉眼就可进行检测判断。对于这种缺陷所需要的修复方法和各自的作用力与损坏的程度有关，因此它们每一个都必须单独地进行分析和解决。

下面仅列出了通用的一种修复工作的步骤，具体如下：

(1) 放松损坏部分的轨道和相邻轨道的扣件；

(2) 提升起钢轨；

(3) 去除有缺陷的钢轨扣件；

(4) 锤击销钉或螺钉进入有缺陷的榫钉内；

(5) 沿逆时针方向从混凝土枕身内去除有缺陷的榫钉；

(6) 用榔头或铁锤从有缺陷的榫钉内去除销钉或螺纹装置；

(7) 用销钉或螺纹装置和扳手将车削螺纹的修理榫钉拧入混凝土枕身；

(8) 用压缩空气或空气喷嘴清理榫钉孔；

(9) 安装新的轨枕扣件或轨枕扣件组件；

(10) 放低钢轨；

(11) 用适当的扭矩固定扣件。

7.3.4 轨枕的维修

通常轨枕的损坏形式有轨枕的松动、轨枕上有裂纹、由于外力作用产生混凝土枕枕肩的碎裂、轨枕的钢轨垫板上出现损坏及严重的钢轨垫板和轨枕的损伤，这些问题都给行车带来了安全隐患。因此，必须采取办法对其进行维修。下面就这几点问题提出一些修理意见。

1. 松动轨枕的修复

1) 产生轨枕松动的原因

轨枕的松动是由于预制轨枕和新充填混凝土的生产过程和变形可能不同，导致在接缝处的混凝土黏合性比较差，因此动力载荷使轨枕与混凝土支承层(BTS)分离。若损伤进一步发展，则轨枕的松动大多可从轨枕周区的白色边缘和棱角毁损现象辨认出来。此外，由于可能浸入水而使坚固性降低。一般情况下将这类轨枕看作松动轨枕，在轨枕范围会出现宽度大于 0.5mm 的环绕裂纹。尤其是较早的 Rheda 型无砟轨道很容易产生上述缺陷，这种无砟轨道采用大型轨枕，从上面往下看大多数很光滑且面积大，松动轨枕也可能导致列车脱轨。

2) 对松动轨枕采用的修复方法

对松动轨枕的修复，可能采用的并在修复方案中规定的措施是全套更换轨枕，在轨枕盒中安装新的支承点并对部分裂纹压注填料。

3) 对各种修复方法的对比

在各种不同的方法中，试验采用装入混凝土支承层的锚固系统来固定轨枕的方法。但目前的试验结果显示，此方法并不是很成功。在一般情况下，5～9 个月后锚固系统中的锚栓就会松动，接着用压注环氧树脂的方法对松动的轨枕进行修复。另外，环氧树脂对水敏感和相对较长的硬化时间是问题所在的原因。在轨枕直接承受载荷的情况下，在充填材料完全凝固之前是不可能恢复承载性能的。

为了对轨枕压注充填物，有学者专门开发了一种优化的压注方法。通过装入轨枕螺纹道钉套管中的适配器来压注环氧树脂。事先借助穿透套管底面的一个钻模，钻一个直到轨枕底面的孔。用事先准备用作压注塞的螺纹道钉对空腔进行压注，这里大多数不采用以前的填塞法。这种方法主要使用 KonudurPL160 环氧树脂。

在另一种情况下，对松动轨枕采用一种普通的钻孔压注塞法。钻孔或压注塞的配置和数目依据轨枕的裂纹情况而定(一般情况下，钻孔或压注塞的数目为 2～4 个)。最初使用 MC-DUR1264KF 环氧树脂。由于恢复载荷需要较长的硬化时间，因此已修复的轨枕必须通过辅助结构暂时不让其承受载荷。在后来的修复工程中，使用名为 MC-DUR1264Neu 的环氧树脂，由于其反应时间缩短了 30%，所以加快了硬化过程。

4) 修复结果的比较

迄今为止，被修复的轨枕上还没有出现过较为严重的新的松动现象。轨枕的修复作业表明，在每个轨枕端头也会遇到其他不同的情况。在压注过程中，用高压空气清扫时就可看出情况的不同。有一些轨枕尽管在充填混凝土中松动，但即使在非常高的压注力下其本身的压力也不允许降低。另外，个别情况显示，裂纹系统通过混凝土槽形板侧翼上的接合缺陷处排气，或通过贯通式裂纹系统甚至向防冻层排气。因此不能保证合成树脂全部到达所希望的位置，常常只能通过钻取核心的方法对充填效果进行可靠的检查。采用前面提到的第一种方法特别容易产生这种缺陷。由于受原来螺纹道钉固定位置的限制，即压注点无法变动，因此有可能会与存在裂纹的修复要求不符合。此外，MC-DUR1264Neu 环氧树脂在凝固后形成光滑表面，不可能再进行补充压注，因此，采用上述两种方法时必须特别注意压注质量。上述所有材料的正常使用温度均需大于 8℃，大于 25℃时，KonudurPL160 环氧树脂的可操作时间很短(约 10min)。

2. 单根轨枕的更换

如果损坏的钢轨垫板和轨枕无法修复，那么就需要更换整个损坏的轨枕。此外，也可以在修复松动时更换轨枕，或在工后修正单根轨枕高度时更换轨枕。对于无轨枕结构形式的无砟轨道(预制板)，这种修复措施是不适合的。

单根轨枕的更换过程如下。

首先，应在无砟轨道与应更换轨枕相连的部位用垂直设置的钢筋连接。在把钢轨松开和提升后，通过切割和抬升把损坏的轨枕从充填混凝土或混凝土支承层中挖出。对于纵向钢筋穿过轨枕或穿过轨枕钢筋桁架的无砟轨道形式，应切断该钢筋并使伸到相邻轨枕盒里的连接钢筋裸露出来。抽出损坏的轨枕后，把轨枕盒中裸露的混凝土表面清扫干净，然后铺入新轨枕，并将直径适合穿入新轨枕的钢筋焊接到裸露的钢筋上。对于轨枕无钢筋连接的无砟轨道结构形式，应通过配筋混凝土组成的锚件加固新浇注充填混凝土的配筋连接。对铺入的新轨枕进行调整及对裸露混凝土表面进行适当的预处理之后，可以使用适合的材料浇注轨枕盒，应使用收缩性尽可能小的混凝土或以水泥为基础的高流动性和高早强性的灰浆。这种混凝土必须满足关于混凝土-钢筋的补充合同技术条件规定的最低要求，并应进行相应的后处理。上述灌注灰浆在室温条件下约 24h 后达到 B35(C30/37)强度，在温度降低时需要延长凝固时间。

每根轨枕所需的作业时间为 4～6h。用高效灰浆浇注新铺轨枕时，恢复线路运营应能够限在 8～10h 之后。目前所有进行过的修复工程在日常运营中已经受了考验并未造成后继损坏。

3. 混凝土轨枕裂纹的修复

混凝土支承层或轨枕的表面受到损伤只影响轨道系统的坚固性，并不会直接导致功能降低，在无砟轨道系统维修方案中建议用合成材料调配的灰浆(PCC)重新修复损伤的混凝土构件。此外，轨枕承轨台侧面隆起处的损伤，只要其支承层功能不低于 50%，也可以用这种方式予以修复。其他维修方案，由于受损伤混凝土支承层范围尺寸(面积和深度)的限制，其使用范围有限。在这里，其损伤原因可能是施工缺陷、环境影响或事故(脱轨)等。

由于所探讨的无砟轨道结构形式是有不规则裂纹的贯通形式配筋混凝土支承板式无砟轨道，因此裂纹是系统形式所决定的。大的裂纹可以损坏整个结构的耐久性，此外局部集中出现的深裂纹能够导致行车轨道刚度不可忽视的突变。在钢轨范围内不允许出现裂纹。对于槽形结构无砟轨道，无配筋槽壁上出现的裂纹因与宽度无关，不起关键作用。

此外，对裂纹宽度约达 1mm 的修复，建议采用灌注环氧树脂(EP-T)的方法。对此首先用金刚石砂轮把裂纹打磨约 5mm 深。对于注入打磨槽的环氧树脂的硬化时间，在恢复载荷前根据当时的温度、列车通过时裂纹宽度的变动和所使用的材料应定为 0～12h。

出现更大宽度的裂纹时，建议采用环氧树脂压注法(EP-I)或聚氨酯压注法(PUR-I)充填裂纹。充填前需以适当的间距(一般情况下约 30cm)，沿着裂纹把黏合物塞进裂纹，在裂纹的其他范围则填塞环氧树脂、聚酯材料或聚氨酯。压注硬化时间(0.5～8h)取决于温度情况、所使用的材料和所需的灌注压力。在裂纹填充物硬化时间之后，将调配的充填物(环氧树脂或聚氨酯)压入黏合塞中。为使充填物在线路开通之前得以硬化，根据当时的温度、列车通过时裂纹宽度的变动和所使用的材料，应另规定为 0～12h。

一般来说，对在混凝土板内有裂纹的轨枕不准进行修理，而且在安装上层轨道板结构之前要清理出来。然而，对于已经安装了的混凝土板外部有裂纹的轨枕，则无论其宽度如何，都必须进行裂纹修复。

4. 混凝土枕肩碎裂

由于意外事故，上部结构的整体混凝土枕身通常会被挤碎，如列车脱轨。较为典型的轻度损害首先是部分枕肩被挤碎，例如，最大的损坏面积为 $80cm^2$ 的枕肩被挤碎的最大深度为 5cm。另外，枕肩承力功能的减少不超过 50%。

另外，对于混凝土枕身严重的碎裂损坏(枕肩承力功能减少超过了 50%，裂缝深度超过了 5cm，损坏面积超过了 $80cm^2$)，必须更换轨枕，并重新安装钢轨扣件进行修复。

在这种损害的情况下，钢轨扣件和它们的组件也是可能受到损坏的。其工作步骤如下：

(1) 松开受损和相邻部分的钢轨扣件；

(2) 提升起钢轨(在需要的情况下)；

(3) 去除钢轨扣件(在需要的情况下)；

(4) 清除松散的混凝土枕部分，然后将受损的混凝土表面部分用铁锤、钢丝刷和空气喷嘴清理干净；

(5) 将受损混凝土表面部分润湿；

(6) 在受损混凝土表面涂抹上一层黏结材料层；

(7) 安装轨枕模具；

(8) 配制适当的 PCC 砂浆(最低环境温度为 5℃)；

(9) 灌注 PCC 砂浆进入轨枕模具里面或各个被浮筒损害的表面；

(10) 清洗工具；

(11) PCC 砂浆的硬化(最低环境温度为 5℃)，包括处理后的蒸发保护(用塑料或羊毛毡覆盖、润湿)；

(12) 安装新的钢轨扣件或扣件组件；

(13) 放低钢轨；

(14) 用适当的扭矩锁紧固定住钢轨扣件。

5. 损伤后补装单独支承点

在所研究的各种无砟轨道系统中，当轨枕或钢轨垫板上出现损伤时，作为轨枕更换的一种比选方案是安装单独支承点。新的支承点安装在与损坏轨枕相邻的轨枕盒中，在修复措施结束后用它承受全部载荷。采用这种方式可重新恢复无砟轨道系统的使用性。损坏的轨枕连同旧的钢轨支承点留在原处，以节省时间并避免出现其他损坏现象。

7.3.5 混凝土支承层的损坏

1. 混凝土支承层上裂纹的修复

由板式轨道系统的建设要求和对轨道的混凝土最大设计和裂纹宽度准则的调查研究可知，在混凝土支承层上裂纹宽度不超过 0.5mm 是可以接受的，不需要进行任何维修工作。

然而，如果裂纹宽度超过了 0.5mm 将被认为是需要进行修复，消除锈蚀，并增加混凝土板的稳定性。

修复的具体操作步骤如下：

(1) 清洗混凝土板表面裂纹周围区域；

(2) 准备灌浆化合物(胶黏剂封隔器)；

(3) 根据分析要求固定胶黏剂封隔器；

(4) 用灌浆化合物密封裂纹；

(5) 胶黏剂和灌浆化合物的硬化密封；

(6) 配制灌浆材料；

(7) 裂纹灌浆；

(8) 清洗工具或机器设备；

(9) 灌浆材料的硬化；

(10) 去除封隔器并清洗混凝板表面。

2. 混凝土支承层浅表层的损害

通常来说，混凝土支承层由于意外事故会受到损害，如列车脱轨的影响。典型的轻微损害是深度不超过 10cm 的擦伤。

这种修复损坏的具体修复方法如下：

(1) 所有松散的混凝土部分必须去除掉；

(2) 缺陷的表面必须被清扫干净和适当润湿；

(3) 选择黏结层材料(如 Pagel 防锈蚀材料和 MS02 黏结材料或装备)刷在表面；

(4) 立即进行各自的修复，用砂浆填入缺陷的孔洞中。

如果需要修复的孔洞较小，可以选择灌浆化合物(如 PagelPCC 灌浆化合物 MS05 或装备)和浮筒。

在修复工作完成后要保证适当的必要的愈合时间，并应采取一定的保护措施以确保能达到所要求的修复质量(这将依据所使用的材料而定)。例如，使用 PCC 砂浆的环境温度超过 5℃并需采取适当的蒸发保护措施。

其具体工作步骤如下：

(1) 去除松散的混凝土部分，然后用铁锤、钢丝刷和空气喷嘴将受损部分混凝土的表面清理干净；

(2) 将混凝土受损部分表面润湿；

(3) 用较硬的洗涤刷在混凝土受损表面刷满黏结材料；

(4) 配制适当的 PCC 砂浆(最低环境温度为 5℃)；

(5) 在有缺陷的孔洞或各个表面受损部位用浮筒灌注 PCC 砂浆；

(6) 清洗工具；

(7) PCC 砂浆的硬化(最低环境温度为 5℃)，包括处理后的蒸发保护(用塑料或羊毛毡覆盖、润湿、使用专门的防蒸发材料)。

3. 大面积更换混凝土支承层

若由于混凝土支承层的损坏而无法保证轨枕或钢轨支承点的载荷的均匀分布和位置的稳定性，并且采用其他措施也不能修复，则必须一段一段地完全更换混凝土支承层。在这种修复方式下，无论在何种情况下都应最大限度地保证水硬性支承层的完好性。

首先在需要更新的轨道区段把钢轨锯断并拆下，与损坏区段的连接段应对支承层采取必要的措施进行固定。在做好这些准备工作之后，用金刚石锯把损坏的混凝土支承层锯成可供运输的块段。通过剪切和抬升把混凝土块段与水硬性支承层分离，然后运走。在与相邻完好路段连接的过渡段，为便于钢筋搭接，连接钢筋应预留足够的长度。在下一步的施工流程中，根据规定应对裸露的混凝土表面进行预处理，并把合适的钢筋焊接到裸露的连接钢筋上。全部钢筋铺设和轨枕定位之后就可以铺设浇筑混凝土支承层的模板了。调整轨排和浇注混凝土按无砟轨道的施工规定进行。这里应使用早强混凝土 B35(C30/37)。在各种维修方案中，只有个别方案提出采用速凝混凝土。新浇混凝土应使用适宜的措施(覆盖薄膜、隔热、保湿)进行足够的养护。对相应的混凝土配比，根据温度的不同养护 2～6 天后就可以完全恢复载荷。

7.4 无缝线路维护作业

7.4.1 跨区间无缝线路的维护

跨区间无缝线路的基本原理与普通无缝线路相同，因此，普通无缝线路的一切养护维修方法都适用于跨区间无缝线路。但跨区间无缝线路因其轨条特别长，也有一些不同于普通无线路的特点。

跨区间无缝线路一经锁定，其锁定状况因其跨区间而不易改变。例如，锁定轨温不准、轴向力分布不均匀时，只能进行局部调整，几乎无法进行整体放散。因此，“锁定轨温要准”对跨区间无缝线路来说格外重要。为此，必须做好以下几点。

(1) 跟踪监控：大修换轨时，工务段要派遣分管无缝线路的技术人员，对施工中锁定轨温的设置实行跟踪监控。施工单位确定的锁定轨温的依据是否可靠；新轨的入槽轨温和落槽轨温的测定是否准确适时；低温拉伸时，其拉伸温差和拉伸量的核定是否无误，拉伸是否均匀等，都要认真监视、检查和记录。

(2) 严格验收：工程验交时，有关记录锁定轨温的资料必须齐全，同时要一一查对核实，如有疑问必须核查清楚。

(3) 最终复核：工程验交之后，工务段要对验交区段的轨长标定进行一次取标测量，去掉可疑点，算出各分段的锁定轨温值。然后将跟踪监控、交验资料、取标测算三方面的情况进行一次最终核查，将查定的锁定轨温作为日后管理的依据。

(4) 日常监测。在日常管理中，要对爬行观测桩和轨长标定的设标点进行定期观测，并互相核对。若发现两个观测桩之间有位移，则需进一步对两个观测桩之间的设标点进行取标测量，详细检查发生位移的实际段落所在。核定后进行局部应力调整，使之均匀。

为保持无缝线路有足够的强度、稳定性，防止胀轨跑道和钢轨折断，确保列车安全运行，其养护维修工作除必须遵守有关的特殊规定外，还要根据线路状态、季节特点、实际锁定轨温等，合理安排作业内容。

7.4.2 无缝线路的管理技术

(1) 无缝线路维修管理应以一次锁定的轨条为管理单元，无缝道岔应以单组或相邻多组一次锁定的道岔及其前后 200m 线路为管理单元。

(2) 可采用钢轨应力检测仪等检测设备测量无缝线路锁定轨温，以掌握桥头、隧道口等重点地段及锁定轨温不明地段的实际锁定轨温。

(3) 应做好无缝线路钢轨位移观测，位移观测可采用仪器观测或弦线测量。累计位移量出现异常(锁定轨温变化超过 5℃)时，工务段应及时查明原因，采取相应措施。无缝线路钢轨位移观测桩应符合设置要求。

(4) 钢轨位移观测桩必须预先埋设牢固，均匀布置，桥梁地段应在固定支座上方设置。

(5) 区间无缝线路钢轨位移观测桩间距不应大于 500m。

(6) 道岔及其前后设置 7 对钢轨位移观测桩：岔头、限位器(或间隔铁)岔尾(含直、曲股)、道岔前后 50m 和 200m 处。岔区道岔间距大于 50m 时设一对钢轨位移观测桩。

(7) 调节器及其前后设置 6 对钢轨位移观测桩：调节器两端及前后 50m 和 200m 处。双向调节器在中间增设 1 对。

(8) 在轨条就位或轨条拉伸到位后，应立即进行标记，标记应明显、耐久、可靠。

7.5 高速道岔管理和维护

由于高速道岔结构的特殊性及其在铁路安全中的重要地位，高速道岔的维护和管理不仅遵循着与区间线路相同的维修原则和管理制度，其养护维修技术还有着不同于区间线路的明显特点。本节将简单介绍中国高速道岔管理和维护中的一些新技术，以及正在开展的研究工作。

7.5.1 高速道岔管理制度与维修标准

1. 维修工作分类

线路维修工作分为周期检修、日常保养和临时补修。周期检修指根据线路及其各部件的变化规律和特点，对线路设备按相应周期进行的全面检查和修理，以恢复线路完好的技术状态。日常保养指根据动、静态检测结果及线路状态变化情况，对线路设备进行的经常性修理，以保持线路质量经常处于均衡状态。临时补修指对轨道几何尺寸超过临时补修容许偏差管理值或轨道设备伤损状态影响其正常使用的位置进行临时性修理，以保证行车安全和舒适。

2. 管理组织机构

中国高速铁路线路维修管理机构按照“资源综合、专业强化、集中管理”和“精干、高效”的原则而建立。

高速铁路线路设备按所在区域划分，由铁路局属地管理。铁路局负责受托范围内高速铁路线路设备的安全、维护和管理，下设工务段、线路车间、工区，线路车间管辖线路长度的营业里程一般为 200～300km。

国铁集团铁路基础设施检测中心、铁路局工务检测所和大型养路机械运用检修段负责利用综合检测列车、钢轨探伤车进行线路周期性检测和钢轨周期性探伤。

检修段或工务机械段负责利用大型养路机械对线路进行修理。

3. 维修方式

线路设备实行天窗修制度，优先采用综合维修模式，实现设备状态修与预防性计划修相结合的维修方式。

在运行图上预留的用于维修施工所需要的行车“空隙”称为天窗。天窗是解决列车运行与设备维修施工之间矛盾的技术措施。线路设备检查、维修作业均在天窗时间内进行，严格执行“施工不行车，行车不施工”的原则。高速铁路天窗包括综合维修天窗和巡检天窗两种模式，天窗结束后，开行动车组前开行确认车。综合维修天窗设置在夜间，时间不少于 240min，可以实施各种基础设施的检查和维修作业；巡检天窗设置在白天，可用于线路设备检查、工作量调查及各类基础数据检测、收集工作，时间不少于 60min。

为提高基础设施的养护、维修效率和质量，降低维修成本，必须形成规模效应，建立高效率、高质量、低成本、集成化、现代化、信息化的综合维修模式，实现工务、电务、供电三大业务的集成管理，以目标集成为核心，以信息集成为支撑，以业务集成为主体，以参与方集成为手段，形成一个有机的集合体。高速铁路基础设施维修实行检测、养护和维修分离，互为补充和监控；同时实现工务、电务和供电综合，可以规模效应提高维修效益。

状态修是根据线路轨道设施技术状态的实际需要，进行适时、合理的养护维修，它并不是抛开计划的单纯依靠设施状态的一种维修，而是与计划修相结合的一种维修理念。线路设备到了计划维修的周期，如果状态尚好，可以不进行维修；如果状态变坏，即便未到维修周期，也要进行维修。状态修与预防性计划修相结合能有效地降低养护维修成本，提高整个大修周期内(即轨道寿命周期)的经济效益。

4. 道岔维修标准

1) 静态几何尺寸容许偏差管理值

我国制定的高速道岔静态几何尺寸容许偏差管理值，见表 7-3。其中，作业验收管理值为周期检修、日常保养和临时补修作业后的质量检查标准；日常保养管理值为轨道应经常保持的质量管理标准；临时补修管理值为应及时进行轨道整修的质量控制标准；限速管理值为保证列车运行平稳性和舒适性，需进行限速的控制标准。

表 7-3 道岔静态几何尺寸容许偏差管理值

<table>
<tr><th colspan="2">项目</th><th>作业验收</th><th>日常保养</th><th>临时补修</th><th>限速(200km/h)</th></tr>
<tr><td rowspan="2">轨距/mm</td><td>岔区</td><td>+1
−1</td><td>+4
−2</td><td>+5
−2</td><td rowspan="2">+6
−4</td></tr>
<tr><td>尖轨尖</td><td>+1
−1</td><td>+2
−2</td><td>+3
−2</td></tr>
<tr><td colspan="2">水平/mm</td><td>2</td><td>4</td><td>6</td><td>7</td></tr>
<tr><td colspan="2">高低/mm</td><td>2</td><td>4</td><td>7</td><td>8</td></tr>
<tr><td rowspan="2">轨向/mm</td><td>直股</td><td>2</td><td>4</td><td>5</td><td>6</td></tr>
<tr><td>支距</td><td>2</td><td>3</td><td>4</td><td>—</td></tr>
<tr><td colspan="2">扭曲(基长 3m)/mm</td><td>2</td><td>3</td><td>5</td><td>6</td></tr>
<tr><td colspan="2">轨距变化率</td><td>1/1500</td><td>1/1000</td><td>—</td><td>—</td></tr>
</table>

注：① 支距偏差为实际支距与计算支距之差。

② 导曲线下股高于上股的限值：18 号及以上道岔作业验收为 0mm，日常保养为 2mm，临时补修为 3mm。

2) 动态几何尺寸容许偏差管理值

线路动态不平顺是线路不平顺的动态反映，主要通过综合检测列车进行检测。动态不平顺管理分为峰值管理和均值管理。轨道动态不平顺的检查项目为轨距、水平、轨向、高低、扭曲、复合不平顺、车体垂向振动加速度、车体横向振动加速度、轨距变化率等。

3) 车辆动力学响应管理值

车辆动力学指标包括脱轨系数、轮重减载率、轮轴横向力，横向力和垂向力通过综合检测列车的测力轮对来测量。其管理值与动态验收标准见表 7-4。

表 7-4 动车组动力学响应稳定性评判标准

<table>
<tr><th colspan="2">项目</th><th>标准</th></tr>
<tr><td colspan="2">脱轨系数</td><td>⩽ 0.80</td></tr>
<tr><td colspan="2">轮重减载率</td><td>⩽ 0.80
(间断式测力轮对连续出现两个峰值减载判定值为超限)</td></tr>
<tr><td colspan="2">轮轴横向力/kN</td><td>$H \leqslant 10 + P_0 / 3$ (对应限值为 48kN)</td></tr>
<tr><td colspan="2">构架横向加速度/(m/s²)</td><td>⩽ 8.0
(采用 0.5～10Hz 滤波处理，峰值连续振动 6 次以上)</td></tr>
<tr><td rowspan="2">平稳
性优</td><td>横向</td><td>⩽ 2.5</td></tr>
<tr><td>垂向</td><td>⩽ 2.5</td></tr>
</table>

4) 钢轨伤损评判标准

钢轨(含道岔、调节器和胶接绝缘接头用轨)伤损形式主要有钢轨头部磨耗、轨顶面擦伤、钢轨头部剥离掉块、波形磨耗、焊接接头低塌、钢轨表面裂纹、内部裂纹和钢轨锈蚀等。

钢轨伤损按程度分为轻伤、重伤和折断三类。钢轨轻伤和重伤的评判标准见表 7-5～表 7-7。

表 7-5　钢轨头部磨耗轻伤标准

名称	总磨耗/mm	垂直磨耗/mm	侧面磨耗/mm
区间钢轨、导轨	9	8	10
基本轨、翼轨	7	6	8
尖轨、心轨、叉跟尖轨	6	4	6

注：基本轨、翼轨、尖轨、心轨磨耗会影响密贴及轨件高差，磨耗的轻重伤标准比区间钢轨严格。

表 7-6　钢轨头部磨耗重伤标准

名称	垂直磨耗/mm	侧面磨耗/mm
区间钢轨、导轨	10	12
基本轨、翼轨	8	10
尖轨、心轨、叉跟尖轨	6	8

表 7-7　钢轨轻伤和重伤的评判标准

<table>
<tr><th colspan="2" rowspan="2">伤损项目</th><th colspan="2">伤损程度</th><th rowspan="2">备注</th></tr>
<tr><th>轻伤</th><th>重伤</th></tr>
<tr><td colspan="2">钢轨头部磨耗</td><td>磨耗量超过表 7-5 所列限度之一者</td><td>磨耗量超过表 7-6 所列限度之一者</td><td></td></tr>
<tr><td colspan="2">轨顶面擦伤</td><td>深度大于 0.35mm</td><td>深度大于 0.5mm</td><td></td></tr>
<tr><td colspan="2">钢轨头部剥离掉块</td><td>—</td><td>有</td><td></td></tr>
<tr><td colspan="2">波形磨耗</td><td>—</td><td>谷深 ≥ 0.2mm</td><td></td></tr>
<tr><td colspan="2">焊接接头低塌</td><td>0.2mm<低塌< 0.4mm</td><td>低塌 ≥ 0.4mm</td><td>1m 直尺测量</td></tr>
<tr><td colspan="2">钢轨表面裂纹</td><td>—</td><td>出现轨头下颚水平裂纹(透锈)、轨腰水平裂纹、轨头纵向裂纹、轨底裂纹等</td><td>不含轮轨接触疲劳引起轨顶面表面或近表面的鱼鳞裂纹</td></tr>
<tr><td rowspan="2">超声波探伤缺陷</td><td>焊接及材质缺陷</td><td>焊接缺陷或钢轨内部材质缺陷未达到判废标准，但与判废标准差值小于 6 dB</td><td>焊接缺陷或钢轨内部材质缺陷达到判废标准</td><td></td></tr>
<tr><td>内部裂纹</td><td>—</td><td>横向、纵向、斜向及其他裂纹和内部裂纹造成的踏面凹陷(隐伤)</td><td></td></tr>
<tr><td colspan="2">钢轨锈蚀</td><td>—</td><td>经除锈后，轨底厚度不足 8mm 或轨腰厚度不足 12mm</td><td></td></tr>
</table>

注：① 总磨耗＝垂直磨耗＋1/2 侧面磨耗。

② 对于导轨、翼轨及尖轨、心轨、叉跟尖轨全断面区段，垂直磨耗在钢轨顶面宽 1/3 处(距标准工作边)测量；对于尖轨、心轨、叉跟尖轨机加工区段，垂直磨耗自轨头最高点测量。

③ 侧面磨耗在钢轨踏面(按标准断面)下 16mm 处测量。

④ 磨耗影响转换设备安装时，按重伤处理。

⑤ 谷深为相邻波峰与波谷间的垂直距离。

7.5.2 高速道岔检测与监测技术

1. 道岔动态加载设备

线路及道岔检查遵循着与区间线路一样的原则：“动态检查为主，动、静态检查相结合，结构检查与几何尺寸检查并重”。动态检查以综合检测列车的检测结果为主要依据，巡检设备、车载式线路检查仪和添乘检查作为动态检查的辅助手段。

继美国、日本和瑞典之后，我国是第四个研制移动式线路动态加载试验车的国家，我国的加载试验车由动力加载车、仪器试验车及车载加载系统、检测系统组成。动力加载车走行部采用机车的 3 轴转向架，车体中部设计加载轮对用于轨道加载，并采用液压加载系统。仪器试验车采用 25T 型客车车体及走行部，安装有刚度检测系统等。

我国的加载试验车可停放于指定地点对线路定点施加静态载荷，或者不同频率不同波形的动态载荷、随机载荷或动态循环载荷，以测试线路静动态力学特性。定点加载能力：垂向最大加载力(单轮)为 200kN，垂向最大加载频率为 50Hz，横向最大加载力(单轮)为 150kN，横向最大加载频率为 15Hz。

加载试验车移动时，可以在横向和(或)垂向对线路施加恒定载荷，从而可以连续测试线路的动态受力特性。移动加载能力：垂向移动加载力(单轮)为 150kN，横向移动加载力为(单轮)100kN。

利用加载试验车上安装的轮轨力测量系统和钢轨位移测量系统，可以测量在加载力作用下轨道的变形，从而得到轨道的整体刚度。轨道的弹性变形基于三点弦测法原理，采用激光三角测量传感器来检测。利用该加载试验车可检测路桥过渡段、道岔区轨道刚度的均匀性。

2. 道岔钢轨检查

1) 钢轨检查周期

钢轨检查分探伤和外观及表面伤损检查。

钢轨探伤采用以探伤车为主、探伤仪为辅的方式对正线及道岔钢轨进行周期性探伤，探伤车检查发现的伤损采用探伤仪进行复核。使用探伤车对正线及道岔钢轨每年检查不少于 7 次，冬季应适当缩短检查周期；使用钢轨探伤仪对正线钢轨每年检查 1 次；使用钢轨探伤仪对道岔钢轨每月检查 1 次。对正线无缝线路和道岔的焊缝还使用焊缝探伤仪进行全断面探伤，厂焊焊缝每 5 年检查 1 次；现场闪光焊焊缝每年检查 1 次，铝热焊焊缝每半年检查 1 次。

采用巡检设备与人工巡视相结合的方式对钢轨外观进行检查。人工巡视检查每年不少于 1 次。对磨耗达到轻伤的钢轨、道岔及调节器使用钢轨轮廓(磨耗)测量仪，每季度至少检查 1 次。

对剥离裂纹、表面裂纹和擦伤每季度检查 1 次，必要时进行涡流探伤和磁粉探伤。涡流探伤主要用于曲线区段钢轨表面及近表面的缺陷检查，特别是表面斜裂纹检查。磁粉探伤主要用于焊后焊接接头、道岔表面及近表面的缺陷检查。道岔磁粉探伤主要部位是尖轨全长的轨顶面、轨腰外侧面和轨底上表面；心轨的轨顶面及由高锰钢铸造的翼轨的轨顶面和轨腰外侧面。

对钢轨现场焊缝平直度的检查应使用钢轨平直度测量仪，每年至少检查 1 次；对低塌达到轻伤的焊接接头，每季度至少检查 1 次。

检查发现钢轨折断或重伤应立即通知线路车间和工务段。钢轨折断应立即封锁线路并处理；钢轨重伤应立即限速不超过 160km/h，并根据现场情况采取紧急处理、临时处理或永久处理措施。

2) 高速铁路钢轨探伤设备

我国铁路钢轨探伤设备主要有大型钢轨探伤车和小型多通道探伤仪两种不同的形式。大型钢轨探伤车技术含量高，探伤速度快、适应性强，但灵活性差，探伤后需要人工复查。小型多通道探伤仪探伤灵敏度高，灵活性好，但稳定性差，受操作者人为因素影响大。由于超声波在钢轨中传播的特点，对检测钢轨疲劳裂纹和其他内部缺陷具有灵敏度高、检测速度快、定位准确等优点，目前国内外的探伤车都采用了超声波探伤技术。

我国从 1989 年开始引进大型钢轨探伤车。第一台探伤车是从澳大利亚 GEMCO 公司引进的；1993 年从美国 Pandrol Jackson 公司引进 SYS-1000 型探伤车，其检测速度为 40km/h；2000 年以后，SPERRY 公司在 SYS-1000 型检测系统的基础上开发出 Frontier 型检测系统，其检测速度达 60km/h；近年来，SPERRY 公司针对我国铁路最新开发了 1900 型检测系统，并在声学设计上借鉴我国铁路小型钢轨探伤仪的技术特点，增加偏转 70°超声波探头，以期提高对轨头核伤的检测能力；探轮直径由 6.5in(1in = 2.54cm)改为 9in，以减小超声波轮内声程。目前，我国铁路在役钢轨探伤车 26 台，其中 40km/h 等级 4 台，60km/h 等级 22 台；4 台采用 SYS-1000 系统，17 台采用 Frontier 系统，5 台采用 1900 系统。

我国自主研制了多种类型的手推式超声波钢轨探伤仪，主要型号有 JGT-5 型、DGT-90 型、SB-1 型、HT-1 型、CGT-6 型、CHG-3 型等。

3. 道岔监测系统

道岔是轨道结构的薄弱环节，其尖轨及心轨因无扣件扣压，一旦出现断裂而未能发现，极易引发脱轨事故；同时又因道岔中各种零部件的干扰及对钢轨轨底的遮蔽，上述探伤车及探伤仪均不易发现尖轨、心轨上出现的裂纹，这些钢轨折断后因垫板不绝缘导致轨道电路不能及时被发现，因此高速道岔钢轨折断是一个安全风险源。我国高速道岔运营中已出现了多起道岔钢轨裂纹故障，如武广高铁耒阳站、京沪高铁丹阳北站的 18 号道岔。为此，我国高速铁路正在研制能监控道岔钢轨裂纹的监测系统。而德国、法国等国家的道岔监测系统则主要监控转辙机的工作状态，避免出现转换故障。

我国研制的高速道岔监测系统以安全监控为主，状态监控为辅，目前的监控项目有道岔钢轨裂纹、转换力、调车挤岔、尖轨及心轨的密贴、转辙机缺口表示、转换电流、电压等，目前已在沪宁高速铁路常州北站 8#道岔上安装。

道岔钢轨裂纹监测采用的是声发射技术。声发射(Acoustic Emission，AE)也称应力波发射，是在 20 世纪 60 年代发展起来的一项新技术。与普通超声波检测方法不同，其特点是从外部施加载荷，使固体材料中局域源能量快速释放而产生瞬态弹性波，利用接收到的声信号研究材料的内部缺陷，借以评价材料的完整性和特性。采用 PZT(锆钛酸铅)压电陶瓷监测钢轨裂纹发生时的表面波，通过对比分析振动能量谱，判断钢轨是否发生裂纹。同时，利用声发射的凯塞(Kaiser)效应，即重复载荷到达原先所加最大载荷以前不发生明显声发射，具有声发射不可逆性质，可以减少误报现象。图 7-1 所示为现场安装的压电传感器，图 7-2 所示为在成都北编组场试验中监测到的尖轨顶面掉块。

图 7-1　压电传感器安装

图 7-2　尖轨顶面掉块

道岔转换力监测采用测力销代替牵引转换杆件的销轴来实现；尖轨与基本轨、心轨与翼轨的密贴采用电涡流传感器来测试；列车在道岔内调车作业时，通过装设轮对传感器判断车辆行驶的方向，如图 7-3 所示，并与当前道岔定反位比较得出挤岔状况；采用摄影机获得转辙机表示杆缺口的动态偏移量，实现对间隙或位移的测量，监测检查柱落入表示杆缺口内，如图 7-4 所示，根据缺口间隙来判断尖轨和心轨的密贴状态。

图 7-3　轮对传感器

图 7-4　表示杆缺口监测

7.5.3　高速道岔的 RAMS 管理

RAMS 是 Reliability、Availability、Maintainability 和 Safety 的英文首字母组合，意指可靠性(R)、可用性(A)、可维修性(M)和安全性(S)。在欧洲，铁路行业很早就提出了 EN 50126《铁路应用——可靠性、可用性、可维修性和安全性技术规范和说明》的要求，并被定为国际标准 IEC 62278：2002。2008 年，我国将国际标准 IEC 62278：2002 变为国家标准 GB/T 21562—2008，并命名为《轨道交通　可靠性、可用性、可维修性和安全性规范及示例》。我国高速铁路在高速道岔产品设计、制造及运营维护中逐渐提高 RAMS 的应用水平。

1. RAMS 定义及参数

可靠性是指产品、设备或系统在规定条件下和规定时间内完成规定功能的能力，可分为固有可靠性和运行可靠性两类，通过设计、制造形成的可靠性称为固有可靠性；而产品在使用条件下，保证固有可靠性发挥的程度称为运行可靠性。

可用性是指当需要时，某系统在该时刻处于可正常工作状态的可能性大小。它是系统可靠性和维修性的综合表征，是反映系统效能的三个主要特性(性能、可用性、可信性)之一。

可维修性则是指设备或产品在规定的条件下和规定的时间内，按规定的程序和方法进行维修时，保持或恢复其规定功能的能力，表示的是设备或产品维修的难易程度，是产品设计所赋予的一种固有质量属性。

安全性是指系统或产品所具有的不导致人员伤亡、系统毁坏、重大财产损失或不危害人员健康和环境的能力或概率，安全性是基于可靠性、可用性和可维修性之上的。

以道岔产品的使用寿命为例，RAMS 各参数的关系见表 7-8。

表 7-8　道岔产品的 RAMS 参数

项目	参数	解释	公式	备注
可靠性	平均故障间隔时间(MTBF)	可修复产品的一种可靠性参数，在规定条件和时间内，产品的寿命单位总数和故障总次数之比	$\mathrm{MTBF}=\dfrac{\sum_{i=1}^{n}T_i}{r_a}$	T_i 为开机总时间，r_a 为统计期间产品发生的总故障数，n 为统计期间在用产品总数
可用性	固有可用度 A_i	仅考虑修复性维修状况下产品的可用度	$A_i=\dfrac{\mathrm{MTBF}}{\mathrm{MTBF}+\mathrm{MTTR}}$	—
	可达可用度 A_a	在考虑修复性维修和预防性维修状况下产品的可用度	$A_a=\dfrac{\mathrm{MTBM}}{\mathrm{MTBM}+\mathrm{MTTM}}$	—
	使用可用度 A_o	在考虑修复性维修、预防性维修、保障和管理延误情况下的可用度	$A_o=\dfrac{\mathrm{MUT}}{\mathrm{MUT}+\mathrm{MDT}}$	MUT 为可工作时间，MDT 为不可工作时间(停机时间)
可维修性	平均修复时间(MTTR)	在规定的条件和时间内，产品在任意规定的维修级别上，修复性维修总时间与在该维修级别上被修复产品的故障总次数之比	$\mathrm{MTTR}=\dfrac{\sum_{i=1}^{r_a}T_{ri}}{r_a}$	T_{ri} 为统计期间产品故障时的维修时间(不包含管理及后勤保障延误时间)，r_a 为产品故障总数
	平均维修间隔时间(MTBM)	平均维修(含预防性维修和修复性维修)的间隔时间	$\mathrm{MTBM}=\dfrac{\sum_{i=1}^{n}T_i}{r_a}$	T_i 为开机总时间，r_a 为统计期间产品的总维修次数，n 为在用产品总数
	平均维修时间(MTTM)	预防性维修和修复性维修的平均时间	$\mathrm{MTTM}=\dfrac{\sum_{i=1}^{r_a}T_{ri}}{r_a}$	T_{ri} 为产品的维修和保养时间，r_a 为统计期间产品的总维修次数(含预防性维修和修复性维修)
安全性	平均危险故障时间 MTBCF	在规定条件下和时间内，产品寿命单位总数和危险故障总次数之比	$\mathrm{MTBCF}=\dfrac{\sum_{i=1}^{n}T_i}{r_a}$	T_i 为开机总时间，r_a 为统计期间产品发生的危险故障总数，n 为在用产品总数

2. 高速道岔的 RAMS 技术要求

1) 定量要求

道岔作为轨道交通产品，其 RAMS 定量要求是通过 RAMS 参数及其指标要求进行表示的。根据 EN 50126-1 和 EN 50126-3 的描述，轨道交通行业通常会将 RAM 参数(即可靠性、可用性、可维修性参数)与安全性参数分开来说明，表 7-9 所示内容即为高速道岔 RAM(可靠性、维修性、可用性)基本参数的集合。

表 7-9　高速道岔的 RAM 基本参数

参数类型		参数名称	适用范围			验证时机	验证方法
			整组	系统	设备		
可靠性	基本可靠性	平均故障间隔时间(MTBF)	适用	适用	适用	设计定型	现场试验
		平均故障前时间(MTTF)			适用	设计定型	现场试验
		基本可靠度 $R(t)$	适用	适用		设计定型	工程计算
		故障率 λ			适用	设计定型	实验室试验或现场试验
	任务可靠性	平均危险故障时间(MTBCF)	适用	适用		初始使用	现场试验
		任务可靠度 $R_m(t_m)$	适用	适用		初始使用	现场试验
可维修性	维修时间参数	平均修复时间(MTTR)	适用	适用	适用	设计定型	现场试验或演示验证
		最大修复时间	适用	适用		设计定型	现场试验
	维修工时参数	维修工时率	适用	适用	适用	初始使用	现场试验
可用性	可用性	固有可用度 A_i	适用			设计定型	工程计算
		可达可用度 A_a	适用			初始使用	现场试验
		使用可用度 A_o	适用			初始使用	仿真验证
	后勤保障	平均保障资源延误时间	适用			初始使用	现场试验
		备品备件满足率	适用			初始使用	现场试验

对于安全性的定量要求，在欧洲铁路标准 EN 50126-2 中主要涉及两个概念，分别是可容忍的危险发生率(Tolerable Hazard Rate，THR)和安全完整性等级(Safety Integrity Level，SIL)。这两个参数都是针对安全相关系统的(如列车自动防护系统 ATP)。THR 是对安全相关系统故障率的要求，SIL 是对安全相关系统的安全等级的要求，分为四个等级，SIL4 安全要求最高。两者有一个对应关系，见表 7-10。轨道交通主管部门会根据安全相关系统的重要性，规定其 SIL 等级，不同的 SIL 等级意味着在设计时采用的 RAMS 管理方法、设计分析方法和验证方法有所不同。系统应满足表 7-11 所示的系统等级可靠性目标。

表 7-10　THR 与 SIL 的关系

可容忍的危险发生率	安全完整性等级
$10^{-9} \leqslant \mathrm{THR} < 10^{-8}$	4
$10^{-8} \leqslant \mathrm{THR} < 10^{-7}$	3
$10^{-7} \leqslant \mathrm{THR} < 10^{-6}$	2
$10^{-6} \leqslant \mathrm{THR} < 10^{-5}$	1

表 7-11　系统等级可靠性目标

故障种类	对运营的影响确定的可靠性目标	平均无故障间隔时间/h	可靠性验证的方法
重大	运营中的重大故障，中断运营超过 2h	>3750000	仅通过分析
严重	故障区域的中断，运营中断在 15min～2h	>750000	仅通过分析
次要	中断运营 2～15min	>54000	仅通过分析
可忽略	运营晚点小于 2min 或其他不影响列车运营的故障	>9000	仅通过分析

2) 定性要求

RAMS 定性要求是指用一种非量化的形式来描述对产品 RAMS 的要求，是 RAMS 技术要求的重要组成部分。

可靠性定性要求主要包含以下几个方面：不易用定量指标来描述的可靠性要求；关于使用操作的可靠性要求；具体产品的可靠性设计要求，如简化设计、余度设计、降额设计与裕度设计、环境防护设计、热设计、电磁兼容设计、人机工程设计、采用成熟技术、元器件/零部件的选择与控制；对危及或可能危及系统安全的故障提出的保护或预防措施要求等。

可维修性定性要求主要包含以下几个方面：不易用定量指标来描述的维修性要求，如需要经常调整、清洗、更换的部件应便于拆装或可进行原位维修；具体产品的维修性要求，如可达性、拆卸要求、模块化、搬运要求、易清洗要求、标准化、可互换性、可测试性等要求等。

安全性定性要求主要有可以采用故障安全设计、联锁设计、防差错设计等方法，以保证系统在故障情况下不会导致灾难性事故发生，同时要提高其可靠性。

3) 工作项目要求

RAMS 工作项目要求是为了保证产品能达到规定的 RAMS 定性、定量要求而提出的。用户通过在道岔采购合同中规定必须开展的 RAMS 工作项目来对供应商进行监督和管理，以保证 RAMS 定性、定量要求能够被落实到产品的研制和生产过程中。

道岔供应商应将规定的 RAMS 工作项目纳入其 RAMS 工作计划中，对所选取的 RAMS 工作项目进行合理安排，明确工作项目的类型、实施阶段及工作间的衔接，以便实施过程监控。表 7-12 为一个相对通用的高速道岔 RAMS 工作项目清单，可供工程应用参考。

表 7-12　高速道岔 RAMS 工作项目清单

序号	RAMS 工作项目	类别	特性	责任方	
				用户	供应商
1	确定 RAMS 技术要求	管理	RAMS	√	
2	系统保证计划	管理	RAMS	√	√
3	RAMS 工作计划	管理	RAMS		√
4	对子供应商的 RAMS 要求	管理	RAMS		√
5	故障报告、分析和纠正措施系统(FRACAS)	管理	RAM		√

续表

序号	RAMS 工作项目	类别	特性	责任方	
				用户	供应商
6	危险日志(Hazard Log)	管理	安全性		√
7	制定 RAMS 设计准则	设计与分析	RAMS		√
8	可靠性分配	设计与分析	RAM		√
9	可靠性建模和预计	设计与分析	RAM		√
10	故障模式、影响及危害性分析(FMECA)	设计与分析	RAM		√
11	故障树分析(FTA)	设计与分析	RAM		√
12	维修性分配	设计与分析	RAM		√
13	维修性预计	设计与分析	RAM		√
14	以可靠性为中心的维修分析(RCMA)	设计与分析	RAM		√
15	初步危险表(PHL)	设计与分析	安全性		√
16	初步危险分析(PHA)	设计与分析	安全性		√
17	分系统危险分析(SSHA)	设计与分析	安全性		√
18	系统危险分析(SHA)	设计与分析	安全性		√
19	使用和保障危险分析(O&SHA)	设计与分析	安全性		√
20	环境应力筛选试验	试验与评价	RAM		√
21	可靠性增长试验	试验与评价	RAM		√
22	可靠性鉴定试验	试验与评价	RAM	√	√
23	寿命试验	试验与评价	RAM	√	
24	RAM 评估	试验与评价	RAM	√	√
25	安全性评估	试验与评价	安全性	√	√
26	RAMS 评审和确认	试验与评价	RAMS	√	

3. 高速道岔 LCC 分析

在此之前，我国铁路轨道结构的维修是基于铁路公司几十年的经验积累而采用的计划修模式，而不是以可靠性和风险性分析为基础来开展的，因此主要侧重于轨道部件的使用安全性而较少考虑其经济性。但是随着我国铁路管理体制的市场化改革和高速铁路建设债务的重压，铁路基础设施管理者不得不考虑减少轨道部件的业务费用，努力发展以可靠性为基础和以风险指引型安全管理为导则的铁路工务维修优化技术，期望在保持较高的安全水平情况下尽可能降低工务运营和维修的费用。

全生命周期成本(LCC)也称为全寿命周期费用。它是指产品在有效使用期间所发生的与该产品有关的所有成本，包括产品设计成本、制造成本、采购成本、使用成本、维修保养成本、废弃处置成本等。对产品购置和使用等费用的综合评估，有利于提升产品性能、RAMS(可靠性、可用性、可维修性和安全性)等要求，同时降低后期的使用成本。

设备 RAMS 对其 LCC 有重要影响，较高的可靠性、可维修性会使设备购置成本提高，但设备在运行中具有较低的故障率而降低维修成本。设备研制设计采取较低的可靠性、可维修性会使设备购置成本降低，但设备在运行中的运行维修成本提高。因此，在保持其他条件不变的前提下，如何权衡设备的可靠性、可维修性，以使购置成本与维修成本之和即 LCC 最小，是非常重要的。RAMS/LCC 评价模型方法以效率、寿命周期成本的大小为标准来评价设备系统。

高速道岔在运营维护中的 LCC 分析可采用如图 7-5 所示的步骤。

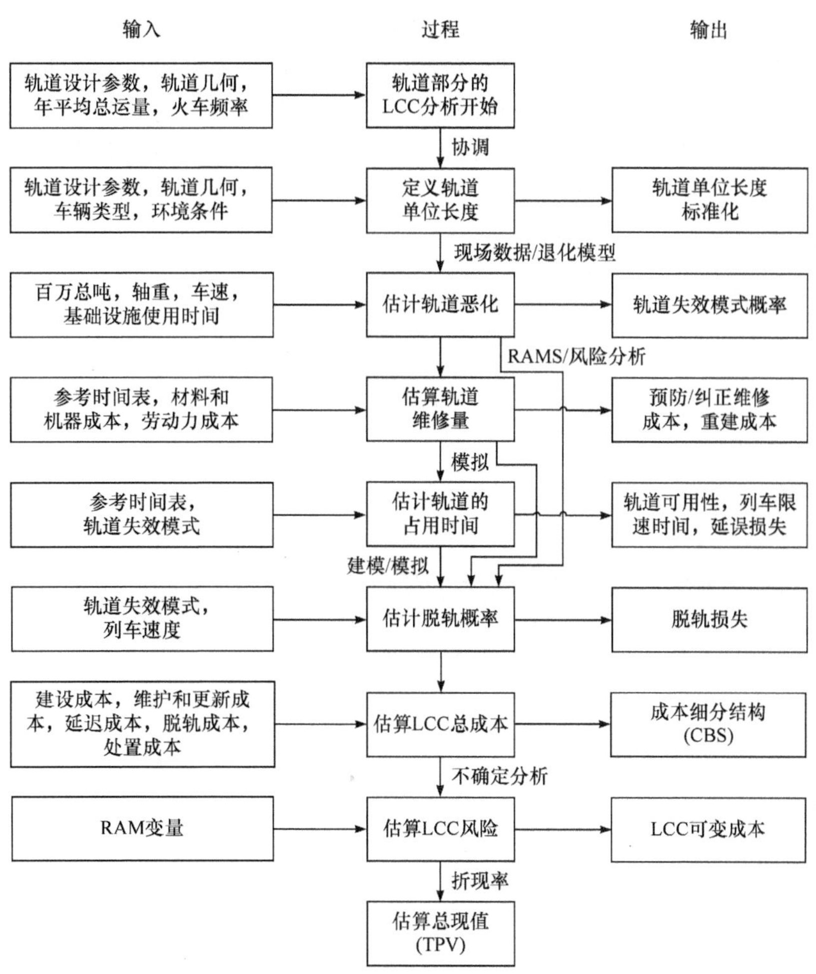

图 7-5　运行和维护阶段的 LCC 分析过程

我国引入 LCC 理论已有三十多年的历史，最初的应用主要集中在设备状态评估和检修策略的制定上，目前在电力等行业中的应用已较为普遍，但在道岔等轨道设备的管理中应用较少。随着高速铁路工务设备闭环管理体制的不断完善、资产管理基础数据的收集和积累、工务数字化管理平台的建立，我国高速铁路道岔正在逐渐提升 RMAS 和 LCC 的应用技术水平。

小　结

为保证高速列车的正常运行，对轨道及其各部分的相互关系都规定了严格的技术标准，以此为依据，本章概述了高速铁路轨道维护的相关内容，介绍了轨道修整、有砟轨道、无砟轨道、无缝线路及高速道岔的养护维修工作。在目前铁路实行“检、养、修”分开修制修程模式下，定期进行线路状态检查并指导线路养护维修在目前高速铁路运营管理过程中发挥着重要作用。

未来高速铁路轨道的维护管理应注重发展和采用高效快速的轨道检测、轨道结构状态实时获取、轨道结构运营安全评估与保障及基于大数据的轨道结构健康管理及故障预测等技术手段，应结合其自身特点，研发自动化程度高的新型轨道结构专用养修设备，探索出一套针对不同运营条件的轨道养修模式，形成并逐步完善高速铁路轨道结构全寿命周期能效保持技术体系，旨在提高设备质量，确保轨道状态良好，符合规定的技术标准，保证列车以规定的最高速度平稳、安全和不间断地运行。

第 8 章　高速铁路基础结构养护维修

高速铁路与普速铁路相比有很大的不同，最大的特点概括为高速度、高舒适性、高安全性、节能环保和高密度运行。为了达到安全运营要求，高速铁路基础设施既要为高速度运行的机车车辆提供高平顺性与高稳定性的轨面条件，又要保证线路各组成部分具有一定的稳定性与耐久性，使其在运营条件下保持良好状态。因此，高速铁路的平纵断面设计的标准要以提高线路的平顺性为主，尽可能地降低列车的横向加速度和竖向加速度，减小列车各种振动叠加可能性，从而提高旅客的乘坐舒适度，同时也要考虑到减小工程量、降低造价、便于施工、运营、维修等。高速铁路路基、桥梁、轨道结构等重要基础设施设备的建设标准与技术要求比一般铁路高得多，除了具有足够的强度条件外，还要保证在高速行车的条件下，避免出现列车振动、轮轨力加大等破坏安全舒适运营的状况，这也要求路基、桥梁和轨道结构具有持久稳定的高平顺性。随着高速铁路的发展，隧道在高速线路上也大量地出现。高速铁路隧道与普速铁路隧道最大的区别就是当列车以高速通过隧道时，产生的空气动力学效应对行车、旅客舒适度、列车相关性能和洞口环境的不利影响十分明显，同时对于防排水标准、防灾救援和耐久性等方面也有较高的要求，因此应保证高速线路上隧道的质量，减少养护维修量，延长隧道建筑物的使用寿命。

总之，高速铁路基础设施必须为高速度运行的机车车辆提供高平顺性与高稳定性的轨面条件，并且保证高速铁路线路各组成部分具有一定的坚固性与耐久性，使其在运营条件下保持良好状态。

8.1　高速铁路桥梁养护维修

8.1.1　高速铁路桥梁简介

1. 高速铁路桥梁设计原则

高速铁路的高速度、高舒适性、高安全性、高密度连续运营等特点对其土建工程提出了严格的要求。由于速度大幅提高，高速列车对桥梁结构的动力作用远大于普通铁路桥梁。桥梁出现较大挠度会直接影响桥上轨道的平顺性，造成结构物承受很大的冲击力，旅客舒适度受到严重影响，轨道状态不能保持稳定，甚至影响列车的运行安全。此外，为保证轨道的平顺性还必须限制桥梁的预应力徐变上拱和不均匀温差引起的结构变形，这些都对高速铁路桥梁的刚度和整体性提出了严格要求。各国高速铁路桥梁设计基本上遵循以下原则。

(1) 采用双线整孔桥梁，主梁整孔制造或分片制造整体连接。双线桥梁一方面可提供很大的横向刚度，同时在经常出现的单线载荷下，其竖向刚度也比单线桥增大了一倍。

(2) 除了小跨度桥梁外，大都采用双线单室箱形截面。

(3) 增大梁高，欧洲各国和地区的高速铁路预应力混凝土简支梁高跨比一般在 1/12～1/9 之间。

(4) 尽量选用刚度大的结构体系，如简支梁、连续梁、连续刚构、斜拉桥、拱及组合结构等。

(5) 桥梁跨度不宜过大。

2. 高速铁路桥梁分类及特点

桥梁是高速铁路土建工程中的重要组成部分，所占比例大，并且以高架桥及长桥居多。按照不同的用途，高速铁路桥梁可分为以下三类：

(1) 高架桥——用以穿越既有交通路网、人口稠密地区及地质不良地段，高架桥通常墩身不高，跨度较小，但桥梁很长，往往伸展达十余千米；

(2) 谷架桥——用以跨越山谷，跨度较大，墩身较高；

(3) 跨越河流的一般桥梁。

概括起来，高速铁路桥梁具有以下特点。

1) 比例大，高架长桥多

高速铁路由于采用全封闭行车模式，线路平纵面参数限制严格，并要求轨道具有高平顺性，导致桥梁比例明显增大。尤其在人口稠密地区和地质不良地段，为了跨越既有交通路网、节省农田，避免高大路基阻挡视线和路基不均匀沉降，大量采用高架线路。例如，日本近 2000km 的高速铁路中，高架桥占线路总长的 36%，全部桥梁占线路总长的 47%。而我国普通铁路桥梁占线路全长的比例仅为 4%左右。可见，桥梁比例大，高架桥且长桥多是高速铁路桥梁的主要特征，桥梁已成为高速铁路土建工程的主要组成部分。

2) 以中小跨度为主

由于高速铁路对线路、桥梁、隧道等土建工程的刚度要求严格，因此高速铁路桥梁的跨度不宜过大，应以中小跨度为主。例如，法国高速铁路直到修建地中海线时才首次采用 100m 以上跨度的桥梁。

3) 刚度大、整体性好

列车高速、舒适、安全行驶，要求高速铁路桥梁必须具有足够大的刚度和良好的整体性，以防桥梁出现较大的挠度和振幅，同时，必须限制桥梁的预应力徐变上拱和不均匀温差引起的结构变形，以保证轨道的高平顺性。一般来说，高速铁路桥梁设计主要由刚度控制，强度基本上不控制其设计。尽管高速铁路活载小于普通铁路，但实际应用的高速铁路桥梁在梁高、梁重上均超过普通铁路。

4) 墩台基础刚度大

高速铁路要求一次铺设跨区间无缝线路，而桥上无缝线路钢轨的受力状态不同于路基，结构的温度变化、列车制动、桥梁挠曲等会使桥梁在纵向产生一定的位移，引起桥上钢轨产生附加应力。过大的附加应力会造成桥上无缝线路失稳，影响行车安全。因此，墩台基础要有足够的纵向刚度，制动纵向力作用下结构产生的位移，以尽量减小钢轨附加应力和梁轨间的相对位移。

5) 重视改善结构耐久性，便于检查、维修

高速铁路是极其重要的交通运输设施，任何中断行车都会造成很大的经济损失和社会

影响，为此，桥梁结构物应尽量做到少维修或免维修，这就需要在设计时将改善结构物的耐久性作为主要设计原则，统一考虑构造细节并在施工中严格控制质量。另外，由于高速铁路运营繁忙，列车速度高，造成桥梁维修、养护难度大，费用高，因此，桥梁结构构造应易于检查与维修。

6) 桥梁上部结构多采用混凝土材料

尽管各国对高速铁路的建桥材料不做限制，但 90%以上的桥梁都选用混凝土结构，主要是混凝土梁具有刚度大、噪声低、养护工作量少、温度变化引起结构变形对线路影响小，而且造价较为经济等优点，在高速铁路桥梁中广泛采用。当桥下交通繁忙，需要快速施工、减少干扰时，还经常选用钢混结合梁桥。

7) 强调结构与环境的协调

高速铁路作为重要的现代交通运输线，应强调结构与环境的协调，重视生态环境的保护。这主要指桥梁造型要与环境相一致并注重结构外观和色彩；在居民点附近的桥梁应有降噪措施；避免桥面污水损害生态环境等。

此外，虽然目前大部分国家的高速铁路仍采用有砟轨道，但随着日本近 50 年来在高速铁路上广泛应用板式无砟轨道，以及对数十种刚性道床的试铺、改进后，德国近年来也在新建高速铁路上全面推广桥上无砟轨道，桥上采用无砟轨道已被认为是高速铁路桥梁的发展趋势。

3. 高速铁路桥梁维护的意义与要求

高速铁路桥梁是高速铁路土建工程中的重要组成部分，其主要功能是为高速列车提供高平顺、稳定的桥上线路。与普通铁路相比，高速铁路必须保证旅客乘坐舒适度的要求，而高速铁路桥梁具有维修养护时间少的特点，因此在设计阶段把高速铁路桥梁作为一个系统工程，综合考虑设计、施工、维护、耐久性等方面，提出在预定作用和预定的维修与使用条件下保证主要承力结构要有 100 年使用年限的耐久性要求。

由于桥梁结构在高速列车活载通过时产生变形和振动，并在风力、温度变化、制动、混凝土徐变等因素作用下产生各种变形，桥上线路平顺性也随之发生变化。由实践的经验教训可知，只有在设计、施工及使用中检查养护十分精心的条件下，结构物 75～100 年的使用寿命才能实现。因此，桥梁的养护重点是及时检查，按桥梁的工作状态进行必要的“状态修”，做到病害早发现、早整治，保证桥梁既不失修也不过修，避免养护维修中的盲目性，使设备始终处于可靠受控状态，这样不仅维修费用少而且能保证结构的耐久性。

桥梁的养护维修工作必须确立以“保证行车安全”为主要目标，遵循“设备质量保安全”的指导思想。正确掌握设备状态的变化规律和劣化程度，适时地进行修理，逐步达到“状态控制，周期均衡，设备改善，保证安全”，其基本任务如下。

(1) 根据桥梁运营中的状态变化，合理投入人力、物力，适时进行维修养护，预防或延缓设备状态的劣化，经常保持状态均衡完好，以保证列车按规定的速度安全不间断地运行。

(2) 随着铁路运输强度的提高，有计划地加固和改善桥梁设计状态，提高承载能力，满足建筑限界和孔径要求，增强抗洪、抗震能力，充分发挥使用性能。

8.1.2　高速铁路桥梁维护的方式

按照设备综合工程学的原理，桥梁设备的养护维修要区别不同的结构类型，选择确切的修理方式、修理点和间隔时间，进行状态临界修或周期预防修。为此，必须合理地划分修程、制定标准、确定周期、建立体系。

1. 划分修程

根据设备状态变化规律和故障特性，把桥梁的整个运用检修过程划分为日常保养、综合维修和大修三个修程，实行“养修分开”的修理制度。

由于整座桥梁设备是由多种不同构件组成的。各个构件相互传递着来自列车的载荷，并保持整体平稳完好。由于各个构件的材质不同、构造不同、功能不同，其自身的状态变化规律也不同，还应根据不同规律和构件特点，区分出保养、维修、大修的不同修程范围，确定不同修程的作业项目和要求。

2. 制定标准

在划分保养、维修和大修三个修程的界限后，还应解决每个修程在什么状态下做，做到什么状态，制定出相应的状态临界标准、作业质量标准和工作标准，以保证设备状态，提高作业质量，有效控制养修投入。

3. 确定周期

为使桥梁养护维修工作有效运作，必须合理确定“临界修”位置和间隔时间长短的选择，也就是要确定合理的周期。由于桥梁设备的结构类型不同，使用条件不同，新旧程度不同，其“临界修”位置和间隔时间长短有很大的区别，因此，合理确定周期是桥梁养护维修工作中的一个重要决策问题。

周期的合理确定，应以设备状态变化规律、设备安全可靠程度和总费用最节省为依据，一般取决于设备的变化速率和出现故障的平均间隔。所确定的周期，决不允许设备出现失修状态，以设备的储备能力略有过剩为好。但是，为了便于全局性的管理，所确定的周期从宏观上来讲，在可靠度容许范围内出现稍稍的“超前”或“过剩”还是正常的，因为与“一刀切”的情况相比，毕竟大大减少了盲目性。由于同类型的桥梁，其变化的规律和速率不尽相同，因此，所确定的周期对具体的每座桥梁来说，还要“因地制宜”，不能“一刀切”，要以状态控制来调整保养或维修或大修的间隔时间。另外，还由于桥梁设备中桥面、梁体、支座墩台及附属设施的变化规律也各不相同，在确定周期时，也要进行合理的匹配。

4. 建立体系

为了使“状态修”的原则在维修养护中切实应用，还必须做出实施的具体规定，建立保养、维修和大修的工作管理体系。

1) 保养体系

(1) 通过观测分析找出不同部件的变化规律后，要重点找出与行车关系较大的部件的状态变化速率。

(2) 根据变化规律，统筹考虑，使每次保养后留有一定的储备能力，对保养作业做出具体规定，也就是做到什么状态的标准，克服劳力多、多保养，劳力少、少保养或追求“格上格”等盲目保养的状况。

(3) 要对状态质量和作业质量实行全面控制。对设备的检查，要根据“状态修”的需要，除做好常规检查外，还需开展全员、全设备、全项目的检查，建立检查负责制和状态分级控制的方法，对作业质量的控制，除强调作业标准化、严格作业纪律外，对关键项目运用质量管理图，实行作业质量控制。

2) 维修体系

(1) 根据设备状态变化规律和整体功能的需要，确定维修的控制项目和控制条件，建立状态标准。

(2) 以改善设备状态、均衡质量、延长大维修周期和设备使用寿命为目的，明确维修的项目范围和做法要求，建立工作标准。

(3) 明确维修在技术上和作业上的要求，也就是做到什么状态，建立作业标准。

3) 大修体系

(1) 按照桥梁设备整体功能和安全可靠度的需求，根据状态变化规律和故障特性，确定大修的修程范围和控制条件。

(2) 以提高质量、均衡状态为目的，通过对更换桥面、钢梁涂装寿命周期最佳经济效益的分析研究，合理匹配三大修程周期，逐步走上设备良性循环的轨道。

(3) 明确大修工作的技术管理要求，建立作业标准和工作标准。

8.1.3　高速铁路桥梁养护维修的基本内容

从桥梁养护维修的基本任务出发，为确保铁路运输安全畅通，适应列车提速、重载运输需要，桥梁养护维修应重点做好设备检查、状态分析评估和预防与整治病害等工作。

1. 设备检查

检查是系统掌握设备状态的重要手段，为做好桥梁养护和大维修工作提供主要依据，并能及时发现和分析病害，据以采取有效的防治措施，正确规定列车运行条件。

桥梁设备检查重点、内容、方法可按照大维修规则的规定办理。为保证各项检查结果的准确可靠，必须认真执行各项检查制度，仔细做好记录，建立有关台账。桥梁检查工作主要有以下几种形式。

(1) 经常检查。该项检查主要是检查设备状态变化较快和直接影响行车的部位，并对已发生的病害定时观测。一般由工长、领工员对管内设备每月或每季度检查一次，长大桥梁还应由巡守员每日检查一次。对于技术复杂及有严重病害的桥梁，由工务段组织有关人员进行检查。

(2) 定期检查。该项检查主要是重点病害的定期观测监视和设备春秋季检查。对运营年久、病害严重并发展较快的危及行车安全的桥梁，应按上级规定的期限和要求，指定专人进行定期观测监视。每年春融及汛前，应对桥梁的排水、泄洪及度汛防护的设施进行一次检查。秋季，应对桥梁设备进行全面检查和状态评定，据以制定次年设备整修计划。检查工作由工务段根据铁路局的要求组织进行。对于长大桥梁及重要设备，工务段长必须亲自检查，分局和铁路局派员重点参加。

(3) 特别检查。该项检查主要是需要使用专用仪器的检查，如线桥年纵断面测量、桥梁界限检查、梁跨挠度和拱度测量、梁跨结构断面及平面测绘、混凝土梁裂纹和中性化程度探测、钢梁涂膜裂化程度测定、支座转角位移测量、墩台变形测量、河床断面测量、隧道衬砌、水源、道床及山体动态等。检测工作由工务段组织有关技术人员进行。

(4) 检定试验。为了进一步掌握桥梁技术状态，了解结构特性，查明病害情况，由铁路局组织桥梁检定队，对大跨度、新型结构、出现严重病害和受外界损伤危及行车安全的桥梁进行检定试验，以确定桥梁的承载、抗洪、抗震能力，规定列车运行条件，分析病害原因及危害程度，提出加固的措施意见。

2. 状态分析评估

桥梁设备通过各项检查，掌握其实际工作状态后，还需进一步进行科学地分析判断，以采取有针对性的整修加固。目前，对运营桥梁状态的评估方法主要有以下几种。

1) 状态劣化评定

桥梁在运营过程中，承受载荷的作用和环境的侵害，必然会引起结构功能变化，构成对行车安全的影响，即桥梁状态的劣化。由于载荷作用和环境侵害的程度不同，影响结构功能和行车安全的程度也不相同，因此，桥梁的劣化程度也是不同的。为了便于对桥梁劣化状态进行评定，国铁集团组织专家，从设备状态劣化程度对行车安全度和结构功能健全度的影响来评定分级，制定了《铁路桥隧建筑物劣化评定标准》，将劣化程度进行分级，即 AA(极严重)、A1(严重)、B(较重)、C(中等)、D(轻微)等级，见表 8-1，劣化评定项目见表 8-2。

表 8-1 状态劣化等级

裂化等级		对结构功能和行车安全的影响	措施
A	AA(极严重)	结构功能严重劣化，危及行车安全	立即采取停运、限速或限载措施
	A1(严重)	结构功能严重劣化，进一步发展会危及行车安全	尽快采取措施
B(较重)		若劣化继续发展，将升至 A 级	加强监视，必要时采取措施
C(中等)		影响较小	加强检查，正常维修
D(轻微)		无影响	正常保养、巡检

表 8-2 铁路桥梁建筑物劣化评定项目

设备名称	部件项目
明桥面	桥枕、伸缩调节器
钢梁	裂纹、变形、铆钉或高强度螺栓、腐蚀、检定承载系数
圬工梁	裂纹、变形、防水层及排水系统、保护层中性化
支座	铸钢、橡胶
墩台基础	裂损、倾斜、腐蚀、冻融、下沉
桥墩	冲刷、淤积、孔径及净空、河调建筑物

2) 病害诊断及剩余寿命评估

桥梁在运用检修的寿命周期内，根据状态变化和健全度(指结构物完成其特定功能的健康安全度或损伤度)衰退的程度，进行适时的修理，使其最大限度地恢复原有功能。但随着时间的推移，其健全度必将逐步丧失，以致失去应有功能而报废。因此，对桥梁在运用过程中，科学地诊断病害，有效地整治病害，在确保行车安全和适应运输发展的前提下，充分发挥桥梁功能的潜力，最大限度地延长使用寿命，取得最佳的技术经济效益，具有十分重要的意义。

3) 状态评估专家系统

随着计算机技术的普及应用，人们运用专家知识和模拟专家行为，进行计算机编程，解决较为复杂的疑难问题，就是专家系统。例如，桥梁损伤评估专家系统，通过对整座桥梁各部位影响功能的损伤项目及共损伤表现的调查，运用计算机技术进行系统推理，确定桥梁损伤等级及其对策。这项技术已在部分路局使用，效果良好。若进一步完善后推广应用，将使桥梁状态评估更为简捷、准确。

3. 预防与整治病害

目前，我国铁路运输运营桥梁中的病害桥梁将近桥梁总数的五分之一，虽不断进行整治，但新生病害的增长趋势仍未得到很好抑制。因此，桥梁的养护维修工作，在做好设备检查和状态评估的基础上，应根据不同的劣化程度，有针对性地进行日常保养、综合维修和大修整治，有效地控制病害的发生或发展。

(1) 日常保养。这是桥梁养护维修的主要环节，其目的是：预防病害出现，消除严重危害和临近超限处所，经常保持桥梁各部位状态均完好，保证行车安全平稳。其重点内容是：明桥面桥枕、护轨、连接零件的整修，钢梁清洗和涂装修补，支座清扫加油、污工体勾缝修补，排水设施清淤疏通等。

(2) 综合维修。这是桥梁养护维修的重要修程，其作用是：部分恢复桥梁各部件功能，按照“预防为主，防治结合，有病治病，治病除根”的方针，遵循“全项目”的原则，对设备进行适时预防性修理和病害整治，保持整座设备质量均衡等强，以达到延缓劣化速率、延长大维修周期、延长使用寿命的目的。其重点内容是：全面整平桥面，更换失效桥枕，连接零件整修或更换，钢梁维护性涂装，伤损构件整修或更换，圬工裂损修补，支座整平等。

(3) 大修整治。这是桥梁养护维修的关键，其作用是：根据桥梁技术状态和运输发展的需要，有计划地进行周期大修、重点大修和一般大修等。

周期大修是指整孔桥面更换、整孔钢梁(或钢塔架)重新涂装等工程；中桥以上更换梁跨、扩孔、墩台大修、基础加固、复杂的钢梁加固等列为重点大修工程；其他病害整治和大修列为一般大修工程。

桥梁建筑物大修工作范围主要包括以下方面：

① 整孔更换桥面，包括整孔更换桥枕，换铺分开式扣件，更换护轨，钢梁上盖板、上平纵联的保护涂装，更换上盖板松动、烂头铆钉等；

② 更换或增设整孔人行道和安全检查设备，包括避车台、防火设备台；

③ 整孔钢梁或整个钢塔架重新涂装；

④ 加固钢梁或钢塔架，包括更换、加固、修理损伤杆件，提高载重能力，扩大建筑限界，改善不良结构，更换大量铆钉和高强度螺栓；

⑤ 换支座，包括跨度 80m 以上钢梁支座的起顶整正；

⑥ 更换钢梁或圬工梁；

⑦ 整孔圬工梁裂缝注浆、封闭涂装或保护层中性化裂损、钢筋锈蚀整治；

⑧ 更换或增设整孔圬工梁拱防水层；

⑨ 加固圬工墩台及基础；

⑩ 更换或增设墩台、桥梁扩孔、修复或增设防护及河调建筑物及整治威胁桥梁安全的河道等。

8.2 高速铁路隧道养护维修

隧道建筑物的修理工作分为检查、维修和大修，维修工作分为周期性保养和综合维修。隧道维修工作应按照“预防为主，预防与整治相结合”的原则进行，采取综合维修与周期性保养相结合的方式，修复既有缺陷，预防病害发生，保持隧道建筑物状态均衡完好，使列车能以规定的速度安全、平稳和不间断地运行。

8.2.1 国内外隧道维护技术的现状

1. 国外高速铁路隧道维修管理现状

目前世界上有多个国家已建成或正在修建高速铁路，其中在综合维修管理上比较成熟的国家有日本、法国和德国，这些国家在高速铁路的运营维护方面积累了不少宝贵的经验。

国外高速铁路维修工作的突出特点是管理、检测、维护、维修严格分开。它们在铁路维修机构方面的共性是维护维修由两部分组成：一是保养人员，二是维修人员。日本、法国和德国这三个国家都在推进高速铁路维修的社会化，大的维修基本委托第三方机构进行。

国外高速铁路的维修机构侧重于管理。例如，法国铁路的基层维修班组由工程师领队，成立了由基础设施部门直接负责的维修监控中心。在各类信息的保障下，实现预防修和计划修，维持隧道完好技术状态，有效地减少意外事故和设施损伤的发生。德国铁路和日本铁路均采取客、货线共管的方式，尤其是 JR 东日本公司，维修基地间距平均为 43km，与高速线既有线间均有联络线，再加上站间横移停车装置，有效地保障了养路轨道机械的作业出行和行车避让。法国铁路和德国铁路则采取每隔 30km 设置区间道岔的方式(反向行车)，以解决维修轨道机械的作业出行和行车避让问题。

从各国的研究现状看，研究主要集中在以下几个方面：

(1) 维修管理的基本模式；

(2) 隧道结构变异现象的分类及其标准化；

(3) 结构变异的原因、变异现象和变异原因的因果关系；

(4) 结构变异程度的分级及其判定；

(5) 结构变异的防治措施(整治、对策)等。

2. 我国高速铁路隧道养护维修方面的主要问题

截至 2020 年底，我国已建成的高速铁路隧道总长度已逾 6000km，管好、用好这些隧道，是养护维修工作的重要任务。在隧道的设计阶段、施工阶段就考虑建成后的养护维修问题，为运营阶段的养护维修工作创造良好的条件是非常重要的。特别是我国将建的超过 1000km 的高速铁路隧道，标准更高，养护维修更重要。目前，我国在高速铁路隧道养护维修方面存在的主要问题有以下几点。

(1) 将维修管理的理论和方法运用到隧道的养护维修中，亟待提高。在维修管理中需要建立一个新的概念，即结构物在设计基准期内，受到劣化外力作用(环境条件的变化等)，要将劣化状态控制在容许水准以内为目标；同时，根据经济性，来设定材料规格、设计基准和施工工艺，并决定相应的维修管理基准的概念。

(2) 缺乏早期发现变异现象的检查和检测方法，特别是铁路隧道由于洞内的运营条件差(潮湿、阴暗等)，很难早期发现变异的前兆和变异现象。因此，在日常检查中，充实、改进和完善检查检测方法是当务之急。

(3) 对既有隧道功能状态的判定和评价方法有待提高。

(4) 高速铁路隧道缺陷修复或病害整治方法落后，需将一些先进材料、成熟的工艺和有效的措施等引入高速铁路隧道的缺陷修复或病害整治方案之中。

8.2.2　隧道劣化现象及成因

1. 混凝土结构物的劣化现象和原因

隧道结构物多数是由混凝土或钢筋混凝土材料构成的，因此，掌握混凝土结构的劣化类型和对耐久性有影响的因素，对弄清隧道结构物的劣化现象和原因非常重要。表 8-3 列举了混凝土结构的劣化原因。

表 8-3　混凝土结构的劣化原因

<table>
<tr><th rowspan="2">劣化现象及原因</th><th colspan="3">混凝土</th><th colspan="3">钢筋</th><th rowspan="2">结构物</th></tr>
<tr><th>物理方面</th><th>化学方面</th><th>其他</th><th>物理方面</th><th>化学方面</th><th>其他</th></tr>
<tr><td>劣化现象</td><td>冻害、磨耗崩塌、开裂压溃等</td><td>侵蚀、变质、成分溶出、膨胀劣化</td><td>生物腐蚀</td><td>屈服、破坏等</td><td>腐蚀</td><td>生物腐蚀</td><td>变形、破坏、钢筋混凝土的黏附破坏</td></tr>
<tr><td>外部原因</td><td>气象、盐类磨耗、放射线、载荷作用、火热</td><td>酸、盐等及有害气体液体的溶解电流作用</td><td></td><td>载荷作用、火热</td><td>空气、水、有害气体等及电流作用、气象、高应力</td><td>载荷作用、不均下沉、温度变化、钢筋腐蚀</td><td></td></tr>
<tr><td>内部原因</td><td colspan="3">混凝土性质、含水状态空气量、使用材料的质量、施工缺陷</td><td colspan="3">钢筋种类、尺寸及性质，设计事项，保护层开裂(钢筋配置等)，混凝土性质、设计、施工缺陷</td><td>混凝土及钢筋的性质、设计、施工</td></tr>
</table>

表 8-3 充分说明，混凝土结构物的劣化原因是多方面的，其表现也是多种多样的。因

此，要研究结构物的耐久性，必须对其劣化现象、劣化原因进行适宜的分类和标准化，寻找其间的相互因果关系，才能使问题得到较好的解决。

2. 隧道结构物的劣化现象和原因

隧道结构物是处于地下的混凝土或钢筋混凝土结构，其使用环境条件比地面结构恶劣得多，特别是地质环境条件更不容忽视，因此地下结构的劣化还具有一定的特殊性。

1) 劣化现象分类

地下结构的使用环境条件比地面结构恶劣得多，特别是地质环境条件更不容忽视，因此地下结构的劣化具有一定的特殊性。根据劣化发生的地点，既有隧道发生的劣化现象一般按图 8-1 进行分类。隧道结构发生劣化现象后，发展到可能有碍正常使用的程度时，称为“变异”。

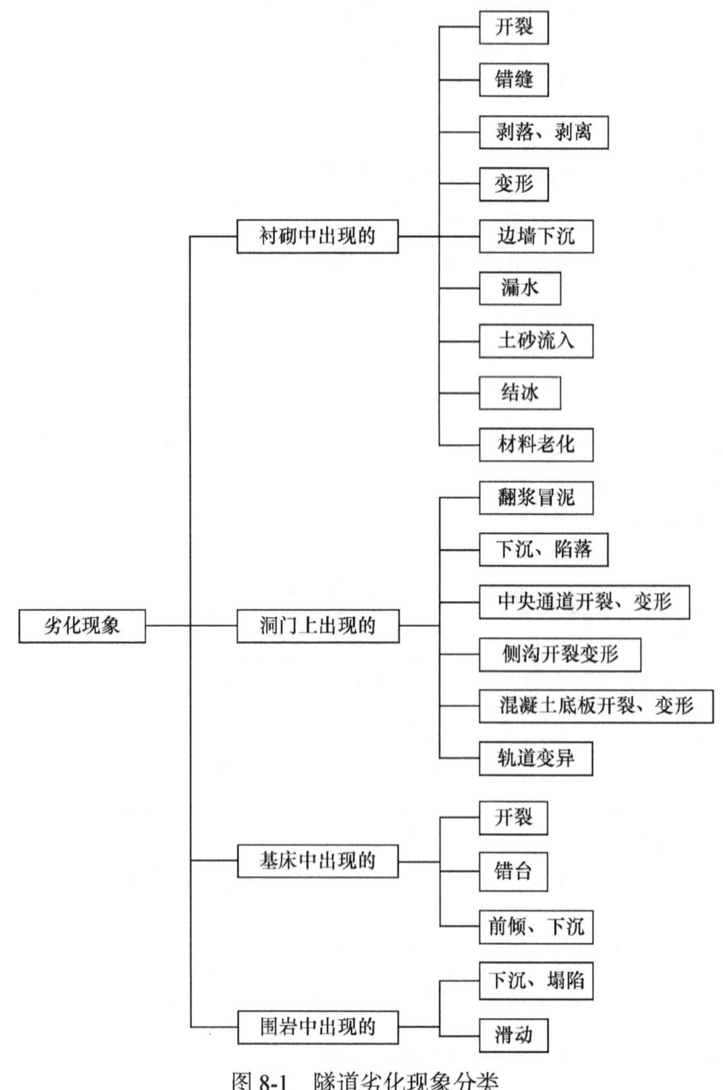

图 8-1　隧道劣化现象分类

2) 劣化原因及特征

既有隧道发生的劣化，有因外力造成的，有因材质劣化造成的，也有因漏水造成的。此外，设计、施工条件也会产生一定的影响。一般来说，发生劣化时，表 8-4 所列的劣化原因多数是交叉重复作用的。因此，即使进行详细的调查，有时也很难对劣化原因做出明确的判定。

表 8-4　劣化原因

原因		概要
外力	松弛土压	松弛土压，指围岩自然松弛，不能承受自重，而作为载荷作用在衬砌上，以垂直压力为主，因此，拱顶多沿纵向发生张开性的开裂
	突发性崩塌	隧道上部有比较大的空洞，空洞上部的岩块可能与围岩分离而掉落，视情况会对衬砌产生冲击，若衬砌强度不足，衬砌可能破坏，发生突然崩塌
	偏压、坡面蠕动	在坡面下，倾斜的片理构造等会产生偏压作用，这是蠕动造成隧道变异的原因之一。靠山侧拱肩会产生水平张口开裂及错台
	滑坡	滑坡黏土在地下水作用下强度降低，沿滑面产生滑动，隧道发生变异。因滑坡产生的变异与隧道和滑面的位置有关，形态也各异
	膨胀性土压	膨胀性土压产生的变异，在左右边墙或拱的两肩易产生复杂的水平开裂。拱和墙的接缝处易产生错台
	承载力不足	承载力不足，易产生纵向的或横向的不同下沉。前者多发环形开裂，后者除有沿轴向的回转外，还有斜向开裂
	水压、冻结力	水压、冻结力与涌水关系密切。通常侧压是主要的，在边墙和拱肩多产生水平开裂
材质劣化	经常性劣化	主要指混凝土的碳化。混凝土的碳化，主要是混凝土中的强碱生成物氢氧化钙与大气中的二氧化碳反应，失去碱性而碳化
	冻害	在寒冷地区的隧道，冻害是衬砌劣化的最主要原因。冻害的发生机制有混凝土中水分的冻结和伴随的体积膨胀
	盐害	此种变异主要是混凝土中的钢材腐蚀、海水和混凝土的反应产生的多孔质化
	有害水	围岩中的地下水，如火山地带的强酸性水，对衬砌是有害水，是造成衬砌劣化的原因之一
	使用材料和施工方法	起因于使用材料和施工方法的变异，早期发生的较多。使用材料不当，会出现水泥异常膨胀；施工不当也会造成开裂
	钢材腐蚀	因钢材腐蚀造成体积膨胀，使混凝土沿钢筋开裂和使钢材断面减少，造成承载力的降低
	碱骨料反应	因碱骨料反应的变异事例，到目前为止还比较少
	火灾	火灾时，混凝土处于高温状态，会使强度、弹性系数等力学性质劣化。表面发生爆裂现象，会发生剥落、开裂等
	其他	通行车辆的排气等与漏水等化合会产生强酸性水
其他	背后空洞	背后空洞不仅是围岩松弛、土压增加的原因，也阻碍了被动土压的产生，是造成衬砌强度降低的原因之一
	拱厚	设计厚度较小时，会造成变异
	无仰拱	施工时没有设置仰拱，但施工后因某种原因使土压增大，造成无仰拱地段的变异
	漏水	有的是因外力产生的变异引起的，有的是因衬砌自身引起的

3) 劣化原因分类

从表 8-4 可以看出，产生劣化的原因是多方面的，大体上分为外因(外力和环境等外部因素)和内因(材料和设计、施工等构造上的因素)两大类。隧道的劣化多数是由多种因素产生的，应根据内因和外因的组合来推定劣化原因，如图 8-2 所示。为此，在正确地推定劣化原因时，要有隧道工程学的知识和经验，系统地理解各种现象的特征。

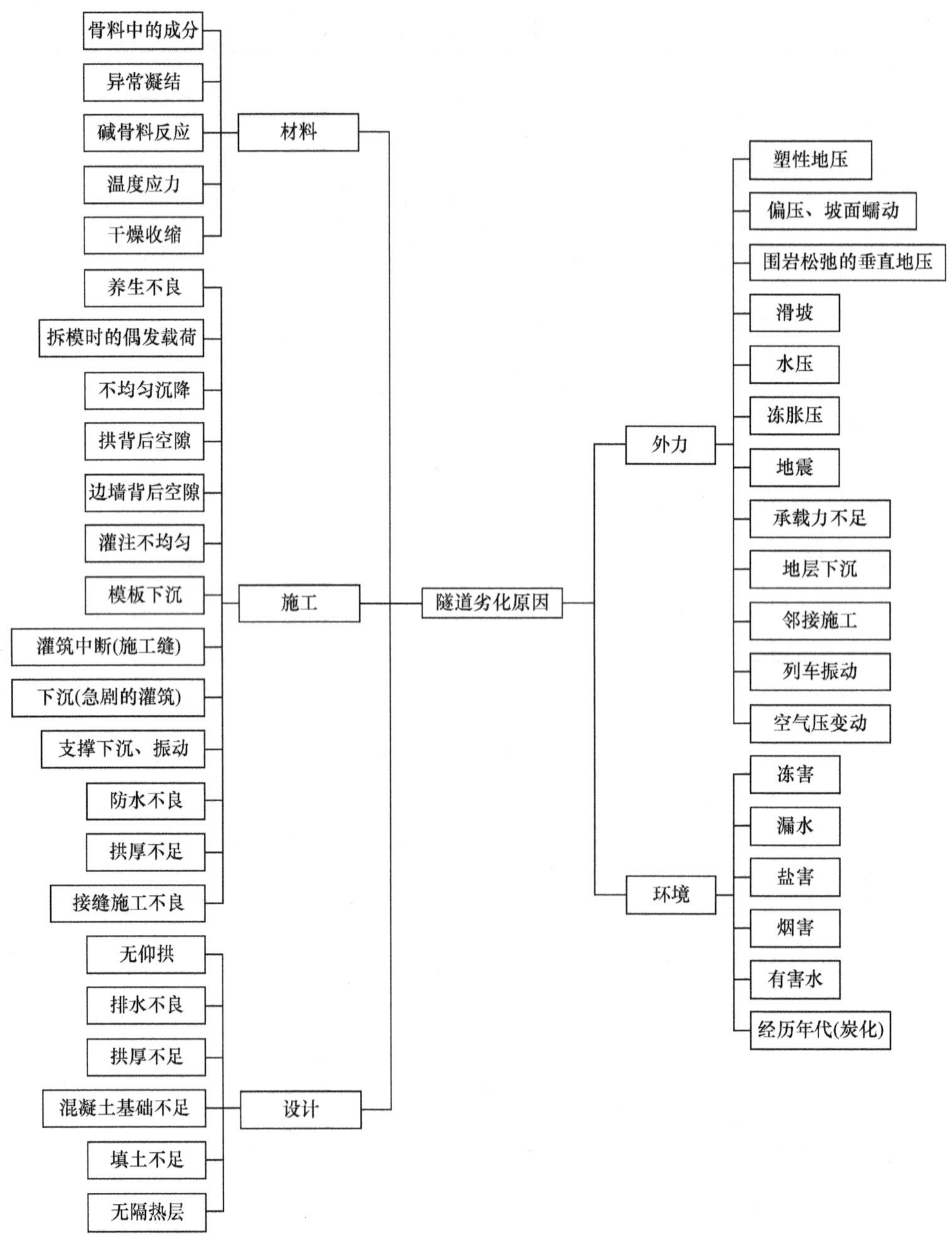

图 8-2　隧道劣化原因分类

8.2.3　隧道衬砌结构养护维修对策设计

1. 设计方法

隧道劣化是各式各样的，对策也是各式各样的。因此，很难有一个统一的设计方法进行设计。通常情况下都是根据经验判定进行设计，但随着隧道设计技术的发展和设计经验的积累，还是可以提出设计的一般原则和方法，也有可能把设计方法标准化。这是劣化设计方法发展的总趋势。

设计时，应考虑对策施工后确保列车运行的安全性及施工中的安全性、对策的施工性、耐久性及经济性等而进行规划。隧道劣化对策，一般都是利用列车天窗时间进行施工的，因此确保列车安全运行是前提条件。为此，应满足以下要求：不侵入建筑限界、确保轨道走行的安全性、保持衬砌的稳定。

1) 类比设计

采取劣化对策的隧道与已经采取对策并确认其效果的隧道进行比较，在地质条件、外力作用状态和隧道的结构条件等基本相同的场合可采用类比设计方法。

2) 标准设计

标准设计是假定地压大小和作用形态，根据已经施工的隧道承载力的解析和以往实际的分析结果，按劣化的发展程度分类的。在不能采用类比设计的场合，最好采用标准设计方法。

3) 解析设计

没有类似的劣化对策事例、地压形态特殊的场合或隧道衬砌特殊的场合不能采用标准设计时，可采用解析设计方法。此时，要充分注意隧道衬砌的模式化、载荷形态及大小等进行计算并基于计算结果设计有效的对策。

4) 特殊设计

上述 3 种方法不适合的场合，可根据实际情况采用特殊的设计方法。

图 8-3 所示为维修对称设计的选择流程图，最后选择时，首先观察是否可以类比设计，如果不能再采用标准设计，最后尝试解析设计。

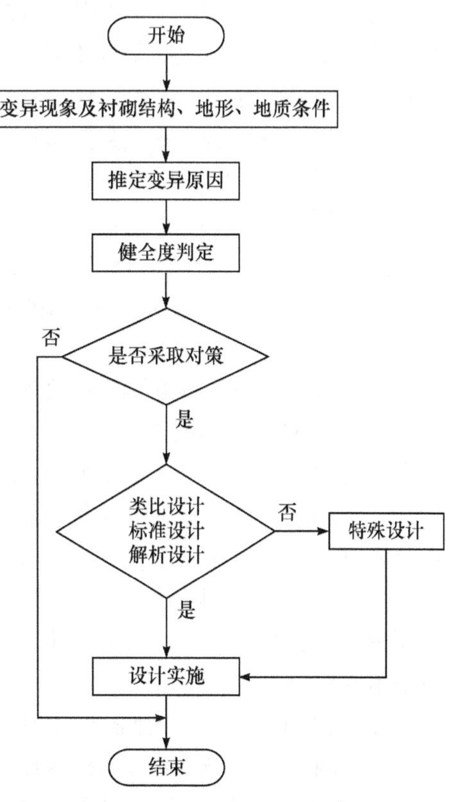

图 8-3　设计方法的选择流程

2. 基本原则

隧道衬砌结构的养护维修与加固设计，是建立在隧道状态检测基础上的，通过对监测数据的分析，以及衬砌诊断和当前隧道健康状态的评估，采取相应的措施。对于拱顶开裂、边墙开裂、衬砌厚度偏薄、背后有空洞等进行结构治理，同时也要对问题段的围岩进行加固处理。

对策设计时，应综合考虑劣化现象、地形及地质等环境条件、衬砌结构，以及由此推定的劣化原因和健全度的分级等，选择最合适的设计方法进行设计。

劣化对策设计时，应正确掌握劣化现象的表现方式、环境条件(地形、地质、气象、地震等)、结构条件(隧道结构形状、维修状况等)。在设计中，多以参考过去的事例并基于经验的判断来进行。

1) 衬砌补强设计原则

设计时，应考虑对策施工后确保列车运行的安全性，以及施工中的安全性、对策的施工性、耐久性及经济性等而进行规划。衬砌补强作业一般都是利用列车天窗时间进行，因此确保列车安全运行是前提条件。为此，应满足以下要求：

(1) 不侵入建筑限界(确保对策施工后的限界富余)；

(2) 确保轨道走行的安全性(轨道不能产生超过轨道整备基准的位移)；

(3) 保持衬砌的稳定(不产生衬砌的剥落等)。

除满足上述要求外，还应考虑以下事项进行设计规划。

(1) 安全施工——在施工中，既要确保列车安全运行，还要设置临时设备，通常是很困难的，为此，要仔细调查设置的条件进行设计。

(2) 施工可操作性——利用天窗时间进行对策施工中，因隧道断面小，不能全部有足够的作业空间，而且照明条件不好，架空线也需要保护等，施工条件限制很多，为此，要求对策具有良好的施工可操作性。

(3) 充分的耐久性——隧道不能频繁地进行对策施工，因此要具有长期的耐久性。

(4) 经济的施工方法。

(5) 其他——设计时，除地压产生的劣化现象外，也要充分掌握隧道衬砌、排水、基床构造等，同时也要掌握衬砌的构造缺陷和劣化、漏水等状态，并反映到设计中。因此，在对策设计时，可根据本书提示的补强方法，并结合隧道现场的具体条件选择合适的方法。

必要时，为确认对策的补强效果，应进行测量。这一点也要在设计计划中体现。

2) 衬砌补强对策的选择

在进行对策设计时，不仅要考虑作用地压、隧道衬砌构造，还要充分理解各种对策的特性，并加以应用。从补强效果、施工性、经济性等观点出发，下面以回填压注、锚杆补强、内衬及内表面补强作为标准的对策。

(1) 回填压注。衬砌背后有空洞，因地压产生的衬砌变形，不能期待被动地压，衬砌易于变形，劣化程度也比较大。不管地压的状态如何，向衬砌背后回填压注是最有效的、最基本的对策。

(2) 锚杆补强。锚杆补强对隧道壁面向净空侧的变形具有内压效果。同时与新建隧道的锚杆不同，为了积极发挥锚杆的作用，应加入预应力。

(3) 内衬。内衬是在衬砌显著劣化、劣化损伤显著而全面改建又不可能的场合，用以代替与加强混凝土衬砌而采用的。

(4) 内表面补强。采用碳纤维、玻璃纤维等板材张贴在衬砌内表面，或者张贴钢板，作为抗拉材料控制开裂的开口和衬砌的变形，防止衬砌掉块、剥落、剥离。在净空断面没有富余的场合也能采用内表面补强。

3. 养护维修对策设计

1) 回填压注设计

研究隧道劣化对策时，衬砌背后和围岩间有空洞时，应采用回填压注。编制回填压注计划时，应充分调查地形、地质、空洞的分布大小、衬砌的状况、涌水的状况及施工条件等。隧道衬砌应与围岩密贴，能够承受均匀载荷的同时，还能够产生充分的地层反力，这是极为重要的。但在目前的施工技术条件下，特别是在用传统的矿山法施工的条件下，衬砌背后和围岩间留有空洞的现象，常常是不可避免的。此空洞的存在，使衬砌受到不均匀的载荷作用，不能产生充分的地层反力，为此，作为基本的劣化对策，应采用回填压注。

在用喷锚构筑法施工中，因喷混凝土与围岩是密贴的，背后空隙较少，回填压注的必要性也小。但在采用喷锚构筑法初期，在二次衬砌与喷混凝土之间，仍然可能留有空隙，应加以注意。

下列难以采用回填压注的情况应充分注意：

(1) 涌水大的场合(要认真选择压注材料，同时研究采用排水孔等降低水位的措施)；

(2) 衬砌厚度不足的场合(有效厚度 20cm 以下，与内衬、内表面补强等并用)；

(3) 衬砌材质不良的场合(单轴抗压强度在 $9N/mm^2$ 以下，与内衬、内表面补强并用，必要时加以改建)；

(4) 衬砌开裂或断面缺陷显著，压注材料有可能流入隧道的场合(有必要采取修复断面或其他防止流入的措施)；

(5) 存在背后排水堵塞问题的场合(背后排水堵塞有可能诱发其他劣化的场合，应与降低水位的方法并用)。

在进行回填压注调查时，掌握背后空洞的有无及其大小是非常重要的。

回填压注的设计应基于调查获得的资料，确定压注范围、压注量和具有充填效果的压注材料、压注方法、压注管的配置等。另外，压注材料的选定应考虑地质、空隙的大小、涌水状况等，同时具有良好的施工性和经济性。

2) 锚杆补强设计

采用锚杆补强的目的是控制因塑性地压和偏压造成的劣化的发展，同时防止衬砌的掉块。其中前一个目的是用锚杆把围岩连成一体，防止围岩强度的降低，从而控制劣化的发展。在膨胀性围岩有很大地压作用的场合，可用灌浆锚索代替锚杆。

如果能用锚杆把周边围岩锚固，就可以获得衬砌的加强效果。因此，在调查中确认围岩条件对能否获得确实的加强效果是很重要的。

在编制锚杆补强计划时，要进行劣化调查，恰当评价劣化现象及程度。

进行锚杆补强设计时，为了获得锚杆补强效果，应根据劣化程度、周边围岩状况、限界富余、隧道断面形状、尺寸等的调查结果，对锚杆材料、锚固材料、尺寸及其配置、拉拔力及预应力、对策范围等予以充分研究并分别进行设计。

3) 内衬补强设计

内衬原则上采用钢纤维混凝土。

设计时，应充分调查因地压造成的劣化现象、限界富余、衬砌状况及施工条件等。

内衬作为隧道的劣化对策应用较多，其目的是应对地压、衬砌劣化、涌水及冻害等。

仅作为地压对策而采用内衬时，应注意下列事项。

(1) 内衬作为隧道衬砌补强时，可采用在混凝土中掺加钢纤维，或与拱架补强共同使用，或采用钢筋混凝土。

(2) 因隧道的净空断面受到限制，内衬的厚度通常都比较小(150mm 以下)，同时因作业空间狭小，内衬采用钢筋混凝土结构时，常常不能确保保护层的厚度。因此，内衬原则上采用纤维混凝土。纤维混凝土的纤维材料有钢纤维、玻璃纤维、尼龙和树脂纤维等，但若以含粗骨料的混凝土补强，则一般都采用钢纤维。钢纤维混凝土施工时，应参考《钢纤维混凝土设计施工指南》。

编制计划时，首先应根据劣化调查，恰当地评价劣化现象和劣化程度，其次应注意调查限界富余量、衬砌状况和施工条件。

(1) 限界富余量。作为地压对策的内衬厚度一般采用 70～90mm，限界至少要有这样的富余。因此，要用断面测定等方法，确认断面的富余量。不能确保限界富余的场合，要从衬砌结构的稳定上详细研究凿除表面的可能性。

(2) 衬砌状况。应调查衬砌厚度和衬砌表面的劣化状态、边墙底部的构造、漏水、冻结状态等，取得计划、设计所需的资料。同时，移设和防护隧道内各种设备有困难时，也要事前调查清楚。

(3) 施工条件。选择内衬施工方法时，除要调查劣化程度和限界富余量外，还要调查作业距洞口的距离和作业时间等施工条件。在内衬设计中，应根据劣化程度、限界富余、隧道断面形状、尺寸等，对材料、厚度及方法、对策范围、防止漏水等进行合理的设计。

在纤维掺加率在 1.5%以下的钢纤维混凝土中，抗拉强度大致与混凝土相等。因此，钢纤维混凝土构件开裂发生的断面力，与混凝土比较并没有很大改善。在钢纤维混凝土构件中，因钢纤维能够在开裂发生后保持载荷的性能，起到分散开裂的效果，可以提高构件的承载力和变形性能。

4) 衬砌拱架补强设计

补强拱架一般与内衬同时使用。计划时，应充分调查劣化现象、限界富余、衬砌状况及施工条件等。补强拱架除抵抗地压外，还有防止劣化衬砌剥落和补强有效厚度小的衬砌的目的，同时也可作为回填压注时的防护措施。

补强拱架单独使用的补强效果很小，与具有韧性的内衬并用则会增强其效果。在地压规模小的场合，也可以与能够防止剥落的金属网并用。在地压较大的场合也可与内衬并用。单独使用时，应调查衬砌的剥落状况。设计补强拱架时，应充分研究以下条件进行设计：

① 材料；

② 尺寸及间距；

③ 对策范围；

④ 其他(结构细节)。

在补强拱架设计中，要根据劣化程度、限界富余、隧道断面形状、尺寸等，合理地设计材料、尺寸及间距、对策范围和底脚、楔紧、接头等结构细节。单独采用补强拱架的场合及地压规模小的场合，可采用计算方法设计补强拱架。

5) 衬砌内表面补强设计

内表面补强方法有采用碳纤维、尼龙纤维、玻璃纤维等纤维板黏着方法和钢板黏着方法。在纤维板黏着方法中，作为隧道劣化对策，采用碳纤维板的比较多，采用尼龙纤维、玻璃纤维的较少。

8.2.4　防排水运营维护及渗漏水整治

渗漏水是隧道最常见的病害。我国铁路工务部门曾于 1991 年、1995 年、1997 年三次对铁路运营隧道状态进行了统计，漏水较为严重的隧道约占隧道总数的 1/3，严重影响了隧道的稳定和运营安全。

1. 隧道漏水形式及危害

1) 隧道衬砌渗漏水现象

隧道衬砌渗漏水现象一般表现为渗、滴、淌、涌四种。

(1) “渗”是指地下水从衬砌外慢慢地向内渗入，使衬砌背水面出现面积大小不等的湿渍；

(2) “滴”是指水滴间断地脱离衬砌落下，有时连续滴水，也称为滴水成线；

(3) “淌”是指漏水现象在边墙上的反映，水连续顺边墙内侧流淌而下；

(4) “涌”是指有一定压力的水冒出。

关于“滴水”和“不滴水”，我国目前尚无定量指标。根据我国铁路运营隧道的经验，对于一般隧道，要求衬砌起拱线以上部位不滴水成线；对于电力牵引隧道、寒冷和严寒地区隧道、含侵蚀性地下水隧道地段，以及设计对隧道防水有严格要求的地段或部位，则要求做到衬砌基本不渗水。关于滴水，英国的隧道防水标准定义为至少为 3～4 滴/min。

2) 衬砌渗漏水的危害

衬砌渗漏水会对隧道造成以下影响和危害。

(1) 使隧道内空气潮湿，金属设备及钢轨锈蚀严重。

(2) 使电力牵引、通信、信号等器材绝缘性能降低，影响行车安全。特别是严寒地区，常由于滴水挂冰引起接触网短路、放电跳闸等事故。

(3) 当围岩中地下水具有侵蚀性时，由于混凝土衬砌受到侵蚀介质的经常作用，混凝土出现起毛、酥松、麻面蜂窝、起鼓剥落、孔洞露石、骨料分离等材质破坏，严重者成豆渣状，腐蚀病害将导致衬砌失去对围岩的支护作用。例如，成昆线的百家岭隧道，隧道水质具有硫酸性侵蚀，1973 年病害整治前，边墙下部和两侧衬砌混凝土遭侵蚀，有的呈豆渣状，使衬砌结构失去支承作用，后更换衬砌，情况才有所好转。

(4) 隧底积水，特别是隧底涌水，往往造成道床基底软化或淘空，或使道床下沉或开裂。例如，襄渝线的中梁山隧道，曾出现整体道床成段下沉及开裂现象，危及行车安全。

(5) 对于寒冷和严寒地区的隧道，冬季衬砌漏水会引起衬砌挂冰侵限，衬砌背后积水会造成衬砌冻胀开裂，隧底涌水会产生道床结冰等病害；遇冻胀性围岩若隧底排水不畅，加之未设仰拱，底部会产生冻胀而造成线路不均匀隆起，若不及时处理势必威胁行车安全。

2. 渗漏水调查

(1) 既有隧道渗漏水整治资料的获得，可通过向运营单位收集竣工文件、历年病害整治及大修记录图表等资料，以及向养护部门调查访问和现场测绘三方面进行。

(2) 隧道渗漏水现状调查内容应包括既有隧道的线路条件、地质与水文地质围岩级别、衬砌类型、道床形式、防水和排水设施现状(地表截排水系统，隧道及辅助坑道内防水和排水设施，漏水或与其有关的病害，历年整治情况等)。

(3) 对渗漏水病害地段，应调查衬砌裂损、轨道病害等现状及历年整治效果；对渗漏水病害严重的地段，应进一步了解工程地质和水文地质特征，如围岩性质、岩层节理裂隙发育程度、渗透系数、含水层分布、地下水类型、性质、流向动态变化及补给情况等。

(4) 隧道渗漏水现场测绘应包括以下方面：

① 洞内渗漏水范围(里程)、部位、出水形式、水量、水压及水质等；

② 渗漏水地段应根据收集的资料绘制洞身渗漏水病害展示图，渗漏水地段的衬砌裂损严重或尚有其他病害需要整治者可一并填绘；

③ 根据调查及测绘资料，对渗漏水病害状况做分段详细描述(漏水病害形式、漏水病害发生原因分析)，进行劣化评定，提出整治措施意见。隧道衬砌渗漏水劣化等级见表 8-5。

表 8-5　隧道衬砌渗漏水劣化等级表

渗漏水危害等级		隧道状态
A	AA(极严重)	水突然涌入隧道，淹没轨面，危及行车安全；电力牵引区段，拱部漏水直接传至接触网
	A1(严重)	隧道底部冒水、拱部滴水成线，严寒地区边墙淌水，造成严重翻浆冒泥、道床下沉，不能保持正常的轨道几何尺寸，危及行车安全
B(较重)		隧道滴水、淌水、渗水及排水不良引起洞内局部道床翻浆冒泥
C(中等)		漏水使道床状态恶化、钢轨腐蚀、养护周期缩短，若继续发展，将来会升至 B 级
D(轻微)		有漏水，但对列车运行及旅客安全无威胁，并且不影响隧道的使用功能

3. 隧道渗漏水整治

1) 隧道渗漏水整治的原则

(1) 隧道工程渗漏水整治应遵循“堵排结合、因地制宜、刚柔相济、综合治理”的原则。

(2) 整治渗漏水时应掌握工程原防排水系统的设计、施工、验收资料。

(3) 整治施工时应按先顶(拱)后墙后底部的顺序进行，尽量少破坏原有完好的防水层。

(4) 有降水和排水条件的地下工程，整治渗漏水前应做好降水和排水工作。

(5) 整治过程中应选用无毒、低污染的材料。

(6) 整治过程中的安全措施、劳动保护必须符合有关安全施工的规定。

(7) 隧道工程渗漏水整治，必须由防水专业设计人员和有防水资质的专业施工队伍完成。

2) 隧道渗漏水整治的措施

(1) 对于大面积严重渗漏水，可在衬砌背后和衬砌内部先采用注浆止水或引水等措施，待基面干燥后用掺外加剂防水砂浆、聚合物水泥砂浆、挂网水泥砂浆或防水涂层等进行处理，引水孔最后封闭，必要时采用贴壁式混凝土衬砌加强。

(2) 对于大面积一般渗漏水和漏水点，可先用速凝材料堵水，再做防水砂浆抹面或防水涂层加强处理。

(3) 对于较大裂缝的渗漏水，可用速凝浆液进行衬砌内注浆堵水；渗水量不大时，可进行嵌缝或衬砌内注浆处理，表面用防水砂浆或防水涂层加强。

(4) 对于仍在变形过程中、尚未稳定的结构，应待其稳定后再进行处理。

(5) 有自流排水条件的工程，除应做好防水措施外，还应采用排水措施。

(6) 需要补强的渗漏水部位，应选用强度较高的注浆材料，如水泥浆、超细水泥浆、环氧树脂、聚氨酯等浆液，必要时可在止水后再做混凝土衬砌。

(7) 锚喷支护工程可采用引水带、导管排水，喷涂快凝材料及化学注浆堵水。

(8) 特殊部位的渗漏水处理可采用以下措施：

① 变形缝和新旧结构接头应先注浆堵水，再采用嵌填膨润土止水条、遇水膨胀止水条、密封材料或设置可卸式止水带等方法处理；

② 穿墙管和预埋件可先用快速堵漏材料止水，再采用嵌填密封材料、涂抹防水涂层、水泥砂浆等措施处理；

③ 施工缝可根据渗水情况采用注浆、嵌填密封防水涂料及设置排水暗槽的方法处理，表面增设水泥砂浆、涂层防水层等加强措施。

3) 隧道渗漏水整治材料的选用

(1) 衬砌背后注浆宜选用特种水泥浆，以及掺有膨润土、粉煤灰等掺合料的水泥浆和水泥砂浆。

(2) 衬砌内部注浆宜选用超细水泥浆、环氧树脂和聚氨酯等化学浆液。

(3) 防水抹面材料宜选用掺各种外加剂、防水剂、聚合物乳液的水泥净浆、水泥砂浆、特种水泥砂浆等。

(4) 涂料防水材料宜选用水泥基渗透结晶型防水涂料、聚氨酯类、硅橡胶类、水泥基类、聚合物水泥类、改性环氧树脂类、丙烯酸酯类、乙烯醋酸乙烯共聚物类(EVA)等涂料。

(5) 导水、排水材料宜选用塑料排水板、铝合金及不锈钢金属排水槽、土工织物与塑料复合排水板、渗水盲管等。

(6) 嵌缝材料宜选用聚硫橡胶类、聚酚酯类等柔性密封材料或遇水膨胀止水条。

4) 隧道渗漏水整治的施工工艺

(1) 凿槽引排。凿槽引排法的主要原理是根据边墙裂缝渗漏水程度、衬砌背后空洞积水及围岩富水情况，依次在渗漏水裂缝的拱脚、边墙中部、边墙下部以不同角度钻设 1～3 个排集水孔。盲管外裹无纺布，外缠细铁丝固定，管两头以麻筋、破布塞紧，沿渗水裂缝处自上而下开凿倒梯形引水槽，内置入半圆形排水管并固定，防水砂浆填充管外槽体。用水泥基渗透结晶型防水涂料封槽，引排水流统一通过引排管进入隧道内侧沟，排出洞外。该法适用于运营隧道边墙部竖向施工缝、变形缝及其他竖向裂缝出现“淌水”等严重渗漏水病害的部位。

(2) 锚固灌注法。锚固灌注法的基本原理是在裂缝两侧倾斜钻孔至结构体厚度的 1/2 深，孔距 20～30cm 为宜，钻至最高处后再一次埋设止水针头，止水针头设置完成后，以高压灌注机注入单组分油溶性聚氨酯灌浆材料至发现发泡剂至结构表面渗出。灌注完成后，即可去除止水针头。若渗水情况依然无法改善，再以单组分水溶性聚氨酯灌浆材料补修即可。灌注完成后，即可去除止水针头。该法适用于隧道拱顶、拱腰及边墙渗漏水裂缝。

(3) 钻孔降压法。钻孔降压法的基本原理是通过降压孔把隧道底板下水的压力释放出来达到降压的效果，从而防止水压过大造成隧道底板渗水或湿积。该法主要适用于隧道内道床板渗水，尤其对高压富水区隧道道床板渗水整治效果十分明显。同时，通过钻孔降压法也能缓解隧道整体结构承受的水压力，对隧道上部渗漏水的整治也能起到一定效果。

8.3　高速铁路路基养护维修

高速铁路路基与桥梁、隧道和轨道一起构成了铁道线路的整体，铁路路基作为重要的土工结构物，是轨道的基础。铁路路基主要包括路基本体部分和路基防护设备、支挡及加固设备、排水设备等附属部分。铁路路基的长度与工程投资在整个铁道建筑工程中占有很大的比例。同时，由于铁路路基是在多种复杂作用下工作的土工结构物，它不仅承载着铁路轨道的全部重量，经受列车载荷的反复作用，还经常遭受水流、风沙、雨雪、严寒、高温、地震等自然应力的侵袭和各种不良地质条件及人为因素的影响。

在铁路线路不间断的运营条件下，铁路路基不可避免地会发生程度不同、形态不同的变形与病害。列车速度的提高对路基在强度、刚度、变形、水稳定性及运营养护维修等方面提出了新的要求。为保证高速列车运行的安全性及长期稳定，应及时发现、消灭和修复这些变形与病害，使路基本体与附属设备各部分都保持完好状态，提高其强度与稳定性，提高设备抵御灾害和适应运输的能力，保证线路稳定，列车平稳运行。

8.3.1　高速铁路路基维护基本任务及原则

高速铁路路基养护维修的基本任务有：①经常保持路基本体及其排水、防护、支挡及加固等附属设备的完好状态，延长设备使用寿命；②及时整治路基病害，预防病害的发生和发展；③有计划地改善路基设备状态，不断提高路基整体强度。

高速铁路路基维修工作贯彻“预防为主，修养并重，综合整治，排水第一”的原则。做到预防性计划维修、小型病害整治与经常保养相结合，并加强检查和巡守工作，对路基病害治早、治小，防患于未然。

路基大修工作主要承担对工作量较大、技术较复杂的路基病害工点，根据路基本体及其附属设备的技术状态和病害程度，按照轻重缓急安排计划进行修理和病害整治，改善和提高路基的稳固性，为铁路行车提供安全稳定的基础。

路基维修、大修工作应采用先进的信息化管理技术，积极应用新技术、新材料、新工艺及先进的检测手段，努力发展机械化，不断改善劳动条件、提高作业效率，保证工程质量。同时，应建立健全路基检定制度及机构，以及时掌握路基设备技术状态，确保路基设备满足行车速度和载重的需要。

8.3.2　路基维修工作

路基维修的对象主要是路基防护设备、路基支挡设备及路基排水设备。路基设备维修的工作内容包括路基设备的计划维修、小型病害整治、经常保养和巡守工作。较大的路基病害在未经整治消除隐患前，仍应做好力所能及的维修工作。

1. 计划维修

路基设备的计划维修工作主要针对重要部位(如排水、防护、加固)的设备及已发生病害，但暂时排不上大修的地段，按照预防为主的原则，通过有计划的维修保持设备的完好状态、控制病害的发生和发展。其工作范围包括以下方面：

(1) 整修各种路基地表及地下排水设备；

(2) 修补边坡植被；

(3) 整修各种防护、加固设备；

(4) 修理路基范围内的河岸防护、河流调节等建筑物；

(5) 整修路基安全设备(栏杆、检查梯、检查台阶等)；

(6) 清除或固定危石；

(7) 修补坡面岩石裂缝；

(8) 修补隔离栅栏等。

2. 小型病害整治

路基设备的小型病害整治工作范围仅是对技术不太复杂、整治工程量较小(圬工100m、土石方 500m 以下)的病害的整治，具体包括以下内容：

(1) 堑坡、山坡上的危岩；

(2) 岩(土)体裂缝；

(3) 边坡溜坍、风化剥落；

(4) 基床下沉外挤、基床翻浆冒泥；

(5) 河岸冲刷；

(6) 排水不良等。

工程量较大、技术较复杂的路基病害应列入大修或其他投资项目进行处理。

3. 经常保养

路基设备的保养是一项经常性的工作，其目的是减缓设备的劣化速度、延长设备的使用寿命。其工作范围包括以下方面：

(1) 少量修补边坡植被；

(2) 清除路堑坡面及自然山坡的零星坍体及土石堆积，清除坡面的零星活石和松动孤石及危树(属无主树，林务管理的树及影响电力线、通信线的危树除外)；

(3) 清除防护加固设备坡面的杂草，疏通各种路基建筑物的泄水孔，夯填砌体与土体间离缝，勾补脱落损坏的灰缝；

(4) 夯填(填塞)影响坡面稳定的土质坡面裂缝，修复岩质坡面的岩石裂缝；

(5) 整平土质路肩，清除路堤肩缘下的弃渣弃土，处理路肩低洼处的积水；

(6) 清除排水设备内的淤积物及杂草，勾补脱落损坏的灰缝，修补沟内及沟帮外缘的漏水部位，保持水沟出入口畅通；

(7) 经常保持路基防护栏杆、检查梯(井)等检查设备及线路隔离栅栏的完整牢固，按期涂漆防锈及加固修补；

(8) 负责路基范围内的崩塌、落石、滑坡、泥石流等病害处所的报警装置中土建设施的检修保养；

(9) 做好路基禁耕范围内的水土保持工作，提出路基坡面、堤脚及堑顶植被防护计划，由林务部门安排绿化；

(10) 修筑和整修上山下河检查小道及其他临时修补工作。

4. 巡守工作

为了保证铁路运输行车的安全，对路基的重要地段和特殊地段应建立看(巡)守工作制度。路基设备的巡守工作主要是指对威胁行车安全的病害处所应设专人看(巡)守，包括常年看(巡)守、临时看(巡)守和巡山巡河等制度。

路基的常年看(巡)守工作主要是指在严重崩坍、落石、滑坡、沉陷等病害地段设置常年看(巡)守组，负责监视病害动态，做好看(巡)守地段的小修补工作。为使看(巡)守工对灾害的发生能看得见、听得到，每组看(巡)守长度不宜超过 300m。

路基的临时看(巡)守工作主要是指在突然发生的危及行车安全的严重路基病害及汛期可能发生的严重水害处所设置临时看(巡)守组，小组和定员与常年看守组相同，临时看(巡)守时间由各铁路局(公司)自定。雨季看守组在责任区段发现不安全因素需及时妥善处理。

巡山巡河工作主要在山区铁路，应根据山区路基病害情况设置巡山巡河小组。巡山巡河的主要任务是将一般检查和重点检查相结合，除对管内山头、河岸有计划地逐个进行全面检查外，在汛期要加强对重点病害、危岩孤石、危树和排水系统的检查，巡山巡河小组应定期将检查记录交工长审查签证。此外，巡山巡河小组有责任劝阻和制止影响路基设备稳固与完整的人为破坏。

8.3.3 基床病害类型

基床是指路基上部承受列车动力作用和水文气候变化影响较大的土层，其状态直接影响列车运行的平稳和速度的提高。基床分表层与底层两部分。基床在各种因素影响下，产生各种类型的永久变形，称为基床病害。

基床部分的路基病害可分为四大类，即翻浆冒泥、基床下沉、剪切外挤、基床冻害。

1. 翻浆冒泥

翻浆冒泥是由于路基基床土中的细小颗粒(黏土粒、粉土粒等)或道床中的黏土，受积水和列车反复振动的作用，而发生触变液化，形成泥浆，列车通过时线路上下起伏使泥浆受挤压抽吸而通过道床孔隙翻冒上来，造成道砟脏污板结，丧失弹性。基床存在翻浆冒泥时，基床填土以泥浆形式挤出，导致道砟下沉，从而造成轨道状态不良，轨道的几何状态变化频繁，需要经常进行线路养护。在一些翻浆冒泥特别严重的路段，轨道下沉速率较快，列车通过速度不得不降低，极大地影响了正常的运输能力。此外，翻浆冒泥还可能引起线路左右轨水平差距较大，造成钢筋混凝土轨枕产生纵横向裂纹而失效。

基床翻浆冒泥是我国铁路主要常见的基床病害之一。北方多发生在春融期间，南方在雨季十分频繁，特别是山区尤为普遍。翻浆冒泥可分为道床翻浆、土质基面翻浆、风化石质基面翻浆和裂隙泉眼翻浆四种。

1) 道床翻浆

严格来说，道床翻浆冒泥与基床翻浆冒泥应加以区分。道床翻浆不属于基床病害，但现象及危害与基床翻浆有许多共同之处，所以现场习惯上也把道床翻浆列为翻浆冒泥的一种。道床翻浆冒泥是由于外来细粒污染或道砟本身磨蚀不洁，在地表水和列车动应力作用下，道床内形成稀泥浆，列车通过时泥浆被挤出。现场可以进行简单的辨别：取一些翻浆泥土放在手掌中揉一下，如果是粗涩不滑的石粉，就是道床翻浆。

2) 土质基面翻浆

土质基面翻浆冒泥发生在裂隙黏土和一般黏性土的土质条件。它们受水的影响大，强度随含水量的增加而大幅度下降。因此，在南方，无论是平原丘陵，还是山区，特别是裂隙黏土地区，土质基面翻浆冒泥较为普遍，雨季期间最为严重。在北方，土质基面翻浆冒泥则主要集中在春融期间，是基床冻害的附属产物。

3) 风化石质基面翻浆

石质基面翻浆冒泥主要发生在基床填料为软质泥岩的基床，如黏土岩、泥质页岩板岩、泥灰岩等，这类岩质易风化，水浸化后易软化，强度显著降低。在南方，石质基面翻浆冒泥主要分布在缓丘垄岗地带的路堑中。

4) 裂隙泉眼翻浆

裂隙泉眼翻浆是指裂隙水(或泉水)在列车动力作用下，冲蚀软化基床土而形成的翻浆。裂隙泉眼翻浆主要发生在山区和丘陵地区，其主要原因是基床排水不畅，裂隙或泉水聚集基床。一旦基床排水通畅翻浆可能自动消失；或者裂隙水通道改变，翻浆位置可能发生改变。

2. 基床下沉

基床土在水及动力作用下发生局部或大面积下沉或软化，使道砟压入基床，形成道砟囊和道砟袋，从而产生积水现象，并使线路平顺性产生巨大变化。

基床下沉可分为两类：基面下沉和边坡臌坍。

1) 基面下沉

基面下沉是指由于基床土密实度不足、基床土质不良或线路荷重增加而造成的基床标高局部或大范围地降低。这里只限于基床本身的单纯性下沉，其他路基病害(如地基下沉)引起的基床标高变化不在此列。

2) 边坡臌坍

在黏性土或粉土路堤上，受水和列车动力影响，道砟囊向边坡方向发展，而使边坡中下部向外臌出。边坡臌坍实际上是局部基面下沉的一种特殊情况，是道砟槽发展的一种破坏性结果，是在下沉的同时伴有边坡臌出的现象。

3. 剪切外挤

基床内的土经常处于软塑状态，在列车载荷的作用下，发生剪切破坏，使得路肩单侧或双侧沿滑动面向外或向上的变形称为剪切外挤。剪切外挤可分为路肩隆起和路肩外挤两类。

1) 路肩隆起

基床内的土经常处于软塑状态，而基床下部不深的部位存在硬卧层，或土质密实，阻碍了道砟陷槽向下发展，同时侧向阻力很大，基床土发生剪切破坏，使路肩单侧或双侧向上隆起。

2) 路肩外挤

基床内的土经常处于软塑状态，而基床下部不深的部位存在硬卧层，或土质密实，阻碍了道砟陷槽向下发展，同时侧向阻力很小，基床土的剪切破坏沿交界面进行，使路肩向外挤出。

4. 基床冻害

在低温季节，由于基床土质、水和温度的不利组合，基床土冻结引起线路在纵向上短距离或左右股道的不均匀冻胀，导致线路不平顺或方向不良的现象称为基床冻害。根据发生的部位不同，基床冻害可分为三类：道床冻害、表层冻害、深层冻害。

1) 道床冻害

四面因道床不洁，部分道砟孔隙被充填，冻结时，道床由侧沟或陷槽中吸取水分，使道床不均匀冻起。洁净的道床是不产生冻害的(由于碎石道砟的孔隙较大，蓄水能力差，毛细作用弱，当温度降低时，无水分冻结和水分无法迁移，所以不产生冻胀)，故碎石和砂质道床，当碎石和砂质满足规范要求时，属于不冻胀土。但如果碎石夹砂质道床中混入粉土质黏土，当其混入量大于 12%～15%时就可能产生冻胀。

2) 表层冻害

表层冻害是指产生在基床土体临界冻结温度上半部分的冻害，或冻结深度小的地区发生的冻害。例如，道砟陷槽或侧沟积水、地表水或地下水对路基土体的不均匀浸湿、路基土体表层非均值等原因造成的线路不均匀冻胀。

3) 深层冻害

深层冻害多因地下水位较高而引起，产生的部位较深。

8.3.4　基床病害整治

1. 翻浆冒泥整治

对于翻浆冒泥应该以防为主，防治结合，不同的阶段采取不同的整治方法。

(1) 设计时，应选用优质填料，并设计好路基的防排水。

(2) 当路基有翻浆冒泥趋势时，应对脏污的道床及时安排清筛，严格控制清筛质量，可采用不破底挖翻浆(图 8-4～图 8-6)。

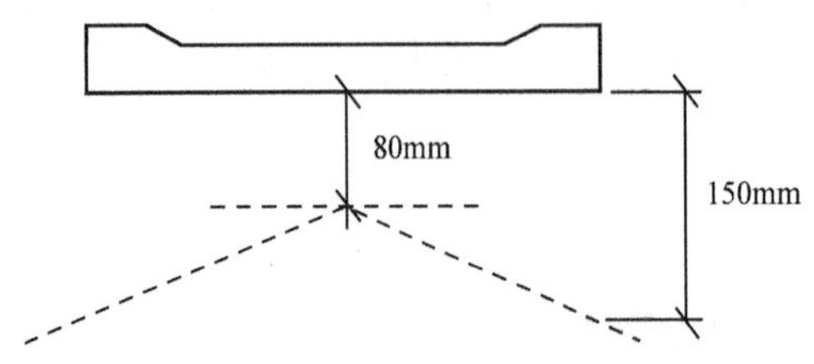

图 8-4　不破底挖翻浆断面示意图 1

说明：非并行地段轨枕中部挖深 80mm，轨枕头下挖深 150mm。

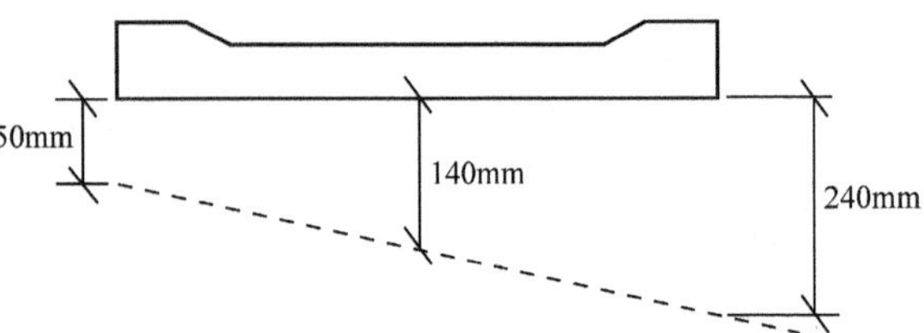

图 8-5　不破底挖翻浆断面示意图 2

说明：并行地段曲上股外侧时，曲下股头下深 50mm，枕中部挖深 140mm，曲线上股轨枕头下挖深 240mm。

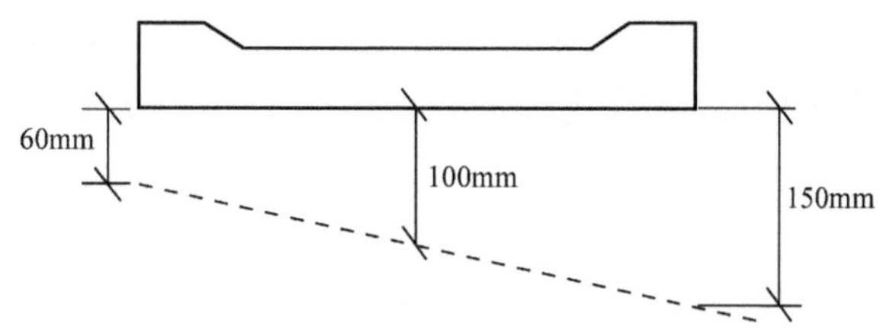

图 8-6　不破底挖翻浆断面示意图 3

说明：并行地段曲线下股在外侧时，曲线下股轨枕头下挖深 150mm，轨枕中部挖深 100mm，曲线上股轨枕头下挖深 60mm。

(3) 组织对排水沟进行通长全面清理，使排水畅通，使路基土体保持干燥状态。

(4) 如果路基坡脚低于外侧路面，应在坡脚到排水沟边缘之间做成不小于 2%的坡度。

(5) 将路基边坡整平，不留坑洼，夯拍密实。

(6) 翻浆冒泥发生时，如果翻浆以下部分的土体土质尚好，可以将表层土挖掉，换上粒径比道砟稍细的石碴；如果路基土体严重恶化，经测定无法再使用，而且区段较长，可以根据不同成因采取铺设砂垫床、复合土工膜封闭层、土工布反滤隔离层等做法，有计划地进行整治。其作用机理和适用情况如下。

① 砂垫床在碎石道床的下部铺设砂垫层，碎石与基面隔离，使基面受力均匀，保持基面的平整度，避免基面因积水造成翻浆冒泥。这种措施可防治无地下水的基面翻浆，不适用于裂隙泉眼翻浆。采用封闭层、换土等其他整治基床病害措施时最好也同时铺设砂垫床，砂以中砂最佳，级配良好的粗砂次之，砂的质量以纯石英砂最理想，不应使用易风化成泥的砂质材料，砂中的含泥量不得超过 3%～5%。

② 复合土工膜封闭层在基面铺设一层不透水的土工合成材料隔层作为封闭层，隔离地表水，使之不渗入基面以下，从而防止或减轻基面软化或风化，降低基床含水量，提高基面承载能力，阻隔泥浆上冒，把道床与基床隔开，防止道床与基床互相混合，用于防治基面翻浆和道砟沉陷，适用于病害水源主要为降水的路段。

③ 土工布反滤隔离层在基面铺设一层土工布，与其上下的砂层构成一复合结构，起反滤和隔离作用，将基床土颗粒阻隔在土工布下，使土粒不能侵入道床，并将基床和道床隔开，防止相互掺和，用于水源主要为地下水的基面翻浆冒泥，但裂隙泉眼翻浆不宜使用。

2. 基床下沉和外挤整治

整治宜从强化路基基床、控制路基填筑质量、加强路基防排水措施、做好边坡防护等方面入手。国内工程实践中常用的整治手段有以下几种。

1) 换填

换填是指将不良基床土经更换(换土、换砂等)或改良(换掺)使其满足使用标准。其主要作用是改善基床的土质条件、提高基床的承载能力，适用于由于土质不良、承载力不足而引起的下沉与外挤等基床变形。换改良土和换砂均适用于已形成不同深度道砟囊的下沉地段，以及软卧层不厚且下面即为刚性层的地段，地下水丰富的地段要同时采取降低地下水位的措施，采取换砂方法必须具有疏干砂层的条件，换砂法也可用于防治基面翻浆冒泥。

2) 土工格室加固

结合基床换填，利用土工格室加固基床表层或利用土工格室设置砂垫床，可以改善土体的受力状态，增加填筑施工时填料的可压实程度，提高土体和垫层的稳定性与承载能力。基床土工格室加固适用于基床强度不足所造成的各种病害的处理；土工格室砂垫床可用于基面翻浆的整治。

3) 坡面防护

既有线路基大多就地移挖作填，土体稳定性较差，许多地段受水流冲刷严重，造成路肩宽度不足，有的甚至引起路基边坡滑塌，危及行车安全。植物防护是一种既经济又有利于生态环境防止坡面侵蚀和表层坍塌的边坡防护措施，在适于植物生长的边坡上应尽可能采用植物防护。与骨架护坡相结合效果更佳，采用骨架护坡时，宜采用带导水槽的截水骨架护坡，或堆高骨架间坡面，以减小水流的影响。在冲刷严重的地段，路肩上还应设置路肩 L 板挡墙和挡水沿，集中排水并保证路肩稳定。

3. 基床冻害整治

形成冻害的关键在于路基中有多余的水分，因此整治病害要从排水和隔水入手，结合改土、隔温、起道等措施；对于深层冻害的整治主要是整治其地下水。由道床引发的冻害属于表层冻害，通过清筛道床疏通路基排水可以解决。由路基填土引发的冻害属于深层冻害，可以通过换填和抬道的方法予以解决。根据以上对路基冻害特征和成因的分析研究采取的主要整治措施如下。

1) 抬道

按照力的传递规律，作用在基床面的动应力随基床深度而被扩散。根据中国铁道科学研究院对于碎石道床砂黏土基床的动应力变化经验公式，可求得在基床面以下 0.6m(可视为基床表层底部)处的列车动应力大约已衰减 55%。若同时考虑基床上部恒载，则求得在基床面以下 0.6m 处上部总应力大约已衰减 35%。若抬道 30cm，在保证原标准道床厚度的情况下，可视为基床面标高抬高 30cm，则基床面以下 0.9m 处(即原基床表层底部)列车动应力大约可衰减 63%。

抬道施工简单快捷，在有条件改变线路纵断面的地段，采用线路抬道的方法可使既有基床面降低一个相当于抬道量的厚度，使上部传来的载荷继续扩散，应力进一步衰减，削弱了对强度不足基床的影响，减少了基床的变形。该方法可用于程度较轻的基床翻浆冒泥、基床下沉外挤病害的整治。

2) 换填

在平面和纵断面受到限制的情况下，如岔区及特大桥、大桥两端的路基冻害主要采用换填整治的方法。岔区冻害利用封锁实行分线分段换填，其优点是行车的安全有保障且换填彻底，缺点是封锁次数增加，对运输影响较大。

3) 铺设保温层

在基床表层铺设保温层，改善基床温度环境，使表层以下的基床填料不冻结或减小冻结深度。保温材料一般用炉渣，其导热系数小、成本低廉，也可用石棉、泡沫聚苯乙烯板等保温材料。国外经验表明，用泥炭或冷压泥炭砖作为保温材料，效果良好，使用时间长。湿度大的泥炭在水分冻结时，会释放大量潜热，能防止泥炭进一步冻结。

4) 人工盐化基床土体

采用挖槽、打孔或拌和等方法，将氯盐注入基床，以减轻冻结和减少冻胀。该方法效果虽然显著，但维持时间短，一般只适用于表层冻害治理。

选择上述措施时，应注意总体效果，考虑相互配合，以期达到根除冻害的目的。

8.4　高速铁路防灾减灾

安全是一切交通运输方式的先决条件，是高效运输和持续发展之本，是铁路运输的生命线。高速铁路由于列车高速度、高密度运行，一旦发生事故，后果相当严重。因此，高速铁路对行车安全保障体系提出了更高的要求。除了要求保证线路、机车车辆、牵引供电及通信信号等设备高安全性外，对各种可能发生的灾害，如自然灾害——强风、暴雨、大雪、地震，轨温及火灾，突发性灾害——坍方落石，异物侵入限界、非法侵入等，都要实施全面监测，即建立防灾安全监控系统，实施全面、准确实时的安全监控，预防灾害的突然袭击。

对各类灾害监测的原始信息，通过数据处理、分析与判断后，传送至综合调度中心或综合维护与救援调度中心确认和处理。根据灾害的性质和级别，对运行中的列车或实施预警，或限速运行，或中止行车，以确保高速列车运行安全。因此，防灾安全监控系统是保证高速铁路安全运行的重要基础设施之一，是综合调度中心不可缺少的一个组成部分。这正是高速铁路与普通铁路的重大区别之一。

防灾安全监控系统是综合调度中心的一个组成部分。防灾安全监控系统提供有关防灾数据(预警、限速、停运决策信息)，为列车运行计划调整、控制提供依据，保证列车正常运行。日本、德国、法国等国家均考虑高速铁路防灾安全监控系统，并采用了较完善的安全设施保障列车行车安全。例如，日本新干线对风、雨、洪水、雪、地震、异物侵限进行监测，当达到报警控车条件时立即对列车限速，当地震报警时立即切断接触网电源；法国高速铁路对风、地震、异物侵限进行监测，当风、地震、异物侵限监测达到报警控车条件时立即对列车限速。我国也要求高速铁路设置防灾安全监控系统。

防灾安全监控系统一般包括信息采集、信息传输和信息处理三部分，对自然灾害(风、雨、洪水及地震)、轨温及火灾、突发事故、异物侵限及非法侵入等内容进行监测或控制。自然灾害主要指风、雨、洪水、地震及其他自然灾害；轨温及火灾主要指钢轨温升、大型车站、大型结构物、牵引变电所、通信信号机械室等重要机房室内及周围火灾；突发事故及异物侵入限界指突然发生的影响行车安全的事故及落石、落物、塌方或其他物体侵入限界，使铁路设施受到意外撞击等。另外，运行中的高速列车、牵引供电系统和通信信号等都有自己的安全监测和自控子系统，维修、紧急救援子系统也是安全系统中的重要环节，它们共同构成安全保障体系。京沪高速铁路防灾安全监控系统总体构成如图 8-7 所示。

下面先介绍自然灾害监测中的风监测子系统、雨量及洪水监测子系统、地震监测子系统和雪害监测及对策，然后介绍固定设施诊断与监控中的轨温监测、长大隧道安全监测、长大桥梁安全监测、路基安全监测、大型车站防灾系统和其他灾害监测及安全防护工程。至于高速列车牵引供电系统和通信信号的安全监测和自控子系统，以及维修、紧急救援子系统，这里不再一一介绍。

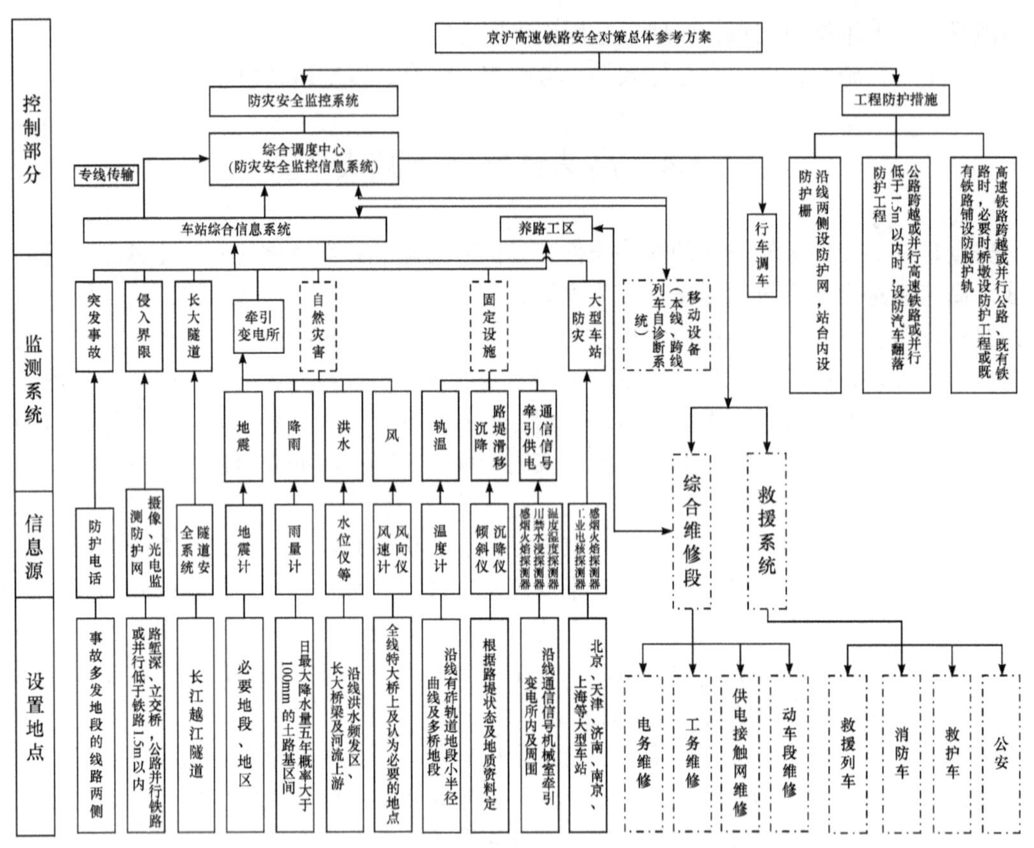

图 8-7　京沪高速铁路防灾安全监控系统总体构成图

1. 风监测子系统

高速铁路与普通铁路相比，一方面列车运行速度快，另一方面列车轴重轻，因此，风对高速铁路安全的影响是不容忽视的。强横风作用下，接触网可能引起强烈摆动、翻转；作用于车辆的侧向大风则将影响列车运行的横向稳定性，可能造成列车倾覆。长大桥、车站一般要设风向风速计，空旷地带风期长、风力强劲的风口也应设置风向风速计，而气象部门只能提供大面积范围内的气候概况，不能满足高速铁路点、线特点和具体数据的实时性要求，所以，高速铁路针对风灾害所采取的安全对策是建立风监测子系统(系统还需与气象部门联网以保证数据的合法性和对未来天气的预测需要)。该系统由风向风速计、发送装置、接收分析记录显示装置组成。日本采用的某种风向风速监测子系统的结构图如图 8-8 所示，风向风速计通过其附带的变换器将模拟电信号变换成数字信号，经由各自的信号发送装置，通过一对电缆发送至接收分析记录显示装置。在风速达到一定值时，自动通知中央控制中心，控制列车减速或停止运行。警报标准根据线路条件、列车抗风性能、周围环境等因素综合考虑。

2. 雨量及洪水监测子系统

铁路洪水灾害不像地震、风灾那样具有突发性，而是按积少成多、循序渐进的规律，因汛期雨水多而形成灾害的。例如，京沪高速铁路多处于河流下游的平原地区，沿线地区

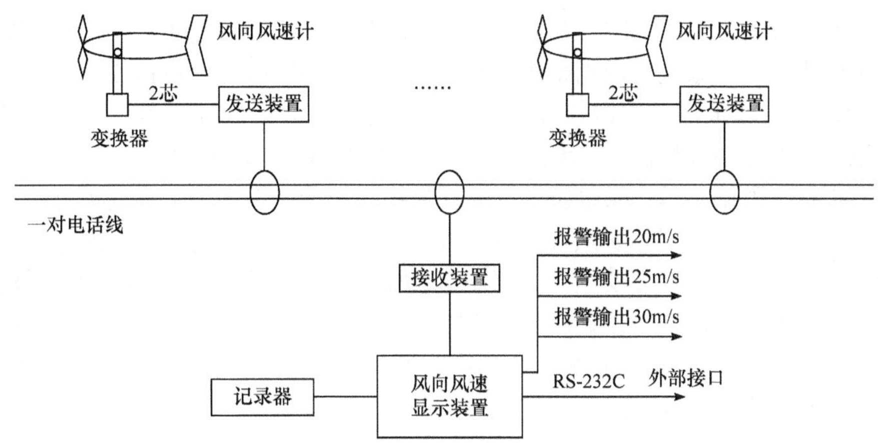

图 8-8　风向风速监测子系统结构图

日最大降雨量均大于 100mm，降雨大多集中于汛期(6～9 月份)，铁路桥梁及线路易受汛期江河下游大范围洪涝灾害、江河决堤、水库溃决等影响，路基常处在淹没状态，造成线路溜坡、沉降、坍塌和冲毁路基及桥梁设施等。

为了防止洪水对高速铁路带来的灾害，需要建立雨量及洪水监测子系统。该系统根据高速铁路沿线气象、水文、灾害历史及线路的路基、桥梁等设计状况，有针对性地设置监测终端，有效地制定运营及防洪措施。图 8-9 为雨量及洪水监测子系统结构图，系统由水文气象数据采集终端(风速风向、气压、大气温度、雨量、水位、洪水测量、冲刷仪及防撞监视仪等)、数据处理与预报(中央装置)数据传输与控制三大部分组成。

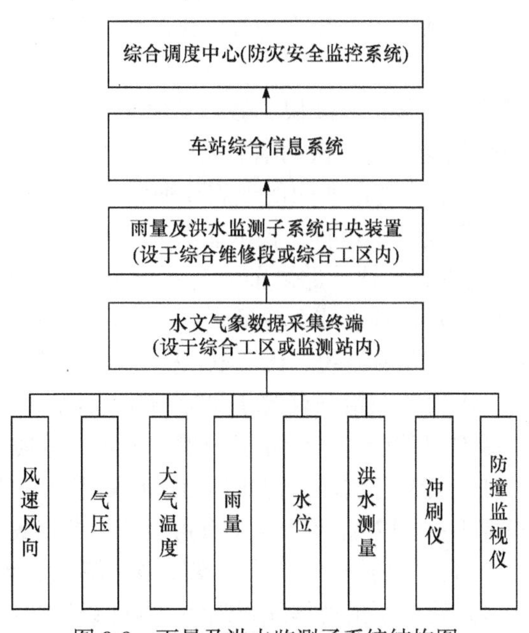

图 8-9　雨量及洪水监测子系统结构图

高速铁路受降雨及洪水的破坏，主要表现在路堤破坏、桥梁破坏及路堑自然边坡破坏三大方面。路堤破坏类型主要有边坡侵蚀、堤内水位上升、排水不良、周围环境影响；桥梁破坏主要有桥墩台过度冲刷、桥梁撞击、水位过高；路堑自然边坡破坏，很大一部分也是由雨水冲刷造成的。因此，应针对上述情况考虑设计相应的探测及数据采集设备。

雨量及洪水监测子系统由数据采集、数据传输、监测终端等设备构成。设置在各地点的雨量计通过各自的带阻滤波器连接在一对芯线上，通过各自对应的频率发生器发送信号，接收记录装置分别接收各自频率的信号，分析统计各地点的雨量信息。

降雨警报标准的确定是非常复杂的问题，报警限速虽然保证了灾害发生时的安全，但如果灾害没有发生就会使列车误点或停运，破坏了正常运输。为此，设定限速标准时，要确实把握现场情况，既要保证安全，又要使运输损失控制在最低程度；同时还要根据恢复整治加固、环境变化，经常予以调整。日本东海道新干线明确规定了降雨警报标准及运行措施，如连续雨量(24h 的累计)140mm。每小时雨量达 40mm，就要实行限速 170km/h 运行，每 30min 报告雨量一次。

3. 地震监测子系统

在影响高速铁路运行安全的自然灾害中，地震是一种发生概率相对较小但危害性最大的一种特殊灾害，例如，京沪高速铁路沿线将穿越四条较大的地震构造带，历史上发生可能危及高速铁路的地震有 20 余次。因此，借鉴国外地震预警的经验，开发适于我国高速铁路线路、构造物特点，并反映历史震灾情况及未来发展趋势的高速铁路地震预警系统，是十分必要的。目前用于地震监测预警主要有两类系统。一类是在烈度大于或等于 W 度(相当于地震动峰值加速度为 0.1g)的线路区段的变电所内，设置地震监测设备。监测设备有两种形式：一种是加速度报警仪，我国采用的报警加速度为 45gal(1gal = 0.01m/s)，日本采用的报警加速度为 40gal(0.4m/s)；另一种是显示用的地震仪，该地震仪能显示监测点的地震加速度波形，可进一步判断发出的警报是否可靠。另一类系统是日本新近开发的地震早期监测预警系统。

在地震波中，包含有基岩中传播速度快、振动幅值小、人体几乎感觉不到的 P 波(初期微动，$v \approx 8$km/s)，以及传播速度慢、振动幅值大、人体感觉明显、造成构造物损坏的 S 波和面波(主震，$v \approx 4$km/s)。沿线变电所内的地震仪通常是在主震袭击线路后才报警，如果此时有高速列车正好在地震受灾区运行，很可能因来不及减速而掉道翻车。为了能提早检测到地震的发生，在地震主震到达线路之前，有尽可能多的时间让高速运行的列车减速，并防止列车进入受灾区，日本铁道综合技术研究所开发了 UrEDAS(Urgemt Earthquake Detection and Alarm System)地震预警系统，图 8-10 是该地震预警系统工作原理示意图。其工作原理是：地震发生时，由设置在检测点的 P 波检测仪检测 P 波，在 4s 内推断地震的震级、位置及震源深度，并对可能受害的线路区段发出警报，感震器就会启动，停止对前后约 40km 区间的供电，列车就紧急制动，停止运行，从而保证危害较大的 S 波传到新干线之前将列车运行速度降至 100～170km/h，减小有可能产生的损失或事故发生的概率。日本是一个多地震的国家，为应对地震，建立了沿铁路线每隔 20km 设置地震仪的检测系统；为应对太平洋中的地震，建立了沿海岸线每隔约 80km 设置地震仪的检测系统。

4. 雪害监测及对策

在年降雪量和积雪深度大的地区，下雪时积雪对高速铁路的主要危害有以下方面。

(1) 暴风雪形成的雪堆，过高时影响行车安全。

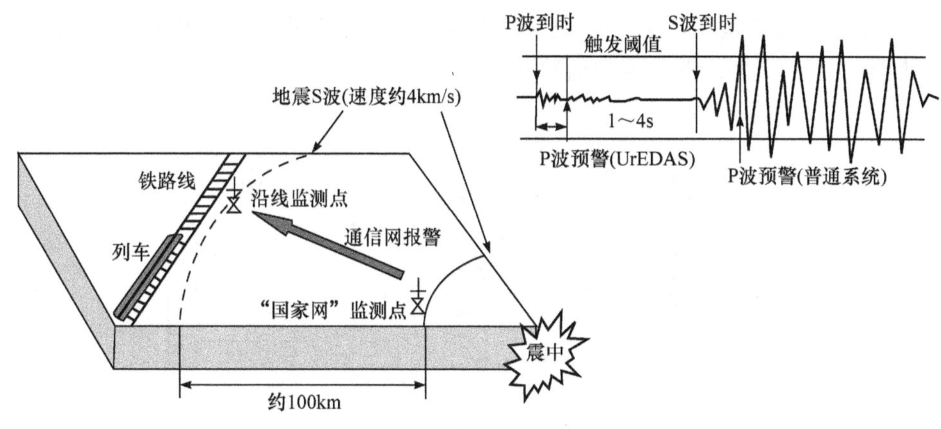

图 8-10　地震预警系统工作原理示意图

(2) 高速列车气动力卷起积雪并凝结在列车车体底部，导致车辆绝缘失效。

(3) 列车从降雪地区行至温暖地区，车下积雪或结冰脱落，砸向道床，使道砟飞起，危害车辆设备及附近建筑物和人员。

(4) 积雪使道岔扳动失灵。为此应采取相应措施，例如，日本在风口地段设置防雪栅或防护林，防止在线路和设施上形成雪堆，同时在适当地点设置防雪崩桩或檐棚，阻止斜坡发生雪崩；降雪路段配备自动喷水器进行洒水融雪；人工或机械清除积雪；车体下部易凝雪的地方加设防护装置和加热融雪装置；道岔处采用电气温风融雪机；设置雪害监测设备等。雪害监测设备包括降雪计、积雪深度计、自动控制部分及除雪(热风融雪、温水喷射融雪)设备等。

5. 轨温监测

高速铁路全线铺设跨区间无缝线路，在夏季，随着轨温的升高无缝线路长钢轨的纵向应力将增大，如果在该季节进行夜间大型养路机械作业，作业后将改变有砟轨道道床作业前的状态，实测表明道床的纵向横向阻力均有所下降，此时无缝线路保持稳定的安全储备量将减少。如果轨温继续升高达到(或超出)某一临界值，只要有任意的激扰，如过车时的振动、列车在该地段制动、线路维修等，无缝线路将失去保持稳定的能力从而发生胀轨跑道事故，对高速铁路的行车安全构成威胁。

在夏季，工务部门为保证进行养护维修作业，特别是进行大型养路机械作业后的线路在次日轨温条件下具有安全储备，需借助精度较高的轨温预报及监测系统。轨温预报及监测系统能实时监测无缝线路的轨温、安全储备量、气象等信息，为工务维修部门、综合调度中心提供决策依据。为此，高速铁路建立无缝线路轨温预报及监测系统，并将数据传送到安全防灾报警系统是至关重要的。

图 8-11 为一轨温监测子系统结构图，由温度传感器、湿度传感器、风力(风向、风速)传感器、应力传感器、信息处理器、显示器、道床状态信息输入设备、报警装置、记录仪、信息传送等部分组成，风向风速信息可利用风监测系统数据。由于轨温与气温有紧密的联系，通常小范围内的气温几乎相同(如数十千米内)，因此，曲线半径不大于 6000m 的有砟轨道可每隔 70km 设置一处轨温监测装置，在桥梁或曲线较多的地段，可适当增设，

在特大连续梁桥温度跨度较大的梁端也宜增设监测装置。根据钢轨温度和不同的道床状态(如锁定轨温、起道作业、横向阻力值等)可确定出不同的行车限速或禁行规定，保证行车安全。

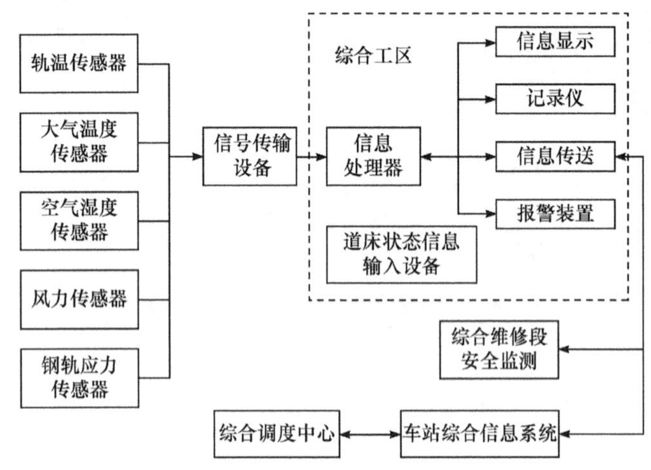

图 8-11　轨温监测子系统结构图

6. 长大隧道安全监测

高速铁路条件下的隧道灾害，主要表现为火灾、水灾、空气动力学问题和隧道内的通常病害、侵限及结构失稳问题。隧道病害在非特大灾害条件下(如爆炸、地震、山体滑坡等)，一般来说发展较为缓慢，有一定的时间发现和整治，可通过提高工程设计和施工质量相应提高其抗灾能力。但对于长大隧道在交付高速铁路运营后的安全监测是必不可少的，例如，隧道壁衬砌混凝土的应变监测，可在施工中预先考虑。日本青函海底隧道在正洞海底段有 4 个断面上埋设有应变计，用以测量衬砌混凝土表面应变，在同一位置上还对气压、气温、湿度进行监测。有关隧道病害的监测、检测、状态评估和整治能够独立进行操作，可不列入高速铁路安全监测系统范畴内。而隧道内列车火灾是长大隧道内危害最大的灾害，具有突发性，常常造成灾难性后果，应纳入防灾安全监控系统。

根据隧道内列车火灾的特点，应最大限度地防止列车在隧道内发生火灾和已发生火灾的列车进入隧道；在隧道中已发生火灾的列车应尽可能拖出隧道。高速铁路长大隧道防灾安全监测子系统应由火灾检测、通风排烟、紧急避难、定点灭火、引导疏散、温度湿度检测、通信、供电、救援等几部分组成，经过火灾确认、火灾等级判定，由综合调度中心统一指挥处理。

7. 长大桥梁安全监测

高速铁路桥梁及高架线路往往占有较大的比例，桥梁及高架线路的可靠程度和状态将直接影响高速铁路运营的安全和效益。除各种自然灾害对桥梁有其特殊的危害外，针对长大桥梁自身在高速载荷作用下的稳定性及对通航河流桥墩的防护，需对桥梁结构设置加速度仪、桥墩防撞仪等进行监测。在与公路和既有线交叉处，还要安装必要的限界障碍检测和桥墩防护工程。

火灾对桥梁本身的危害主要是超出设计耐火极限引起的结构失效或对结构造成的破坏。通过市区的高架桥，或桥下已被利用的高架桥，一旦发生火灾，应立即停运。火灾后调查结构物状态，并根据受损程度再决定是否限速运行。

8. 路基安全监测

路基工程中最突出的问题是软土路基的下沉，首先应该依靠工程设计和施工质量予以解决，其次是在列车运营期间实施安全监测。例如，京沪高速铁路的沪宁段通过宁镇地区、太湖湖积平原和长江三角洲冲积平原，沿线地质情况复杂。该地区土质为软土层，多为近代沉积的黏性土，具有含水量大、透水性差、抗剪强度低、压缩性高等特点，并且软土层厚度变化大，软土地基的稳定和变形问题相当突出。因此如果采用修建路基工程方案时，工程设计与施工需特别予以重视，同时在通车期间应继续长期监测在列车载荷作用下的地表沉降、分层沉降、侧向位移(剪切变形)及孔隙水压力的变化情况；测量路基断面动应力的分布及分布规律，路基不同部位的回弹变形等主要参数，以便综合评价软土路基质量，有效地控制工后沉降，确保高速列车运营的舒适和安全。

路基安全监测子系统主要监测路基病害的发生、发展和发出预警信息，对个别地点的塌方、落石也进行监视。该系统可由测斜仪、沉降仪等传感器、数据记录与信息显示和信息传输三部分组成，一般设置在软土路基路堤和滞洪路堤的必要地点。

9. 大型车站防灾系统

大型车站应设有自己的防灾中心，采集的信息有火、烟及各通道滚梯运行状况等。一旦有非常事态发生，可及时自动采取灭火、排烟、隔离火源等措施，并有效地疏导旅客。大型车站内的旅客导向信息系统，是列车运行管理系统中的一部分，对车站安全起到辅助作用。通过向导显示板和广播，除提供日常服务信息外，还可提供事故信息、疏导向导。例如，日本东京车站内防灾控制中心内的综合显示板，可实时显示楼层、各安装位置上的自动扶梯，热、烟探头，各重要通道上的摄像机工作情况，便于工作人员掌握。

10. 其他灾害监测及安全防护工程

为避免闲人进入高速铁路线路范围内有碍高速列车运行，应沿线路两侧或在铁路用地限界处，设置金属防护网，每隔一定距离设禁止入内警示牌。线路上有可能发生崩坍、落石的地段，应设置防护栅及监视报警系统，以保证高速线路受侵的信息能及时传输到综合调度中心，控制列车运行。凡有高速列车通过的站台，在站台安全线设置固定防护栅和车门处的活动防护栅。

公路跨越高速铁路或与高速铁路并行(公路低于铁路 1.5m 以上除外)，在公路与高速铁路的交界处，应设置防止汽车翻落及异物跌落的防护工程，并考虑在汽车的来向端及去向端适当延长防护工程范围。与防护工程同时设置边界故障报警装置。高速铁路跨越或并行公路、既有铁路，其桥墩外侧面认为有必要时，应设防护撞击设施。

线路两侧交错设置列车防护开关，站台上每隔一定距离设置列车防护开关。发生突发事故(如发现线路内有障碍物、乘客从站台上跌落或线路异常等)时，线路巡道员或车站值班员操作列车防护开关，及时关闭 ATC 信号，使正在接近的列车停车，防止事故发生。

设置列车防护开关的地点设置防护电话，便于现场与综合调度中心联系，防护电话可采用有线或无线通信。

防灾安全监控系统设备需安全可靠，直接对列车限速的软、硬件设备需考虑冗余设计。要保证高速运行中的列车在临灾之前，能得到有效的控制，就要求灾害信息传送具有实时性。因此，防灾安全监控系统信息传送应采用高速铁路专用数据通信网。

此外，作为系统的需要，应建立灾害资料存储库。任何时候发生的任何灾害，系统都能在灾害前、灾害中、灾害后根据操作者要求随时调出，以便查找、分析事故原因，同时为以后修改、完善系统报警条件和拟订救灾方案做技术积累。例如，图 8-12 所示的日本灾害评估及恢复救援系统“HERAS”(Hazards Estimation and Restoration Aid System)，当发生大地震时，它能根据以往积累的资料，迅速准确地判断地震发生地点、受灾的规模，这对决定灾后采取何种对策极为重要。

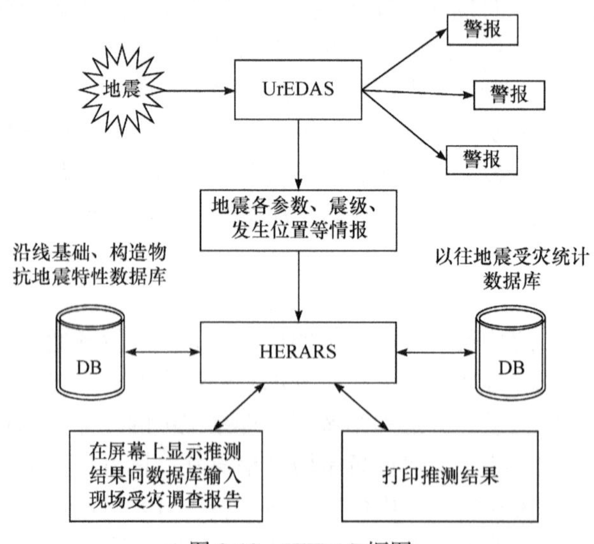

图 8-12　HERAS 框图

高速铁路是存在于自然界的构造物，因此受到灾害和事故的侵袭是不可避免的，但是，只要对各种灾害和事故进行深入的研究，针对不同的灾害和事故，结合高速铁路的实际情况，制定不同的防灾安全对策，就可以将灾害和事故带来的损失降到最低，确保高速铁路的安全运行。

小　结

高速铁路与普速铁路相比，其最大的特点是高速度、高舒适性、高安全性和高密度。为了达到上述要求，高速铁路基础设施既要为高速度运行的机车车辆提供高平顺性与高稳定性的轨面条件，又要保证线路各组成部分具有一定的坚固性与耐久性，使其在运营条件下保持良好状态。

高速铁路桥梁的养护维修工作，必须确立以“保证行车安全”为主要目标，遵循“设备质量保安全”的指导思想。正确掌握设备状态的变化规律和劣化程度，适时地进行修理，逐步达到“状态控制，周期均衡，设备改善，保证安全”。

隧道建筑物的修理工作分为检查、维修和大修，维修工作分为周期性保养和综合维修。隧道维修工作应按照“预防为主，预防与整治相结合”的原则进行，采取综合维修与周期性保养相结合的方式，修复既有缺陷，预防病害发生，保持隧道建筑物状态均衡完好，使列车能以规定的速度安全、平稳和不间断地运行。

高速铁路路基要经常保持路基本体及其排水、防护、加固等附属设备的完好状态，延长设备使用寿命，及时整治路基病害，预防病害的发生和发展，有计划地改善路基设备状态，不断提高路基整体强度。同时，还应做到“预防为主，修养并重，综合整治，排水第一”的原则。

安全是一切交通运输方式的先决条件，是高效运输和持续发展之本，是铁路运输的生命线。高速铁路是存在于自然界的构造物，受到灾害和事故的侵袭是不可避免的。因此，针对不同的灾害和事故，结合高速铁路的实际情况，制定不同的防灾安全对策，建立防灾安全监控系统，实施全面、准确实时的安全监控，预防灾害的突然袭击，将灾害和事故带来的损失降到最低，确保高速铁路的安全运行。

第 9 章　高速铁路接触网维修

随着高速铁路影响力的逐渐提升，社会生产生活迫切要求铁路运输部门提供更为便捷快速、更安全可靠的高质量服务，高速铁路整个技术系统的科学性、安全性、稳定性及可靠性也日益受到更多的关注。接触网系统是构成整个高速铁路技术系统的关键环节，承担从牵引变电所获得电能直接输送给电力机车使用的重要任务，它的可靠运行在高速铁路安全运营中无疑发挥着重要的作用。保证高速铁路接触网正常工作，提高接触网的可靠性，延长接触网的使用寿命才能保障高质量的运输服务，创造良好的社会效益和经济效益。

9.1　接触网概述

接触网是向电力机车供电的特殊形式输电线路，是电气化铁道中主要供电装置之一，按其结构分为架空方式和接触轨方式，接触轨方式不能适应高速行车，这里只介绍架空方式的接触网。其由接触悬挂、支持装置、定位装置、支柱与基础几部分组成。

接触悬挂包括接触线、吊弦、承力索及连接零件。接触悬挂通过支持装置架设在支柱上，其功能是将从牵引变电所获得的电能输送给电力机车。

支持装置用以支持接触悬挂，并将其负荷传给支柱或其他建筑物。根据接触网所在区间、站场和大型建筑物而有所不同。支持装置包括腕臂、水平拉杆、悬式绝缘子、棒式绝缘子及其他建筑物的特殊支持设备。

定位装置包括定位管和定位器，其功能是固定接触线的位置，使接触线在受电弓滑板运行轨迹范围内，保证接触线与受电弓不脱离，并将接触线的水平负荷传给支柱。

支柱与基础用以承受接触悬挂、支持装置和定位装置的全部负荷，并将接触悬挂固定在规定的位置和高度上。我国接触网中采用预应力钢筋混凝土支柱和钢柱，基础是对钢支柱而言的，即钢支柱固定在下面的钢筋混凝土制成的基础上，由基础承受支柱传给的全部负荷，并保证支柱的稳定性。预应力钢筋混凝土支柱与基础制成一个整体，下端直接埋入地下。

图 9-1　高速铁路架空柔性接触网

1. 接触悬挂类型

高速铁路采用的架空柔性接触网是由线索构成的接触悬挂及其衔接构成的电能传输线路，如图 9-1 所示。高速铁路接触网结构一般采用链形悬挂方式，按结构的不同可分为简单链形悬挂、弹性链形悬挂和复式链形悬挂。高速铁路接触网的跨距较短，各国高速铁路接触网多采用 50m 长跨距。

简单链形悬挂结构由接触线、承力索和吊弦等组成，如图 9-2 所示。简单链形悬挂结构简单，造价较低，运行、检修经验丰富。其缺点是接触网的弹性不均匀，在承力索悬挂点附近的接触网弹性较小，跨距中央弹性较大，造成受电弓在悬挂点附近抬升量较小，在跨距中央的抬升量较大。通常解决的方法是采用预留弛度的方式，也就是在跨距中央让接触线有一点下垂，使受电弓运行轨迹尽可能平顺。法国高速铁路接触网、日本山阳新干线等新建线路采用的就是这种悬挂方式。我国京津城际高速铁路运行的是 8 辆编组、单受电弓运行的车辆，采用的也是简单链形悬挂方式。

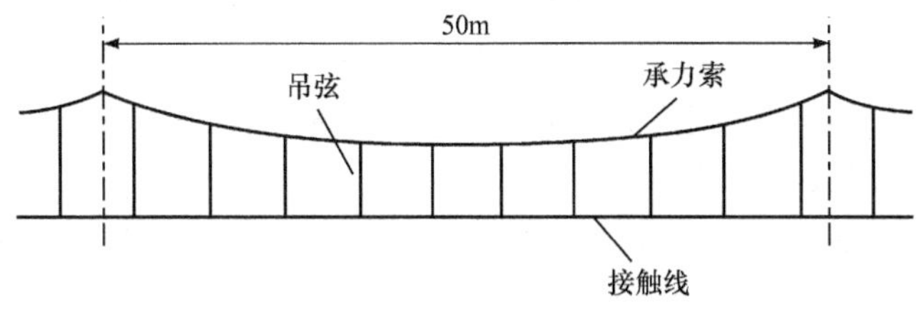

图 9-2　简单链形悬挂

弹性链形悬挂结构如图 9-3 所示。弹性链形悬挂基于简单链形悬挂，在支柱悬挂点处增设了弹性吊索，其作用是改善承力索悬挂点附近接触线的弹性，使接触网的弹性分布均匀，有利于列车受电弓平稳运行。其缺点是接触线动态抬升量较大，导线容易产生疲劳，且弹性吊索安装、调整工作量大，事故抢修难度也较大。德国高速铁路接触网主要采用的是弹性链形悬挂方式。我国京沪高速铁路运行的是 16 辆编组、双受电弓运行的高速列车，也采用了弹性链形悬挂方式。

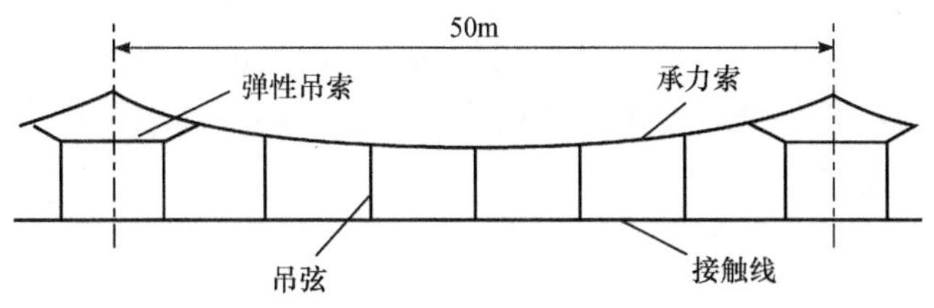

图 9-3　弹性链形悬挂

复式链形悬挂结构如图 9-4 所示。复式链形悬挂结构的弹性最为均匀，接触线的动态抬升量也最小。复式链形悬挂单位长度质量较大，稳定性及风稳定性都较为优越。但因增加了一根辅助承力索，结构复杂，施工和运营维护不方便，事故抢修难度大，投资及维修费用高。1964 年日本开通运行的东海道新干线就采用了复式链形悬挂，但是并没有得到广泛应用。

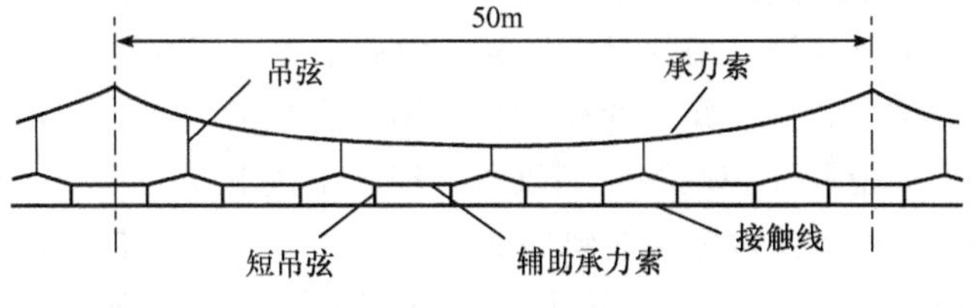

图 9-4　复式链形悬挂

总之，三种悬挂类型在结构和技术性能方面存在着一定的差异，但理论研究与各国的运营实践都表明，三种悬挂类型均可满足客运专线列车高速运行的要求。

2. 支柱

支柱是接触网中最基本、应用最广泛的支撑设备，用来承载接触悬挂与支持设备的负荷。接触网支柱，按其使用材质分为预应力钢筋混凝土支柱和钢支柱两大类。

预应力钢筋混凝土支柱简称钢筋混凝土支柱，采用高强度的钢筋，在制造时预先使钢筋产生拉力，它比普通钢筋混凝土支柱在同等容量情况下节省钢材、强度大、支柱轻等。钢筋混凝土支柱本身是一个整体结构，不需要另制基础。

钢支柱具有支柱较轻、强度高、抗碰撞、安装运输方便等优点。根据安装使用地点不同，钢支柱的型号规格及外形结构也不同。

支柱按其在接触网中的作用可分为中间支柱、转换支柱、中心支柱、锚柱、定位支柱、道岔支柱、软横跨支柱、硬横跨支柱及桥梁支柱等几种。

接触网支柱的侧面限界是指支柱靠线路一侧至线路中心线的距离。为了确保行车安全，支柱侧面限界任何时候不得小于 2440mm；不通过超限货物列车的站线必须大于2150mm；曲线区段适当加宽；直线中间支柱一般不小于 2500mm；软横跨支柱一般取为3000mm；软横跨支柱位于站台时，为便于旅客行走，一般取为 5000mm。

3. 支持装置及定位装置

支持装置用以支持接触悬挂，并将其负荷传给支柱或其他建筑物。支持装置包括腕臂、拉杆、悬式绝缘子串、棒式绝缘子等及其他建筑物的特殊支持设备。

定位装置包括定位管和定位器。其作用是固定接触线的位置，使接触线在受电弓滑板运行轨迹范围内，保证接触线与受电弓不脱离，并将接触线的水平负荷传给支柱，定位器有直管定位器、弯管定位器等。

4. 承力索

承力索的作用是通过吊弦将接触线悬挂起来，提高接触悬挂的弹性，承力索还可承载一定电流来减小牵引网阻抗，降低单位电压损耗和能耗。

承力索根据材质可分为铜承力索、钢承力索、铝包钢承力索等。

钢承力索需采取防腐措施。

5. 吊弦

在链形悬挂中，接触线通过吊弦悬挂在承力索上。按其使用位置是在跨距中、软横跨上或隧道内有不同的吊弦类型，吊弦是链形悬挂中的重要组成部件之一。

在链形悬挂中安设吊弦，使每个跨距中在不增加支柱的情况下，增加了对接触线的悬挂点，这样使接触线的弛度和弹性均得到改善，提高了接触线的工作质量。另外，通过调节吊弦的长度来调整，可保证接触线对轨面的高度，使其符合技术要求。

普通环节吊弦由直径为 4mm(一般称为 8 号铁线)的镀锌铁线制成。

提速后采用不锈钢直吊弦，不锈钢直吊弦是一个整体吊弦，减少了检修工作量，提高了接触悬挂的工作特性。

6. 接触线

接触线也称为电车线，是接触网中重要的组成部分之一。电力机车运行中其受电弓滑板直接与接触线摩擦，并从接触线上获得电能。接触线截面积的选择应满足牵引供电计算的要求。

接触线一般制成两侧带沟槽的圆柱状，其沟槽为便于安装线夹并按技术要求悬吊固定接触线位置而又不影响受电弓滑板的滑行取流。接触线下面与受电弓滑板接触的部分呈圆弧状，称为接触线的工作面。

7. 绝缘子

绝缘子用以悬挂并对接地体保持电气绝缘。

接触网上所用的绝缘子一般为瓷质的，即在瓷土中加入石英和长石烧制而成表面涂有一层光滑的釉质。

接触网上使用的绝缘子按结构分成悬式和棒式两类，按绝缘子表面长度(即泄漏距离)又可分成普通型和防污型两种。近年来，大量采用了钢化玻璃悬式绝缘子，这种绝缘子的机械强度高(为瓷质绝缘子的 2～3 倍)，电气性能好(在冲击波作用下其平均击穿强度为瓷绝缘子的 3.5 倍)，使用寿命长，不易老化，维护方便，具有良好的自洁性，它的最大特点是“零值自破”，即当绝缘子失去绝缘性能或机械过负荷时，伞裙就会自动破裂脱落，容易被发现，可及时进行更换。

8. 中心锚结

设置在接触悬挂锚段中部，通过将承力索、接触线进行固定，防止两端补偿器向一侧滑动及缩小事故范围的装置，称为中心锚结。线索在中心锚结处的固定点在任何情况下不得出现偏移，因此当温度变化时，锚段内线索的热胀冷缩发生在中心锚结与两端补偿器间，有效缩短了线索的伸缩范围。当锚段一端的接触线发生断线时，不致影响锚段另一端接触线，以利于抢修和缩短事故停时。

在两端装有补偿器的锚段里必须架设中心锚结，其布置原则是尽量使中心锚结两端张力相等，并尽可能靠近锚段中部。当锚段全部在直线区段或整个锚段布置在曲线半径相同的曲线区段时，该锚段中心锚结应安设在锚段的中间位置。当锚段布置在既有直线又有曲线且曲线半径不等的区段时，该锚段的中心锚结应设在偏离锚段中间位置，靠近曲线多、曲线半径小的一侧。在特殊情况下，锚段长度较短时(一般定为锚段长度 800m 以下)，可不设中心锚结，视为半个锚段，将锚段一端硬锚，另一端线索安装补偿器，此时的硬锚就相当于中心锚结。

9. 交叉线岔

列车在运行中，当运行到两条铁路交叉处，由一股道过渡到另一股道上运行时，要经过道岔设施达到转换。在电气化铁路区段的站场内两个股道交叉处，为了使电力机车受电弓由一股道顺利过渡到另一股道，在两条铁路交叉的上空相应有两支汇交的接触线，在两支汇交接触线的相交处用限制管连接并固定的装置称为线岔，又称为等空转辙器或空中转换器。线岔的作用是在转辙的地方，当一组接触悬挂的接触线被受电弓抬高时，另一组悬挂的接触线也能同时被抬高，从而使它与另一接触线产生高差。高差随着受电弓靠近始触点而缩小，到达始触点时，高差基本消除而使受电弓顺利交接，以使接触线不发生刮弓现象，并使电力机车受电弓由一条股道上空的接触线平滑安全地过渡到另一条股道上空的接触线上，从而使电力机车牵引的列车完成线路转换运行的目的。

10. 锚段关节

为满足供电、机械方面的分段要求，将接触网分成若干一定长度且相互独立的分段，每一分段称为锚段。两个相邻锚段衔接部分称为锚段关节。

根据锚段所起的作用可分为电分段非绝缘锚段关节和电分段绝缘锚段关节；根据所含跨距数可分为三跨、四跨锚段关节。非绝缘锚段关节只起机械分段作用，绝缘锚段关节既起电分段作用又起机械分段作用。

11. 补偿装置

补偿装置又称补偿器，它设在锚段两端，能自动补偿接触线或承力索的张力，它是自动调整接触线或承力索张力补偿器及其制动装置的总称，由滑轮和坠砣组成。其作用是温度变化时，线索受温度影响而伸长或缩短，由于补偿器坠砣的重量作用，可使线索沿线路方向移动而自动调整线索张力，使张力恒定不变，并借以保持线索的弛度满足技术要求。

9.2　接触网特点与要求

9.2.1　接触网特点

高速铁路接触网具有以下特点。

1. 负荷的动态性

与电力供电系统的固定负荷不同，牵引供电系统中的用电负荷为运动的列车，其负荷大小及空间位置是不断变化的。因此，高速列车一般均采用受电弓在接触线上滑动的方式获取电能。为了保持良好的电能传输状态，运行列车的受电弓与接触网间必须保持一定的接触压力。列车高速运行时，受电弓的振动与接触线的波动运动会使弓网间接触压力不断变化。如果接触压力过小，将发生弓网分离的离线现象，在受电弓和接触线间产生电弧，产生噪声、影响接触线和受电弓滑板的使用寿命。而且，接触网一直处于摩擦、伸缩、污染等运行状态，其发生故障的概率比一般电力线路要大得多。

2. 无备用

一般提高系统供电可靠性的手段是采用双路供电方式，一备一用或互为备用。高速列车采用的是接触网这种特殊的供电方式，没有备用。所以，一旦接触网发生故障，整个供电区间全部停电，在其间运行的列车将失去电能供应导致停运。这就要求高速铁路接触网系统具有较高的可靠性。

3. 技术要求高

高速铁路接触网应具有能够传递大牵引电流的能力。高速铁路要求具有能够适应高速运行条件的接触网和与之相匹配的受电弓。为保证高速列车安全、可靠、良好地从接触网获取电能，要求接触线对轨面的高度相对保持一致，受电弓沿接触线运行轨迹基本呈水平状态。在受电弓的抬升力作用下，甚至在双弓或冲击力作用下，接触悬挂不发生较大振幅的低频振动。另外，高速铁路接触网在基本结构、技术参数及线材材质等诸方面都有特殊的要求和鲜明的特征。

9.2.2 接触网要求

高速铁路对接触网的要求体现在设计、施工和运营维护等各方面，可归结为：几何空间要求(限界)；安全要求(绝缘、防雷、接地)；机电性能要求(载流量、稳定性)；动态要求(弓网匹配)；环境要求(电磁兼容、噪声、动物保护)；运营维护要求(维护成本、维护方便)等六个方面。对接触网要求高的原因主要是接触网无备用，还有其具有以下两种功能：

(1) 作为一定距离的电源输电线；

(2) 为各种条件下的受电弓提供滑行接触。

1. 高速铁路对接触网的机械要求

接触网的线索、绞线和其他部件所需的强度是对接触网设备的主要机械要求。在任何工作条件下，接触网线索、绞线和其他部件所受的力必须在允许范围以内。

为使受电弓滑板与接触线匹配和降低弓、线间的磨损，接触线的布置必须横向偏移于线路中心线，定位点处接触线偏离受电弓滑板中心的距离称为拉出值。所有作用于接触网上的机械载荷必须由支柱和基础承担，并将其载荷传送给大地。接触网部件的变形，如支柱弯曲或发生的共振应不影响供电。

接触网设备必须符合良好供电的质量标准，这些标准包括静态质量标准，如弹性及其沿跨距的一致性和接触线的抬升；同时还包括动态质量标准，如波传播速度、多普勒因数、反射因数等。作为运行速度函数的接触压力及其标准也是一个重要的质量因素。高速接触网还应容许有两个或多个受电弓的列车运行。

2. 高速铁路对接触网的电气性能要求

衡量电气化铁路性能的一个重要标准就是对接触网系统载流量的限制，与一般电力架空配电线路相比，接触网系统发生短路的情况较为频繁，短路载流量也是一个决定因素。

在高密度运输系统中，接触网网络电压在任何工作环境下都应保持在额定范围内，电压损耗必须保持在允许范围内。为了将相对频繁发生的故障对铁路运行的影响降到最低程度，必须将接触网设备分成独立的供电臂。在选择相关绝缘材料和考虑空气绝缘间隙时应考虑所需的绝缘要求，应采取适当保护措施避免人员触电，尽量减少如谐波、不对称等对公共电网的不良影响，降低接触网的电压、电流通过电感、电容和电耦合对邻近的弱电线路产生干扰，在正常运行或故障条件下产生的钢轨对大地的电压不能超过允许范围。

3. 高速铁路对接触网的环境要求

接触网系统必须在一定环境温度范围内工作，极端情况下的风载荷不应造成接触网设备本身的损坏。接触网设备可能有覆冰载荷，在设计中应将其考虑进去。在确定零部件的电气性能指标和预计使用寿命时，还应考虑降水量、侵蚀雾、气体和灰尘等因素；接触网设备中的绝缘材料和其他部件的特性不应因气候条件和日照变化而影响运行。

4. 高速铁路对弓网参数的要求

通过对接触网和受电弓相互作用的试验与理论研究，制定出用于评定弓网系统优劣的各种参数的标准，并以此指导接触网的设计、施工、维修等工作是十分必要和重要的。弓网参数应注重以下几个方面。

1) 弹性和抬升

为实现弓网良好的接触质量，接触网必须保持最低限度的抬升。此外，支持装置的机械设计会限制在这些点上产生的垂直运动。在低、中速条件下，即列车运行速度达到约50%的接触网波动传播速度时，抬升值与接触网设备的弹性和受电弓作用的接触压力成比例。为了在提高速度时保持良好的接触质量，弓网接触压力必须增加，也就是说必须保持尽可能低的弹性以限制接触线的抬升。悬挂点处的弹性取决于接触网设备的结构。如果在悬挂点上的接触网没有弹性吊索，悬挂点上的弹性只能实现跨中值的 30%～50%，加上弹性吊索后，悬挂点处的弹性大约增加到跨中值的 90%。随着列车速度的提高，弹性的均匀性显得越来越重要。弹性不均匀度低于 10%对高速接触网比较合适，并易于实现。由受电弓作用的接触压力的平均值和接触网的弹性决定接触线抬升。

2) 接触线截面和抗拉应力

在受电弓高速运行时，接触线和承力索截面对接触网的特性有至关重要的作用。用于高速运行的接触网必须具有较低而均匀的弹性，这就要求接触线和承力索张力要大，可通过加大接触线的截面和相应的应力来实现。线索截面增加，施工过程中线索出现缺陷的可能性也会增加。如果抗拉应力是一个常数，增加接触线和承力索的截面会导致弹性的线性下降。基于此，若要使弹性降至很低的程度就要尽可能增大接触线和承力索的截面，但是投资会随截面成比例增加。

3) 跨距和结构高度

接触网在跨中的弹性与跨距成正比。缩短跨距长度可以降低接触网的系统弹性。对高速铁路而言，缩短跨距似乎更可取，但是相对增加了支柱和基础的数量，意味着更高的建设投资。出于经济考虑，既要不产生负面的运行接触特性，又要尽量加长跨距，两者需要兼顾。就几何关系而言，在考虑了列车受电弓动态包络线和给定的风速后，最大可能的跨距是能确保接触线不离开受电弓滑板工作范围的距离。最大可能的跨距取决于下面这些因素：

(1) 受电弓弓头的工作范围；

(2) 设计该系统时考虑的风速；

(3) 在工作高度接触点上受电弓的横向位移；

(4) 架空接触网类型，尤其是施加在接触线和承力索上的张力。

实际的接触网是由不同跨距的锚段组成的。试验表明，在列车速度达到 280km/h 时，较短跨距内观测到的弓网接触压力标准偏差明显低于正常跨距内观测到的弓网接触压力标准偏差，因此，缩短跨距从而降低接触网弹性，最终目标还是减少动态力的作用。结构高度是指在悬挂点处接触线与承力索之间的距离。增加结构高度会改善接触网的动态特性。因此，在设计高速接触网时应考虑充足的结构高度。

4) 预弛度和弹性吊索

基于跨中弹性高于支持结构处的弹性这一假设，在跨中受电弓对接触线的抬升范围大于支持结构处的抬升范围，对跨中的接触线调整出一个初始弛度(预弛度)，以实现弓线接触轨迹保持对轨面的高度为常数。实现这种理想效应的前提是：受电弓施加的接触压力与受电弓设计和列车速度无关。正因为这种情况是不实际的，唯有可能的是将系统调整成静态抬升条件和特定接触压力条件下高度为常数的接触轨迹。Re160 型和 Re200 型的接触网在支持结构处和跨距中点的弹性有很大的差别。安装在支持结构处的弹性吊索能增加该处的弹性，也使整个锚段的弹性更均匀。德国的实践证明，安装了弹性吊索的接触网的弓网接触力标准偏差要比没有安装弹性吊索的接触网的弓线接触压力标准偏差小。

5) 受电弓设计参数

受电弓的设计和特性对运行质量具有举足轻重的作用。如果高速的接触网配了不适合高速的受电弓，就不会产生所期望的结果。相反，也不可能通过采用适合高速的受电弓将普通接触网的最高速度提高到更大程度。德国铁路对 Re200 型接触网设计所进行的试验已经证明了这一点，即使采用很成熟的理论设计受电弓，这种接触网最高也就适合 200km/h 的速度。因此，必须有适合的接触网和相应的高速受电弓的相互配合，才能为高速列车提供理想的供电质量。电动车组可能采用多个受电弓运行，对在支持点处测得的接触线抬升量的研究表明，前受电弓的接触特性与单个受电弓取流的接触特性没有什么不同，后受电弓总是沿着接触网的振荡部分运行，接触的条件略差一些。关于抑制燃弧和磨损，在多弓条件下不可能实现单个受电弓正常运行时所要求的电流传输质量，因此，应该进行各种尝试使能量通过单个受电弓传输到多个牵引单元。

5. 高速铁路对接触网施工的要求

在接触网安装过程中，必须在较小的误差范围内确定接触线的位置。德国铁路已经规定了接触网误差界限，以保证运行质量。对于较高质量的接触网设计而言，误差界限范围较窄，这些数值参见表 9-1，下列参数尤其重要：

(1) 相邻吊弦的高差；

(2) 相邻定位点的高差；

(3) 定位点处的坡度变化；

(4) 接触线高度误差。

运行试验结果表明，如果设备安装在规定误差范围内，容易实现理想的弓网接触质量。跨中的预弛度达到 30mm 时，对弓网受流不会产生不利的作用。相对于规定的误差，尤其是在线岔处和锚段关节处产生的明显误差，会导致弓网间明显的接触压力变化。

表 9-1　接触网安装误差界限表

指标	单位	Re200	Re250
接触线高度	mm	±100	±30
定位点之间	mm	未定	20
吊弦之间	mm	20	10
接触线的拉出值	mm	±30	±30
接触线坡度		1∶1000	1∶3000

9.3　接触网的性能与特性

9.3.1　受电弓的性能

1. 电气性能

安装在电气列车顶部的受电弓应与大地绝缘，所需的绝缘强度应根据受电弓的工作电压等级确定。通常情况下，将电气列车静止时外部电源的标称电压作为受电弓的设计工作电压。

电气列车停车时，受电弓 30min 内经受的电流平均值为车辆静止时的额定电流，该电流不应超过滑板和接触线接触点的允许静态取流量。电气列车停车时，尽管取流量较小，但由于弓网接触点静止不动，接触点温升仍有可能达到严重影响滑板和接触线机械性能的程度，对此应给予足够的重视。

电气列车从静止状态到最大运行速度时，受电弓持续电流传输量为电气列车运行时的额定电流。电气列车运行过程中，弓网接触点位置不断变换，此时的最大温升可能出现在滑板上，也可能出现在受电弓的轴承、枢轴和电连接部位。

无论车辆是处于静止状态，还是处于最高速度和最大载流量时的运行状态，从接触网集取所需电流时，受电弓的设计应确保包括滑板在内的任何部位都不会出现机械变形或异常的发热现象。

2. 静态接触力

受电弓升起且电气列车处于静止状态时，弓头向上施加在接触网上的平均垂直力称为静态接触力，该力由受电弓的传动系统产生。

受电弓在整个工作范围内上下运动时，理想情况下，各个工作高度的静态接触力应相等。实际上，由于各铰接处存在摩擦阻力，受电弓上下运动过程中，相同高度的静态接触力并不相等。

静态接触力是可以测量的。在工作范围内操作受电弓升起、下降，连续测量 F_r(升弓时的静态接触力)、F_l(降弓时的静态接触力)，依照惯例，任何高度的标称静态接触力 $F_o=(F_r+F_l)/2$。

电气列车静止不动且仍从接触网取流时，静态接触力的取值应确保弓网接触点不出现危险的过热。当然，接触点发热除与静态接触力有关外，还与通过接触点的电流及滑板与接触线的静态接触电阻有关。

3. 空气动力

高速运行中的受电弓，会对相对静止的空气带来冲击，空气会因此向四周流动，气流在受电弓的一些部件上产生气动升力的同时，还会产生气动阻力。

线路试验表明，受电弓受到的气动阻力主要作用在弓头上(75%～80%)，其余部分(20%～25%)作用在框架上，两个运行方向的气动阻力基本一致。

采用独立双滑板的受电弓存在前、后滑板气动阻力与气动升力不一致的现象，这是导致弓网接触力在前后滑板上不均匀分布的原因之一。

在侧向风、列车运行风、各种不同的线路断面(如上坡、路堑、跨谷高架桥、斜坡)、进出隧道导致的气流突变等因素的影响下，受电弓的空气动力特性与良好运行环境下相比会产生不利于弓网接触质量的变化，具体表现为弓网接触力出现异常变化。弓网系统的设计应考虑到这种变化。

为确保受电弓在两个运行方向均具备可靠取流所需要的气动抬升力，以及两个运行方向的气动升力基本一致，需在弓头上设置合适的气流调节翼片。

为保证双滑板受电弓的前后滑板具有比较一致的气动升力，以及提供受电弓必要的气动升力，需在滑板上设置合适的气流调节翼片。

受电弓的运行速度越高，气动升力、气动阻力就越大。气动升力、气动阻力与运行速度的平方成正比，即运行速度增大为原来的 2 倍，气动升力和气动阻力会增大为原来的 4 倍；运行速度增大为原来的 3 倍，气动升力和气动阻力会增大为原来的 9 倍。空气密度越大，气动升力和气动阻力也越大。空气密度增大为原来的 2 倍，气动升力和气动阻力也增大为原来的 2 倍，即气动升力和气动阻力与空气密度成正比。

受电弓的各个部件在气动升力、气动阻力的共同作用下，最终在滑板处产生一个垂直于接触网的气动抬升力——空气动力。

4. 动态接触力分力

受电弓以一定的速度 v 沿接触网滑行时，并非在一个水平面上运行，接触网的高度和弹性变化导致弓头轨迹无法呈现一条直线。假定弓头运行轨迹呈幅值为 e 的正弦波，如图 9-5 所示，m 和 M_c 分别表示受电弓的弓头和活动框架部分的视在质量，两者用刚度为 K 的弹簧连接起来，传动系统产生的力通过活动框架和弓头垂直作用在接触线上。

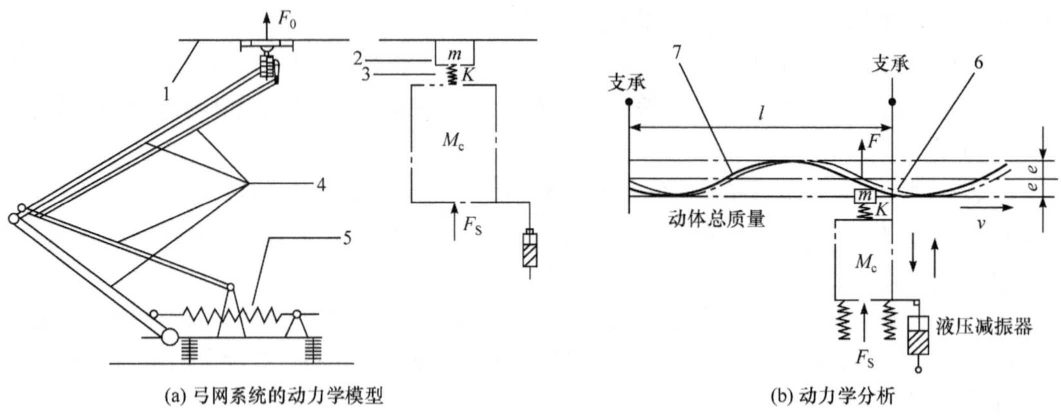

图 9-5　动态接触力分力

1-接触线；2-质量为 m 的弓头；3-刚度为 K 的弓头弹簧；4-动态视在质量为 M_c 的框架；5-升弓弹簧；6-正弦波；7-接触线在受电弓作用下的振动

5. 接触力

受电弓作用在架空接触网上的垂直力称为接触力，其值等于受电弓与接触网所有接触点的接触力总和。

电气列车运行过程中，弓网接触力总是变化的，故接触力又称为动态接触力。

图 9-6 所示为受电弓上的作用力分析。其中，F 为受电弓铰接部位的摩擦阻力，是一个阻止受电弓运动的力。当受电弓弓头向下运动时，F_R 方向向上；当弓头向上运动时，F 方向向下。F_{AER} 和 F_{DYN} 分别为空气动力和动态接触力分力。

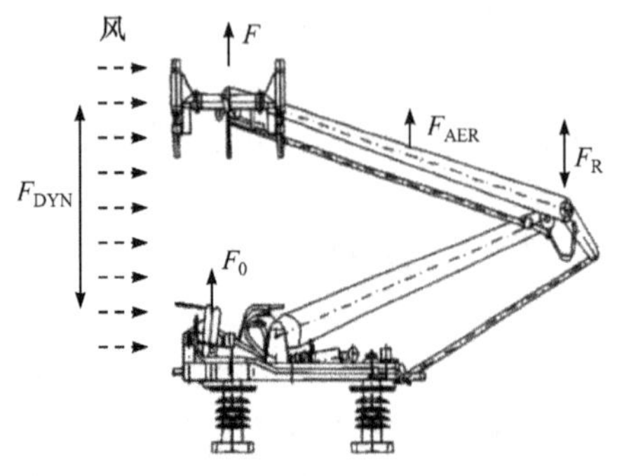

图 9-6　受电弓上的作用力分析

任一时刻的接触力 F 等于静态接触力、摩擦阻力、空气动力及动态接触力分力的矢量和。接触力主要取决于列车的运行速度、受电弓和架空接触网的动态特性及同时工作的受电弓数量与间隔，还取决于列车的运行状态和线路质量。

在电气列车运行到最高速度并同时考虑空气动力的作用时，弓网接触力应维持在一定的动态范围内。

6. 平均抬升力

受电弓的平均抬升力等于受电弓的静态接触力与规定工作高度和速度下的空气动力的总和，又称准静态接触力。

受电弓的平均抬升力是弓网系统电气作用与机械作用的最佳匹配值，是决定弓网接触力上、下限值的关键因素，也是弓网系统动态性能设计的重要依据。平均抬升力的目标值不仅应使弓网系统没有不适当的燃弧，也应使弓网系统不产生无法接受的磨耗与抬升。

任何特定型号受电弓的平均抬升力都不应大于受电弓的平均抬升力目标值。

7. 动态特性

受电弓是一个具有质量模块、弹性系数、阻尼系数的弹性系统，其动态特性包含了固有特性、动力响应等方面内容。

各阶固有频率、模态振型及阻尼属于受电弓的固有特性。

在外部激励的作用下，受电弓将产生受迫振动。振动使受电弓的结构承受动应力，动应力越大，受电弓部件受损的可能性就越高。如果振动引起弓头的振幅过大，受电弓将无法正常工作。计算受电弓在激励作用下的动力响应的目的，一方面是将振动控制在允许范围之内，另一方面是寻求最佳的机械结构，使受电弓在相同激励作用下的振动最小。

9.3.2　接触网的几何特性

架空接触网的几何特性可以通过接触线高度、接触线坡度、侧风作用下接触线横向偏移、接触线在定位点处的抬升及中性段的长度等参数来表征。

可以使用横向参数和垂向参数对接触线在空间的位置进行确定。横向参数是相对于弓头的纵向中心线(又称轨道平面的垂直中心线)而言的，主要包括定位点处接触线的横向偏移、侧风作用下接触线在跨中的横向偏移等；垂向参数则以轨平面为基准，主要包括接触线高度、接触线坡度及定位点处的接触线抬升等。

接触线的垂向参数应在定位点、每根吊弦点或最低点处测量，接触线的横向参数则应在偏离轨平面垂直心线最远处测量。

需要注意的是，直线区段的轨平面与水平面重合，曲线区段的轨平面与水平面不重合。若在曲线处测量接触线的空间位置参数，以轨平面为基准的测量结果与以水平面为基准的测量结果并不相同。

1. 接触线高度

接触线应始终处于车辆的动态包络线之外，同时还要兼顾接触网的最小空气绝缘间隙、受电弓的下部工作位置高度与上部工作位置高度，除避免接触线与车辆之间产生电弧外，还应确保升起的受电弓能与接触线可靠接触。

接触线高度是指轨道平面与接触线下表面的垂直距离。通常，接触线高度应在接触线定位点、每根吊弦点和接触线最低点处进行测量。为确保接触线高度处于允许的范围内，需要对接触线高度最小值、最小设计值、最大设计值及标称值进行规定。

2. 接触线坡度

接触线高度出现变化就会形成坡度。接触线坡度是指在一跨接触网的两端定位点处，接触线高度之差与跨距的千分比。

接触线高度可能会因局部地段(如隧道、跨线桥等)的特殊条件需要进行改变，接触线高度改变后所形成的接触线坡度应尽可能小。电气列车运行速度越高，所要求的接触线坡度允许值就越小。接触线坡度的不连续会导致接触线坡度出现变化，相邻接触线坡度之差称为接触线坡度变化。

3. 侧风作用下接触线横向偏移

在侧风的作用下，接触线相对于弓头中心线的横向偏移由两部分组成：一部分是接触线在侧风作用下相对于初始位置的偏移，另一部分是拉出值导致的接触线相对于弓头中心线的横向偏移。

任何架空线索在侧风(与线索走向垂直的风)的作用下都会偏离初始位置，接触线也不例外。如果接触线偏离弓头的工作范围，受电弓将无法继续沿接触线正常滑行，折断受电弓或(和)拉断接触网线索的事故也就无法避免。应对接触线在侧风作用下的横向偏移进行限制，使其在任何情况下均不大于弓头的有效工作范围。但精确计算横向偏移会遇到一些困难，一方面是因为风对接触线的作用比较复杂，另一方面是因为风作用下的接触线运行状态比较复杂。

气流的结构在很大程度上取决于风速，只有在低速情况下，气流线才是平行的。风速提高以后，由于地表的凸凹不平及相邻气流之间存在的温度差，气流会产生复杂的涡流运动。鉴于这个原因，风速不可能恒定，而是一阵一阵地吹着。风颠簸的周期不长，一般只有 0.5～2.0s，而且风向和风速都是随机变化的。

在具有随机性质的风负载作用下，同结构的强度计算一样，导线的偏移不是依据最大可能的风速或者长时间观测到的最大风速进行计算，而是依据比可能的或观测到的最大风速要小一点的风速进行计算。

9.3.3　受电弓与接触网的电接触特性

电接触是两个导体相互接触，并通过接触界面实现电流传输时所产生的物理、化学现象的统称。

靠两个导体相对静止而维持的电接触称为静态电接触；靠两个导体滑动接触而维持的电接触称为滑动电接触；如果电接触的产生或消除导致两导体之间的电流接通或分断，则称为可分合电接触。

静态电接触的主要问题是电流通过接触电阻导致的接触温升；滑动电接触的主要问题是导体之间的摩擦磨损和润滑；可分合电接触在工作期间则会出现电火花或电弧，电弧的热等离子体与接触材料相互作用，会带来比静态电接触和滑动电接触严重得多的问题。各种电连接、电机电刷及开关触头等电气设备均无法回避这些电接触问题，弓网接触点也不例外，甚至可以说弓网系统涵盖了所有电接触的问题。

在架空接触网设施的损坏中，有相当大一部分是由弓网接触点不良电气接触形成的短期热效应造成的。焦耳热或电弧对接触材料造成热侵蚀，导致接触线损坏的过程又往往伴随着接触线的局部再结晶和形成孔洞及凹痕。

弓网系统在静止或移动接触中传输能量，滑板与接触线的机械摩擦和电气磨损伴随着弓网系统的运行而产生作用，这在很大程度上决定着弓网系统的运行寿命。

1. 静态电接触

两个导体的电接触形式包括点接触、线接触和面接触。

电气列车停车时，受电弓与接触网相对静止，滑板与接触线表现为静态的线接触。无论如何加工、打磨，以及运行过程中二者如何相互摩擦、磨损，接触部分在微观上总是凸凹不平的。即使有很大的弓网接触力使滑板与接触线相互压紧也只有少数的点(或小面)发生了实际的接触，这些实际接触的点(或小面)承受着全部的弓网接触力。

由于滑板和接触线的表面一般都覆盖着一层导电不良的氧化膜或其他杂质，因而在实际接触的点(或小面)内，只有少部分膜被压破的地方才能形成电的直接接触，电流实际上只能从这些更小的接触点通过。通常把实际发生机械接触的点(或小面)称为接触斑点，把接触斑点中那些形成金属或准金属接触的更小面(实际传导电流的面)称为导电斑点。

2. 弓网滑动电接触

从固定的接触网到移动的电气列车，电能的传输是通过滑板与接触线的滑动接触实现的。这种滑动接触既包含了滑板沿接触线的运动，也包含了接触线在滑板表面的往复运动。

稳定状态，是指滑板和接触线接触区域的热过程已经达到平衡，接触点的温度和分布不再随时间变化而变化。但在实际运行中，弓网系统存在许多暂态情况，如电气列车由静止状态过渡到移动状态时，启动电流通过弓网接触电阻时的焦耳热所引起的热效应；电气列车电气设备出现短路时，短路电流通过弓网接触电阻产生的焦耳热所引起的热效应等。此时，弓网接触区域的热过程尚未达到稳定状态，接触区域内的温度大小和分布还在随时间变化而变化，这种情况下的热过程就是所谓的弓网暂态热效应。

研究弓网暂态热效应的目的在于防止因电气列车启动或短路电流引起的焦耳热使弓网接触区域的接触线过热软化，并采取相应措施避免这种使接触线失去功效的不利情况出现。

热传导理论认为，对于一个处于稳定状态的热传导系统，当系统内部或边界上出现一个热扰动时，原来的稳定状态(稳定状态时的温度场)被破坏，热量传输停止后，系统必将重新达到一个新的稳定状态(重新建立的稳定场)。这样，此时的热扰动和由此而引起的瞬态温度分布在时间上已不再是一一对应的关系，也就是说，由热扰动产生的瞬态温度分布在时间上必将滞后于热扰动。在热力学里，把温度场的重新建立滞后于热扰动改变的时间称为松弛时间，因此，以热量传播速度无限大为基础建立起来的经典热传导理论所对应的物理过程类似于松弛时间为零的瞬态过程。

对于稳态热传导过程，热量传播速度可以视为无限大，或者说松弛时间为零。

对于瞬态程度不高，即热扰动改变缓慢的弱瞬态热传导过程，由于大多数材料的松弛时间都比较小，从一个稳定的温度分布可以很快过渡到一个新的稳定温度分布，这样，在热扰动改变较缓慢的情况下，物体内部的瞬态温度场基本上是和热扰动同步变化的，两者存在一一对应的关系。需要强调的是，这时的热量传播速度仍然是有限值，只是其影响程度很小。对于弓网滑动接触过程中的暂态热传导问题，采用此种方法进行研究比较合适。

3. 接触网零部件故障特性

接触网是一个庞大的空间机械系统，它用零部件实现有序的连接和接续，把接触线、承力索、支持装置、绝缘元件、电气设备及支柱等连接成一个能传递电能并且有支持功能，同时具备相应强度的机械性质的整体系统。这个系统应能经受自然界多种气象条件的侵袭，保证良好地向高速运行的电力机车传送电能。

接触网的零部件是接触网系统的关节及纽带，任何接触网零部件的损坏，即意味着供电系统的破坏，使整体运行及供电系统陷入瘫痪。在一定意义上说，接触网零部件是整体系统的一个重要环节，既不能缺少，也不能被破坏。

随着电气化铁路运行速度的不断提高，线索的张力也在逐渐增大，因此，各种零部件的重要程度也更加突出地显现出来，不仅是机械性能要提高，而且其电气性能、温度性能、防腐性能、抗震性能都要强化和提高。就零部件整体而言，其材质应具备强度高、韧性好、耐腐蚀的特点；就其性能而言，应具有重量轻、结构简单、耐振性好、可靠性高、装卸方便的特点；从经济角度而言，应该是取材广泛，造价低廉，制造程序简易。

当前，高速接触网零件发展的方向是采用优质材料，实现挤压成形模式，并要求零件结构新颖、重量轻、防腐性能好。为满足要求，材质上应根据不同使用条件选用铜材、铝材、不锈钢、合成材料等，加工工艺采用精密模锻、精密冷冲成形、精密铸造成形、数控自动化加工成形等。表面处理采用抛丸、表面氧化等电化学处理方法，有效地提高了安全性和可靠性，以达到少维修或无维修的目的。

零部件承受各种载荷，载荷通过减弱零部件的抗故障能力而导致零部件状况恶化。当不能实现期望性能时，意味着零部件出现故障。关键零部件的故障会导致接触网输电和/或滑道功能部分或完全丧失。接触网故障会导致弓网系统功能部分或完全丧失。

零部件故障原因可能源自以下几个方面：接触网的设计，如系统参数配置不良，零部件匹配不合理；接触网施工，如接触网松动、接触不良，安装精度不达标，不正确地安装、调整；接触网维修，如接触线烧蚀、磨耗，接触部位脏污、腐蚀及其他维修缺陷；制造与检验过程不合格，如零部件设计缺陷、材料缺陷、生产缺陷及相应措施针对性不强等外部原因。

零部件的故障通常表现为工龄相关和非工龄相关。工龄相关故障的零部件，随着工龄的增加，抗故障能力逐渐下降。貌似相同的零部件，初始抗故障能力也不尽相同，抗故障能力减弱的速度也不尽相同。差异很少的载荷，也会对两个零部件的故障工龄产生歧化影响。运行条件相同的零部件，故障工龄也大不相同，多集中在平均工龄期附近。即使零部件的抗故障能力随工龄而减弱，故障工龄也很难预测对于非工龄相关故障的零部件，其抗故障能力的劣化不一定与施加的载荷成比例。另外，施加在零部件上的载荷也不是始终不变。对于接触网上受疲劳、腐蚀影响的零部件，其故障往往表现为工龄相关。大部分零部件的故障表现为非工龄相关。对于有些零部件，两种故障模型均存在。

接触网的系统设计，应使零部件的抗故障能力与其承受的实际载荷保持一定的裕度，裕度越大，零部件故障率就越低，但造价会上升。

而零部件的实际载荷与系统设计、接触网的安装精度、受电弓的特性等因素均有关。接触网的系统性能应使用仿真进行预测，施工误差均应严格控制在设计要求的范围内。受电弓的动态性能也不应超过目标值要求。

既然零部件故障导致接触网故障，接触网故障又导致弓网系统故障，那么应首先对弓网系统进行技术诊断，如性能指标异常，再对接触网进行技术诊断，以决定接触网如何维修。若接触网状态异常，再对零部件进行技术诊断，查明原因，并采取相应对策。应优先预防弓网系统故障，其次为受电弓或/和接触网，最后为零部件。

9.4　接触网维修与检测

9.4.1　维修体系

接触网维修：用于确定为确保接触网在现行环境下保持实现其设计功能的状态所必需的活动的方法。以可靠性为中心的维修(RCM)需要解决以下问题：

(1) 在现行环境下，接触网的功能及相关的性能标准是什么？

(2) 什么情况下接触网无法实现其功能？

(3) 引起各功能故障的原因是什么？

(4) 各故障发生时，会引起什么后果？

(5) 哪些故障至关重要？

(6) 做什么工作能预防各种故障？

(7) 找不到适当的预防性工作该怎么办？

使运营设备和装置保持在设计状态、测量和评估其实际状态及使其恢复到设计状态的全部措施统称为接触网的维护。这些措施又可以按保养、检测和维修进行分类。新型的接触网设计不需要保养，仅需要检测和维修。检测和维修又称为接触网的维修。

图 9-7 所示为接触网的维修方式结构图。采用出现问题后再更换零部件的故障维修方式对接触网来说不太合适，因为接触网没有冗余，只要出现故障就会给电力牵引带来不利影响。

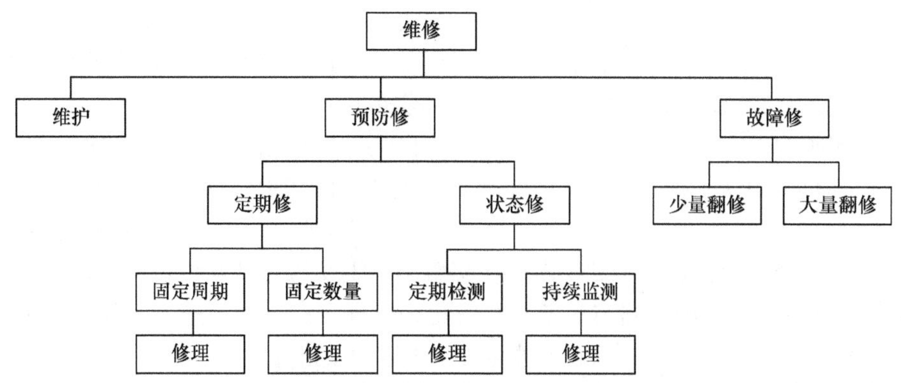

图 9-7　以可靠性为中心的维修结构图

维护的目标是使接触网免受损害，没有维修的成分，如绝缘子清洗、鸟窝清除等。

预防性工作包括基于时间的定期修和基于状态的视情维修，视情维修又称状态修。

按照固定周期实行的定期修方式可以使接触网保持良好的技术状态。维修周期这样规定：即使在最不利的条件下，接触网设备在下一次计划维修时间点以前不会达到其极限寿命。这就需要对人员、器械和天窗点进行周密的计划，投入的费用也相应较高。

与定期修同属于预防性维修方式的还有状态修，即在指定的时间表内首先对接触网进行检测，并依据检测结果对接触网的技术状态进行诊断，以决定对接触网是否进行维修及如何维修。时间表是综合考虑运营经验、线路等级和接触网设备状态等多方面因素后制定的。

显然，状态修可以以接触网的状态为依据，有目的地制定必要的维修措施，避免“无效”的维修措施。接触网出现故障后，会立即导致运输生产中断，甚至诱发突发事件。预防性工作不可能预防所有故障，出现故障后，需根据情况采取相应的暂定措施，尽快消除或隔离故障，恢复列车运行。暂定措施包括以下措施：通过一套实时报告程序获取接触网的异常和故障；对于接触网的永久性故障，应尽可能精确确定故障所在地，以便抢修队伍能迅速到达故障地点；必须排除导致功能失去的故障，若可能，也可以通过短暂的替换措施排除故障；对运行十分重要、对安全影响重大的设备故障，维修人员应具备随时、及时地予以排除的能力。

鉴于接触网的无备用，以及对铁路运输的重要影响，接触网主要采用视情维修。视情维修的核心观点为：大量的故障不会瞬间发生，如果发现故障过程正在继续的迹象，就可采取措施预防故障和/或避免后果；在故障发展过程中的某处，可以探测到故障正在发生或将要发生，该点(*P*)称为潜在故障；若未探测到也未纠正，则性能继续变坏，直到到达功能故障点(*F*)。图 9-8 为 *P-F* 曲线，可直观反映故障发展过程。潜在故障有如下特点：

(1) 潜在故障明显到一定程度才可能被察觉；

(2) 劣化过程是加速的；

(3) 不同的故障模式常显示出相似的征兆。

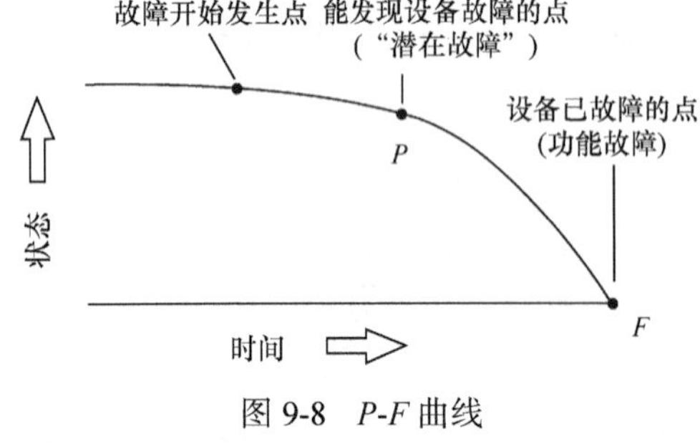

图 9-8　*P-F* 曲线

视情维修在技术上是否可行取决于以下方面：

(1) 是否能够确定一个明显的 *P* 点；

(2) *P-F* 间隔是否比较稳定；

(3) 以小于 *P-F* 间隔的时间间隔来监测是否切实可行；

(4) 最小 *P-F* 间隔是否足够长。

视情维修技术包括以下几项：

(1) 状态监测——探测潜在故障。技术应用合适就有效，否则费钱费事，如受电弓、接触网关键位置参数与设备的状态监测；

(2) 参数测量——实测数据与参考信息对比，发现潜在故障的迹象，如动态参数(弓网接触力、接触线抬升等)、静态参数(接触网几何参数)等的测量；

(3) 人的感官——望、闻、问、切，主观判断(检测范围广但不精确)，如接触网的结构状态、零部件的状态等评估。

状态修只限于对接触网已显露出故障的部分进行维修，而识别故障又离不开技术诊断。

9.4.2　技术诊断

在尽可能不影响列车运行的基础上，用度量或查看外观的方式，弄清并评价接触网设备的运行状态，这一过程称为接触网的技术诊断。技术诊断的目的在于减少维修次数，并能在充分利用接触网设备的剩余寿命、减少对运营干扰的前提下，选择适宜的时间对接触网进行维修。

接触网技术诊断的内容包括“检测”和“状态识别与诊断决策”两大部分。

“检测”是收集接触网运行信息的重要手段。根据检测信息的变化规律，可运用“状态识别与诊断决策”对接触网是处于正常运行状态还是异常运行状态进行预测。如果识别出异常状态，就要对相关部件进行诊断，对危险程度进行评估，并研究决定修正和预防故障的措施。

1. 检测

被诊断的接触网不是一个受地点限制的小型设备，而是一个不断延伸的、无辅助工具就无法接近的带电设施，这也决定了接触网的技术诊断需要特殊的检测设备与检测方式。通常将接触网检测分为状态检测(Z)、功能检测(F)、特殊检测(aP)和全面检测。

(1) 状态检测：在不停电或不封锁线路的情况下，步行并借助望远镜或简单的测量工具对各种架空接触网零部件的现状进行判定和评估，主要包括以下内容。

① 状态检测 Z1：检测链形悬挂、支持装置和下锚补偿装置。表 9-2 为其具体检测内容。

② 状态检测 Z2：检测其他组成部分，如供电线、电缆接头、开关、基础、支柱、软横跨、钢轨接地、当地控制装置、电力牵引信号牌、警告牌和护栏等，具体检测内容见表 9-3。

表 9-2　接触网的状态检测(Z1)

位置编号	工作内容	周期/月		工作单元
		1	2	
6201	补偿装置位置和状态的检查及补偿装置功能的检验	6	24	补偿装置
6202	锚定位置和状态的检查	6	24	下锚点
6203	锚段关节位置的检查	6	24	锚段关节
6204	接触网状态的检查	6	24	锚段内
6205	检查软横跨装置中各部件的位置及状态	6	24	股道
6206	检查中心锚结绳和锚固点的状态及位置	6	24	中心锚结
6207	在工作支与非工作支交叉处，检查链形悬挂承力索和接触线的位置及限制管的位置	6	24	工作支与非工作支交叉处
6208	检查分段绝缘器的位置及状态	6	24	电分段
6209	与设备有关的附加工作	6	24	

表 9-3　接触网的状态检测(Z2)

项目号	工作项目	优先等级/月		单位工作量
		Ⅰ级	Ⅱ级	
6220	检查加强线、供电线、连续线和迂回线(裸露导线)的位置和状态	24	24	条公里
6221	检查加强线、供电线、连续线和回流线(电缆)的位置和状态	24	24	终端连接件
6222	检查隔离开关的状态	24	24	开关
6224	检查用于显示短路电流的电流互感器的状态	24	24	互感器
6225	检查接触网信号的状态	24	24	信号

续表

项目号	工作项目	优先等级/月		单位工作量
		Ⅰ级	Ⅱ级	
6226	检查装卸地点范围内的安全及标志牌的状态	24	24	100m 货物装卸线
6227	检查保护设备的状态	24	24	建筑物
6228	注意建筑物上对带电部件的距离	24	24	建筑物
6229	注意隧道内对带电部件的距离	24	24	100m 隧道
6230	检查基础和支柱(单支柱)的状态	24	24	支柱
6231	检查基础和支柱(软横跨支柱)的状态	24	24	支柱
6233	检查带 100Hz 轨道电路的车站内的回流导通设备的状态	24	24	轨道电路
6236	检测车站内轨道接地设备的状态	24	24	线路公里
6237	检查区间内轨道接地设备的状态	24	24	线路公里
6238	检查带电位控制的隧道内的电位补偿装置的状态	24	24	100m 隧道
6239	检查位置控制装置的状态	24	24	控制装置
6240	检查接地设备和电压测量仪的状态	24	24	件

此外，Z2 也要检测记录损坏的零部件和电连接线，以及脏污、腐蚀情况和温度变化时链形悬挂的位置。

(2) 功能检测：借助检测车或其他专用测量设备对弓网系统的功能进行检测，主要包括以下方面。

F1：在较高速度和受电弓抬升力 $F_{stat} = 150N$ 时，确定所关注的接触线的空间位置。

F2：以低于 40km/h 的车速运行和受电弓抬升力 $F_{stat} = 150N$ 的情况下，确定接触线的拉出值、定位管和定位器的坡度、线夹的位置，防止受电弓与接触网的金具碰撞。

F3：确定关键困难地段的接触线高度。

F4：在断电和接地后，受电弓抬升力 $F_{stat} = 250N$ 的情况下，检查架空接触网与桥隧结构的最小绝缘距离。

F5：目测检查所有接触线，在估计发生最大磨损的锚段内的若干点测量接触线的残余厚度。测量顺序根据通过接触线的弓架次数及其磨耗程度决定。

F6：动态检测车以线路标称速度运行，测量弓网系统的动态特性参数。

F7：在架空接触网改建或维修结束后，观察受电弓通过时的情况。

各项功能检测类型内容及检查周期见表 9-4。

表 9-4 接触网的功能检测

检测类型	周期		内容
	Ⅰ级优先	Ⅱ级优先	
F1	6 个月	12 个月	受电弓 150N 抬升力，测量车 V_{max}，检测正线锚段关节、线岔处接触线位置
F2	12 个月	12 个月	受电弓 150N 抬升力，测量车 $V_{max} < 40km/h$，检测拉出值、定位器、定位管、无线夹空间等

续表

检测类型	周期		内容
	Ⅰ级优先	Ⅱ级优先	
F3	12 个月	12 个月	低速，检测关键位置的接触线高度
F4	12 个月	24 个月	受电弓 250N 抬升力，接触网断电、接地，测量与接地体间隙
F5	24 个月	24 个月	测量接触线的磨耗
F6	6 个月	24 个月	检测车 V_{max}，测量弓网接触力、接触线动态拉出值
F7	根据需要	根据需要	观察第一台电气列车受电弓的运行情况

(3) 特殊检测：因特殊情况而进行的状态和功能检测，主要包括以下内容。

aP1：确定短路地点和步行检查与短路点相邻支持装置范围内的架空接触网及短路通道内的钢轨接地。

aP2：在 20 次非局部短路后，在断电情况下，用轨道车辆和梯车检查架空接触网。

aP3：发生特殊事件(如暴风雨、严寒酷暑和严重的冰冻等)，步行或乘车巡视线路。

aP4：若在功能检测 F6 时发现日益增多的接触力峰值和过大的受电弓振动加速度，则应确定接触线的静态空间位置。

(4)全面检测：包括全面的可视化检查和从车辆或梯车上测量接触线的磨耗。

通常在特殊事件发生后完成全面检测，或根据运输的繁忙程度决定全面检测的周期。对于运输非常繁忙的线路，至少 48 个月完成一次全面检测，对于运输不繁忙的线路，至少 5 年实施 1 次，两种情况均要同步进行状态检测 Z1 和 Z2。表 9-5 为全面检测的具体内容。图 9-9 所示为上述各类检测与维修的结构图。

表 9-5　接触网的全面检测

项目编号	工作项目	周期/月		单位作业量
		Ⅰ	Ⅱ	
6555	标准接触网类型的下锚补偿装置	48	120	下锚补偿装置(处)
6556	硬锚装置	48	120	硬锚装置(处)
6557	锚段关节：加强检查项目序号 6203(额外的措施)	48	120	锚段关节(处)
6558	接触网：加强检查项目序号 6204(额外的措施)	48	120	接触网(公里)
6559	支持装置：腕臂支持装置，加强检查项目序号 6205(额外的措施)	48	120	股道
6560	支持装置：腕臂支持装置，加强检查项目序号 6206(额外的措施)	48	120	股道
6561	中心锚结绳和中心锚结的拉线：加强检查项目序号 6206(额外的措施)	48	120	中心锚结(处)
6562	交叉：加强检查项目序号 6207(额外的措施)	48	120	交叉
6563	分段绝缘器：加强检查项目序号 6208(额外的措施)	48	120	分段绝缘器(套)
6564	加强线(明线)：加强检查项目序号 6262(额外的措施)	48	120	条公里

续表

项目编号	工作项目	周期/月		单位作业量
		Ⅰ	Ⅱ	
6565	加强线(电缆)：加强检查项目序号 6261(额外的措施)	48	120	电缆终端接头
6566	带电动操作机构的开关：加强检查项目序号 6222(额外的措施)	48	120	开关(台)
6567	带手动操作机构的开关：加强检查项目序号 6223(额外的措施)	48	120	开关(台)
6568	用于短路显示的电流互感器：加强检查项目序号 6224(额外的措施)	48	120	信号(次)
6569	接触网信号：加强检查项目序号 6225(额外的措施)	48	120	信号(次)
6570	在货线区域的安全标志牌：加强检查项目序号 6226(额外的措施)	48	120	每 100 货线公里
6571	检查触电防护装置的状态：加强检查项目序号 6227(额外的措施)	48	120	建筑物(处)
6572	检查建筑物处带电零部件的绝缘距离：加强检查项目序号 6228(额外的措施)	48	120	建筑物(处)
6573	检查隧道处带电零部件的绝缘距离：加强检查项目序号 6229(额外的措施)	48	120	每 100m 隧道
6574	基础和支柱(腕臂柱)：加强检查项目序号 6230(额外的措施)	48	120	支柱(根)
6575	基础和支柱(软横跨柱)：加强检查项目序号 6231(额外的措施)	48	120	支柱(根)
6576	与接触网设备有关的附加工作：加强检查项目序号 6209(额外的措施)	48	120	小时

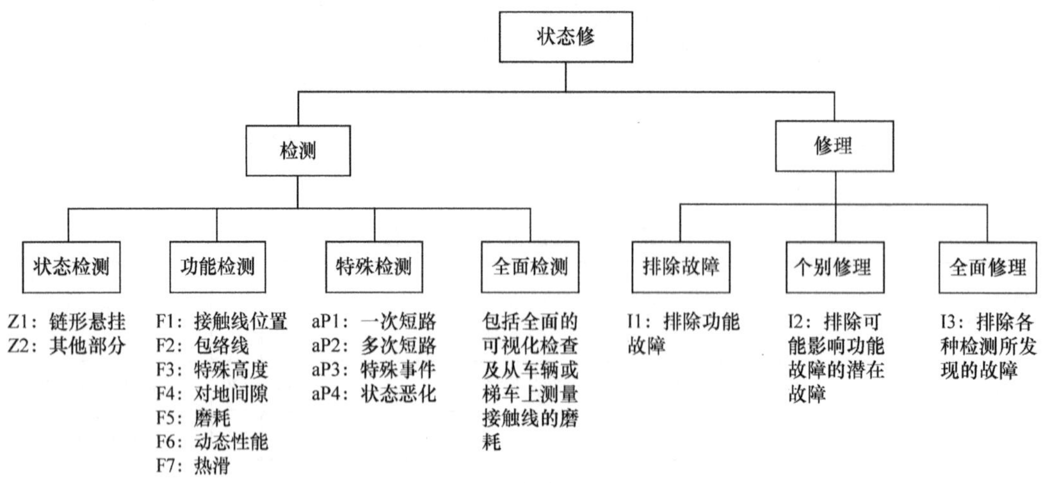

图 9-9　状态修检测与维修结构图

2. 维修

维修是指在接触网及其相应设备的实际状态与标准状态之间出现异常情况、超出允许限界或发生事故时，对接触网及其相应设备进行必要的修复、维修、矫正、切换或更新元器件，以达到或恢复原有状态及功能。

按用途划分，维修分为故障维修、个别维修和全面维修。

故障维修指的是迅速采取措施排除故障，使接触网在很短的时间内恢复运营。

个别维修指的是排除可能影响接触网功能的缺陷，如更换已烧损的电连接线夹。个别维修必须按计划进行，可以延续到下一次全面检测。

全面维修可以排除以往检查所发现的全部缺陷。全面维修需要做长期计划，并需要投入较多的人力、物力。

为节约费用，全面维修可以与全面检测结合进行。在接触线的调整中，对那些接触线磨耗目前仍不严重的缺陷最好就地排除。如果磨耗未达到立即更换接触线的程度，则应进行检测测量，以便预知接触线可能达到磨损限值的最短时间。

当树枝、灌木及其他物体与支柱和导线的间距小于一定限度时应及时处理，以免接触网出现故障。考虑到要利用封闭点和施工机具，部分更换接触网时，要求利用专门的技术与装备。

更换接触线首先要从下锚处松开旧接触线并将其收卷到空线盘上，然后将替代旧接触线的新接触线进行展放和固定。采用普通架线车组可同时进行以下三道工序：从吊弦和定位器上拆卸线夹，在预张力下收卷旧接触线及展放新接触线，然后使用施工机具将棘轮补偿装置和定位器临时固定。更换一个锚段的接触线约需 1.5h。

更换承力索时，仅钢或铜包钢绞线需要先用较小张力或零张力架设新承力索并将其临时固定在旧承力索上，然后拆除旧承力索上的线夹，将新承力索固定在支持点处并将其与吊弦和弹性吊索相连，最后收卷旧承力索和调整链形悬挂。更换承载的构件，如线夹、绝缘子、腕臂和带基础螺栓的支柱，必须先借助安装机具和辅助工具卸载这些构件，然后才可以进行更换并使新构件受力。

新的软横跨结构和插入式支柱可以安装在既有软横跨和插入式支柱旁边，然后将负载转移，随后是调整新构件和拆除旧构件。部分更换的成本总是很高，并因需要封闭线路而影响铁路运输。使用长寿命的构件和高质量的接触线可以避免或尽可能减少部件更换。

小　　结

高速铁路采用的架空柔性接触网是由线索构成的接触悬挂及其衔接构成的电能传输线路，高速铁路接触网结构一般采用链形悬挂方式，按结构的不同可分为简单链形悬挂、弹性链形悬挂和复式链形悬挂。高速铁路接触网具有负荷的动态性、无备用、技术要求高等特点。高速铁路对接触网的要求体现在几何空间、安全、机电性能、动态、环境、运营维护六个方面。

高速铁路接触网维修遵循以可靠性为中心的维修；依据故障模式与影响对接触网实施日常维护和预防性维修，并配套故障后的抢修等暂定措施。

接触网技术诊断的内容包括“检测”和“状态识别与诊断决策”两大部分。“检测”是收集接触网运行信息的重要手段，根据检测信息的变化规律，可运用“状态识别与诊断决策”对接触网是处于正常运行状态还是异常运行状态进行预测。如果识别出异常状态，就要对异常原因进行诊断，对危险程度进行评估，并研究决定修正和预防故障的措施。

第 10 章　智能高速铁路

当前新一轮科技革命和产业变革孕育兴起，人工智能(AI)、大数据、云计算、物联网(IoT)、建筑信息模型(BIM)、北斗卫星导航(BDS)等新技术加速突破应用，人类社会快速进入智能时代。智能时代的到来对铁路的创新发展提出了新的更高要求，引起世界各国铁路运输企业和相关研究机构的高度关注。近年来，德国、法国、英国、美国、日本等多个国家都制定了铁路数字化发展战略，旨在通过推进新兴技术和铁路业务的高效融合，达到优化运输服务质量、增强运输安全水平、提高运输组织效率、降低运输成本、提高经营效益等目的。毋庸置疑，未来世界范围内高速铁路领域的竞争将在很大程度上取决于数字化和智能化水平。

10.1　智能高铁的概念及主要特征

随着科技的进步，人工智能在交通领域的广泛应用，智能高铁研发必然成为研究的重要方向。在我国高铁“八横八纵”中长期规划的统筹部署下，我国已经拥有了较发达的高速铁路网，高速铁路取得的成绩举世瞩目，智能高铁的加入，将会极大地促进我国经济的发展，推动陆上丝绸之路经济带沿线各国广泛深入的合作，更加壮大了我国在世界高铁领域的地位，收获更多的赞誉。

1. 智能高铁的概念

智能高铁是指广泛应用云计算、物联网、大数据、北斗卫星导航定位、下一代移动通信、人工智能等新技术，综合全面高效利用资源，实现高铁移动设施装备、固定基础设施及内外部环境间信息的全面感知、泛在互联、融合处理、主动学习和科学决策，实现全寿命周期一体化管理的智能化高速铁路系统。通过新一代信息技术与高速铁路技术集成融合，技术水平全面升级，以实现高铁更快捷、更舒适、更安全可靠、更节能环保的战略目标。

2. 智能高铁的主要特征

1) 智能高铁的特点

(1) 综合集成体系。智能高铁是由智能运输系统、智能客货服务系统、智能运维系统、智能安全保障系统等整合而成的集成系统。它拥有单个子系统累加所不具备的整体合力，同时也是一个开放兼容的框架体系，不仅能够融合铁路体系内的各个系统，而且能够与其他社会交通系统进行互联互通。

(2) 全面感知。从轨道线路、四电等基础设施到动车组，以及内外部环境，利用先进的智能化因素、北斗导航、5G 技术，实现了智能高铁系统的全方位、全领域感知。

(3) 泛在互联。实现不同信息间在广泛度上、深度上、可靠性、安全可信性上的互联互通，实现信息的全面共享共用。

(4) 融合处理。高效利用不同空间维度、不同时间节点的多源异构传感器数据信息，处理数据的完整性和差异性问题，为全面综合决策提供充足的信息支持。

(5) 主动学习。通过主动学习，储存大量数据，不断更新知识，不断迭代，以适应内外环境变动。

(6) 科学决策。信息平台利用大数据分析、人工智能技术、知识推理等理论方法，从大量无序的数据中提炼出有用数据，辅助支持高铁运营过程中的管理和决策。

2) 智能高铁的优势

(1) 运载能力强。智能高铁广泛采用智能化自动控制技术，实现准时发车，同时开门，区间自动行驶等先进功能，保证到达时间准确性，节约有效时间，为增加开行密度提供了更大空间，同时移动装备的载客量、货运量都要远远强于公路和航空。从速度、时间、容量上都显示出智能高铁强大的运载能力。

(2) 高效、舒适、快捷。智能高铁 350 公里以上的时速，提高了区间位移时效性；广泛利用新一代移动通信技术，拥有了稳定的网络环境，让乘客享受到便捷畅通的网络服务；良好的气密性让噪声降到最低；自动控温、自动调节光线、运行平稳、座位舒适、空间大、移动充电便捷等，这些都体现了智能高铁的快捷和舒适性。

(3) 安全稳定。与其他交通工具相比，铁路的安全系数远高于公路、航空和水路。与现行的普通高铁相比，智能高铁广泛利用 5G 技术和北斗导航技术，实现了更高程度的智能通信、信号、调度和灾害预测。智能高铁动车组所具备的工作状态自感知，运行故障自诊断，导向安全自决策，更加提高了列车运行的安全系数。

(4) 环保低耗。智能高铁线路的修建多以“以桥代路”建设，大大节约了土地资源，智能化因素的增加，提高效率的同时，降低人工造成的过多冗余损耗，例如，智能高铁车站的智能灯光控制，就大大降低了车站耗电量，智能高铁的自动驾驶，减少了司机因疲劳或其他个人因素造成的操作不当。智能高铁在建设运营中绿色材料的使用、智能化技术的运用，也降低了环境噪声、废气、废弃材料等带来的污染。

10.2　智能高铁的总体构架及系统组成

10.2.1　智能高铁体系框架构成

智能高铁绝不是先进智能技术与控制技术在高速铁路各专业独立应用的简单叠加，而是通过不同业务领域、面向高铁寿命周期不同阶段信息系统的集成融合，从而形成功能更强、效率更高、稳定性更好的统一智能高铁系统。智能高铁系统的规划和建设需要一个较长的过程，同时它也必须是一个可持续发展的系统，因此构建系统时需对系统的服务对象、用户需求、功能定位、逻辑结构、物理部署等有较全面的考虑和规划，还要做到各子系统间、子系统与整体间的协调。

结合现阶段智能高铁发展的内外部环境与需求，基于新形势下智能高铁的内涵及特征，设计智能高铁体系框架。研究采用结构化分析方法的基本思想，按照需求分析、系统模型和物理模型三个阶段设计智能高铁体系框架的主要构成，描述智能高铁系统分析和构建的过程。

由图 10-1 可知，智能高铁体系框架主要包含服务框架、功能框架、逻辑框架和物理框架四个部分，此外，安全保障贯穿始终，为智能高铁的规划和建设提供安全保障基础。智能高铁体系框架中的服务框架对应于需求分析，功能框架和逻辑框架对应于系统模型，物理框架对应于物理模型。各部分的内涵如下：服务框架明确智能高铁的用户主体和服务主体，以及铁路内、外部用户对智能高铁的需求，并完全从用户的角度出发提出智能高铁所应提供的服务；功能框架在需求分析的基础上，从系统的角度出发，定义智能高铁为满足用户服务所需提供的功能；逻辑框架描述智能高铁系统的内部结构，定义各功能间的输入、输出数据流和处理过程；物理框架是逻辑框架的具体实现，定义能实现智能高铁各类功能的物理子系统及其交互关系；安全保障为智能高铁的规划和建设提供信息安全、网络安全、物理安全、系统安全、应用安全、安全管理等保障能力。

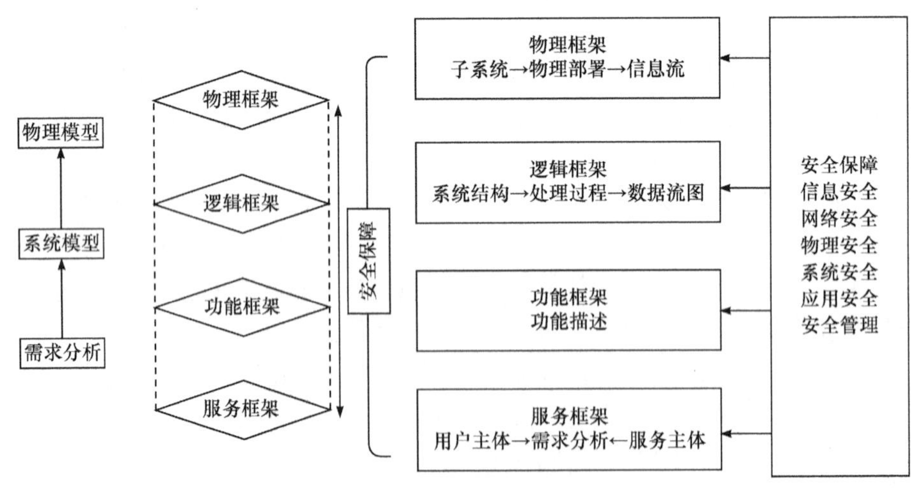

图 10-1　智能高铁体系框架构成

1. 服务框架与功能框架

服务框架的设计首先需明确智能高铁的用户主体和服务主体，以及智能高铁所应提供的服务，是进行智能高铁顶层设计的基础。用户主体是智能高铁服务面对的主要用户，是在某个服务领域指定需求的主体，是进行需求分析、定义用户服务、用户子服务的前提与基础；服务主体是根据用户需求为用户提供智能高铁服务的主体。根据智能高铁的内涵，提出智能高铁的用户主体和服务主体。用户主体分为管理用户和服务用户两类，其中管理用户主要为国铁集团的主要管理部门，包括客运部、调度部、机辆部、工电部、运输统筹监督局、物资管理部、建设管理部、安全监督管理局等；服务用户主要为旅客、合作伙伴、其他交通方式管理部门等。服务主体分为路内服务提供方和路外服务提供方，路内服务提供方主要为国铁集团、铁路局集团公司的技术管理部门，包括营运管理部门、调度指挥部门、固定设施管理部门、移动设施管理部门、人财物管理部门、信息服务部门、紧急救援与安全管理部门等；路外服务提供方包括餐饮行业、酒店行业、交通行业等。

在明确用户主体和服务主体的基础上，根据用户需求分析，提出智能高铁服务框架，即 1 个平台、3 大领域、16 个服务方向的框架结构。在服务框架中，“1 个平台”是指智能高铁大脑平台，它为智能高铁各领域的智能应用提供基础平台、数据资源、智能决策支撑。基于智能高铁大脑平台延展出三大应用领域，分别是智能建造、智能装备和智能运营，如图 10-2 所示。在需求分析的基础上对各应用领域进一步细分，从而形成 16 个服务方向。

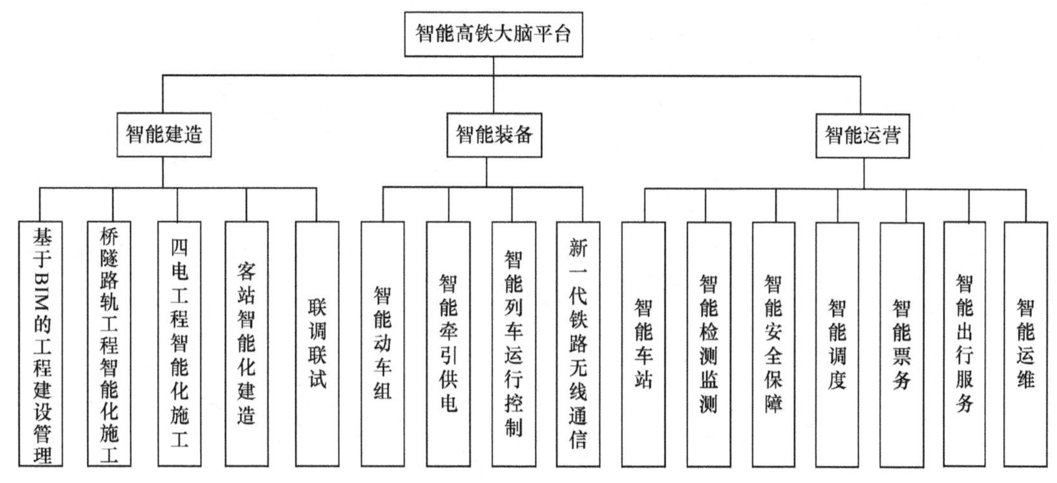

图 10-2　智能高铁服务框架

功能框架是在用户需求分析及服务框架给定的基础上，从系统角度描述智能高铁系统所需提供的为满足用户服务的功能。例如，基于 BIM 的工程建设管理是用户需要的服务，为实现该服务需对系统进行功能设计，根据铁路工程建设管理过程，提出 4 个主要系统功能，分别为勘察设计信息管理、建设数据的自动采集与互联、参建各方协同管理和辅助决策、建设质量的可追溯闭环管理。

2. 逻辑框架与物理框架

逻辑框架从系统内部对输入数据流、输出数据流及处理过程进行结构性组织，逻辑框架的构建不考虑管理体制和技术因素，具体的功能实现工作由物理框架完成。逻辑框架与系统实现相分离的设计方法使逻辑框架便于改进，具备相对较好的稳定性，支持广泛的不同系统的设计。

逻辑框架通常用层次数据流图(DFD)来描述。层次数据流图是一种描述分解的结构化过程的建模工具，能以直观的图形清晰地描述系统中数据的流动、数据的变化和系统所执行的处理等。层次数据流图通常由顶层、底层和若干中间层组成，顶层图说明系统的边界，即系统的输入输出数据流；底层图由一些不可再分解的处理构成；中间层描述某个处理的分解，同时其组成部分还要进一步分解。每一层数据流图通常由数据流、处理、实体、数据存储等元素构成。

在系统功能框架的基础上，按照由顶至下、逐层细化的思路设计智能高铁系统的逻辑框架。在顶层逻辑框架中，由 1 个数据存储单元、16 个处理单元和相应的数据流组成，其中存储单元为智能高铁大脑平台，处理单元即为服务框架中给出的 16 个服务方向，如图 10-3 所示。

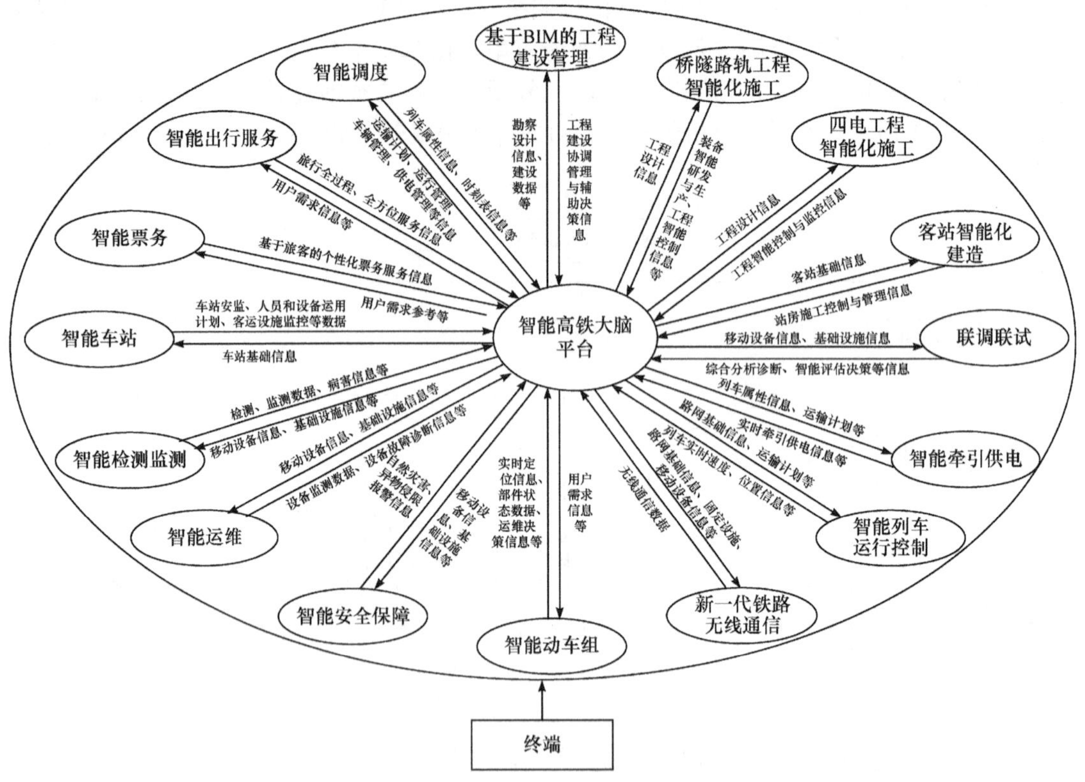

图 10-3　智能高铁顶层逻辑框架

物理框架是对逻辑框架定义的各类过程及数据流进行整合，形成若干个具有一定功能、满足智能高铁需求的物理子系统。物理子系统的确定既要考虑功能需求，也要考虑非功能需求，包括管理体制、市场等方面的因素。功能需求通过逻辑框架确定的过程和数据流来体现，决定智能高铁物理实体必须完成的功能，非功能要求则影响智能高铁功能在物理实体上的分配方式。

在逻辑框架的基础上，依据现行的铁路运营管理体制，按照云端系统与铁路现场子系统相结合的方式设计智能高铁系统物理部署方案，形成云端的集中管控与终端操控、检测监测相结合的系统部署。

在云端部署智能高铁大脑平台及智能高铁三大领域的应用系统，如图 10-4 所示。智能高铁大脑平台作为智能高铁的“操作系统”，为智能高铁的有效、协同运转提供通用的数据、平台和智能计算能力。根据逻辑框架，应用系统包括智能建造、智能装备和智能运营领域的 15 个应用系统。云端系统通过新一代铁路通信网、互联网与智能高铁用户终端相连接，用户终端主要包括内部管理终端和对外服务终端两类，其中内部管理终端面向国铁集团管理人员、中国国家铁路集团有限公司管理人员及其他铁路内部管理人员；对外服务终端面向旅客、供应商、合作伙伴、其他交通方式管理人员等外部用户。

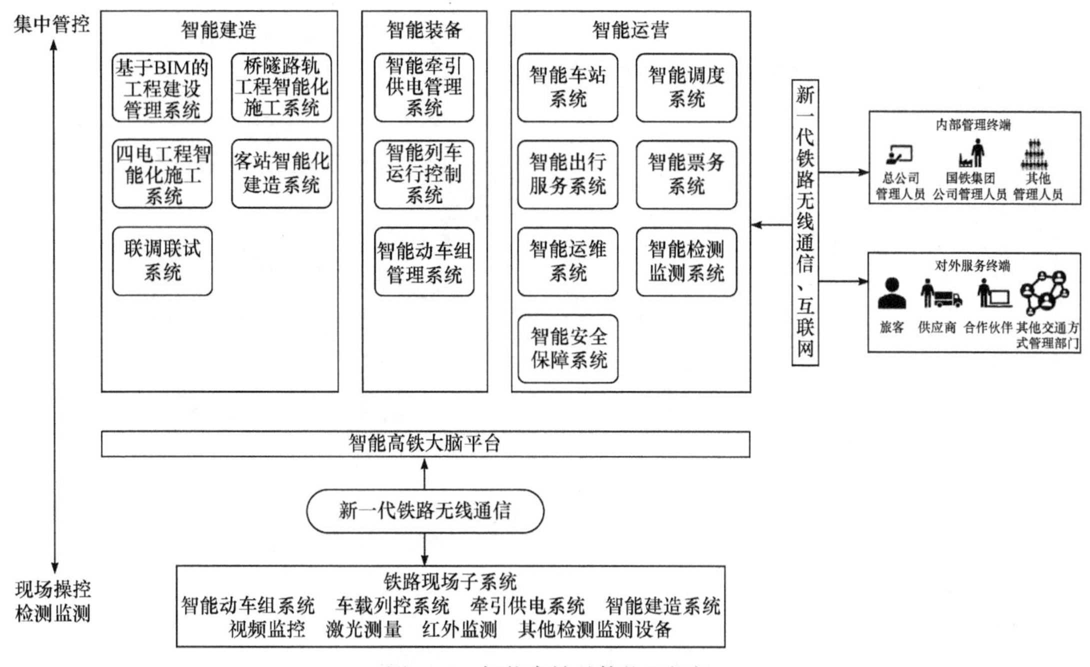

图 10-4　智能高铁总体物理框架

铁路现场子系统主要实现铁路现场数据的采集、具有高实时性要求的边缘计算及现场操控等功能，通过新一代铁路通信网与云端系统相连接。铁路现场子系统主要为需在铁路现场进行操作控制的系统，包括智能动车组系统、车载列控系统、牵引供电系统、智能建造系统等；此外，还包括具有数据采集、数据分析、数据上传能力的智能终端，如视频监控、激光测量、红外监测及其他检测监测设备。

3. 智能高铁大脑平台

我国智能高铁将按照“一平台、多应用”的模式规划和建设，智能高铁大脑即为智能高铁的统一基础平台，为智能高铁提供平台、数据、计算能力，在智能高铁大脑平台的基础上扩展建设各专业领域的应用系统。基于互联网、铁路物联网、信息物理系统和新一代铁路无线通信系统，构建铁路智联网作为信息感知端，感知到的数据传入智能高铁大脑进行统一治理、加工、计算，最终为智能建造、智能装备、智能运营等领域的智能应用提供决策支持。智能高铁大脑平台的系统构成主要包括三部分，即基础服务平台、大数据资源湖、智能计算技术，如图 10-5 所示。

基础服务平台为智能高铁提供平台和技术支撑能力，主要包括大数据平台、GIS 平台、BIM 平台、AI 平台、北斗平台等。大数据资源湖是智能高铁智慧产生的源泉，一切智慧及决策皆来源于数据。通过对采集到的铁路内外部相关数据进行智能分析和处理，可分析、识别出隐含的有意义的信息，从而获取对事物状态及发展趋势更深刻的认识，为决策判断提供科学依据。大数据资源湖基于铁路智联网全面整合智能高铁战略决策、运输生产、经营开发、资源管理、建设管理、综合协同、社会数据等领域的信息资源。智能计算技术集成智能高铁所需的人工智能技术，将数据资源层的各类数据转化为知识，并快速准确地提供报表、仪表盘、3D 等可视化方式进行全局展示，辅助智能高铁业务经营决策。

智能计算技术主要包括深度学习、文本分析、图像分析、知识图谱等通用人工智能技术，此外还包括人员画像、设备画像等行业专用技术。

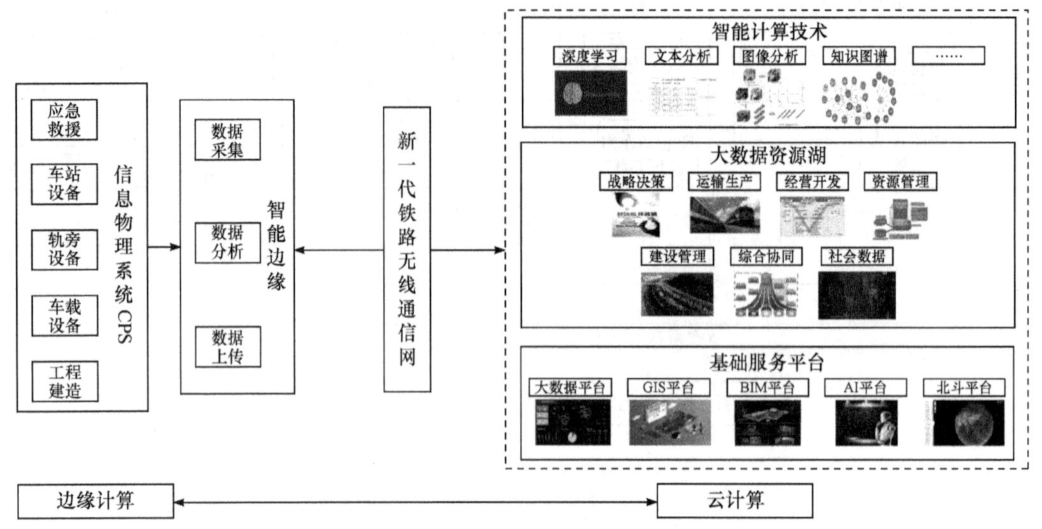

图 10-5　智能高铁大脑平台总体架构

10.2.2　智能高铁系统的组成

智能高铁的总体组成可概括为“一核三翼”，即以 1 个智能高铁大脑平台为核心，包含智能建造、智能装备、智能运营三个部分，如图 10-6 所示。

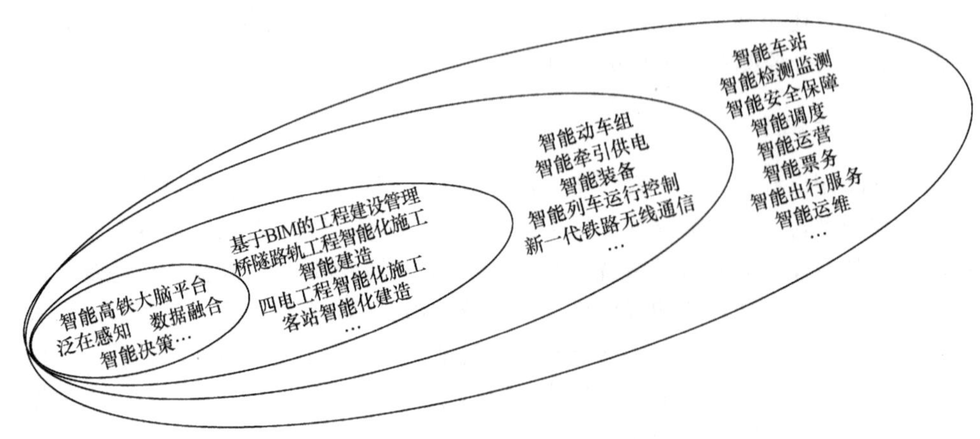

图 10-6　智能高铁总体组成

智能高铁大脑平台是实现智能建造、智能装备、智能运营三个复杂系统互联互通、协同互动、有机统一的神经中枢，基于智能建造、智能装备、智能运营系统感知获取的数据，开展数据的汇聚、治理，建成智能高铁大数据资源湖，支持开展跨专业、跨行业的多维智能分析，为智能诊断、智能预测、智能决策等提供支持。

智能建造以 BIM + GIS 技术为核心，综合应用物联网、云计算、移动互联网、大数据等新一代信息技术，与先进的工程建造技术相融合，通过自动感知、智能诊断、协同互动、主动学习和智能决策等手段，进行工程设计及仿真、数字化工厂、精密测控、自动化安装、动态监测等工程化应用，构建勘察、设计、施工、验收、安置、监督全寿命可追溯的闭环体系，实现建设过程中进度、质量、安全、投资的精细化和智能化管理，推动高速铁路建设从信息化、数字化走向智能化。

智能装备基于全方位态势感知、自动驾驶、运行控制、故障诊断、故障预测与健康管理(PHM)等技术，实现高铁移动装备及基础设施的自感知、自诊断、自决策、自适应、自修复，实现动车组的自动及协同运行；实现新一代的智能化牵引供电和通信体系；实现线路、通信信号、牵引供电等基础设施全寿命周期精细化管理及优化配置，保持基础设施的最佳使用状态。

智能运营采用泛在感知、智能监测、增强现实、智能视频、事故预测及智联网等技术，实现智能化出行服务、预测性运营维护、主动性安全防控和智能化经营管理，具体包括：在服务方面，为旅客提供购票、进站、候车、乘车、出站等全环节的自助化、精准化、个性化、智能化全过程出行服务；在运维方面，全面掌握基础设施及移动装备劣化机理及演变规律实现预测性维修；在安全方面，通过高铁固定设施、移动装备、运输过程及自然环境等的状态感知，实现设备故障、行车事故趋势预测预警，做到超前防范；在经营方面，准确把握市场需求，科学开展客运产品设计及优化，实现客票价格的动态化、售票组织的智能化、运输收益的最大化。

10.3　智 能 装 备

智能装备包括智能列车、智能基础设施。智能列车以工作状态自感知、运行故障自诊断、导向安全自决策为目标，通过高速列车全方位态势感知技术及智能感知网络、事故预测技术，实现自动驾驶、列车联网、在途故障预警、安全状态自感知及远程运维等功能。通过车载 Wi-Fi、车内显示查询终端、智能交互终端设备，提供人性化、多样化、自助化旅行服务。智能基础设施基于物联网、卫星导航、地理信息、大数据等技术，实现高速铁路基础设施状态的自感知、自诊断、自决策和协同互动，强化通信信号、牵引供电等基础设施的科学管理及优化配置，保持基础设施的良好使用状态，提高资产运用效率，提升经营效益。

10.3.1　提升设备自身先进性和智能性能力

1. 总体布局

应推行铁路建设装备智能化，形成具有感知、决策、执行、自主学习、自适应功能的智能建造系统及网络化、协同化的建造装备，打造单机智能化及单机装备互联而形成的智能生产线、智能预制场、智能工地，推进工程化和产业化发展。

应推行建设项目管理智能化，探索建造组织模式变革，基于“BIM+”智能网络协同平台实现系统集成，实现项目管理流程再造、智能管控、组织优化，实现建设过程、建设向运营所有信息系统的无缝集成。当前要全面推行信息化管理，依托铁路工程管理平台，构建基于智能技术综合应用平台，大力推广智能设备运用。

推行机器人制造技术研究开发应用，深度开展机器人技术研究，紧扣关键工序、关键岗位，优化控制生产过程，优化供应链，在智能构件厂、数字化工地、智能监测、远程诊断管理上有所突破。依托传感器、工业软件、网络通信系统、新型人机交互方式，开展隧道、桥梁、路基等试点示范，率先实施机器人智能建造，实现机械化与智能化有机结合，实时监控建设过程质量安全状况，为运营安全维护提供技术支撑基础。

2. 关键技术

1) 推进 BIM 技术标准体系建设

当前，全面提升铁路设计和施工的信息化水平，研究数字化设计和施工推动智慧铁路建设是大势所趋。但是，依然存在专业数字化施工技术尚未实现全覆盖，标准不统一、不完善；信息平台综合能力不足，各专业兼容性差，数据重复录入效率低下；各种软件功能不强大，数据采集手段有待提高；信息技术对管理的要求与传统组织结构矛盾突出等一系列问题，需高铁建设各方花大力气认真研究解决。以高铁建设 BIM 技术为例，一是要尽快建立完善中国铁路 BIM 标准体系，完成 IFC、IFD 等标准细化，并得到国际标准组织的认可，增强我国铁路技术“走出去”软实力，增加国际铁路市场的话语权；二是要基于 IDM 标准方法理论，尽快细化 BIM 协同流程，特别是专业间流程，进一步明确有别于二维设计 BIM 专业分工，逐渐形成企业级 BIM 数据标准，以标准为导向，尽快形成企业级数据架构，建立满足于企业需求的各专业应用环境、协同设计环境，真正实现铁路 BIM 正向协同设计；三是落实设计源头责任，研究不同精度 BIM 模型的建模、交付，确保工程建设管理、施工管理、运营维护等阶段 BIM 模型和数据信息平滑传递；四是 BIM 应用涉及全产业链的分工和工作内容调整，改进传统管理方法，补充完善相关规定和制度，加强政策引导，加快研究基于 BIM 的产业价值分配考核机制，充分发挥设计、建设、施工、监理、咨询等企业市场主体积极性，并通过工程招投标、工程创优评优等工作激励相关企业的 BIM 应用；五是软件开发要配套，这是当前的一个短板，必须要建立我国掌握话语权的软件机构。

2) 发展绿色装配式建造技术

相对于传统建筑的施工工艺，装配式建筑具有工业化生产、质量稳定、混凝土收缩徐变小、耐久性好、工人生产安全、绿色节能环保等特点。目前，在铁路领域，虽然以节段预制拼装为代表的桥梁装配式建造技术已进行了一定研究，但在以下几个方面需要重点关注：一是全面采用胶接缝节段拼装桥梁，随着建设中对质量、工期和环保的要求提高，短线法胶接缝节段拼装桥梁优势日益显现；二是节段拼装桥梁施工标准化，随着节段拼装桥梁逐步推广应用和研究深入，形成成熟的胶接缝节段预制拼装桥梁工法，完善节段构造的相关规范和标准图，梁场重新布置设计，实现节段拼装桥梁的标准化、工厂化建设，规范建设行为，是当前节段拼装亟待解决的问题；三是提高节段拼装设备自动化、专业化水平，根据节段拼装精度要求高的特点，研究智能化水平更高，线型监测方法更先进、准确，架设速度更快的现代化架桥设备；四是探索结构体系的优化，采用节段预制有必要对桥梁上、下部结构进行优化设计，应在局部地区考虑多联刚构桥设计方案，理论上刚构梁体与整孔简支梁基本一致，但桥墩、承台、桩基与整孔简支梁相比，不仅材料用量有所减少，建设投资也有效减少，同时运营后桥梁支座等养护工作量也有所减少。

3) 研发实用的基础设施智能建维一体化技术

坚持建维一体化的管理目标已是高铁建设管理的共识，但涉及的技术复杂、管理部门众多，职责划分需要明晰。以桥梁建设全寿命周期管理为例，结合高铁在建和运营的跨大江大河的特大型桥梁，已在利用信息技术从桥梁运营管理的核心业务出发，以设计、施工、运营为着力点，建立桥梁的结构监测、状态评估、安全预警和养护管理体系，实现统一、开放、互联、实时、状态评估、指导运营的桥梁全寿命周期管理平台，但仅处于初步阶段。为此，一是应全面建立完善从设计源头出发的建维一体化顶层设计制度；二是对运营性能关键评价指标确立、关键部位养护维修技术要求、结构整体状态可靠度评估研究方法、信息化管养平台应用实际等需要打破部门束缚，统一谋划，集各方资源所长，尽快结合具体桥梁进行深度研究和实践。

4) 构建标准化生产的智能工厂

构建标准化生产的智能工厂包含两个方面的内容：一是“智能工厂”，重点研究智能化生产(设计、施工)系统及过程，以及网化分布式、并行式生产设施的实现；二是“智能生产”，主要涉及整个建造产业的智能物流管理、人机互动、机器人使用及 3D 建造打印技术在建造过程中的应用等。

目前，标准化构件生产的工厂化仍不彻底，仍是基于施工理念，而不是基于制造理念，应大力研发基于部品化的、基于现代物流的真正工厂化，把预制安装变为部品、部件采购安装。以高铁桥梁为例，要建立基于 BIM 的梁场生产追踪协同管理系统，真正实现基于工业智能制造模式下的以梁生产过程为主体，根据项目建设中的关键因素，在人力、资源、成本、进度、效率、安全、质量和环保等方面，利用计算机互联网技术、BIM 技术、数据库技术、网络通信技术、数据仓储、数字测控、物联网、数据挖掘和海量信息处理显示平台等新一代信息技术，建立统一、开放、互联的基于 BIM 的梁场生产追踪协同管理系统，建立以梁为中心的数据分析、统计、预测机制，形成“数据采集、数据贯通、数据共享开放、梁体追踪、数据追溯”的新型管理模式，使建造监管方式由人工提升为自动化和智能化。

10.3.2　构建数据集成的安全监测

智能高铁数据维以高速铁路建设全寿命周期为主线，将勘察、设计、施工、试验验收和运营维护等阶段产生的海量结构化、非结构化数据及相关外部数据，进行全业务、全类型的数据汇集和融合，形成一套多专业融合、多业务共享的规范数据资源，支撑各阶段多种智能应用场景。

数据维主要内容包括：在工程建设阶段，铁路工程管理平台积累的勘察设计数据、工程施工和建设管理数据；在试验和联调联试阶段，试验数据系统积累的车载设备、通信信号设备、工务设施、供电设备等试验和联调联试数据；在高速铁路运营维护阶段，客运组织、调度指挥、客票系统及车站大脑等信息系统全面收集并积累的运营数据，工电供及动车的运用管理和运维系统收集积累的设备状态监测和设施设备维修数据，等等。此外，还包括航空、城轨、公共交通、气象、互联网、公共服务等与工程建设、联调联试、运营维护等全过程管理相关的外部数据的收集积累。

1. 基于全面感知的基础设施安全检测监测体系

(1) 自感知工务基础设施检测与监测系统。系统包括车载系统及地面分散系统，点多面广，因此需要建设检测与监测信息网络来实现工务基础设施各类设备状态的自动收集和集中管理，建成分散检测、集中报警、网络监测、信息共享的工务检测与监测数据集成平台。各类设备必须遵照统一的接口、数据格式和通信协议，实现与数据集成平台的数据交互。集成平台对各系统数据进行集成、综合分析、信息共享，为工务管理决策部门和维修部门服务。

(2) 智能化供电综合安全检测监测系统。对已有分散检测、监测设备进行功能完善、技术集成，形成分层分布式结构，使之成为具有综合处理功能的检测与监测平台，指导供电设备的日常维护和维修。对各检测、监测数据库进行综合分析、专家诊断，成为具有开放式设计构架，能兼容接入其他智能检测、监测设备，保障供电设备安全运行。

(3) 自适应设备信息智能化管理。充分利用信息化、数据化的设备检测监测手段改造传统作业模式，综合利用 6C 系统、单兵巡视设备、接触网巡检仪等信息化视频监测系统，实现全天候、全时段、全覆盖设备检测监测，突出加强视频信息综合分析，借助无线网络，对检测监测信息即时传递，形成路局数据监控中心、站段调度指挥中心、车间分析中心三级视频信息综合调用分析长效机制。同时，加强 SCADA 复示终端系统维护管理，实现牵引供电、电力设备运行状态的遥控、遥信、遥测及调度管理，对重要设备运行状态实时在线监控，重点建设以先进检测设备为主、人工测量为辅、动静态相结合的设备检测系统，全方位、多角度、立体式准确反映设备运行状态。

(4) 施工作业智能综合安全监控技术。借助先进成熟的地理信息系统、全球定位系统和移动通信技术，实现工务作业的定位跟踪和数据回传，可为安全生产管理和应急故障处理等提供技术支持；使用具备摄像功能的移动终端，综合移动通信、终端软件远程控制等技术，实现对路外施工、防洪区段、现场作业等现场环境的实时监控，可为安全生产管理、应急故障处理等提供实时可视化支持；借助远距离无线通信技术获取列车位置信息，为工务现场作业防护提供信息预警；利用二维码图像扫描识别技术在上道作业和作业结束下道前点验人员、机具和主要材料，加强上线作业安全管理，避免机具和材料遗漏。

2. 集成化的列车运行安全自动监控系统

集成化的列车运行安全自动监控系统，可以进一步提升列车运行安全监控的自动化、智能化水平。

(1) 利用车载检测传感器、地对车监控设备的集成化、微型化、自动化研究，大幅提高检测设备监控精度、降低设备组成复杂度、增强设备运行稳定性。

(2) 通过信息智能监控报警技术研究，实现行车异常全自动实时报警，利用多源监控信息实现运行故障综合自动诊断及报警提示。

(3) 立足于铁路大数据平台、高速通信网络等未来信息化条件，研究构建行车安全智能综合监控系统的总体系统架构、网络架构、功能架构等关键系统设计，提出车地联动的多源综合实时监控方案。

(4) 提出行车安全监控总体业务管理方案。设计行车安全监控信息实时自动报警、快速应急响应、现场实施处置、故障复核检修的全流程闭环管理方案，结合监控系统的智能化应用功能，实现高效的列车监控管理业务能力。

(5) 在列车运行安全地面监测设备、联网监控及信息综合应用系统方面，将提高车辆运维技术和预测性维修技术、完善现代车辆维修理论和管理模式、加强状态监测和故障诊断。同时发展联网列车监控子系统，进行信息化顶层统一规划，结合大数据分析、人工智能技术等新科技实现智能监测动车组安全。制定车辆安全监测系统联网总体方案，明确各型探测设备数据接入规范，与车辆管理信息系统信息建立共享机制，国铁集团统一制定数据流程、数据接口。

3. 多源高铁自然灾害及异物侵限智能监测技术

(1) 大风时空预警。建立大风时空预警系统，实时监测风速和风向，通过对地理信息各因子的运算、历史资料导入、沿线风速监测点数据库分析等综合判断，为行车指挥控制系统提供较合理的行车速度限制指令信息。为了实现系统对风速的采集监测，在现场设置风速风向仪，用于采集实时风速数据。当系统采集到影响列车运行的强风时，对照预先设定的报警阈值，发出风速警戒，并将实时风向风速信息及报警信息传输至调度终端。调度终端接到报警信息后，根据调度终端显示的行车建议采取相应的列车管制措施，并利用数据库服务器进行数据存储。

(2) 灾害报警自动控车。主要对危及铁路行车安全的自然灾害、异物侵限、突发事件等进行实时监测，采集监测信息、集中管理、分布应用，提供及时准确的灾害报警和预警功能，防止或减少灾害对高铁列车运行安全的影响。灾害报警自动控车系统可细分为 5 个子系统，其设备分别针对不同的灾害类型，具体如下：风监测子系统，主要实现风速、风向数据的集中实时采集监视和风速报警，根据现场实时风监测数据，依据设定的相关报警规则，通过分析软件实时给出风速不小于最低风速报警阈值条件下的警示信息；雨量监测子系统，主要实现实时采集铁路沿线降雨量信息，通过处理、分析实时监测降雨量，当降雨量达到一定阈值后发出警报，对列车进行运行管制；雪深监测子系统，要实现实时采集铁路沿线降雪量信息，通过处理、分析实现雪深报警等功能，当降雪量达到一定阈值后发出警报，对列车进行运行管制；地震监控子系统，通过在铁路沿线安装强震仪实现地震信息的实时采集监测，按照功能可分为地震报警和地震预警，地震报警功能是指通过监测地震 S 波，当地震动加速度达到一定阈值后发出警报，对牵引供电和列车运行采取控制措施，减少灾害损失；地震预警功能则是指监测地震 P 波，利用电磁波和地震波、P 波和 S 波的速度差，在地震发生后，当破坏性地震 S 波尚未来袭的数秒至数十秒之前发出预警，采取相应措施，避免重大人员伤亡和经济损失；异物侵限监控子系统，主要在异物侵入铁路界限可能对列车运行安全造成影响的场所，如公跨铁桥、隧道口、公铁并行地段等安装双电网、激光等设备，实现异物实时监测，通过接口继电器把报警信息实时传至列控系统、调度指挥系统，控制列车及时停车。

(3) 多种技术融合的高铁侵限监测。在新型复合传感技防技术方面，开展长航时无人机、激光雷达、安防机器人等新型技防手段与双电缆传感器、光缆传感器、红外线、微波和视频监控等多种监测技术数据相互融合，综合分析侵限情况及危害程度，分析应用人工智能相关技术，从入侵目标识别跟踪、高铁环境图像增强、入侵行为分析、破坏检测等方面对视频智能识别相关理论和方法展开深入研究。

10.3.3　基础设施智能化运营维护

高速铁路动车组运行速度快，对状态监测与预警、运行控制与安全、设备设施检测监测等要求高，对智能型动车组、更高级别无人驾驶、全方位智能安全保障等方面的需求十分迫切。为满足这一需求，智能装备的目标包括：探索基于智能设计与制造的自修复型动车组，实现全自动的列车无人驾驶与动态近距离的列车移动追踪，构建全方位智能安全保障体系等。

智能装备关键专用技术主要包括智能动车组技术、智能运行控制技术、新一代铁路移动通信技术、智能牵引供电技术、智能检测监测技术、智能安全保障技术六个方面。

(1) 智能动车组技术主要研究的内容包括：动车组车载网络，轴承、车体振动信息监控，柔性生产线，车内视频安全监控，空簧、轮对等部件检测，中央控制系统，智能物流系统，动车组状态全面感知与分析决策技术，动车组全三维研发技术等。

(2) 智能运行控制技术主要研究的内容包括：自动驾驶技术，列车推荐速度优化技术，列车智能驾驶控制技术，人机功能分配，多模列车定位，列车移动闭塞，无人驾驶技术，障碍物智能识别技术，列车进路优化决策技术，状态智能传感与感知技术，集中网络优化决策技术，人机协同共驾技术，列车高密度追踪技术，虚拟编组技术等。

(3) 新一代铁路移动通信技术主要研究的内容包括：宽带移动通信，车载无线通信，智能调度通信，车-地/车-车通信技术等。

(4) 智能牵引供电技术主要研究的内容包括：智能变电所，智能接触网，车载新能源与无线供电等。

(5) 智能检测监测技术主要研究的内容包括：风、雨、雪检测监测技术，地震检测监测技术，滑坡等地质灾害检测监测技术，周界入侵和异物侵限检测监测技术，检测监测多专业融合分析技术，云边融合的灾害智能分析技术，空-天-地一体化的全方位灾害监测技术，风险-隐患-事故故障预警与演变机理分析技术，设备设施状态检测监测与预警技术等。

(6) 智能安全保障技术主要研究的内容包括：周边安全隐患与列车运行的自动控制综合安全保障技术，基于全面感知的智能安全保障技术，基于量子等技术的智能安全体系技术等。

智能装备里程碑主要包括三个部分。一是 2020 年底，以智能京张、数字京雄典型示范工程为依托研制智能型复兴号动车组，自主研发了 CTCS3 + ATO 自动驾驶系统，开展了智能灾害监测与预警，实现了基于 BIM + GIS 的联调联试数据多维可视化管理。二是到 2025 年底，形成自学习、自适应谱系化智能动车组；列车传感系统全覆盖，实现全面感知的全自动驾驶；构建虚拟化、稀疏化轨旁设备信号系统；实现移动闭塞，提高列车运行效率；构建全方位智能安全保障体系。三是到 2035 年底，探索基于智能设计与制造的自修复型动车组技术，实现全自动的列车无人驾驶技术，研究可储能源的绿色无线供电技术，实现动态近距离的列车移动追踪，探索基于量子等技术的智能安全体系。智能装备关键技术发展路线，见表 10-1。

表 10-1　智能装备关键技术发展路线

<table>
<tr><th>内容</th><th>2020 年</th><th>2025 年</th><th>2035 年</th></tr>
<tr><td>智能装备需求</td><td colspan="3">高速铁路动车组运行速度越来越快，对状态监测与预警、运行控制与安全、设备设施检测监测提出了更高的要求；
智能动车组、更高级别无人驾驶、全方位智能安全保障等方面的需求十分迫切</td></tr>
<tr><td>智能装备目标</td><td colspan="3">探索基于智能设计与制造的自修复型动车组技术，实现全自动的列车无人驾驶与动态近距离的列车移动追踪，构建全方位智能安全保障体系</td></tr>
</table>

续表

<table>
<tr><th colspan="2">内容</th><th>2020 年</th><th>2025 年</th><th>2035 年</th></tr>
<tr><td rowspan="23">智能装备关键专用技术</td><td rowspan="5">智能动车组技术</td><td rowspan="5">TCN 与以太网共存；
轴承、车体振动信息监控；
柔性生产线</td><td>以太网单独控车</td><td rowspan="5">动车组状态全面感知与分析决策技术；
动车组全三维研发技术</td></tr>
<tr><td>车内视频安全监控</td></tr>
<tr><td>空簧、轮对等部件检测</td></tr>
<tr><td>中央控制系统</td></tr>
<tr><td>智能物流系统</td></tr>
<tr><td rowspan="7">智能运行控制技术</td><td rowspan="2">自动驾驶技术</td><td>有人监控下的无人驾驶技术</td><td>无人监控下的无人驾驶技术</td></tr>
<tr><td colspan="2">障碍物智能识别技术；状态智能传感与感知技术</td></tr>
<tr><td>列车推荐速度优化技术</td><td>列车进路优化决策技术</td><td>集中网络优化决策技术</td></tr>
<tr><td colspan="2">列车智能驾驶控制技术</td><td rowspan="2">人机协同共驾技术</td></tr>
<tr><td></td><td>人机功能分配</td></tr>
<tr><td></td><td>多模列车定位</td><td>列车高密度追踪技术</td></tr>
<tr><td></td><td>列车移动闭塞</td><td>虚拟编组技术</td></tr>
<tr><td>新一代铁路移动通信</td><td colspan="3">智能调度通信</td></tr>
<tr><td rowspan="2">新一代铁路移动通信</td><td colspan="2">宽带移动通信</td><td rowspan="2">车-地/车-车通信技术</td></tr>
<tr><td colspan="2">车载无线通信</td></tr>
<tr><td rowspan="2">智能牵引供电技术</td><td colspan="2">智能变电所</td><td rowspan="2">车载新能源与无线供电</td></tr>
<tr><td colspan="2">智能接触网</td></tr>
<tr><td rowspan="5">智能检测监测技术</td><td>风、雨、雪检测监测技术</td><td colspan="2" rowspan="5">云边融合的灾害智能分析技术；
空-天-地一体化的全方位灾害监测技术；
风险-隐患-事故故障预警与演变机理分析技术；
设备设施状态检测监测与预警技术</td></tr>
<tr><td>地震检测监测技术</td></tr>
<tr><td>滑坡等地质灾害检测监测技术</td></tr>
<tr><td>周界入侵和异物侵限检测监测技术</td></tr>
<tr><td>检测监测多专业融合分析技术</td></tr>
<tr><td>智能安全保障技术</td><td>周边安全隐患与列车运行的自动控制综合安全保障技术</td><td>基于全面感知的智能安全保障技术</td><td>基于量子等技术的智能安全体系技术</td></tr>
<tr><td colspan="2">关键支撑技术</td><td colspan="3">物联网、大数据、云计算、人工智能、北斗导航、下一代移动通信技术</td></tr>
<tr><td colspan="2">应用示范工程</td><td>智能京张高铁
数字京雄城际高铁</td><td>智能型复兴号动车组；
自主研发 CTCS3 + ATO 自动驾驶系统；
开展智能灾害监测与预警；
实现基于 BIM + GIS 的联调联试数据多维可视化管理</td><td>探索基于智能设计与制造的自修复型动车组技术；
实现全自动的列车无人驾驶技术；
研究可储能源的绿色无线供电技术；
实现动态近距离的列车移动追踪；
探索基于量子等技术的智能安全体系</td></tr>
</table>

10.4 智能运营

智能运营系统(图 10-7)在保障铁路运输生产安全的前提下，以《铁路技术管理规程》和《铁路信号维护规则》为依据，以铁路通信、信号等相关专业的数据为基础，采用大数据、云计算和人工智能等技术，通过对数据的全面采集、设备状态的全面感知进行智能分析处理，以实现人员、设备和环境的协同，从而引领铁路电务运维工作模式的深度变革。该系统具备更全面的感知、更广泛的互联互通、更准确的预警分析、更深入的智能化处理能力，可以构建安全、高效、智能、绿色、环保的现代化铁路电务系统，实现电务运维集中监测、过程盯控、调度指挥等功能，提高铁路日常运营维护、故障快速分析处理的能力。

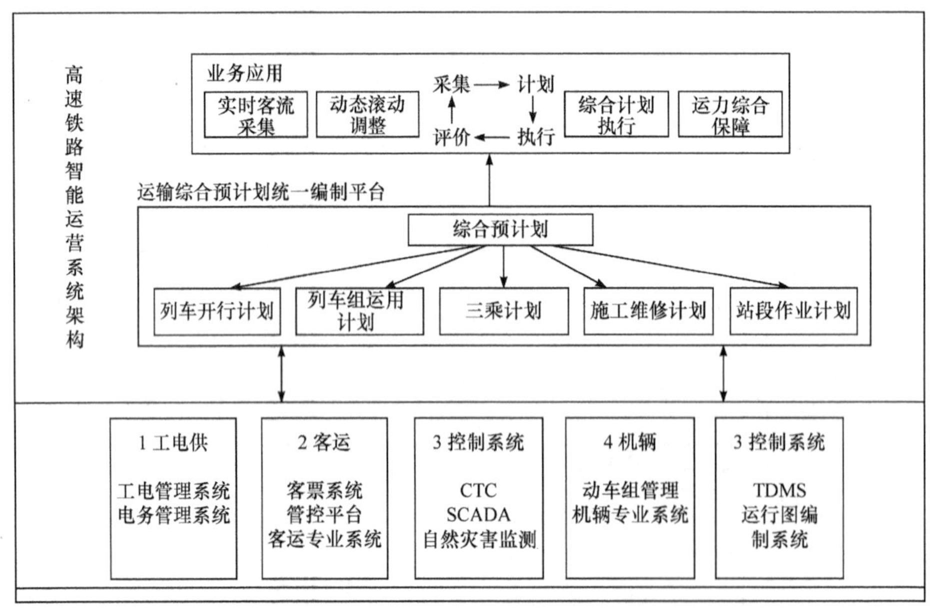

图 10-7 高速铁路智能运营系统架构

10.4.1 智能运营计划编制及集成

1. 高速铁路智能运营系统特点

国外有代表性的高速铁路运营系统主要包括日本 COSMOS，以及法国、德国高速铁路运营系统等。其中，日本 COSMOS 在基于流程的调度计划一体化编制、3min 最小追踪间隔高密度行车等方面，欧洲高速铁路运营系统在周期性运行图和换乘接续设计等方面，法国高速铁路在收益管理、动车组运用效率，以及调度运营如何更好适应市场等方面值得借鉴。我国高速铁路智能运营系统的特点如下。

(1) 构建一体化系统平台。构建高速铁路智能运营系统架构，实现从站车到调度指挥中心多层级调度纵向一体化及各工种横向一体化集成，并将各种感知端采集信息及各工种调度平台集成到相应层级的调度指挥中心，实现调度集中统一管控，提升集成化程度。

(2) 充分利用大数据技术。目前各国铁路均充分利用大数据技术，对列车运行态势和各类统计数据进行动态统计和分析。我国部署了中国铁路武清主数据中心，基于智能运营数据域等构建数据湖，采用“平台＋应用”模式，围绕运输生产、运营安全、客运管理与服务、综合交通共享等领域，开展多领域的大数据典型应用。

(3) 初步搭建智慧运营大脑。目前高速铁路智能运营系统一般都建设有进行运营管控的智慧大脑系统，部分领域或系统也新增智能辅助优化功能，已经实现信息的统计分析、部分辅助决策和自学习智能等。

(4) 提升适应市场变化能力。目前铁路在充分利用铁路旅客售票及手机信令等历史大数据，再结合多种需求预测技术进行客运需求的分析与获取方面取得积极成果。利用预测需求信息，编制列车开行方案和列车运行图，对于临时出行的突发大客流，铁路还设计了临时加开列车的调度计划调整机制以满足需要，适应市场变化能力得到进一步提升。

(5) 提升综合一体化优化能力。目前我国正开展列车运行图与开行方案一体化、列车运行图与动车运用一体化、运维一体化等综合优化技术的研究，以满足综合一体化决策的需求。

2. 智能运营计划调整

列车运行计划的智能调整通常使用线性规划模型、混合整数规划模型、约束规划模型、交互图模型、模糊 Petri 网和专家系统模型、离散事件模型和仿真模型等进行分析，并结合机器学习、深度学习和增强学习等人工智能理论方法。列车运行计划的智能调整涉及时刻表调整、动车组调度和乘务计划调度三个方面。

1) 时刻表调整

在给定计划运行图及当前列车运行状态和干扰相关信息等基础上，首先对列车运行图进行调整，通过分析干扰影响后偏离原定运行计划的列车，尽可能少调整计划列车运行图。其特点是在极少情况下需要局部调整相邻列车的顺序，不需要对列车进行大规模的调整，使受干扰影响的列车尽快地恢复正常运行。时刻表调整问题通常采用车间调度作业模型描述为

$$\min(t_n - t_0)$$

式中，t_0、t_n分别为操作 0、n 的开始时间，其中操作 0 和操作 n 是假定操作，该模型的目标函数表示为所有操作所经过时间，通过最小化目标函数减小列车运行延迟。

2) 动车组调度

由于干扰对列车运行的影响很大，动车组运行计划需要调整，并根据调整后的列车运行图，改变动车组的交路。其特点是运行图和动车组之间需要一个反馈调整的过程，即先调整运行图，在此基础上调整动车组运行计划，动车组调整和运行图调整密不可分，它们之间的反馈调整使列车运行调整问题更加复杂，却能使调整后的列车运行方案更加切实可行。动车组调度问题可以用描述为多商品流图模型表示，其中节点对应于特定时刻的站点，节点之间的弧表示为必须按照时刻表执行的过程。

3) 乘务计划调度

乘务组包括动车司机和列车乘务员，仅在有动车交路计划发生变化时才需要调整，其调整目标为乘务组的值乘时间、取消运行的列车数量及各乘务组的工作量。乘务计划调度

可以表述为一个扩展集覆盖问题，因为计划阶段乘务人员的任务与计划阶段的任务类似，所以在调度时需要考虑计划阶段的任务。

10.4.2 智能化辅助运营决策

通过利用云计算和大数据技术对各感知子系统产生的海量数据进行深度挖掘分析，能够启发大数据应用者的创新思维，从而实现辅助决策。云计算和大数据技术针对一种问题可提出多种解决方案，结合现实情况挑选出最佳方案。利用大数据独有的全局视角，对运维的规律进行预测，使分析的过程和结果可视化，同时可全程追溯细节，进行多维度、多特征的关联分析，最大限度地减小分析结果错误的概率，实现各系统数据的统一采集和格式规范化。运用云计算和大数据技术，能够使生产作业指挥、集中监控安全预警、设备寿命周期管理和跨专业、跨行业联动等方面实现智能化。

1. 快速和动态的旅客需求感知驱动和需求响应技术

新的适应市场的运营体系将采取固定与定制(或众筹)列车结合、预计划与实施计划动态滚动编制的模式，即先根据大数据预测获得基本的客运需求，对现有的运输资源及潜在的运输需求进行计算与分析后得到初步的列车开行方案，结合车底运用及乘务人员排班计划得到初始列车运行图，经过合理的组织调整后得到运输预计划。预计划中每个时段(如0.5h)有固定与不固定时刻(定制)两种列车供旅客选择，在运输预计划实施过程中通过对运输需求的实时监控，不断调整与修改原有计划(预计划的动态滚动编制)，使得新生成的计划能在满足最新运输需求的同时优化运输资源的配置，达到系统最优的效果。当临近旅客出行的最后 2 天，再根据相应时间段旅客数量，确定最终开行的列车车次和时刻，形成实施计划，并通过旅客预留的微信、短信和邮件等方式通知旅客。

2. 连贯的全寿命周期动态运力调配响应机制

铁路可以根据旅客动态需求，动态连贯地调整列车开行方案和运行图，并形成连贯一致的动车组和司乘人员运用计划，较原有方式可以减少审批环节和部门，并提高动车组和人员运用效率。

3. 基于运输全过程的强耦合综合优化决策体系

为及时响应动态需求，提升铁路运力资源利用效率，有必要构建耦合性强的从运输预计划生成—计划滚动调整—计划实施执行—动态反馈预测的综合运营调度优化决策体系，实现列车运行图与开行方案一体化优化技术、列车运行图与动车运用一体化技术、运维一体化技术等。

4. 以信息为中心的系统体系架构

研发云计算和边缘计算融合的智能调度系统新构架，以运输流程和信息重构为中心，通过改进信息采集端和指挥调度大脑的功能分配，使系统构架更灵活，满足服务改进和功能扩充需要。未来系统构架还可能由冯氏架构发展为非冯氏架构，进而支持新一代智能调度系统研发。

5. 含数字孪生的平行系统

数字孪生是现实系统的数字化再现，目前的智能系统属于“大数据小任务”，由于大数据的稀疏性，完全基于实际大数据的学习方法，往往只能解决小任务场景。平行系统包括数据采集、人工试验、未来预测三部分内容。数据采集主要利用物联端采集相关的信息，数字化初构物理世界；人工试验针对大数据的稀疏性，人工模拟产生更多的数据信息，形成覆盖广泛的真正大数据；未来预测基于既有和生成的数据，对现实系统的未来演化及发展态势进行预测、分析，研判可能出现的困难或问题，提前采取措施，并通过与现实世界进程的实时反馈评价与调整，实现虚实世界的融合，解决智能系统中智力不对称的问题。

6. 知识学习和智能优化融合的超算能力

传统的智能系统多属于“大数据小任务”模式，未来的智能系统还应该具有“大数据小任务”的能力，这就需要将知识学习、知识推理等知识计算和微进化算法等智能优化方法融合，一方面提升知识进化和知识计算能力，另一方面融合传统智能或数值优化算法的优点，利用现有不断增强的大规模超算技术，不断提升优化求解问题的效率和精度。

7. 分级体系

结合我国高速铁路运营技术现状和未来智能技术发展情况，可以将我国高速铁路智能运营技术按智能化水平划分 L0～L4 共 5 级。高速铁路智能辅助决策分级体系，见表 10-2。以高速铁路典型运营计划为例，从 L0～L1 级，客运需求分析、列车开行方案、列车运行图、动车运用计划及乘务员排班计划等都是分模块编制，经历了从人工决策到计算机辅助决策，再到部分计算机自动决策的发展历程。L2 级基于大数据、云计算、大规模超算技术等现代赋能技术，逐步实现运营计划中部分关联模块实现一体化自动决策，如列车开行方案与列车运行图的一体化自动编制等。L3～L4 级，系统在“知识化+自动化”的基础上，充分体现不定场景的自学习、自适应与自提升特性，逐步实现智慧决策功能。

表 10-2　高速铁路智能辅助决策分级体系

等级	名称	界定
L0	计算机辅助决策	部分调度功能的辅助智能决策，调度信息的实时获取、传输部分由计算机自动完成，可实现关键信息提示，初步具备大数据统计分析功能，实现部分调度功能的辅助智能决策
L1	自动决策	调度指挥相关计划实现计算机自动化编制，如列车开行方案、列车运行计划、动车组运行计划、三乘计划等各模块独立自动编制，实现运输信息各模块内集成化、预测周期化、运力资源利用规格化、作业操作和设备控制集中化等
L2	一体化自动决策	一体化智能感知、决策、操控和评价，计划编制一体化(即列车开行方案、列车运行计划、动车组运行计划、三乘计划等一体化编制、执行和评价)，实现运输态势感知全息化、预测精准化、运力资源利用精细化、作业操作和设备控制自动化等
L3	初步智慧决策	具备自学习能力的一体化感知、决策、操控和评价，由计算机完成所有调度指挥计划的一体化自学习编制、自动执行和自适应评估等，实现运输态势感知自主化、预测个性化、运力资源利用动态化、作业操作和设备控制半自主化和自动化等

续表

等级	名称	界定
L4	智慧决策	具备跨领域学习和创新能力的一体化感知、决策、操控和评价，跨领域、人机自洽融合运营计划自动编制、评估、发布与执行，虚实结合的平行系统进行运输态势推演与监控，自学习、自适应完成异常状态自动监测，适应应用场景变化创新性学习与应用，支撑智能运营的全面自主操控和无人化

10.4.3 智能客运服务

目前，铁路车站客运服务业务主要包括站内公告、业务咨询、列车查询、正晚点查询、余票查询、乘车须知、车站导航、“小红帽”、行李寄存和遗失物品等。随着我国铁路事业的快速发展，高速增长的客流量给铁路车站工作带来了巨大考验，也提出了更高的服务要求。

1. 关键技术

智能客运以旅客为中心，充分运用人工智能、大数据、云计算、物联网等核心技术，构建可自感知、可自调整、可自适应的高速铁路综合客运服务集成系统，围绕旅客乘坐列车全过程，预先准确感知旅客在票务、进站、候车、乘车、出站、换乘等各个客运环节的多样化、个性化出行需求，自适应地配置和优化客运生产服务资源，实现高速铁路旅客安全、快捷、舒适、绿色地出行。在智能车站方面，集成物联网、大数据、云计算、人工智能、机器人、虚拟现实等现代科学技术，以客运车站设施设备及运营环境状态感知、故障诊断、智能决策为基础，实现车站设备智能化、车站服务多样化、客运车站人员-设备-作业的协同联动，提高管理效率，提升服务质量，优化业务流程。

(1) 大数据。智能车站系统通过数据挖掘、关联与分析，对旅客信息、设备状态进行全方位大数据分析，实现危险预警、辅助决策、设备全寿命周期管理等功能，从高效运行、安全可靠、绿色节能等方面建立评价机制，实现智能车站系统的高效运行和科学管理。

(2) 人工智能。通过深度学习、边缘计算等人工智能技术，对车站重点区域的前端设备进行智能化改造，实现基于人脸识别的自助实名制核验系统、客流趋势监控、客流分析预警等功能，提供更加智能的候车服务，优化客运组织流程。

(3) 物联网。物联网基于互联网及各种信息传感器、射频识别技术、激光扫描装置和技术等，实现所有能够被寻址的物理对象互联互通，实现对车站设备的智能化识别、定位、跟踪、监控和管理。

(4) 云平台。采用虚拟化、分布式存储、网格等技术，将网络中的计算资源和存储资源整合在一起，集合协同工作构成共享存储资源池，通过构建云平台数据中心，提供高性能、高可靠、不间断的数据存储、数据访问、数据处理等功能的系统服务。

(5) BIM。结合 BIM 和地理信息系统(GIS)的优势，推进旅客车站工程建设过程的三维可视化应用，对项目信息进行高效采集、存储、传输、检索、处理、计算等，提高项目管理效率。在建设阶段，实现对勘察、设计、工程进度、质量、安全、投资、环境等建设管理目标的全过程、全要素精细化管控。在运维阶段，实现具有可视化远程沉浸式特点的运维管理模式。

(6) 生物识别。采用图像及语言处理、视频智能分析等多种技术，对旅客的指纹、声音、虹膜、脸型、步态等生物特征进行识别，将识别结果与旅客购票信息、身份信息及公安部门的黑名单进行对照分析，保障已购票旅客的正常安全出行，并对异常旅客进行追踪和预警。

2. 智慧服务体系

铁路车站智慧服务体系构建主要利用“5G”网络的大带宽、低时延、万物互联等特点，融合云计算、大数据及人工智能技术，为旅客提供更便捷、更全面的出行服务。通过“5G”网络可以完善铁路车站服务体系，提高服务效率，降低服务成本。在铁路车站平台能力方面，联通物联网全球领先的连接管理平台为车站提供低成本、全方位和高质量的连接管理能力，融合人工智能技术，大力推进“5G”物联网高质量发展，实现强基达标，提质增效。根据铁路车站客运服务业务和旅客出行需求，提出铁路车站智慧服务体系，包括多功能终端机、智能机器人、智能验票安检机、“一站式”移动应用软件和智能厕所。

(1) 多功能终端机。随着科学技术的不断发展，多功能终端机的功能不断增加。铁路车站可以将部分客运服务业务纳入终端机，从而为旅客提供更便捷的服务。多功能终端机服务模块包括免费电话、一键人工服务、列车查询、正晚点查询、余票查询、乘车须知、站内服务台、车站导航、车站周边(住宿查询、公交查询、地铁查询、机场巴士、长途汽车)和旅客留言等。

(2) 智能机器人。智能机器人可以适当减轻工作人员的劳动强度，缓解客流高峰期车站工作人员连续工作的情况，有效提升车站的服务质量。长期以来，车站主要依靠人工和各类引导标识向旅客提供咨询和向导服务。智能机器人的使用标志着车站传统单一的人工服务、标识引导正逐步向智能化和信息化迈进。智能机器人不仅能为旅客提供站内导航、购票和候车等精准的乘车服务，而且可以与旅客进行语音互动交流，解答旅客的各项要求。

(3) 智能验票安检机。智能验票安检机是将刷脸机和安检设备合二为一，实现人物同检功能，极大地缩短了验票和安检时间，解决进站排长队问题。智能验票安检机使用人脸识别技术和安检云平台技术。人脸识别技术基于人的脸部特征信息进行身份识别，智能验票安检机上安装摄像头，旅客走近机器时，自动抓取旅客脸部信息，与身份证芯片里的照片进行比对，检查票证信息是否相符。安检云平台技术利用大数据、智能化、移动互联、云计算、物联网和智能终端等科技手段，实现快速、精确、自动及多目标的智慧安检目标，确保铁路运输安全。

(4) “一站式”移动应用软件。铁路车站可以推出“一站式”移动应用软件，打造“一站式”全链条出行服务，旅客通过“一站式”移动应用软件就能了解铁路车站的所有服务信息。同时，可以通过大数据将旅客出行有关的实时客流、气象、交通、公路、民航和旅游等信息资讯整合，提升用户出行体验。

(5) 智能厕所。智能厕所利用物联网技术实现厕位智能引导，让如厕更有序。智能厕所入口的电子屏幕显示厕所内的空间平面图和各个厕位是否有人，旅客可以根据屏幕显示的信息合理安排时间，避免在厕所内长时间排队。同时，旅客可以通过铁路车站“一站式”移动应用软件提前预约厕位等。

10.4.4　智能调度

1. 功能需求

高速铁路智能调度系统是以现代通信技术、远动技术、人工智能、大数据、专家系统等为主要技术和方法，通过全面感知和融合列车运行相关的高速铁路智能装备和智能运营数据，建立高速列车运行态势的智能评估和推演，最终实现对高速铁路整个系统智能、精准、实时控制。高速铁路智能调度系统的设计旨在实现对运输资源的高效利用、对列车运行过程的精准控制、对应急情况的快速响应，从而使调度员从繁忙的日常业务中解脱出来，集中精力盯控重点任务、把控重点环节，全面提升运输组织水平。高速铁路调度指挥的本质是通过保障稳定、良好的铁路运输态势，有效运用铁路运输资源、高质量完成运输任务的运输组织指挥过程。为实现智能调度，高速铁路智能调度系统需要具备以下功能。

(1) 具备全方位技术资料存储及自主学习、总结及调用能力，能够掌握并监测管辖范围内所有移动、固定设备的技术性能及指标参数。

(2) 采用智能运行图系统，实现列车运行控制与运行图的深度结合，总体保障列车开行计划兑现的同时直观科学地应对非正常情况行车组织。

(3) 实现管辖范围内所有列车的实时精准控制，同时对列车运行环境进行全域实时掌控，在保障列车运行正点及紧急避险方面发挥重要作用。

(4) 高效协助应急处置，加强行车、设备、客运等各部门的应急协同，全面整合应急资源，辅助生成应急处置方案，推动应急处置能力全面提升。

(5) 实时研判运输态势并为旅客出行提供信息引导，保证旅客及时收到行程变化提示，最大限度提高信息透明度，提升旅客服务效率和服务水平。

(6) 统筹制定高速铁路线路施工计划及动车组检修计划，全面提高固定、移动设备的维修、检修效率，保障整体运维体系高质量运转。

(7) 深度开展数据挖掘，对所有设备故障进行大数据分析，以故障分析结果指导高速铁路的运输服务保障技术研发及运输风险研判。

2. 总体构架

根据高速铁路智能调度系统的功能需求，设计我国高速铁路智能调度系统总体架构，如图 10-8 所示。高速铁路智能调度系统总体架构设计思路，是由智能调度系统代替调度员完成整体运营管控，调度员从繁忙工作中解脱出来把控重点环节。高速铁路智能调度系统充分利用铁路 12306 等对外系统实时掌握客运市场整体情况，经智能分析后，依据基本运行图调整生成今后一段时间内的运营方案，与机务、车务、工务、电务、车辆等专业管理系统及时交互、高效调度，充分协调运力资源，最后通过智能运行图系统保证运营方案精准落实。系统可以随时调用基础信息、规章规定和历史安全数据库汲取决策依据，同时通过灾害报警、异物侵限等系统实时监控高速铁路运营状态，以完整的信息支撑保证高速铁路系统整体运营的安全、稳定和高效。

3. 数据平台

高速铁路智能调度系统的数据几乎涵盖智能运营、智能装备的所有数据，包括智能客

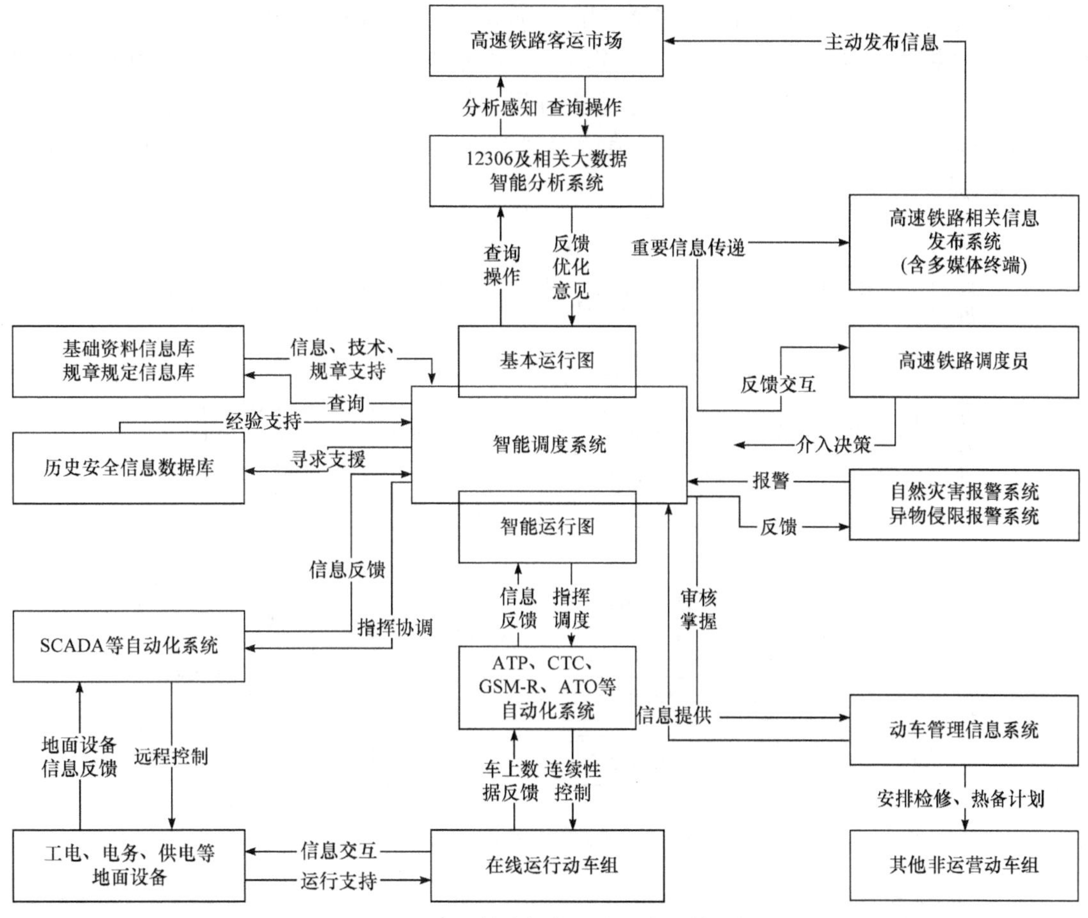

图 10-8　高速铁路智能调度系统总体框架

运数据、智能票务数据、智能综合调度数据、智能行车调度数据、工电供一体化运维数据、动车组智能运维数据等内容。设备设施基础台账数据、外部环境数据贯穿铁路全寿命周期的多个业务环节，主要体现为固定设备数据、移动设备数据、客流数据、运行环境数据等方面。对于固定设备数据，将全国高速铁路线路拓扑化，区间通过能力、站场股道、站台上水设备、客运服务设备、动车组检修库检修能力、存车线条数、固定信号设备等运输组织相关信息数据化融入其中，形成基础数据地图，便于研究以图论、运筹学等为基础的新一代算法随时应用。对于移动设备数据，将全国动车组列车及其他综合检测、施工维修车辆的编组信息、性能指标、车载设备、适用线路等信息数据化，便于智能系统随时掌握全国高速铁路可提供运力情况。对于客流数据，充分应用铁路 12306 系统的海量查询、购票数据，分阶段抓取数据进行特定分析，整理每个年龄层、每个时间段或某个区域的旅客出行特点，进行出行旅客画像；结合每年同期旅客出行历史记录，根据旅客出行画像及铁路 12306 系统现阶段旅客查询、购票意愿，对未来客运市场进行智能分析，以便有针对性地制定最优开行方案。高速铁路智能调度系统信息平台如图 10-9 所示，该平台由数据汇集层、数据分析层、综合应用层构成。首先，来自智能运营和既有的业务信息系统的数据，以及其他交通方式、气象、地震等外部相关数据自底向上汇集、融合、分析和应用于调度指挥相关数据，实现全业务、全类型的智能高速铁路智能调度数据集。其次，数据平台对调度指挥相关数据分析、加工、建模等，形成专业融合、跨业务、跨部门共享的规范数据资源，具备数据集成、数据共享、数据分析、数据建模功能。最后，综合应用层对存储数据综合应用，提供数据展示、决策和控制支持。该系统三个层面相互协调，相互支持，共同促进了数据平台的有效应用。

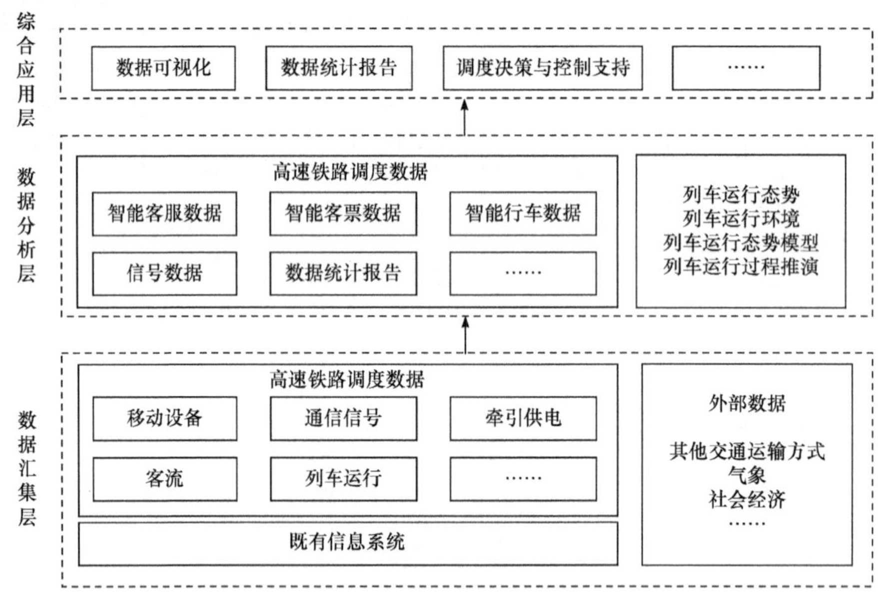

图 10-9　高速铁路智能调度系统信息平台

4. 关键技术

国铁集团“强基达标、节支降耗、改革创新、提质增效”的工作目标，对调度指挥精细化、精益化、精准化提出了更高要求，调度指挥需契合市场需求，灵活安排“一季一图”“一日一图”，发挥市场对运力资源配置的决定性作用。高速铁路智能调度系统应主要针对以下关键技术进行设计。

(1) 高速铁路调度信息全面自动采集。以满足旅客运输需求和运力资源的合理运用为目标，建立统一的客运调度生产信息平台，实现对列车基本运行图、客票售票、动车组运用状态、编组交路、客运站段生产作业、乘务等客运调度相关信息的自动采集、统一化资源描述和关联化处理。

(2) 实现高速铁路开行调整全流程闭环管理。以满足旅客运输需求和运力资源的合理运用为目标，结合铁路局集团公司及客运部门的调整需求和申请，国铁集团相关部门在线流转和决策，实现全流程贯通，取代手工作业和电话沟通，确保相关专业系统以需求为导向和以计划为业务纽带实现有效协作，提升高速铁路调度质量和客运服务水平。

(3) 实现调度命令格式化编制、一体化贯通。基于客运数据动态采集，实现多样化录入。根据调度业务需求和周边各专业对调度数据的要求，完成数字化调度命令模板按需配置功能，实现格式化细粒度编制管理。同时，完成调度命令横向各专业系统协同会签，根据业务规则，实现调度命令自动传递和各专业系统之间数据一体化贯通。

(4) 实现调度命令与 TDMS5.0 客运计划联动编制。建立一体化管理平台，纵向实现国铁集团、铁路局集团公司、站段三级贯通，横向实现各铁路局集团公司之间的联动传输和调度命令执行结果联动推送。

(5) 实现智能化冲突检测和安全卡控。通过相关运输生产系统的数据共享，实现计划和命令的自动拟写、自动安全检查、智能化评估影响、内容自动比对，实现时间、空间、资源等多个维度的冲突卡控并指定冲突消解方案，提升智能操控能力。

(6) 提升高速铁路综合运输能力，灵活安排高铁快运业务。结合运输资源，推导高速铁路的运输能力，结合客运需求，灵活安排旅客运输产品，同时结合运输能力，提供高铁快运运输产品，便于组织高速铁路货运业务开展，提升运输综合效益。

小　结

随着第一批智能高铁的建成，我国的高铁开始进入“智能时代”，本章介绍了智能高铁的概念、智能高铁的体系框架及系统组成，并从智能装备和智能运营的角度介绍了智能高铁的特点和发展现状。

“智能化”能够为民众提供人性化、多样化、自助化旅行服务；能够保证高速铁路基础设施的良好使用状态，提高资产运用效率，提升经营效益；可以实现铁路信息系统更全面的感知、更广泛的互联互通、更准确的预警分析、更深入的智能化处理能力；可以构建安全、高效、智能、绿色、环保的现代化铁路电务系统，实现电务运维集中监测、过程盯控、调度指挥等功能，提高铁路日常运营维护、故障快速分析处理的能力。

参考文献

安杰, 2015. 高速铁路有砟轨道结构状态分析[D]. 长沙: 中南大学.

安英霞, 2013. 高铁接触网静态几何参数偏差对弓网动态性能的影响[D]. 成都: 西南交通大学.

柴冠华, 刘伟栋, 2019. 铁路轨道不平顺安全性分析[J]. 中国安全科学学报, 29(S2): 57-61.

陈德旺, 2014. 铁路卫星定位数据的智能处理——以青藏铁路为例[M]. 北京: 北京交通大学出版社.

陈耿钦, 2020. 高速铁路信息通信基础设施设备智能运维综合管理平台研究[J]. 铁道通信信号, 56(4): 54-57.

陈珂, 2014. 高铁接触网主动维修策略研究[D]. 成都: 西南交通大学.

陈兰华, 任纪善, 2019. 城市高速铁路运营安全风险防控[M]. 上海: 同济大学出版社.

陈唐龙, 2006. 高速铁路接触网检测若干关键技术研究[D]. 成都: 西南交通大学.

陈知辉, 2013. 铁路轨道的检测与轨控[M]. 北京: 中国铁道出版社.

程龙, 2019. 高铁时代背景下的铁路客运营销策略研究[J]. 中国市场, (25): 118-121.

程学庆, 2017. 战略投资时髦概念背后的深层功夫与系统能力[M]. 成都: 西南交通大学出版社.

崔德山, 张彦, 刘育欣, 2011. 高速铁路客运服务系统联调联试技术研究[J]. 铁路计算机应用, 20(1): 1-4.

崔校玉, 2005. 客运专线牵引变电所接线方式及接触网故障判定方法[J]. 铁道标准设计, (5): 3.

邓昌大, 秦立朝, 2012. 高速铁路无砟轨道[M]. 北京: 中国铁道出版社.

丁坚勇, 张华志, 吴新民, 等, 2009. 城轨供电系统接触网可靠性的故障树分析[J]. 城市轨道交通研究, (9): 5.

董宝田, 刘军, 2014. 铁路信息化概论[M]. 北京: 中国铁道出版社.

董锡明, 2009. 现代技术装备维修理论与实践在轨道列车系统上的应用[M]. 成都: 西南交通大学出版社.

董正方, 郭进, 王君杰, 2009. 桥梁倒塌事故综述及其预防对策[J]. 上海公路, 2(2): 30-32.

杜彦良, 孙宝臣, 张光磊, 2011. 智能材料与结构健康监测[M]. 武汉: 华中科技大学出版社.

高波, 2010. 高速铁路隧道设计[M]. 北京: 中国铁道出版社.

高庆伟, 2016. 超声探伤技术在无损检测中的应用[J]. 中国新技术新产品, (10): 13-14.

高仕斌, 2021. 高速铁路智能牵引供电系统[M]. 成都: 西南交通大学出版社.

关宝树, 2003. 隧道工程施工要点集[M]. 北京: 人民交通出版社.

郝瑞琴, 杨文琪, 2006. 分散自律调度集中系统(CTC)分析与设计研究[J]. 电气传动自动化, 28(6): 22-25.

何宏斌, 2011. 高速铁路养护与维修[M]. 成都: 西南交通大学出版社.

何华武, 2021. 智能高速铁路战略研究第二卷智能高速铁路关键技术与技术平台[M]. 北京: 中国铁道出版社.

何华武, 朱亮, 李平, 等, 2019. 智能高铁体系框架研究[J]. 中国铁路, (3): 1-8.

何世伟, 黎浩东, 2020. 高速铁路智能运营系统及关键技术研究[J]. 铁道运输与经济, 42(1): 10-14.

何正友, 程宏波, 2012. 高速铁路牵引供电系统健康管理及故障预警体系研究[J]. 电网技术, 36(10): 259-264.

胡启洲, 李香红, 曲思源, 2018. 高铁简史[M]. 成都: 西南交通大学出版社.

胡启洲, 张卫华, 张晓亮, 2014. 高速铁路安全运营的测度理论与监控方法[M]. 北京: 科学出版社.

胡小娟, 2018. 铁路客货营销理论与实践[M]. 北京: 中国铁道出版社.

胡彦奎, 刘辉, 2018. 高速铁路供变电技术[M]. 北京: 北京交通大学出版社.

黄守刚, 2010. 铁路与城市轨道工务[M]. 北京: 机械工业出版社.

黄小刚, 2015. 动车设备及综合维修工程[M]. 武汉: 湖北科学技术出版社.

霍黎明, 武钰喜, 2021. 高速铁路联调联试信号系统动态检测典型问题分析[M]. 北京: 中国铁道出版社.

贾利民, 李平, 2004. 铁路智能运输系统体系框架与标准体系[M]. 北京: 中国铁道出版社.

贾利民, 王艳辉, 陈晓卿, 2010. 高速铁路安全保障技术[M]. 北京: 中国铁道出版社.

贾利斋, 李卫东, 2010. 我国高速铁路客运需求的分析[J]. 价值工程, 29(19): 103-104.
兰云飞, 2016. 高速铁路概论[M]. 北京: 北京交通大学出版社.
兰云飞, 仝泽柳, 石瑛,等, 2016. 高速铁路概论[M]. 北京: 北京交通大学出版社.
雷风行, 2013. 中国速度高速铁路发展之路[M]. 北京: 五洲传播出版社.
李超雄, 常光辉, 曲玉福, 等, 2015. 高速铁路线路养护维修[M]. 北京: 中国铁道出版社.
李超雄, 寇东华, 杨厚昌, 等, 2011. 高速铁路无砟轨道线路养护维修[M]. 北京: 中国铁道出版社.
李芾, 安琪, 王华, 2008. 高速动车组概论[M]. 成都: 西南交通大学出版社.
李健, 孙万, 罗维强, 等, 2014. 高速铁路无砟轨道伤损现状[J]. 甘肃科技, 30(2): 87-89, 61.
李琨浩, 2019. 基于"5G"网络的铁路车站智慧服务体系研究[J]. 城市, (9): 65-68.
李明华, 2014. 铁道及城市轨道养护与维修[M]. 北京: 中国铁道出版社.
李向国, 2005. 高速铁路技术[M]. 北京: 中国铁道出版社.
李雪, 吴俊勇, 杨媛, 等, 2010. 高速铁路接触网悬挂系统维修计划的优化研究[J]. 铁道学报, 32(2): 7.
李云飞, 张世涛, 等, 2020. 铁路信号与通信设备[M]. 昆明: 云南人民出版社.
连义平, 郑松富, 2016. 高速铁路行车组织方法[M]. 北京: 中国铁道出版社.
林刚, 2019. 基于大数据云计算的铁路智能运维系统技术研究[J]. 铁道通信信号, 55(5): 37-41.
刘超, 2021. 既有预埋铁座扣件大调高能力优化研究[J]. 铁道建筑, 61(8): 126-129.
刘川, 2019. 浅析高速铁路信号维修管理[J]. 科学与技术, (26): 259.
刘建国, 2014. 高速铁路线路[M]. 北京: 中国铁道出版社.
刘建国, 苏云峰, 夏栋, 等, 2012. 高速铁路运输组织[M]. 北京: 中国铁道出版社.
刘建国, 张仕雄, 2016. 高速铁路信号与通信[M]. 北京: 中国铁道出版社.
刘杰, 2012. 高速电气化铁路接触网施工关键技术[J]. 电气化铁道, 23(3): 3.
刘金朝, 刘秀波, 2012. 轨道质量状态评价方法[J]. 铁路技术创新, (1): 106-109.
刘亮, 谢根, 2019. 大数据智能制造在建造业应用及发展对策研究[J]. 科技管理研究, 39(8): 103-109.
刘文学, 2019. 铁路简史[M]. 北京: 中国经济出版社.
刘文正, 2012. 城市轨道交通牵引电气化概论[M]. 北京: 北京交通大学出版社.
刘永孝, 2011. 铁路线路养护维修[M]. 成都: 西南交通大学出版社.
刘永孝, 李斌, 韩峰, 2018. 高速铁路线路养护维修[M]. 成都: 西南交通大学出版社.
卢春房, 2013. 中国高速铁路[M]. 北京: 中国铁道出版社.
卢瑞珊, 宋麒林, 王富章, 等, 2010. 铁路地震灾害预警与应急系统现状及展望[J]. 铁路计算机应用, (7): 4.
罗林, 张格明, 吴旺青, 等, 2006. 轮轨系统轨道平顺状态的控制[M]. 北京: 中国铁道出版社.
骆玲, 刘裕, 曹洪, 2015. 高速铁路与城市发展[M]. 成都: 西南交通大学出版社.
马桂贞, 杨浩, 张道兴, 等, 1998. 铁路运输[M]. 成都: 西南交通大学出版社.
马建军, 李平, 邵赛, 等, 2020. 智能高速铁路关键技术研究及发展路线图探讨[J]. 中国铁路, (7): 1-8.
马明正, 2002. 跨区间无缝线路维修养护技术研究[D]. 成都: 西南交通大学.
马骁, 杨荣山, 郑淮林, 等, 2022. 弹性支承块式无砟轨道支承块破损原因分析[J]. 路基工程, (2): 200-203.
马小玲, 2013. 分散自律调度集中系统控制模式及其应用研究[J]. 铁路通信信号工程技术, 10(2): 74-77.
马占生, 2014. 钢轨探伤[M]. 成都: 西南交通大学出版社.
木东升, 周宇, 韩延彬, 2018. 轨道综合作业对高速铁路有砟轨道几何不平顺改善效果[J]. 交通运输工程学报, 18(5): 90-99.
穆阿立, 扈涛, 2019. 高速铁路轨道施工与维护[M]. 成都: 西南交通大学出版社.
倪少权, 2017. 计算机编制列车运行图原理与方法[M]. 成都: 西南交通大学出版社.
宁滨, 莫志松, 李开成, 2019. 高速铁路信号系统智能技术应用及发展[J]. 铁道学报, 41(3): 1-9.
牛留斌, 刘金朝, 2021. 基于车辆动态响应分析的轨道状态检测技术应用现状及展望[J]. 中国铁道科学, 42(6): 130-142.
潘利, 王育江, 杨睿, 2022. 双块式无砟轨道道床板混凝土裂缝控制技术[J]. 铁道建筑, 62(3): 31-33.

彭其渊, 文超, 2014. 高速铁路运输组织基础[M]. 2 版. 成都: 西南交通大学出版社.
漆光凯, 李国昌, 2020. 高速铁路有砟轨道维修管理与作业质量控制[J]. 铁路运营技术, 26(4): 5-7.
钱立新, 2003. 世界高速铁路技术[M]. 北京: 中国铁道出版社.
钱清泉, 高仕斌, 何正友, 等, 2015. 中国高速铁路牵引供电关键技术[J]. 中国工程科学, 17(4): 12.
强丽霞, 刘军, 李春艳, 等, 2013. 高速铁路客运产品设计方法及策略研究[J]. 铁道运输与经济, 35(9): 18-23.
曲思源, 2018a. 高速铁路运营安全保障体系及应用[M]. 北京: 中国铁道出版社.
曲思源, 2018b. 高速铁路运营管理纵横[M]. 成都: 西南交通大学出版社.
曲思源, 2021. 时代脉动高速铁路发展简史[M]. 成都: 西南交通大学出版社.
单圣熊, 2001. 接触网施工检测设计[J]. 电气化铁道, (4): 4.
石嵘, 司宝华, 何越磊, 等, 2008. 城市轨道交通工务管理[M]. 北京: 中国铁道出版社.
松山晋作, 李春阳. 1997. 受电弓的受流摩擦学[J]. 大功率变流技术, (1): 52-60.
隋东旭, 宋贵君, 米秀杰, 等, 2018. 铁道概论[M]. 北京: 北京理工大学出版社.
孙国瑛, 沈善良, 1998. 铁路工务[M]. 成都: 西南交通大学出版社.
孙立, 王森荣, 林超, 等, 2021. 高速铁路轨道智能监测理论与实践[M]. 北京: 人民交通出版社.
唐恩奎, 2017. 运营期高速铁路轨道平顺性测量与计算方法研究[D]. 成都: 西南交通大学.
田锐, 赵飞, 2022. 高速铁路智能调度系统功能架构及关键技术探讨[J]. 铁道运输与经济, 44(5): 52-56, 78.
田四明, 王伟, 杨昌宇, 等, 2021. 中国铁路隧道 40 年发展与展望[J]. 隧道建设(中英文), 41(11): 56.
铁道第二勘察设计院, 2005. 铁路隧道设计规范: TB 10003—2005[S]. 北京: 中国铁道出版社.
铁道部运输局, 2011. 高速铁路工务知识读本[M]. 北京: 中国铁道出版社.
铁道部运输局基础部, 中国铁道学会工务委员会, 2009. 铁道工务第 4 册[M]. 北京: 中国铁道出版社.
佟立本, 2017. 高速铁路概论[M]. 北京: 中国铁道出版社.
王炳龙, 2015. 高速铁路路基与轨道工程[M]. 上海: 同济大学出版社.
王春江, 2016. 高速铁路线路知识[M]. 北京: 中国铁道出版社.
王芳, 2014. 浅析高铁牵引供电系统常见故障及处理[J]. 科技创新与应用, (9): 136.
王峰, 2011. 高速铁路联调联试探索与实践[M]. 北京: 中国铁道出版社.
王峰, 姚建伟, 张俊, 等, 2013. 高速铁路联调联试管理与技术[M]. 北京: 中国铁道出版社.
王璟, 张于峰, 2019. 高速铁路牵引供电系统健康管理及故障预警体系[J]. 中国高新科技, (14): 81-83.
王梦恕, 干昆蓉, 2001. 21 世纪的铁路[M]. 北京: 清华大学出版社.
王培, 2010. 中国高速铁路客运产品设计[J]. 铁道经济研究, (6): 23-26.
王平, 2016a. 高速铁路桥上无缝线路技术[M]. 北京: 中国铁道出版社.
王平, 2016b. 高速铁路道岔设计理论与实践[M]. 成都: 西南交通大学出版社.
王平, 李成辉, 2009. 高速铁路线路工程设计理论、施工及养护技术国际学术会议论文集[M]. 成都: 西南交通大学出版社.
王平, 肖杰灵, 2019. 高速铁路轨道平顺性检测关键理论与技术[M]. 上海: 上海科学技术出版社.
王其昌, 2006. 无砟轨道扣件[M]. 成都: 西南交通大学出版社.
王同军, 2019. 中国智能高铁发展战略研究[J]. 中国铁路, (1): 9-14.
王同军, 2020. 智能高速铁路战略研究[M]. 北京: 中国铁道出版社.
王同军, 2021a. 基于系统论的智能高铁建设运营管理创新与实践[J]. 中国铁道科学, 42(2): 1-8.
王同军, 2021b. 智能高速铁路战略研究第一卷: 智能高速铁路体系架构与标准体系[M]. 北京: 中国铁道出版社.
王彤, 2009. 高速铁路防灾安全监控系统研究与开发[J]. 中国铁路, (8): 4.
王晓阳, 2014. 接触网可靠性研究[D]. 成都: 西南交通大学.
王鑫, 2017. 无缝线路养护维修的探讨[J]. 山西建筑, 43(23): 150-151.
王雄, 2016. 中国速度——中国高速铁路发展纪实[M]. 北京: 外文出版社.
王雪梅, 倪文波, 王平, 2013. 高速铁路轨道无损探伤技术的研究现状和发展趋势[J]. 无损检测, 35(2): 10-17.
王源, 2019. 轨道几何的一弦 N 点弦测法检测理论及应用[D]. 成都: 西南交通大学.

魏召兰, 2012. 高速铁路大型桥梁结构健康监测与状态评估研究[D]. 成都: 西南交通大学.
文妮, 2010. 高速铁路轨道施工与维护[M]. 成都: 西南交通大学出版社.
吴积钦, 2009. 受电弓——接触网系统电接触特性研究[D]. 成都: 西南交通大学.
吴积钦, 2010. 受电弓与接触网系统[M]. 成都: 西南交通大学出版社.
吴积钦, 钱清泉, 2008. 受电弓与接触网系统电接触特性[J]. 中国铁道科学, 29(3): 4.
吴宁, 文彬, 王林栋, 2012. 基于轴箱加速度方差分析的高速铁路轨道状态检测方法研究[J]. 铁道机车车辆, (6): 29-32.
吴伟, 2014. 我国铁路养路机械技术标准体系研究[J]. 铁道技术监督, 42(12): 1-5.
武汉铁路局电务处, 鲁恩斌, 袁慧平, 等, 2015. 信号集中监测信息分析指南[M]. 北京: 中国铁道出版社.
夏禾, 2010. 铁路桥梁养护维修[M]. 北京: 中国铁道出版社.
谢松平, 2011. 高速铁路路基[M]. 北京: 中国铁道出版社.
徐行方, 蒲琪, 汤莲花, 2019. 高铁运营组织与管理[M]. 上海: 上海科学技术文献出版社.
徐其瑞, 刘峰, 2011. 钢轨探伤车技术发展与运用[J]. 中国铁路, (7): 38-41.
徐伟昌, 2016. 高速铁路无砟轨道养护维修理念探究[J]. 中国铁路, (2): 32-35.
许雯, 2015. 利用轨道质量指数 TQI 值合理安排线路养护维修周期的方法研究[D]. 兰州: 兰州交通大学.
许玉德, 李海锋, 戴月辉, 2007. 轨道交通工务管理[M]. 上海: 同济大学出版社.
许玉德, 于绍峰, 张德权, 2015. 高速铁路基础设施综合维修管理[M]. 北京: 中国铁道出版社.
阎志远, 汪健雄, 2021. 京张高铁多模态智能票务模式研究[J]. 铁路计算机应用, 30(7): 14-20.
杨广庆, 刘树山, 刘田明, 1999. 高速铁路路基设计与施工[M]. 北京: 中国铁道出版社.
杨浩, 韩学雷, 2015. 高速铁路与重载运输[M]. 北京: 中国铁道出版社.
杨金让, 张华, 2015. 高速铁路接触网系统联调联试方案的探讨[J]. 电气化铁道, (2): 8-10, 14.
杨修昌, 李保成, 2012. 高速铁路工务[M]. 北京: 中国铁道出版社.
杨中平, 2015. 高速铁路技术概论[M]. 北京: 清华大学出版社.
杨中平, 吴命利, 2013. 轨道交通电气化概论[M]. 北京: 中国铁道出版社.
叶涛, 2016. 高速铁路接触网运行维修方式探析[J]. 工程技术(全文版), (11): 00171.
叶阳升, 蔡德钩, 张千里, 等, 2020. 高速铁路路基工程关键技术及应用[J]. 中国基础科学, (5): 6.
尹毅, 张卫军, 2014. 铁路 GIS 技术发展及在通信网维护管理中的应用[J]. 铁路技术创新, (1): 63-67.
应夏晖, 陈锦生, 2015. 高速铁路基本知识[M]. 北京: 中国铁道出版社.
于万聚, 2003. 高速电气化铁路接触网[M]. 成都: 西南交通大学出版社.
袁敦磊, 2021. 高速铁路联调联试及运行试验标准化管理[M]. 北京: 中国铁道出版社.
张明锐, 等, 2019. 高铁牵引供电系统[M]. 上海: 上海科学技术文献出版社.
张琦, 2020. 高速铁路智能调度技术[M]. 北京: 中国铁道出版社.
张曙光, 2008. 京津城际高速铁路系统调试技术[M]. 北京: 中国铁道出版社.
张曙光, 2009. 京沪高速铁路系统优化研究[M]. 北京: 中国铁道出版社.
张卫华, 曹新文, 1991. 高速受电弓—接触网系统的动力学研究[J]. 西南交通大学学报, (1): 7.
章欣, 2015. 基于声发射技术的钢轨伤损检测与判别研究[D]. 哈尔滨: 哈尔滨工业大学.
张新芳, 2006. 高速铁路、客运专线防灾安全监控系统设计探讨[J]. 铁道工程学报, (2): 71-73.
张欣欣, 2012. 动车组运行控制[M]. 北京: 北京交通大学出版社.
张志文, 2021. 智能重载铁路[M]. 北京: 中国铁道出版社.
赵才友, 王平, 全顺喜, 等, 2012. 基于应变模态变化率的钢轨损伤检测[J]. 振动、测试与诊断, 32(5): 723-729.
赵丽平, 2018. 高速铁路及其四电系统集成[M]. 成都: 西南交通大学出版社.
赵鹏, 2009. 高速铁路运营组织[M]. 北京: 中国铁道出版社.
赵杨, 2016. 轨道不平顺状态的评价与分析[D]. 成都: 西南交通大学.
郑州铁路局, 2012a. 高速铁路供电[M]. 北京: 中国铁道出版社.
郑州铁路局, 2012b. 高速铁路客运[M]. 北京: 中国铁道出版社.

郑州铁路局, 2013. 高速铁路接触网检修作业指导(BZ)[M]. 北京: 中国铁道出版社.
郑州铁路局职工教育处, 2012. 铁路线路养护与维修[M]. 北京: 中国铁道出版社.
中国铁道百科全书总编辑委员会《工程与工务》编辑委员会, 2004. 中国铁道百科全书: 工程与工务[M]. 北京: 中国铁道出版社.
中国铁道学会铁道运输委员会, 2003. 铁路运输企业改革与发展学术研究论文集[M]. 北京: 中国铁道出版社.
中国铁路总公司, 2013. 铁路信号集中监测系统应用与维护技术[M]. 北京: 中国铁道出版社.
中国铁路总公司, 2014a. 高速铁路行车组织基础[M]. 北京: 中国铁道出版社.
中国铁路总公司, 2014b. 高速铁路客流组织[M]. 北京: 中国铁道出版社.
中国铁路总公司, 2014c. 中国高速铁路工务技术(上)[M]. 北京: 中国铁道出版社.
中国铁路总公司, 2014d. 中国高速铁路工务技术(下)[M]. 北京: 中国铁道出版社.
中国铁路总公司, 2014e. 中国高速铁路工务技术(中)[M]. 北京: 中国铁道出版社.
中国铁路总公司, 2015a. 高速动车组概论[M]. 北京: 中国铁道出版社.
中国铁路总公司, 2015b. 高速铁路牵引供电知识读本[M]. 北京: 中国铁道出版社.
中国铁路总公司, 2016. 高速铁路客运服务管理[M]. 北京: 中国铁道出版社.
中国铁路总公司劳动和卫生部, 中国铁路总公司运输局, 2016. CRH380B(L)型动车组司机[M]. 北京: 中国铁道出版社.
中国铁路总公司运输局工务部, 2016. 铁路工务技术手册轨道[M]. 北京: 中国铁道出版社.
中国灾害防御协会铁道分会, 2000. 中国铁路自然灾害及其防治[M]. 北京: 中国铁道出版社.
中华人民共和国铁道部, 2004. 铁路线路维修规范[M]. 北京: 中国铁道出版社.
中华人民共和国铁道部, 2008. 铁路路基大维修规则[M]. 北京: 中国铁道出版社.
中铁二局集团有限公司, 2003. 铁路隧道工程施工质量验收标准: TB 10417—2003[S]. 北京: 中国铁道出版社.
朱国志, 2013. 高速铁路联调联试及运行试验[M]. 2 版. 北京: 中国铁道出版社.
朱生宪, 陈国鹏, 曲子贤, 2017. 高速铁路联调联试组织与管理[M]. 北京: 中国铁道出版社.
朱生宪, 徐实, 张国庆, 2017. 兰新高速铁路联调联试实践[M]. 北京: 中国铁道出版社.
祝和权, 李海燕, 杜存山, 2004. 隧道渗漏水综合治理技术的研究[J]. 中国铁路, (5): 4.
《当代中国铁路信号(2006—2010)》编辑委员会, 2013. 当代中国铁路信号 2006-2010[M]. 北京: 中国铁道出版社.
《京沪高速铁路建设总结》编写组, 2014a. 京沪高速铁路建设总结技术卷上册[M]. 北京: 中国铁道出版社.
《京沪高速铁路建设总结》编写组, 2014b. 京沪高速铁路建设总结技术卷下册[M]. 北京: 中国铁道出版社.
《铁路企业管理论坛丛书》编委会, 2011. 2011 高铁客运与服务质量[M]. 北京: 中国铁道出版社.
ERIC E M, JOSEPH K, 2002. The application of contact mechanics to rail profile design and rail grinding [J]. Wear, (1): 308-316.
ESVELD C, 2001. Modern railway track[M]. 2nd ed. Zaltbommel: MRT-Productions.
LU F, KENNED Y D, WILLIAMSF W, et al, 2008. Simplistic analysis of vertical random vibration for coupled vehicle-track systems[J]. Journal of sound and vibration, 317(1-2): 236-249.
NIELSEN J, IGELAND A, 1995. Vertical dynamic interaction between train and track-influence of wheel and track imperfections[J]. Journal of sound and vibration, 187(5): 825-839.
PATRA A P, 2009. Maintenance decision support models for railway infrastructure using RAMS & LCC analyses[M]. Sweden: Luleå Tekniska University.
YUKIO S, KENGO I, 2008. Effect of rail grinding on rolling contact fatigue in railway rail used in conventional line in Japan[J]. Wear, (9): 1342-1348.
ZHAO C F, ZHAI W M, 2002. Maglev vehicle/guideway vertical random response and ride quality[J]. Vehicle system dynamics, 38(3): 182-210.